国家哲学社会科学成果文库
NATIONAL ACHIEVEMENTS LIBRARY
OF PHILOSOPHY AND SOCIAL SCIENCES

《德意志意识形态》
百年文献学研究

赵玉兰 著

人民出版社

责任编辑：毕于慧
装帧设计：王欢欢

图书在版编目（CIP）数据

《德意志意识形态》百年文献学研究 ／ 赵玉兰著．
北京 ： 人民出版社，2025. 6. -- ISBN 978 - 7 - 01 - 027275 - 7

　　I．A811.21

中国国家版本馆 CIP 数据核字第 2025LC5288 号

《德意志意识形态》百年文献学研究
DEYIZHI YISHI XINGTAI BAINIAN WENXIANXUE YANJIU

赵玉兰　著

人 民 出 版 社 出版发行
（100706　北京市东城区隆福寺街 99 号）

北京中科印刷有限公司印刷　新华书店经销

2025 年 6 月第 1 版　2025 年 6 月北京第 1 次印刷
开本：710 毫米 ×1000 毫米 1/16　印张：23.75
字数：318 千字

ISBN 978 - 7 - 01 - 027275 - 7　定价：128.00 元

邮购地址 100706　北京市东城区隆福寺街 99 号
人民东方图书销售中心　电话（010）65250042　65289□□9

《国家哲学社会科学成果文库》
出版说明

为充分发挥哲学社会科学优秀成果和优秀人才的示范引领作用，促进我国哲学社会科学繁荣发展，自 2010 年始设立《国家哲学社会科学成果文库》。入选成果经同行专家严格评审，反映新时代中国特色社会主义理论和实践创新，代表当前相关学科领域前沿水平。按照"统一标识、统一风格、统一版式、统一标准"的总体要求组织出版。

全国哲学社会科学工作办公室

2025 年 3 月

目　录

CONTENTS

CHAPTER 2　THE COMPREHENSIVE COLLECTION OF THE MANUSCRIPTS OF *THE GERMAN IDEOLOGY* AND THE FIRST PUBLICATION OF THE *FEUERBACH* CHAPTER

Part II The Bibliographical Study of *The German Ideology* within the Perspective of MEGA²

CHAPTER 4 THE NEW BREAKTHROUGHS IN BIBLIOGRAPHICAL STUDY OF *THE GERMAN IDEOLOGY*

Part III The New Perspectives of the Bibliographical Study of *The German Ideology*

CHAPTER 7　THE NEW MATERIALS FOR THE BIBLIOGRAPHICAL STUDY OF *THE GERMAN IDEOLOGY*

CHAPTER 8   THE NEW ISSUES IN THE BIBLIOGRAPHICAL STUDY OF *THE GERMAN IDEOLOGY*

Part IV The Historical Reassessment and Practical Enlightenment of Centennial Bibliographical Study of *The German Ideology*

CHAPTER 9   THE HISTORICAL REASSESSMENT OF THE EDITIONS OF *THE GERMAN IDEOLOGY*

导　言

在马克思恩格斯的文献遗产中，《德意志意识形态》恐怕是最具传奇、最富魅力也最有争议的一部著作。

之所以说"传奇"，是因为它在马克思恩格斯生前并未出版，后人只能依据二人留下的几处公开自述来探寻其踪迹，窥探其端倪，甚至一度以为，这部手稿已然被老鼠的牙齿所批判。然而后来，伴随着《马克思恩格斯全集》历史考证版第一版即MEGA¹编辑出版工程的启动和实施，这部手稿为苏共中央马克思恩格斯研究院首任院长达维德·梁赞诺夫成功开掘，并在MEGA¹中首次完整出版，从而向世人展现其神秘面容。这部传说中的无影之书终于飞入尘世，成为学人可以通达的实在之物。

之所以说"魅力"，是因为它作为唯物史观的"诞生地"，构成了青年马克思恩格斯思想演进的关键一环。它揭示了马克思恩格斯如何在与布鲁诺·鲍威尔、阿尔诺德·卢格、麦克斯·施蒂纳以及路德维希·费尔巴哈的繁冗论战中，全面地超越一切旧唯物主义以及唯心主义，历史性地创立唯物史观的复杂历程。其中，不论是对费尔巴哈的有力批判和正面阐述，还是对施蒂纳的"锱铢必较"和讥讽嘲弄，乃至对真正的社会主义者的批判分析，都不仅体现了马克思恩格斯的文风气派，更彰显了其理论深度和视野广度，令人叹为观止。

之所以说"争议"，是因为这部以手稿形式流传下来的马克思主义经典著作，其呈现样态始终备受关注。从梁赞诺夫1924年和1926年分别在俄文版和德文版《马克思恩格斯文库》第一卷出版的俄文首版和原文首版"费尔巴哈"

章，到 1932 年弗拉基米尔·阿多拉茨基主编的 MEGA¹ 第 I/5 卷即世界历史上
首部原文完整版《德意志意识形态》；从 1965 年苏联《哲学问题》杂志发表的
由格奥尔基·巴加图利亚主编的俄文新版"费尔巴哈"章，到 1966 年《德国
哲学杂志》发表的由英格·蒂尔海恩主编的德文新版"费尔巴哈"章；从 1972
年英格·陶伯特主编的《马克思恩格斯全集》历史考证版第二版即 MEGA² 试
编卷版"费尔巴哈"章，到 1974 年广松涉主编的日文 / 德文对照版"费尔巴哈"
章；从 2004 年陶伯特主编的 MEGA² 先行版"费尔巴哈"章，到 2017 年乌尔
里希·帕格尔、格哈尔特·胡布曼以及克里斯蒂娜·维克维尔特联合主编的
MEGA² 第 I/5 卷即世界历史上第二个原文完整版《德意志意识形态》；从 2018
年胡布曼和帕格尔在 MEGA² 框架之外独立编排的时间顺序版"费尔巴哈"章，
再到 2019 年日本和中国学者联合推出的在线版"费尔巴哈"章，可以说，在
百年的文献学发展历程中，《德意志意识形态》尤其是"费尔巴哈"章的编排
始终是学界的关注焦点，而他人致马克思恩格斯的书信等新材料的问世又进一
步助推了相关重大问题的激烈论争，如《德意志意识形态》尤其是"费尔巴哈"
章如何重构，《德意志意识形态》究竟是著作还是季刊，费尔巴哈和施蒂纳对
马克思恩格斯思想发展具有何种独特作用，"费尔巴哈"章的草稿样态能否支
撑起其为唯物史观"系统"阐述的经典判定，马克思恩格斯与其他作者如莫泽
斯·赫斯等人的思想关系如何评估，等等。显然，《德意志意识形态》手稿在
其呈现样态、著述形式、思想定位等各个方面所引发的巨大争议，在马克思主
义研究史上是极其罕见的。

　　正是基于《德意志意识形态》在马克思主义发展史上的重要地位，基于它
在学界引发的诸多争论，本书试图通过历史溯源的方式，全景呈现《德意志意
识形态》百年文献学发展历程，细致梳理其在不同时期的编排方案、编辑考
量、焦点问题和时代效应，进而从源头上解析各种学术争论的缘起、发展以及
演变，从而实现对这一在马克思恩格斯思想发展史乃至整个马克思主义发展史

上具有重大地位的经典著作的全面、综合、历史从而客观的评价。

本书分为四篇。

第一篇以 MEGA¹ 为视域，一方面考察 MEGA¹ 之前的《德意志意识形态》文献学研究，另一方面探析作为 MEGA¹ 先行版的梁赞诺夫原文版"费尔巴哈"章以及阿多拉茨基主编的 MEGA¹ 版《德意志意识形态》。

就 MEGA¹ 之前这一时期来说，尽管我们通常以 1924 年俄文首版"费尔巴哈"章的出版作为《德意志意识形态》百年文献学研究的正式起点，但是事实上，德国社会民主党理论家在此之前已经做了一定的工作。弗兰茨·梅林在其 1902 年出版的《马克思恩格斯和拉萨尔遗著选》（以下简称《遗著选》）中，虽然未曾收录这部巨幅手稿，但是已然对其写作过程和文献信息作了基本介绍，并对其理论价值作出了较低判定。而在 1918 年出版的《马克思传》中，梅林对《德意志意识形态》的写作史阐述得更为充分，特别是对真正的社会主义者进行了详细说明，但是对其评价并未改变。爱德华·伯恩施坦于 1903—1904 年在其主编的《社会主义文献》杂志中陆续节录刊印了"圣麦克斯"章的"旧约：人"的大部分和"新约：'我'"的开篇，这可谓是马克思恩格斯逝世后《德意志意识形态》手稿的首次集中亮相，引起了学界的关注。而在 1913 年与奥古斯特·倍倍尔共同主编的《马克思恩格斯通信集（1844—1883）》（以下简称《通信集》）中，伯恩施坦也多次谈及与《德意志意识形态》相关的书信。最值得一提的莫过于古斯塔夫·迈尔于 1920 年出版的《恩格斯传》。他在其中的第九章"对德意志意识形态的清算"中，大量引用了"费尔巴哈"章、"圣布鲁诺"章、"圣麦克斯"章以及关于"真正的社会主义"的手稿原文，从而实现了对《德意志意识形态》的首次全景呈现。这成为梁赞诺夫后来搜集《德意志意识形态》手稿的重要线索。另外，迈尔于 1921 年在《社会科学和社会政治文库》首次刊印了《德意志意识形态》的"莱比锡宗教会议"和"圣布鲁诺"章两份手稿。这是继《社会主义文献》杂志节录刊印"圣麦克斯"章后，《德意志意识形态》

手稿的又一次原文集中刊印。可以说，德国社会民主党理论家关于《德意志意识形态》的考察与研究已经达到一定水准，并初步提出甚至确立了一些理论判定，它们构成了 MEGA¹ 时期《德意志意识形态》手稿的搜集、编辑、出版和研究的前提与基础。需要强调的是，由于未曾在国内外学界得到系统开掘，关于这部分内容的深入考察是本书的一大亮点，它特别展现了马克思恩格斯逝世之后至 MEGA¹ 编辑出版工程启动之前这一时期《德意志意识形态》不为人知的文献学状况。

就 MEGA¹ 时期来说，《德意志意识形态》文献学涉及两个方面。首先，关于《德意志意识形态》手稿的搜集过程尤其是在此期间发生的关于《德意志意识形态》"发现者"的公案。这里，本书一方面以原始文献为基础，细致梳理了梁赞诺夫搜集《德意志意识形态》手稿的过程，特别是他根据梅林、迈尔的阐述而与伯恩施坦进行的关于手稿交接的博弈；另一方面，本书依据梁赞诺夫、迈尔、卡尔·格律恩伯格以及梁赞诺夫的副手、马克思恩格斯研究院副院长恩斯特·崔贝尔的书信，历史地还原了梁赞诺夫与迈尔关于《德意志意识形态》"发现者"之争的前因后果，从而揭示出迈尔冠以梁赞诺夫所谓的《德意志意识形态》"发现者"之名的"莫须有"，进而对百年来梁赞诺夫尤其在西方学界所一直蒙受的这一虚妄污名加以正名。其次，关于 MEGA¹ 时期的两个重要版本——原文版"费尔巴哈"章以及原文完整版《德意志意识形态》。一方面，本书对 MEGA¹ 版的先行版——梁赞诺夫于 1926 年在德文版《马克思恩格斯文库》第一卷中出版的原文版"费尔巴哈"章的手稿状况、编排方式、编辑原则等进行深入考证分析，揭示出"外在逻辑编排"和"忠实于原文"是这一版本的编排红线，进而高度评价梁赞诺夫之为《德意志意识形态》版本奠基人的历史地位；另一方面，本书对阿多拉茨基主编的世界历史上首个原文完整版《德意志意识形态》即 MEGA¹ 版《德意志意识形态》进行全面的考察，既从总体上把握当时《德意志意识形态》的文献学研究进展，又从细节上探析

MEGA¹ 版《德意志意识形态》的编辑原则、编排方式与编辑考量，包括对"费尔巴哈"章的根本介入——在结构上重建文本框架以及在内容上全面拆分组合，从而揭示出对"费尔巴哈"章的"内在逻辑编排"是这一版本在后世备受诟病的根本原因。不仅如此，本书进一步分析了梁赞诺夫原文版"费尔巴哈"章同MEGA¹ 版《德意志意识形态》的内在联系。一方面，我们必须肯定，梁赞诺夫前期从事的《德意志意识形态》手稿辨识、编辑整理、出版筹划等方面的工作，特别是在德文版《马克思恩格斯文库》第一卷中出版首个原文版"费尔巴哈"章，为后来《德意志意识形态》在 MEGA¹ 中的完整出版奠定了重要的文本基础；另一方面，必须予以澄清的是，梁赞诺夫并不像某些西方学者认为的那样，是 MEGA¹ 版《德意志意识形态》特别是"费尔巴哈"章逻辑介入的始作俑者，单从梁赞诺夫原文版"费尔巴哈"章的编排方式就可以看出，他决不可能赞同 MEGA¹ 版深入手稿内部的逻辑编排。就此而言，MEGA¹ 版较之于梁赞诺夫原文版的重大调整或退步只能归咎于其主编——阿多拉茨基。

第二篇以 MEGA² 为视域，一方面考察作为 MEGA² 版《德意志意识形态》前史的 20 世纪 60 年代《德意志意识形态》文献学的新发现与新突破，另一方面对 MEGA² 版《德意志意识形态》自 20 世纪 70 年代以来近半个世纪的编辑出版历程进行全面探析。

作为 MEGA² 版《德意志意识形态》的重要前史，20 世纪 60 年代的《德意志意识形态》文献学可谓取得了重大的突破。首先，齐格弗里德·巴纳于1962 年在阿姆斯特丹国际社会史研究所的一个标有"帝国议会议员伯恩施坦先生的印刷品"字样的信封中发现了《德意志意识形态》三个纸面（六页）手稿，其中包含"费尔巴哈"章的第 1、2 和 29 页以及"圣麦克斯"章的第 28页，这为《德意志意识形态》尤其是"费尔巴哈"章的重新编辑出版奠定了重要的文献基础。其次，正是以《德意志意识形态》手稿的新发现为契机，1965年，由巴加图利亚编排的俄文新版"费尔巴哈"章在苏联《哲学问题》杂志第 10、11 期发表。以之为底本，由英格·蒂尔海恩编排的德文新版"费尔巴哈"章于 1966 年在民主德国《德国哲学杂志》第 10 期发表。这两个版本成为 MEGA² 框架下《德意志意识形态》编辑出版的先声。最后，伯尔特·安德烈亚斯与沃尔弗冈·蒙克在 1968 年发表了长篇论文《〈德意志意识形态〉的新材料。附一封不为人知的卡尔·马克思书信以及其他文献》，一方面详细介绍了一封首次发现的马克思于 1846 年 5 月 14—16 日致约瑟夫·魏德迈的书信，另一方面全文或节录刊印了 78 份同《德意志意识形态》相关的文件与书信（其中大部分是他人致马克思恩格斯的书信），从而在为《德意志意识形态》写作史与出版史研究提供较为系统的资料支撑的同时，亦首次使他人致马克思恩格斯书信的重要意义为学界所认识。所有这些新发现与新进展，为 MEGA² 版《德意志意识形态》的编辑和出版奠定了重要的基础。

　　就 MEGA² 时期来说，作为 MEGA² 版《德意志意识形态》的直接前史，前任主编陶伯特对《德意志意识形态》的编辑与研究是需要考察的首要内容。它涉及三个时段。首先，20 世纪 70 年代，陶伯特主持完成了 MEGA² 试编卷版《德意志意识形态》"费尔巴哈"章的编辑工作。作为 MEGA² 编辑出版框架下诞生的首个《德意志意识形态》版本，这一版的开创性地位自不待言。值得一提的是，尽管它依然采用了传统的逻辑编排方式，但是后来的时间顺序编排样态已经初现端倪。其次，20 世纪 80—90 年代，陶伯特带领其团队在《德意志意识形态》文献学以及编排方案等方面取得了重要进展，尤其是在 1997 年的《MEGA 研究》中推出了《德意志意识形态》完整版的总体构想。尽管这一构想最终未能实现，但是它作为陶伯特遗留下来的关于《德意志意识形态》唯一一个公开的、成熟的完整编排方案，全面彰显了陶伯特对《德意志意识形态》的总体把握和编辑设定，具有极为重要的参考价值。最后，21 世纪初，《马克思恩格斯年鉴（2003）》推出了陶伯特主编的 MEGA² 先行版即时间顺序版"费尔巴哈"章。如果说国内学界由于时间顺序编排方式在这一版中的横空出世而对其尤为关注，那么需要说明的是，该版并不是什么新鲜事物，其源头恰恰是陶伯特于1997年提出的《德意志意识形态》完整版构想。换言之，该版不过是完整版的局部再现。就此而言，对陶伯特时间顺序版"费尔巴哈"章的考量必须同其1997年的完整版构想结合起来。可以说，本部分内容是最切近意义上的 MEGA^2 版《德意志意识形态》前史研究，国内学界对此考察非常薄弱。因此，它也是本书的一大亮点和特色。

就 MEGA^2 版《德意志意识形态》而言，它在2017年的问世并未真正满足学界长久以来的企盼和期待。相反，这一版在提出许多重要考证结论的同时，又引发了重大的学术争论。首先，MEGA^2 版以他人致马克思恩格斯的书信为基础，成功地重构了《德意志意识形态》的写作和出版史。以之为基础，它在文本呈现方式上出现了一些新特点，这主要表现在标题设定（取消传统的副标题，强调其为手稿与刊印稿）、收录内容（正文为马克思恩格斯所写手稿，附录为他人所写文稿）、作者标注（强调马克思恩格斯之外还有其他作者）和编排原则（逻辑顺序编排与时间顺序编排相结合）等方面，这就使得 MEGA^2 版《德意志意识形态》在表面上与 MEGA^1 版《德意志意识形态》似乎大同小异，但其实与后者存在着根本区别。其次，MEGA^2 版进一步强调了某些重要的考证结论，这一方面涉及发生学意义上的《德意志意识形态》的诞生过程，包括不同阶段不同文本实例（Textzeuge）的产生过程，另一方面涉及季刊出版计划的设计、实施乃至夭折过程，从而使《德意志意识形态》"季刊说"得以正式确立。"季刊说"不啻为《德意志意识形态》文献学研究的重大新判定，它需要我们进行深入的考证与细致的辨析。正因如此，MEGA^2 版《德意志意识形态》非但未能暂时性地为《德意志意识形态》文献学研究划上句号，相反，它极大地引发了《德意志意识形态》文献学研究新热潮，这既包括"季刊"的时间范围和历史重构、"季刊说"与"著作说"的考证辨析以及"费尔巴哈"章乃至《德意志意识形态》的再编排。因此，如果说 MEGA^2 版在《德意志意识形态》写作和出版史的重构上确实取得了重大突破，那么在关于这一文本的呈现样态和著述形式方面，它又搅动起新的学术研讨和论争。

第三篇以 MEGA^2 为基础，进一步阐发它所开启的《德意志意识形态》研究新视域。这包含两个方面：一是他人致马克思恩格斯的书信之为《德意志意识形态》文献学研究的重要新资料；二是"著作说"与"季刊说"之争之为《德意志意识形态》文献学研究的关键新问题。

就《德意志意识形态》的文献资料来说，除了马克思恩格斯少有的几处公开自述外，我们所能够依据的一手可靠材料就是他们所写的书信。历史地看，《德意志意识形态》文献学研究的视域亦是伴随着从 MEGA^1 到《马克思恩格斯全集》俄文第一、二版再到 MEGA^2 中马克思恩格斯书信收录范围的不断扩大而日益拓展的。首先，在 MEGA^1 中，由于其仅仅收录了四卷马克思恩格斯之间的通信，因此，这一时期的《德意志意识形态》文献学研究只能重点依据马克思恩格斯之间的通信。而由于 1845—1846 年马克思和恩格斯在较长时间内同住在布鲁塞尔，通信很少，这就在很大程度上限制了关于《德意志意识形态》诞生史的研究。其次，在《马克思恩格斯全集》俄文第一版中，马克思恩格斯写给他人的书信得到系统出版，由此，关于《德意志意识形态》的全新文献资料有所增加，但是关键信息仍然不足。再次，在《马克思恩格斯全集》俄文第二版中，尽管正卷基本没有新增的书信，但是在其补卷中收录了安德烈亚斯和蒙克所发现的 1846 年 5 月 14—16 日马克思致魏德迈的书信。这是现存的唯一一封马克思在 1846 年致魏德迈的书信，它为《德意志意识形态》的写作及出版情况提供了重要线索。最后，在 MEGA^2 中，他人致马克思恩格斯的书信得到全面系统的出版，从而极大地开启了《德意志意识形态》文献学研究的新视域。于是，《德意志意识形态》写作与出版期间他人写来的书信——包括合作者赫斯、卡尔·贝尔奈斯、魏德迈和罗兰特·丹尼尔斯等，威斯特伐利亚企业主尤利乌斯·迈耶尔、鲁道夫·雷姆佩尔等，以及马克思恩格斯联系的一些出版商——为《德意志意识形态》的诞生史提供了丰富的材料。由此,《德意志意识形态》写作和出版过程中许多关键环节得以打通,从而为 MEGA² 历史地重构其诞生史奠定了根本基础。值得一提的是,由于他人致马克思恩格斯的书信并不在中文第一、二版《马克思恩格斯全集》的收录范围之内,因此,这部分重要文献并没有真正进入中国学者的视域。而本书正是以对 MEGA² 中出版的上百封他人致马克思恩格斯的原始书信的深入考察为基础,详尽再现了《德意志意识形态》季刊计划的实施过程,特别是其失败经过、背后原因以及马克思恩格斯此后的种种出版筹措,从而全面揭开了《德意志意识形态》未能出版的历史之谜。

如果说他人致马克思恩格斯的书信开启了《德意志意识形态》的文献资料新视域,那么它也为此后出现的《德意志意识形态》"季刊说"提供了关键的文献依据,从而使"季刊说"成为可以与"著作说"分庭抗礼的重要判定。"著作说"与"季刊说"之争由此出炉。关于这一问题的考察,本书采取了以历史溯源实现正本清源的方式。首先,对传统的"著作说"源起进行深入探析。如果说马克思恩格斯在世时留下的为数不多的几处公开说明并不能提供太多线索,那么在 20 世纪初德国社会民主党理论家的马克思恩格斯文献编著中,尤其是作为这一脉络起点的梅林版《遗著选》中,就可以发现"著作说"的肇始端倪。事实上,正是梅林最早在《遗著选》中使用了"Werk"一词来指称《德意志意识形态》。此后,不论是伯恩施坦主编的《社会主义文献》杂志,还是倍倍尔和伯恩施坦联合主编的《通信集》,抑或是迈尔撰写的《恩格斯传》等,均沿用了"著作"称谓来指称这部手稿。而在梁赞诺夫原文版"费尔巴哈"章和 MEGA¹ 版《德意志意识形态》中,这一判定已然得到正式确立,并作为既定的理论前提决定了梁赞诺夫和阿多拉茨基所共同坚持但性质根本不同的逻辑顺序编排方式。其次,对新兴的"季刊说"源起进行细致考察。"季刊说"的出现并非空穴来风。早在德国社会民主党理论家那里,"季刊说"就已然表现为背景性存在了。梅林在《马克思传》中就谈到马克思恩格斯和赫斯曾从事一个季刊项目，不过，他并没有意识到这个项目其实就是《德意志意识形态》，而是极为明确地将其同《德意志意识形态》区分了开来。到了 20 世纪 80 年代，MEGA^2 第 III/2 卷编者加里娜·格洛维娜在发表于《马克思恩格斯年鉴》第 3 辑的文章《1845—1846 年的季刊项目——关于〈德意志意识形态〉手稿最初的出版计划》中，首次提出了"季刊说"，并以他人致马克思恩格斯的大量原始书信作为论据。需要说明的是，或许考虑到"季刊说"的巨大冲击力和震撼力，格洛维娜在文章中的态度表现得相对温和，她更强调"季刊说"之为《德意志意识形态》"最初"的出版计划。此后，"季刊说"在波澜不惊中被逐渐接受。这尤其体现在陶伯特身上。陶伯特在 20 世纪 80 年代和 90 年代初对"季刊说"始终保持谨慎甚至根本抵制的态度，然而到了 90 年代中期，她的态度逐渐发生改变并转而支持"季刊说"。这鲜明地体现在《马克思恩格斯年鉴（2003）》出版的时间顺序版"费尔巴哈"章中。最终，伴随着 MEGA^2 版《德意志意识形态》的问世，"季刊说"正式确立。最后，对"著作说"与"季刊说"进行考证辨析。面对一度作为常识和定论的"著作说"和异军突起的新锐观点"季刊说"，学界一时莫衷一是。事实上，对这一问题的解答，既要立足《德意志意识形态》本身的写作特别是出版历程，更要依据马克思恩格斯本人的亲口论述。《德意志意识形态》虽然"源于"季刊，但并未"终于"季刊。因为在季刊计划失败之后，马克思恩格斯为《德意志意识形态》确立了两卷本甚至一卷本的出版方案，这时它已然是著作形态。此外，马克思在 1860 年的回顾性论述中对《德意志意识形态》明确使用了"Werk"指称，这完全可以表明：在马克思恩格斯那里，《德意志意识形态》就是一部不折不扣的著作。由此，"季刊说"与"著作说"的争论完全可以划上句号，而《德意志意识形态》之为著作的性质亦可以得到根本确证。对《德意志意识形态》"著作说"与"季刊说"源起的历史考察以及深入辨析，可谓是本书的代表性内容，它不仅有助于澄清

"著作说"与"季刊说"这一国际学界的重大论争,而且能够充分体现中国学人在《德意志意识形态》文献学领域所达到的研究水准。

第四篇立足于《德意志意识形态》的百年文献学发展历程,一方面对以往的重要 MEGA 版本如梁赞诺夫原文版"费尔巴哈"章、MEGA^1 版《德意志意识形态》、陶伯特的《德意志意识形态》完整版构想等进行历史的评估,另一方面对《德意志意识形态》百年文献学研究的总体图景进行勾勒,并阐明其现实启示。

如果说,随着 MEGA^2 版《德意志意识形态》的问世,以往的《德意志意识形态》以及"费尔巴哈"章诸版本在很大程度上失去了时效性,那么与此同时,事情的另外一面又展现出巨大的积极意义。那就是,所有这些版本都可以在《德意志意识形态》百年文献学的视域下,以 MEGA^2 版为参照,获得全面的历史评估。首先,就梁赞诺夫原文版"费尔巴哈"章来说,它所处的历史时代使它不可避免地具有诸多历史局限性。这既体现在手稿本身的不完整上(巴纳在 1962 年新发现的"费尔巴哈"章手稿并不在其视域之内),又体现在文献资料的不充分上(他人致马克思恩格斯书信远没有系统地进入考察视域),还体现在编辑呈现方式和编排手段的相对落后上。但是,梁赞诺夫原文版"费尔巴哈"章仍然具有重要的现实意义。这一方面体现在它对"忠实于原文"这一编辑原则的坚持和遵循,另一方面体现在它对逻辑优先性的秉持和坚守。前者保证了文本的原文呈现,后者则保证了《德意志意识形态》的著作定性和整体把握。其次,就 MEGA^1 版《德意志意识形态》来说,它由于对"费尔巴哈"章的全面介入而备受后世批评。20 世纪六七十年代的"费尔巴哈"章诸版本,包括陶伯特主编的时间顺序版"费尔巴哈"章,其假想敌、暗中靶就是 MEGA^1 版,它们在很大程度上都致力于对 MEGA^1 版的矫正和纠偏。尽管如此,我们决不能对 MEGA^1 版持一棍子打死的态度。毕竟,正是 MEGA^1 版首次把《德意志意识形态》这部为历史迷雾遮蔽 80 余年的马克思恩格斯的重要著作完整地呈现在世人面前，并在接下来的数十载中作为世界各语种《德意志意识形态》的原始底本，有力地推动了马克思主义的理论研究与国际传播，这可谓是其最重大、最不可磨灭的历史功绩。与此同时，MEGA¹ 版对《德意志意识形态》所作的文献学考证分析，在《德意志意识形态》百年文献学史上亦具有重大意义，极富价值。即使就"费尔巴哈"章来说，MEGA¹ 编者也通过各种说明以及手稿页码标注为重构手稿的原貌提供了线索。就此而言，决不能全盘否定 MEGA¹ 版《德意志意识形态》。最后，就陶伯特的《德意志意识形态》完整版构想来说，它虽然未曾实现，但它作为时间顺序版"费尔巴哈"章的最早出场以及陶伯特关于整个《德意志意识形态》编排方案的公开呈现，对于 MEGA² 版《德意志意识形态》具有极为重要的参考意义。可以发现，MEGA² 版并没有完全拒斥时间顺序版"费尔巴哈"章，而是对其进行了部分吸收。此外，它不仅承袭了陶伯特后来公开支持的"季刊说"，而且完全坚持了陶伯特所倡导的独立的文本实例编排方式。就此而言，MEGA² 版其实处处隐含着陶伯特的完整版构想。

在《德意志意识形态》百年文献学的视域下，我们可以大致勾勒它的总体图景。首先，就演进逻辑来说，《德意志意识形态》文本在百年来经历了建构—解构—重构的过程。如果说，20 世纪 20 年代，在没有马克思恩格斯的明确说明和具体指示的情况下，梁赞诺夫以从伯恩施坦处搜集的手稿为基础，在俄文版和德文版《马克思恩格斯文库》第一卷中出版了"费尔巴哈"章，阿多拉茨基进一步在 MEGA¹ 中出版了《德意志意识形态》首个完整版本，从而实现了对这一巨幅手稿的历史性建构，那么在经过了六七十年代"费尔巴哈"章版本的雨后春笋般涌现之后，陶伯特在 21 世纪初推出的先行版"费尔巴哈"章，以时间顺序编排原则一举推翻了先前各种版本的逻辑编排，从而实现了对"费尔巴哈"章的根本解构。而在此后的 MEGA² 版《德意志意识形态》中，编者通过逻辑编排为主、时间编排为辅的方式对陶伯特的编辑原则进行了否定之否定，从而又历史地重构了这一文本。其次，就理论主题而言，在《德意志意识形态》百年文献学历程中，存在三个重要主题。其一，编排方式。"费尔巴哈"章所经历的建构、解构与重构的辩证发展历程表明，编排方式是《德意志意识形态》文献学研究的首要主题，而对不同编排方式的理论考量与历史评估则是学理分析的重中之重。其二，著述形式。伴随着新材料的问世，"著作说"与"季刊说"成为《德意志意识形态》文献学的焦点问题。对此，我们既要承认"季刊说"的可靠依据，尤其是他人致马克思恩格斯的书信所提供的直接证据，又要扩大考察视域，坚持以《德意志意识形态》的整个出版史、马克思恩格斯的亲口论述以及手稿自身的保存样态作为基本判定依据。其三，历史定位。《德意志意识形态》面临的一大指责是，"费尔巴哈"章的粗糙草稿能否称得上是对唯物史观的系统阐述，能否称得上是唯物史观的"诞生地"？所谓"系统阐述"曾是阿多拉茨基在 MEGA^1 版中作出的论断，它同手稿情况确实不够符合。但是从文本内容、理论阐述上讲，"费尔巴哈"章无疑是唯物史观的诞生地，这是先行版和 MEGA^2 版都明确肯定、毫不含糊的。最后，从现实启示上讲，《德意志意识形态》百年文献学历程能够给我们三点启示。其一，以独立研究为前提确立新版文本。中国学界必须保持高度的独立性和自主性，在对 MEGA^2 版及既往版本进行全面的、批判的借鉴基础上，确立真正体现中国学人的理论见地、研究水准的《德意志意识形态》版本新形态。其二，以文献考证为基础强化研究路径。文献学研究本身就需要极强的考证功夫，而就《德意志意识形态》这部篇幅大、思想深、地位重而又争议多的经典著作来说，我们更要从文献、资料、观点、理论等各个方面加强考证研究，不仅知人所知，而且知人所不知，这样才能够真正占领《德意志意识形态》研究高地。其三，以 MEGA^2 为中介开展国际对话。在未来的《德意志意识形态》研究中，MEGA^2 是一个重要中介，它不仅提供了《德意志意识形态》的第二个原文完整版，而且以其厚重的资料卷次提供了关于《德意志意识形态》诞生史的详尽材料。因此，要想推进《德意志意识形态》研究，必须进一步加强对 MEGA^2 的研究。这是中国学人参与国际学术讨论、享有国际话语权利的前提条件。当然，这里有一个基本原则：对 MEGA^2 所提供的文献材料，要充分吸收；对 MEGA^2 所得出的各种观点，要仔细辨析。

《德意志意识形态》百年文献学发展历程可谓风云激荡，荡气回肠。这里有马克思恩格斯未能出版这部巨幅手稿的失望与落寞，又有梁赞诺夫搜集到这部无影之书的欢欣与激动；这里有首版"费尔巴哈"章的横空出世，又有首个完整版本的影响百年；这里有陶伯特的三十载倾心研究，又有 MEGA^2 编者的十年磨一剑。回望百年，《德意志意识形态》背后既有其复杂的政治历史，更有其深远的学术历史；既有文本自身的样态变迁，更有编者学人的理论考量。在这样悠远辽阔的视域之下，中国学人亦当争得历史主动，全力投入到《德意志意识形态》乃至马克思主义文献学研究之中，为构建中国自主的马克思主义文献学学科体系、学术体系和话语体系贡献力量，让中国学人的声音成为国际马克思主义研究中的最强音。

第一篇　MEGA¹ 视域下的《德意志意识形态》文献学研究

第一章
《德意志意识形态》的编辑出版前史

一般来说，我们可以把《德意志意识形态》文献学研究的起点追溯到 1924 年，因为正是在这一年，苏共中央马克思恩格斯研究院首任院长达维德·波里索维奇·梁赞诺夫（Давид Борисович Рязанов）在俄文版《马克思恩格斯文库》第一卷首次出版了《德意志意识形态》"费尔巴哈"章，从而正式开启了这部马克思恩格斯经典著作的编辑出版和文献研究历程。就此而言，2024 年正是《德意志意识形态》文献学研究的整整百年。然而，历史地来看，《德意志意识形态》文献学研究的起点还可以追溯得更远。一方面，早在马克思恩格斯在世的时候，他们就为我们留下了有关《德意志意识形态》的几处公开自述，尽管这些自述不过是只言片语，但是它们为后人探求《德意志意识形态》的写作和出版史，提供了重要的线索。另一方面，我们不能忽略的是，在马克思恩格斯去世之后和梁赞诺夫实施《马克思恩格斯全集》历史考证版第一版即 MEGA[1] 编辑出版工程之前，还存在一个非常关键的"中间时期"，即德国社会民主党理论家各尽所能，出版马克思恩格斯文献编著和个人传记的历史时期。在此期间诞生的重要文献包括：弗兰茨·梅林（Franz Mehring）主编的《马克思恩格斯和拉萨尔遗著选》（1902）、奥古斯特·倍倍尔（August Bebel）和爱德华·伯恩施坦（Eduard Bernstein）主编的《马克思恩格斯通信集（1844—1883）》(1913)、梅林撰写的世界历史上首部马克思个人传记《马克思传》(1918)

以及古斯塔夫·迈尔（Gustav Mayer）撰写的世界历史上首部恩格斯个人传记《恩格斯传》（1920）。与此同时，《德意志意识形态》的个别章节亦在此期间发表刊印，如伯恩施坦于 1903—1904 年在《社会主义文献》杂志节录刊印了"圣麦克斯"章，迈尔于 1921 年在《社会科学和社会政治文库》完整刊印了"莱比锡宗教会议"和"圣布鲁诺"章。尽管《德意志意识形态》的编辑出版活动在这一时期并未全面地开展，但是关于它的文献学研究已然通过上述编著、传记的介绍说明以及杂志刊物的零散出版而得以初步展开，并达到一定的水平。因此可以说，马克思恩格斯的公开自述特别是此后德国社会民主党理论家的考察和研究，构成了后来梁赞诺夫在 MEGA¹ 编辑出版工程的框架内，全面开展《德意志意识形态》手稿的搜集、整理活动的前提和基础，尤其是构成了 MEGA¹ 时期梁赞诺夫及其继任者弗拉基米尔·维克多罗维奇·阿多拉茨基（Владимир Викторович Адоратский）开展的《德意志意识形态》编辑和出版活动的重要前史。

第一节　马克思恩格斯对《德意志意识形态》的三次公开自述

历史地来看，在 MEGA¹ 编辑出版工程全面出版《德意志意识形态》之前，人们所能获取的马克思恩格斯关于《德意志意识形态》的相关论述极其有限。长期以来，研究者所能依赖的直接材料就是马克思恩格斯在世时留下的三次公开自述。

一、马克思对《德意志意识形态》的第一次公开自述

马克思对《德意志意识形态》所作的第一次公开自述发生在 1847 年 4 月，此时离 1845—1847 年的《德意志意识形态》写作时间颇为接近。为了驳斥柏林记者对自己的误解和污蔑，马克思在《德意志—布鲁塞尔报》（4 月 8 日，

第 28 号）和《特利尔日报》（4 月 9 日，第 99 号）发表了一份声明《驳卡尔·格律恩》[1]。正是在这份声明中，他首次提及了《德意志意识形态》手稿：

> 我没有兴趣"向德国公众介绍"我在研究格律恩先生的"法兰西和比利时的社会运动"当中所取得的"成就"，因此我倒乐于把我一年以前写的详细评论格律恩先生的大作的手稿放到一边；现在只是由于这位柏林朋友的逼迫，才不能不把它交给"威斯特伐里亚[2]汽船"杂志发表。这篇评论是对弗·恩格斯和我合写的"德意志思想体系"[3]（对以费尔巴哈、布·鲍威尔和施蒂纳为代表的现代德国哲学和以各式各样的预言家为代表的德国社会主义的批判）一书的补充。至于这篇手稿一直未能发表的原因，也许会作为"德国出版界的现状"的续评在另一个地方向读者加以说明。但是单独发表这篇与书报检查令毫不抵触的对格律恩一书的评论，并没有遇到任何困难；唯一的一点点障碍是我们认为这本书不值得专门进行批判，只是在评述所有平庸鄙陋的德国社会主义作品的过程中提到格律恩先生的时候，才不能不提到这部作品。[4]

可以看出，马克思在这一简短声明中提供了四个重要信息：首先，《德意志意识形态》是马克思与恩格斯的合著（gemeinschaftlich verfaßten Schrift）；其次，这部著作的矛头所向正是以路德维希·费尔巴哈（Ludwig Feuerbach）、布鲁诺·鲍威尔（Bruno Bauer）和麦克斯·施蒂纳（Max Stirner）三人为代表的现代德国哲学，以及以各式各样预言家为代表的德国社会主义，后者就包括马克思在这份声明中驳斥的卡尔·格律恩（Karl Grün）；再次，既然关于

---

1 参见《马克思恩格斯全集》第 4 卷，人民出版社 1958 年版，第 42—45 页。该文标题是由苏共中央马克思列宁主义研究院添加的。

2 由于《马克思恩格斯全集》中文第一、二版和《马克思恩格斯文集》以及其他文献资料存在"威斯特伐里亚"和"威斯特伐利亚"兼用的情况，本书统一采用"威斯特伐利亚"，不含引文。以下不再一一说明。

3 即《德意志意识形态》。

4《马克思恩格斯全集》第 4 卷，人民出版社 1958 年版，第 43—44 页；德文版参见 *Marx-Engels-Werke*, Band 4, Berlin: Dietz Verlag, 1959, S. 38。

格律恩的评论写于"一年以前",那么它作为其补充的《德意志意识形态》的
写作时间也应该大致在此前后;最后,《德意志意识形态》并没有出版,原因
在于"德国出版界的现状"。虽然马克思没有对这一原因作详细说明,但是考
虑到普鲁士严格的书报检查制度,我们仍然能够猜测出他所隐含的深意。值
得一提的是,马克思此处的德文表述"Die Umstände, welche den Druck dieses
Manuskripts verhindert haben und noch verhindern"所包含的信息,在其中译
文"至于这篇手稿一直未能发表的原因"中并未得到充分表达。若按照原文
直译,这句话应为"已经阻碍并且仍然阻碍这部手稿刊印的情况",那么它
就意味着,甚至在写作这份声明之时,马克思仍然在努力出版《德意志意识
形态》手稿,只是这一努力为现实情况所不容。这就表明,直到 1847 年 4
月,《德意志意识形态》出版计划仍在进行中,马克思此时还未彻底放弃这部
手稿。

值得一提的是,正如马克思在《驳卡尔·格律恩》中所声明的,他后来于
1847 年 8—9 月在《威斯特伐利亚汽船》杂志发表了文章《卡尔·格律恩:〈法
兰西和比利时的社会运动〉(1845 年达姆施塔特版)或真正的社会主义的历史
编纂学》[1],这是马克思在世时发表的唯一一份《德意志意识形态》文稿。

二、马克思对《德意志意识形态》的第二次公开自述

马克思对《德意志意识形态》所作的第二次公开自述发生在 12 年之后。
在 1859 年《〈政治经济学批判〉序言》中,他写下了关于《德意志意识形态》
的那段最著名的话:

> 自从弗里德里希·恩格斯批判经济学范畴的天才大纲(在《德法年鉴》

---

1 Karl Marx: Karl Grün: Die soziale Bewegung in Frankreich und Belgien (Darmstadt 1845), oder Die Ge-
schichtschreibung des wahren Sozialismus, in: *Das Westphälische Dampfboot*, Jg. 3, 1847, Heft 8, S. 439–463; Heft 9,
S. 505–525.

上）发表以后，我同他不断通信交换意见，他从另一条道路（参看他的《英国工人阶级状况》）得出同我一样的结果。当 1845 年春他也住在布鲁塞尔时，我们决定共同阐明我们的见解与德国哲学的意识形态的见解的对立，实际上是把我们从前的哲学信仰清算一下。这个心愿是以批判黑格尔以后的哲学的形式来实现的。两厚册八开本的原稿早已送到威斯特伐利亚的出版所，后来我们才接到通知说，由于情况改变，不能付印。既然我们已经达到了我们的主要目的——自己弄清问题，我们就情愿让原稿留给老鼠的牙齿去批判了。[1]

马克思在这里又提供了关于《德意志意识形态》的重要信息：首先，它的写作时间大致始于 1845 年，也就是马克思和恩格斯共同居住在布鲁塞尔的时期。其次，它的写作初衷是"阐明我们的见解与德国哲学的意识形态的见解的对立"，清算从前的哲学信仰。在这里，马克思虽然没有像上一次公开自述那样列出《德意志意识形态》的具体批判对象，但还是指出了它所批判的是"黑格尔以后的哲学"。再次，这份手稿的篇幅相当庞大，达"两厚册八开本"。最后，这份手稿失败的出版际遇同威斯特伐利亚的出版所密切相关，而其最终结局是"留给老鼠的牙齿去批判了"。

历史地来看，马克思的这段话留给后人无尽的想象空间。一方面，既然这部手稿的篇幅是如此庞大，那么其中必定蕴藏着马克思恩格斯对黑格尔以后德国哲学的真知灼见，更包含着他们自己的哲学洞见、思想变革与理论创新。因此，它必定是集中展现19世纪40年代中期马克思恩格斯思想面貌的重要场域，对我们了解与把握马克思恩格斯的思想发展脉络具有重大意义。所以，如果能够让这部手稿重现人间，必定是极大的历史功绩。但是另一方面，马克思所指出的手稿结局又把人们置于不得不面对的绝望之境：留给老鼠批判的手稿很可

1《马克思恩格斯文集》第2卷，人民出版社2009年版，第592—593页。

能已经不在世间，或者至少是残破不堪，难以辨认了。因此，恐怕很少有人会对找到——且不说找全——这部手稿抱有希望。

三、恩格斯对《德意志意识形态》的唯一一次公开自述

马克思所作的第二次公开自述也是他本人对《德意志意识形态》的最后一次公开说明。30 年后，恩格斯对《德意志意识形态》作了唯一一次也是最后一次的公开自述。在《路德维希·费尔巴哈和德国古典哲学的终结》的"1888年单行本序言"中，恩格斯在引用了马克思 1859 年《〈政治经济学批判〉序言》中的那段话后指出："在这篇稿子送去付印以前，我又把 1845—1846 年的旧稿找出来看了一遍。其中关于费尔巴哈的一章没有写完。已写好的部分是阐述唯物主义历史观的；这种阐述只是表明当时我们在经济史方面的知识还多么不够。旧稿中缺少对费尔巴哈学说本身的批判；所以，旧稿对现在这一目的是不适用的。"[1]恩格斯这里提到的"1845—1846 年的旧稿"正是《德意志意识形态》手稿。这段话一方面为我们提供了这份手稿的一个重要构成——"费尔巴哈"章的写作状况，另一方面，它也表明了晚年恩格斯对"费尔巴哈"章的态度：在写作这份手稿的 40 年之后，在已然完成《资本论》第二卷的编辑出版工作、正在进行第三卷编辑工作的恩格斯眼中，这一手稿在经济学方面的阐述显然不能令他满意。然而抛开所有这些显性内容，我们更应该注意到一个令人惊喜的隐性事实：《德意志意识形态》手稿依然存在，它并没有被老鼠的牙齿彻底批判掉。这就为后人寻觅这份手稿并将其出版带来了希望。

除了上述三次公开自述外，马克思恩格斯在世时并没有在其他公开出版的著述中对《德意志意识形态》有过提及或论述。因此，我们从他们本人那里获得的公开说明极为有限。不过，在马克思恩格斯去世后，德国社会民主党的理

---

1 《马克思恩格斯文集》第 4 卷，人民出版社 2009 年版，第 266 页。

论家们相继出版了一些重要编著、传记以及理论刊物，它们包括梅林在 1902 年出版的《马克思恩格斯和拉萨尔遗著选》、伯恩施坦在 1902—1905 年主编的《社会主义文献》杂志、倍倍尔和伯恩施坦在 1913 年出版的《马克思恩格斯通信集（1844—1883）》、梅林在 1918 年出版的《马克思传》、迈尔在 1920 年出版的《恩格斯传》（第一卷）等。在这些文献中，有的出现了关于《德意志意识形态》的一些重要说明，有的甚至刊印了《德意志意识形态》的大量原文，从而为我们提供了马克思恩格斯这部手稿的重要信息。

第二节 梅林对《德意志意识形态》的介绍与评析

梅林是德国社会民主党的重要理论家，马克思恩格斯在世时曾与之有过一定接触。1902 年，梅林完成了世界历史上首部马克思恩格斯文献遗产汇编——《马克思恩格斯和拉萨尔遗著选》（以下简称《遗著选》）。尽管该书并未收录《德意志意识形态》，但梅林仍然对这部手稿作了较为详细的论述。1918 年，梅林出版了世界历史上首部关于马克思的个人传记——《马克思传》，他在其中再次对《德意志意识形态》进行了介绍与评论，而其观点甚至很多表述基本上沿袭了《遗著选》。

一、《遗著选》对《德意志意识形态》的首次综合述评

《遗著选》收录了 1841—1850 年马克思恩格斯发表的著作或文章。它按照时间顺序分为九个部分，其中第七部分"源自德国社会主义杂志"收录的正是马克思恩格斯在布鲁塞尔时期完成的著述。在这一部分的"编者导言"（Einleitung des Herausgebers）中，梅林在第一节"亡命布鲁塞尔"中对马克思恩格斯的布鲁塞尔时期作了整体性的概括介绍，并简单提及了《德意志意识形态》。而在"编者导言"的第二节中，梅林直接以"《德意志意识形态》"为题，

对《德意志意识形态》的未收录原因以及卷次内容作了集中阐述，从而实现了马克思恩格斯去世后对《德意志意识形态》的首次综合述评。

在第一节"亡命布鲁塞尔"中，梅林对《德意志意识形态》的情况只是一笔带过。他指出，1845 年春，恩格斯来到布鲁塞尔与马克思会合。之后，两人一同前往英国进行了为期六周的旅行。通过这次旅行，马克思对英国的经济学文献有了更深刻的印象。同时，这次旅行亦使马克思和恩格斯巩固了同英国社会主义者以及宪章派的旧有联系，并建立了新的联系。[1] 接下来，梅林进一步指出，从英国返回布鲁塞尔后，马克思恩格斯便着手"共同阐明他们的见解与德国哲学的意识形态的见解的对立，实际上是把他们从前的哲学信仰清算一下。由此产生了两厚册八开本，其标题为：德意志意识形态，对费尔巴哈、布鲁诺·鲍威尔和施蒂纳所代表的黑格尔以后的哲学以及各式各样先知所代表的德国社会主义的批判"。[2] 可以看出，梅林这里对《德意志意识形态》的概述，前半部分依据的是马克思 1859 年在《〈政治经济学批判〉序言》中所作的自述，后半部分则参考了马克思在《驳卡尔·格律恩》的声明中对《德意志意识形态》内容的简略提及。

在接下来的"编者导言"第二节"《德意志意识形态》"中，梅林便对马克思恩格斯的这部未发表的手稿作了详细论述。

第一，对《德意志意识形态》未收录原因的说明。

梅林用逐级排除的方式对第七部分的收文原则进行了说明。他首先指出，"在马克思恩格斯于布鲁塞尔时期写下的那些著作中，《英国工人阶级状况》一书、反对蒲鲁东的论战性著作、关于资本和雇佣劳动的演说、关于自由贸易的演说以及《共产党宣言》等由于广为人知而排除在本文集之外"。[3] 此外，就马

1 Franz Mehring (Hrsg.): *Aus dem literarischen Nachlass von Karl Marx, Friedrich Engels und Ferdinand Lassalle*, Band 2, Stuttgart: Verlag von J. H. W. Dietz Nachf. (G. m. b. H.), 1902, S. 332.

2 Ebenda, S. 333.

3 Ebenda, S. 345.

克思恩格斯和莫泽斯·赫斯（Moses Heß）当时计划出版的《外国杰出的社会主义者文丛》来说，梅林谈道，"甚至不能确定，马克思想为之编辑什么内容；恩格斯承担了傅立叶的著作，赫斯承担了邦纳罗蒂的《巴贝夫密谋》"。[1] 因此，这一文丛也不可能收入《遗著选》。

经过这一初步的排除过程，关于布鲁塞尔时期的文献就剩下了三组。它们包括马克思恩格斯的著作《德意志意识形态》、马克思恩格斯为英法报刊即宪章派刊物和巴黎《改革报》所写的文章以及他们为德国社会主义杂志所写的文章。梅林指出，前两组文献也排除在《遗著选》之外。

就马克思恩格斯为英法报刊所写的文章来说，梅林给出了三点不收录的理由：其一，要确定马克思恩格斯当时在英法报刊所发表的文章，需要进行专门的研究，这既困难又涉及面广，而且很可能一无所获。这里，梅林特别提及了安德勒首次尝试的成果极为有限的对《改革报》中恩格斯文章的搜集辨识活动，并强调该报其实并不包含体现马克思恩格斯重要思想印迹的文章。[2] 这是梅林放弃收录马克思恩格斯为英法报刊所写文章的主要原因。其二，梅林指出，正如《共产党宣言》谈到的，马克思恩格斯当时"把他们的'主要注意力'[3]集中在德国，而就其整个思想发展历程而言，他们是用德语进行思考的"。[4] 这既是梅林在《遗著选》中不收录马克思恩格斯的英法报刊文章的另一个原因，又是他集中收录马克思恩格斯的德文报刊文章的主要原因。正因如此，第七部分才被命名为"源自德国社会主义杂志"。其三，梅林认为，恩格斯本人总是在顺便的时候才提及他和马克思为《改革报》和宪章派报纸所做的工作，如果他赋

---

1 Ebenda.

2 Ebenda.

3 参见《马克思恩格斯文集》第 2 卷，人民出版社 2009 年版，第 66 页。

4 Franz Mehring (Hrsg.): *Aus dem literarischen Nachlass von Karl Marx, Friedrich Engels und Ferdinand Lassalle*, Band 2, S. 345.

予这一工作以特殊的意义，那么他一定不会这么做。[1] 于是，基于上述三点理由，梅林把马克思恩格斯为英法报刊所写的文章排除在了《遗著选》之外。

然后，梅林对排除在《遗著选》之外的另一个重要文献即《德意志意识形态》进行了专门说明。他指出，《德意志意识形态》这部著作存在于马克思恩格斯的手稿遗产中，因此，它也排除在《遗著选》之外，因为《遗著选》只收录已发表的著作和文章，这一点梅林在"编者前言"（Vorwort des Herausgebers）的开篇就作过说明。[2] 于是，梅林认为，《德意志意识形态》必须保留在之后的马克思恩格斯的著作全集（Gesamtausgabe）中出版，因为马克思恩格斯写作这部著作的首要目的是自己弄清问题，而一旦它不能出版时，马克思恩格斯便把它留给老鼠的牙齿去批判了。[3] 显然，梅林这里依据马克思在《〈政治经济学批判〉序言》中的说明，认为仅仅以"自己弄清问题"为目的的《德意志意识形态》，其理论价值并不很高，因而未能得到马克思恩格斯的特别重视。这一对《德意志意识形态》的较低评价进一步体现在他对手稿内容的阐述上。

第二，对《德意志意识形态》两卷次内容的介绍。

梅林指出，《德意志意识形态》第一卷包含着马克思恩格斯同鲍威尔、施蒂纳和费尔巴哈的批判性论争。他认为，就鲍威尔而言，《神圣家族》已经提供了极为丰富的材料；而就对施蒂纳的批判来说，马克思本人并不认为它很必要，尽管他写下了这一批判。[4] 如果说前一观点似乎显而易见，无须论证，那么就后一观点来说，梅林特别引用约瑟夫·魏德迈（Joseph Weydemeyer）在1846年4月30日致马克思的信作为佐证。梅林指出，魏德迈当年曾接收了马

---

1 Ebenda, S. 346.

2 Franz Mehring (Hrsg.): *Aus dem literarischen Nachlass von Karl Marx, Friedrich Engels und Ferdinand Lassalle*, Band 1, S. VII.

3 Franz Mehring (Hrsg.): *Aus dem literarischen Nachlass von Karl Marx, Friedrich Engels und Ferdinand Lassalle*, Band 2, S. 346.

4 Ebenda.

克思恩格斯完成的《德意志意识形态》部分手稿，以求在威斯特伐利亚将其出版。在这封信中，魏德迈对马克思写道："你所谈到的关于批判施蒂纳是多余的这一论断，我已经在一些人那里碰到了。我为此尤其同毕尔格尔斯长时间地争吵不休。与之相反，在我看来，这一批判的必要性比之前更加清晰明了。观念的统治仍然强有力地存在于人们，尤其是共产主义者本人的头脑之中，即使谬论并没有随着施蒂纳的清晰性显露出来。范畴、建构等也存在于那些涉及更为现实的内容的著作之中，在其中脚手架被更好地遮蔽和隐藏了起来。我在这里和路易莎[1]通读了唯一者——即你的唯一者——的一大部分，她非常喜欢。"[2]相比之下，梅林指出，对费尔巴哈的批判会比对鲍威尔和施蒂纳的批判有趣得多。然而，恰恰是《德意志意识形态》的这一章没有完成，正如恩格斯在《路德维希·费尔巴哈和德国古典哲学的终结》的"1888 年单行本序言"中谈到的。[3]由此，梅林就通过对《德意志意识形态》第一卷三个主要章节的逐个否定——对鲍威尔的批判早已完成，对施蒂纳的批判纯属多余，对费尔巴哈的批判没有完成——而根本否定了《德意志意识形态》本身的理论价值。

值得一提的是，梅林特别引用相关书信就 1845—1846 年马克思恩格斯对费尔巴哈态度的转变作了说明。他指出，在 1845 年初，马克思恩格斯还特别看重费尔巴哈。在 2 月 22 日致马克思的信中，恩格斯谈道："你收到这封信时，克利盖恐怕已经到你那里了。这家伙是一个出色的鼓动家，他会告诉你许多关于费尔巴哈的事。就在他离开这里的第二天，我收到了费尔巴哈的一封信（因为我们给他写过信）。费尔巴哈说，他首先要彻底清除宗教垃圾，然后才能好好研究共产主义，以写文章来捍卫共产主义；他还说，他在巴伐利亚与全部生

---

1 路易莎是魏德迈的未婚妻。

2 Franz Mehring (Hrsg.): *Aus dem literarischen Nachlass von Karl Marx, Friedrich Engels und Ferdinand Lassalle*, Band 2, S. 346. 亦可参见 *Marx-Engels-Gesamtausgabe (MEGA²)*, Band III/1, Berlin: Dietz Verlag, 1975, S. 532–533.

3 Ebenda, S. 346–347.

活完全隔绝，以致无法做到这一点。另外他又说，他是共产主义者，因此对他来说，问题只在于如何实行共产主义而已。今年夏天他可能到莱茵省来，然后他也应该去布鲁塞尔，届时我们要设法劝他去。"[1]然而一年半之后，恩格斯就对费尔巴哈表现出厌恶与拒斥的态度。梅林引用了恩格斯在 1846 年 8 月 19 日致马克思的信。他在其中写道："我浏览了一遍费尔巴哈发表在《模仿者》上的《宗教的本质》。这篇东西，除了有几处写得不错外，完全是老一套。一开头，当他还只限于谈论自然宗教时，还不得不较多地以经验主义为基础，但是接下去便混乱了。又全是本质呀，人呀，等等。"[2]

就《德意志意识形态》第二卷来说，梅林指出，它所涉及的是德国社会主义的各式各样的先知。其中一章，即马克思对格律恩关于比利时和法兰西社会主义的著作的批判，已经发表在《威斯特伐利亚汽船》杂志上。[3]梅林的这一论述显然参考了马克思的声明《驳卡尔·格律恩》，而关于格律恩的章节正是《德意志意识形态》第二卷第四章，即"卡尔·格律恩：《法兰西和比利时的社会运动》（1845 年达姆施塔特版）或真正的社会主义的历史编纂学"。梅林谈到，对格律恩的批判是完全否定性的，而对所有平淡乏味的德国社会主义文献的批判亦是完全否定性的，因为这些文献没有包含任何进步的和有益的因素。而马克思和恩格斯对真正的社会主义文献的尖锐批判，通过《共产党宣言》就能清楚地看出。不过，梅林强调，仅仅依据马克思恩格斯的批判来考察真正的社会主义文献，并不正确，而这恰恰是当时社会主义文献的普遍作法。[4]在此基础上，他提出了一个一直以来尚未澄清的问题，即有人认为马克思和恩格斯曾经是真正的社会主义者。对此，梅林予以坚决否认。他指出，这个观点是错误的，因为即使马克思和恩格斯是从哲学走向了社会主义，他们也早在《德法

---

1 Ebenda, S. 347; 中文版参见《马克思恩格斯全集》第 47 卷，人民出版社 2004 年版，第 343 页。
2 Ebenda; 中文版参见《马克思恩格斯全集》第 47 卷，人民出版社 2004 年版，第 387—388 页。
3 Ebenda.
4 Ebenda.

年鉴》中就达到了一种比之后出现的真正的社会主义远为优越的立场。马克思和恩格斯从来都不是真正的社会主义者。不过，梅林在此再次对考察真正的社会主义者的方式作了论述。他认为，马克思恩格斯与真正的社会主义者之间的现实关系并没有随着前者对后者的终审裁定而结束，毋宁说，应该从马克思恩格斯同格律恩与赫斯之间存在的现实生活状况出发来得出终审裁定。如果仅仅依据马克思恩格斯的权威来谴责真正的社会主义者，就会陷入到无望的混乱之中。[1] 这里，尽管梅林表面上是在谈对真正的社会主义者的科学研究方式，但他其实已经在借此之名为真正的社会主义者进行辩护了。而在《马克思传》中，我们将会看到，梅林对真正的社会主义者的维护更加直接，更为明确。

总之，虽然梅林没有在《遗著选》中收录《德意志意识形态》，但是在关于布鲁塞尔时期的第七部分的"编者导言"中，他还是对这部著作的基本情况特别是卷次内容首次作了较为全面的综合述评。值得注意的是，在《遗著选》中，并不只有第七部分涉及《德意志意识形态》。事实上，在第六部分"《神圣家族，或对批判的批判所做的批判》"的"编者导言"中，亦出现了题为"莱比锡宗教会议"的节标题。[2] 我们知道，"莱比锡宗教会议"是《德意志意识形态》的重要组成部分，马克思恩格斯由之开启了对鲍威尔和施蒂纳的批判。梅林为什么会把这一标题用于《神圣家族》部分呢？

二、《遗著选》对"莱比锡宗教会议"的首次详细介绍

在《遗著选》第六部分即关于《神圣家族》的"编者导言"中，梅林在前五节介绍了《神圣家族》的相关背景——如鲍威尔创办的《文学总汇报》、欧仁·苏（Eugène Sue）的小说《巴黎的秘密》之后，在第六节"莱比锡宗教会议"中笔锋一转，开始阐述施蒂纳的《唯一者及其所有物》以及马克思恩格斯

---

1 Ebenda, S. 348.

2 Ebenda, S. V.

对它的评价。由此，梅林在首次揭开"莱比锡宗教会议"不为人知的面纱的同时，亦展开了一段关于《德意志意识形态》创作史的文献学考察。

梅林指出，与马克思和恩格斯同时，施蒂纳亦作为《文学总汇报》的对手而横空出世，他的著作《唯一者及其所有物》在《神圣家族》之前的几个月就出版了。[1]梅林以马克思恩格斯的通信为依据介绍了二人对施蒂纳及其著作的态度和看法。他指出，在1845年1月20日致马克思的信中，恩格斯谈到："说到施蒂纳的书，我完全同意你的看法。我以前给你写信的时候，还太多地拘泥于该书给我的直接印象，而在我把它放在一边，能更深入地思考之后，我也发现了你所发现的问题。赫斯（他还在这里，两星期前我在波恩同他交谈过）动摇一阵之后，也同你的看法一致了。他给我念了一篇他即将发表的评论该书的文章，他在这篇文章中表明了同样的意见，而那时他还没有看到你的信。我把你的信放在他那儿了，因为他还要用一用……"[2]从这封信可以看出，在最初阅读施蒂纳的著作时，恩格斯和赫斯都曾一度为之吸引，但是马克思却自始至终对这部著作持批判的否定态度，而这一态度亦对恩格斯和赫斯产生了重要的影响。梅林指出，在恩格斯写出这封信的三天之前，即1845年1月17日，赫斯也给马克思写了一封信。他在其中谈到："您最近给恩格斯写信说，批判的批判[3]将在近日出版。至今我们还没有这本书。我很为之高兴，也非常好奇地想看看，您如何在20印张中慢慢地把大祭司折磨死。当恩格斯给我看您的书信时，我刚刚写完了关于施蒂纳的一篇评论文章。我非常满意地看到，您完全从相同的观点出发来看待唯一者。他头脑中有资产阶级社会的理想，便幻想用他唯心主义的'谬论'来消灭国家，正如布鲁诺·鲍威尔头脑中有国家的理想，便幻想用这种'谬论'来消灭资产

1 Ebenda, S. 95.
2 Ebenda, S. 97–98; 中文版参见《马克思恩格斯全集》第47卷，人民出版社2004年版，第334页。
3 即《神圣家族，或对批判的批判所做的批判》。

阶级社会。我在我的文章中也顺便谈到了费尔巴哈的《未来哲学》，我把它视为当代的哲学（但是这样一种当代在德国仍然表现为未来），我以此宣告了对宗教的审判的结束。这整篇文章的标题是：晚近的哲学家。"[1]赫斯此处提及的文章很快便在 1845 年春以小册子的形式出版了，标题正是《晚近的哲学家》。

在此期间，马克思恩格斯的《神圣家族》也出版了。梅林指出，由于该书的写作风格与写作方式，并不能指望它引来广泛的关注。但是，即使在马克思恩格斯所在的较小的圈子内部，这部著作也没有得到很好的理解。梅林提到了 1845 年 5 月在《威斯特伐利亚汽船》杂志发表的一篇书评。尽管该书评对《神圣家族》不吝溢美之辞，但梅林认为，它其实并不符合马克思恩格斯的品味，因为对于二者而言，重要的不是溢美，而是理解。[2]与此同时，鲍威尔的一位崇拜者泰奥多尔·奥比茨（Theodor Opitz）则在《特利尔日报》发表文章批判马克思，从而对鲍威尔进行辩护。梅林引用了奥比茨的原文："谁能为马克思先生不知道自我意识及其力量而受到谴责呢？……历史除了是自我意识的发展，还能是什么？……对于鲍威尔的反对者来说，实际上根本不存在什么历史，因为历史只对在思想中、认识中创造它的那些人存在。"[3]

接下来，梅林开始把主题引入《德意志意识形态》的直接写作背景。他指出，赫斯的《晚近的哲学家》遭到了发表于《维干德季刊》1845 年第 3 卷的鲍威尔和施蒂纳文章的激烈反驳。他谈到，在鲍威尔和施蒂纳之间也存在着隐秘的战争：施蒂纳同施里加（Szeliga）进行论战，后者作为更年轻的鲍威尔写文章反对前者；鲍威尔则利用费尔巴哈来反对施蒂纳。不过，当面对费尔巴哈和社会主义者的"真正的人道主义"时，这二人却感到他们是"并蒂果实"，

---

1 Franz Mehring (Hrsg.): *Aus dem literarischen Nachlass von Karl Marx, Friedrich Engels und Ferdinand Lassalle*, Band 2, S. 98. 亦可参见 *Marx-Engels-Gesamtausgabe (MEGA²)*, Band III/1, S. 450。

2 Ebenda.

3 Ebenda, S. 98–99.

是"为唯心主义哲学所滋养的一奶同胞"。[1] 由此，通过对赫斯、鲍威尔、施蒂纳和费尔巴哈之间复杂思想关系的说明，梅林终于进入了正题——"莱比锡宗教会议"。

梅林谈到，在恩格斯的手稿遗产中有一篇幽默的文章，他在其中探讨了"莱比锡宗教会议"。梅林引用了其中的原文："这场圣战不是为了关税、宪法、马铃薯病，不是为了银行事务和铁路，而是为了精神的最神圣的利益，为了'实体'、'自我意识'、'批判'、'唯一者'和'真正的人'。我们身临圣师们的宗教会议。"[2] 梅林指出，由于这些圣师"是这类人的最后的标本，同时希望这是最后一次为最高者，亦即绝对者的事业辩护"，恩格斯对之作了进一步的说明。[3] 这里，梅林所作的表述基本上来自"莱比锡宗教会议"的原文。

接下来，梅林介绍了恩格斯在"莱比锡宗教会议"中对施蒂纳和鲍威尔的论述。他继续按照原文引用了恩格斯对施蒂纳的描述："他既是'词句'，又是'词句的所有者'，既是桑乔·潘萨，又是堂吉诃德。他苦修苦炼的是对无思想进行痛苦的思想，对无可怀疑进行连篇累牍的怀疑，把毫不神圣的说成是神圣的。不过，此外我们就用不着再替他捧场了，因为关于他身上所有的特性（尽管这些特性比伊斯兰教的神的名称还要多），他总是习惯地说：我就是一切，而且是高于一切的某物。我是这种无的一切，也是这种一切的无。他有一些庄严的'轻浮'，并且不时用'批判的狂呼'来打断自己的严肃的沉思，这就是他优越于他的抑郁沉闷的对手的地方。"[4]

梅林认为，与施蒂纳相比，恩格斯更为关注的是鲍威尔以及鲍威尔对费尔

---

1 Ebenda, S. 99.

2 Ebenda; 中文版参见《马克思恩格斯全集》第 3 卷，人民出版社 1960 年版，第 88 页。需要说明的是，梅林在引用手稿原文时，通常会基于人称、表述的连贯而对原文内容略作调整，从而导致个别地方与中文版《马克思恩格斯全集》的译文略有不同。以下不再逐一说明。

3 Ebenda; 中文版参见《马克思恩格斯全集》第 3 卷，人民出版社 1960 年版，第 88 页。

4 Ebenda, S. 99–100; 中文版参见《马克思恩格斯全集》第 3 卷，人民出版社 1960 年版，第 89 页。

巴哈的批判。他指出，由于鲍威尔只是通过引用一篇关于《神圣家族》的评论文章——发表于《威斯特伐利亚汽船》杂志——中的几处存在误解的引文来反驳《神圣家族》，因此，恩格斯就不得不对这种奇特的方法进行批判。于是，这里自然就不涉及原则上的探讨了。[1]梅林引用了批判鲍威尔的大段引文：鲍威尔认为"自我意识与实体之间"的争论——它在《神圣家族》中被证明为"黑格尔思辨范围之内的争论问题"——是"世界历史的问题，甚至是绝对的问题"；[2]"这是他能够借以道出当代冲突的唯一形式。他确实相信：自我意识对实体的胜利，不仅对欧洲的均势，而且对俄勒冈问题的整个未来发展都有极重大的影响。至于英国谷物法的废除究竟在多大程度上取决于这一点，现在还知道得很少。黑格尔用以反映——以歪曲的形式反映——现实冲突的那种抽象的和神秘的词句，在这个'批判的'头脑看来就是现实冲突本身。他接受了思辨的矛盾，并把这个矛盾的一部分同另一部分对立起来。在他看来，关于现实问题的哲学词句就是现实问题本身。因此，在他看来，一方面，现实的人以及他们对于从外表上看是独立在外而和他们对立的他们自己的社会关系的现实意识都非实有，实有的只是自我意识这种赤裸裸的抽象词句，正如现实的生产都非实有，实有的只是这种自我意识的已经独立化的活动一样；另一方面，现实的自然界和现实存在的社会关系都非实有，实有的只是这些关系的一切哲学范畴或名称归结而成的赤裸裸的哲学词句，即实体；因为他同所有哲学家和思想家一起，错误地把思想、观念、现存世界在思想上的独立化了的表现当作这个现存世界的基础。不言而喻，用这两个已变得毫无意义和毫无内容的抽象，他就能够变各式各样的戏法，而对现实的人及其各种关系则一无所知。"[3]显然，在梅林看来，这段话既揭示了鲍威尔观点的错误所在，又反映了恩格斯的正面观

---

1 Ebenda, S. 100.

2 Ebenda; 中文版参见《马克思恩格斯全集》第3卷，人民出版社1960年版，第92页。

3 Ebenda; 中文版参见《马克思恩格斯全集》第3卷，人民出版社1960年版，第92—93页。

点，可谓整个论战的"核心要点"[1]，应当予以特别关注。然而，撇开其内容不谈，我们发现，梅林所引述的这段话并不是来自"莱比锡宗教会议"，而是来自"圣布鲁诺"章。考虑到梅林为该节设定的标题为"莱比锡宗教会议"，这显然意味着，他其实是把"莱比锡宗教会议"和"圣布鲁诺"两份手稿一起视为恩格斯所写作的幽默文章，从而共同置于"莱比锡宗教会议"名下。

最后，梅林指出，恩格斯并没有更为详尽地探讨施蒂纳，而关于赫斯反对施蒂纳的小册子，他也只是略作提及。这里，梅林特别谈到了体现马克思恩格斯对赫斯态度的一处文字。他指出，马克思在手稿中插入了一句话：他和恩格斯对赫斯的著述不负任何责任。[2] 这意味着，二人对赫斯的文章并不满意。但梅林并没有进一步阐述马克思恩格斯同赫斯思想关系的演变。在此，他只是强调，就赫斯的小册子而言，虽然很难说它对施蒂纳作了有力的抨击，但是它足以让《唯一者及其所有物》声誉大跌。[3] 值得注意的是，梅林此处谈到的马克思这句话，并不存在于"莱比锡宗教会议"中，而是同样存在于"圣布鲁诺"章中。这再次表明，梅林确实把"圣布鲁诺"章置于"莱比锡宗教会议"之名下。梅林进一步阐述并分析了施蒂纳的观点："他保证，资产阶级社会完全不在他心上；他争辩说，资产阶级社会是利己主义的场所。而利己主义的对手也只是利己主义者：费尔巴哈只做费尔巴哈的事，赫斯只做赫斯的事，施里加只做施里加的事。为了掩盖其结论的明显谬误，施蒂纳在他的书中阐述说，利己主义者或许会为别人做出牺牲，但也只是因为这是他的愉悦和他的享受。"[4] 于是，梅林揭露出施蒂纳观点的空洞与荒谬："在赫斯的逼迫下，施蒂纳完全逃离到空洞的词句游戏中，他说，他所理解的利己主义不是爱的对立面，不是思想的对立

1　Ebenda.

2　参见《马克思恩格斯全集》第 3 卷，人民出版社 1960 年版，第 113 页。

3　Franz Mehring (Hrsg.): *Aus dem literarischen Nachlass von Karl Marx, Friedrich Engels und Ferdinand Lassalle*, Band 2, S. 101.

4　Ebenda.

面，不是甜蜜的爱的生活的敌人，不是奉献和牺牲的敌人，不是最真挚的诚实的敌人，不是批判的敌人，不是社会主义的敌人。而当施蒂纳补充说，他的利己主义只是反对无趣性与无趣物，不是反对思想而是反对圣思想，不是反对社会主义者而是反对圣社会主义者，此时，这种空洞的词句游戏就变成了十足的矛盾。因为如果无趣性与无趣物现在是我的愉悦和我的享受呢？情愿登上火堆也不愿放弃他的圣思想的殉道者也不过是施蒂纳式的利己主义者，因为他的圣思想给他带来了如此的愉悦和满足，以至于他宁愿被焚烧也不愿意放弃它。"[1]

总之，在"莱比锡宗教会议"一节中，梅林对《德意志意识形态》的写作背景特别是马克思恩格斯同鲍威尔、施蒂纳、费尔巴哈以及赫斯的思想关系作了比较详细的说明，并且首次直接引用了"莱比锡宗教会议"和"圣布鲁诺"章的部分原文。然而，需要注意的是，梅林似乎并不清楚"莱比锡宗教会议"（包括"圣布鲁诺"章）与《德意志意识形态》之间的渊源关系，不知道它其实是《德意志意识形态》的一部分。因此，他把这份文稿定性为一篇独立的文章，而且是恩格斯的一篇独立的文章。看来，正是"莱比锡宗教会议"手稿上的恩格斯的誊写笔迹使梅林得出了这一结论。另外，尽管梅林注意到了马克思在文稿中的插入笔迹，进而也触及到赫斯与马克思恩格斯的思想关系，但是他并没有对此作进一步探究，从而把这份文稿同《德意志意识形态》联系起来。正是由于对"莱比锡宗教会议"的出处或来源探查不明，梅林错误地把这份材料置于第六部分即关于《神圣家族》的框架之下，并基于内容更丰富的"圣布鲁诺"章而强调恩格斯对鲍威尔的重点批判，施蒂纳反倒没有成为关注的焦点。值得一提的是，正是这一在《遗著选》中被错误放置的"莱比锡宗教会议"后来引起了梁赞诺夫的注意，它成为梁赞诺夫搜集《德意志意识形态》手稿的重要线索。

---

1 Ebenda.

三、《马克思传》对《遗著选》相关评价的重复论述

1918 年，梅林出版了他的代表作《马克思传》。在该书第五章《亡命布鲁塞尔》中，梅林对《德意志意识形态》作了更加详尽的论述。不过，除了补充一些关于《德意志意识形态》创作史的材料之外，梅林基本上重复了自己在《遗著选》中的观点，甚至许多表述亦源自《遗著选》。

第一，重复《遗著选》对《德意志意识形态》的较低评价。

在第五章《亡命布鲁塞尔》中，梅林用两节介绍了《德意志意识形态》的相关情况。其中，第一节的标题正是"《德意志意识形态》"。可以看出，梅林这里把曾经作为《遗著选》第七部分"编者导言"的两节标题"亡命布鲁塞尔"和"《德意志意识形态》"直接用作了《马克思传》的章标题和节标题。

首先，梅林介绍了《德意志意识形态》的写作和出版历程。在简要提及了马克思恩格斯于 1845 年 7—8 月进行的为期 6 周的英国之旅后，梅林指出，两人返回布鲁塞尔后便重新开始合写一部著作。在此，他再次引用马克思在 1859 年《〈政治经济学批判〉序言》中关于《德意志意识形态》出版际遇的说明，指出原稿最终留给老鼠的牙齿去批判了。这里，梅林作了这样一句评注："老鼠当真完成了这个任务，不过原稿残留的部分也足以说明，为什么作者本人对于自己的不走运并未感到十分伤心。"[1] 这句话表明，梅林此时对《德意志意识形态》手稿已经有了一定的了解。不过，既然他认为作者对"自己的不走运"并不十分伤心，那么可以看出，他对这份手稿的评价还是比较低的。这也可以从下文他对《德意志意识形态》的写作风格以及具体内容的论述看出。

其次，梅林对《德意志意识形态》的写作风格作了评价。此处，他的评价依然较低，甚至还带有些许批评。他指出，如果说马克思恩格斯"过去清算鲍

---

1 [德] 弗·梅林:《马克思传》，樊集译，持平校，人民出版社 1965 年版，第 143 页。

威尔兄弟的那部过于详尽的著作对读者说来已经是一个够坚硬的胡桃，那末这个篇幅达五十印张的两厚册巨著就是更加坚硬的胡桃了。这部著作的标题是：《德意志意识形态。对费尔巴哈、布·鲍威尔和施蒂纳所代表的现代德国哲学以及各式各样先知所代表的德国社会主义的批判》。恩格斯后来根据回忆断定，单单是批判施蒂纳的那一部分，篇幅就有施蒂纳本人的书那样大。而《德意志意识形态》的已经出版的片断，证明恩格斯的记忆是不错的。这部著作甚至是比《神圣家族》中最枯燥的部分都更加冗赘烦琐的'超论争'。此外，虽然这里也有时出现沙漠中的绿洲，但比起《神圣家族》来要少得多。而当辩证法的锋芒在个别地方显现的时候，它也很快就被琐碎的挑剔和咬文嚼字的争论所代替了"。[1] 显然，梅林对于《德意志意识形态》中马克思恩格斯极为详尽的，特别是针对施蒂纳著作的逐页甚至逐段逐字的批判颇为不喜，在他看来，这种极端的细致使得整部著作显得琐碎和冗长，读起来异常吃力。梅林把这一写作风格归咎于当时的小圈子之内的少数人论争，这种论争类似于在莎士比亚以及与他同时代的戏剧家们身上发生的情况："从论敌那里断章取义地摘出一段文字，然后像对付野兽一样加以穷追猛打。用望文生义或随意曲解论敌的思想的办法，极力使这个思想具有尽可能愚蠢的含义。"[2] 尽管梅林肯定马克思恩格斯"具有进行精辟锋利的批判的辉煌才能"，且"他们的行文向来绝少冗长烦琐的毛病"[3]，但是此处所使用的表述如"断章取义""望文生义""随意曲解"却多多少少反映出他对马克思恩格斯所作的批判的态度。在他看来，马克思恩格斯的批判颇有故意误解再作硬性归谬的意味，难以令人信服。

最后，就《德意志意识形态》的内容来说，梅林依然秉持《遗著选》中的基本观点：对鲍威尔的批判已在《神圣家族》中完成；对施蒂纳的批判连马克

---

1 [德] 弗·梅林：《马克思传》，樊集译，持平校，人民出版社1965年版，第143—144页。
2 [德] 弗·梅林：《马克思传》，樊集译，持平校，人民出版社1965年版，第144页。
3 [德] 弗·梅林：《马克思传》，樊集译，持平校，人民出版社1965年版，第144页。

思都认为多余，而"如果我们知道马克思和恩格斯在《德意志意识形态》中关于费尔巴哈说了些什么，那一定是更有教益的，因为在这里问题会不仅仅限于纯粹否定的批判。可惜，该书的这一部分始终没有完成"[1]。显然，在梅林看来，关于费尔巴哈的批判应该是《德意志意识形态》中最具价值的部分，它不会像施蒂纳部分那样完全囿于纯粹的批判与回击，而是会作为马克思恩格斯的正面阐述出现。遗憾的是，这一部分最终并未完成，它的核心内容只能通过恩格斯晚年才发表的马克思写于1845年春的《关于费尔巴哈的提纲》来窥得一二了。

第二，重复《遗著选》对真正的社会主义者的一定辩护。

梅林在《马克思传》中对真正的社会主义者作了比《遗著选》更为丰富的说明。在第五章"亡命布鲁塞尔"中，第二节的标题正是"真正的社会主义"。

梅林指出，马克思恩格斯计划写作的《德意志意识形态》第二卷探讨的就是各式各样的先知所代表的德国社会主义。他列举了这些所谓先知式的代表人物，即赫斯、格律恩、奥托·吕宁（Otto Lüning）、海尔曼·皮特曼（Hermann Püttmann）等。梅林还介绍了与这些人相联系的刊物，如赫斯创办的月刊《社会明镜》、皮特曼创办的年刊《莱茵年鉴》和《德国公民手册》、吕宁创办的月刊《威斯特伐利亚汽船》，还有其他相关的报纸如《特利尔日报》等。[2]这里，梅林再次辨析了所谓"马克思恩格斯曾是真正的社会主义者"的观点，指出它完全不符事实。"确实，双方都是从黑格尔和费尔巴哈走向社会主义的。但是马克思和恩格斯是通过对法国革命史和英国工业发展的研究来研究社会主义的，而'真正的社会主义者'却只是满足于把社会主义的公式和标语口号翻译成'陈腐的黑格尔式的德语'。马克思和恩格斯企图使'真正的社会主义者'超过这种水平，而且相当公正地把这整个派别看成是德国历史的产物。"[3]

---

1 [德]弗·梅林：《马克思传》，樊集译，持平校，人民出版社1965年版，第145页。
2 [德]弗·梅林：《马克思传》，樊集译，持平校，人民出版社1965年版，第146页。
3 [德]弗·梅林：《马克思传》，樊集译，持平校，人民出版社1965年版，第147—148页。

同《遗著选》类似，梅林对真正的社会主义者作了一定的辩护。他指出，马克思恩格斯认为，真正的社会主义"不过是德意志各邦专制政府用鞭子枪弹给德国工人起义吃苦头的时候所加的甜味罢了"，他们不能原谅真正的社会主义者"对政府的所谓支持"。[1] 梅林认为，马克思恩格斯的这些表述不免太过夸张。他指出，真正的社会主义者确实不分青红皂白地谴责自由主义，而这样做只能使政府高兴。但是，"不论'真正的社会主义者'在这方面有多大的过错，他们的过错总还是由于愚蠢和无知，而绝不是由于想支持政府。在他们的一切臆想受到死刑宣告的革命期间，所有的'真正的社会主义者'都一致站在资产阶级左翼方面。不用说曾经在德国社会民主派队伍中作战的赫斯，就是'真正的社会主义'的其他代表者，也没有一个人投到政府方面去。在这一点上，他们是问心无愧的，这是其他所有形形色色的资产阶级社会主义，不论是当时的或现在的，都不能相比的"。[2] 此外，梅林还谈到，尽管马克思恩格斯对真正的社会主义者进行了尖锐的批判，但是真正的社会主义者仍然对马克思恩格斯怀有敬意，并向马克思恩格斯开放自己的刊物。"他们之所以没有能够改掉自己的老毛病，这不是由于不可告人的阴谋诡计，而是由于明显的思想混乱。"[3]

总之，在《马克思传》中，梅林对《德意志意识形态》的写作出版情况以及真正的社会主义作了进一步的说明。但是，在对《德意志意识形态》这部手稿的评价上，在对真正的社会主义者的态度上，他并没有改变早在《遗著选》中就确立的基本立场。对于梅林而言，《德意志意识形态》是一部过于细碎、过于论争性的著作。由于缺乏马克思恩格斯的系统的正面阐述，因此它并不具有太大的价值。另外，尽管梅林肯定马克思恩格斯的正确立场以及精辟批判，强调真正的社会主义者的天真和无知，但是他显然对被马克思恩格斯激烈批判

---

1 [德] 弗·梅林：《马克思传》，樊集译，持平校，人民出版社 1965 年版，第 149 页。
2 [德] 弗·梅林：《马克思传》，樊集译，持平校，人民出版社 1965 年版，第 150 页。
3 [德] 弗·梅林：《马克思传》，樊集译，持平校，人民出版社 1965 年版，第 150 页。

的真正的社会主义者持有强烈的同情态度，从而始终在寻找时机为之辩护。梅林的这一立场是非常需要我们谨慎对待并加以批判的。

第三节　伯恩施坦对《德意志意识形态》及相关文献的编辑出版

作为梅林之外的德国社会民主党的另一位理论家，伯恩施坦在其马克思主义文献的编辑出版活动中也涉及到了《德意志意识形态》。这主要包含两个方面：首先，作为恩格斯遗产的保管人，伯恩施坦于 1903—1904 年在《社会主义文献》杂志首次节录刊印了《德意志意识形态》"圣麦克斯"章，从而使《德意志意识形态》手稿在马克思恩格斯逝世后首次集中亮相；其次，伯恩施坦于1913 年同倍倍尔一起编辑出版了《马克思恩格斯通信集（1844—1883）》，其中收录的布鲁塞尔时期马克思恩格斯通信，亦提供了关于《德意志意识形态》的重要线索。

一、《社会主义文献》对"圣麦克斯"章的首次节录刊印

1902 年，伯恩施坦开始主编《社会主义文献》杂志。该杂志包含四个常设栏目：一为"社会主义的书目"，主要介绍德语、英语、法语、荷兰语、意大利语、俄语等语种出版的有关社会主义的书籍；二为"社会主义的历史"，主要收录社会主义发展史中的重要文献以及重要人物的相关文章；三为"社会主义的文件"，主要收录与社会主义相关的重要历史文件及证明材料；四为"杂志中的社会主义"，主要介绍德国国内以及国外社会主义刊物中发表的同社会主义相关的文章。

第一，《社会主义文献》刊印的"圣麦克斯"手稿相关内容。

从 1903 年（第 III 卷）起，伯恩施坦开始在《社会主义文献》杂志的"社会主义的历史"栏目节录刊印《德意志意识形态》。他以"圣麦克斯。出自马

克思恩格斯关于施蒂纳的一部著作"[1]为题，陆续在第 1、2、3、4、7 和 8 期收录了"圣麦克斯"章第一部分即"旧约：人"的主体内容。具体来说，第 1 期完整收录了"圣麦克斯"章的开篇以及第一部分"旧约：人"的前两节，即"1. 创世纪，即人的生活"和"2. 旧约的经济"；第 2 期完整收录了"3. 古代人"，并对"4. 近代人"的"B. 中迷者（不纯粹的诸精神史）"中关于"见灵指导""第二种见灵指导""a. 幽灵""b. 怪想"以及"C. 不纯粹的—不纯粹的诸精神史"中关于"a. 黑人和蒙古人"等五处内容作了段落摘录；第 3 期连续收录了"C. 不纯粹的—不纯粹的诸精神史"中"a. 黑人和蒙古人"的后半部分、"b. 天主教和新教"以及"D. 教阶制"的全文；第 4 期完整收录了"6. 自由者"中的"A. 政治自由主义"；第 7 期收录了"6. 自由者"中的"B. 共产主义"的前半部分；第 8 期收录了"B. 共产主义"的后半部分。[2] 此后，《社会主义文献》在 1903 年再未刊载"圣麦克斯"章的相关内容。

　　1904 年，《社会主义文献》（第 IV 卷）杂志重启对"圣麦克斯"章的刊印活动，陆续在第 5、6、7、8、9 期完整收录了"新约：'我'"的开篇部分。具体来说，第 5 期收录了"1. 新约的经济"的完整一节以及"2. 自我一致的利己主义者的现象学，或关于辩解的学说"的开篇；第 6 期收录了"2. 自我一致的利己主义者的现象学，或关于辩解的学说"中间部分关于"意识"和"创造者与创造物"的内容；第 7 期收录了"2. 自我一致的利己主义者的现象学，或关于辩解的学说"最后部分以及"3. 启示录或'新智慧的逻辑'"的开篇；第 8

---

　　1 在 1903 年第 1 期首次刊印时，伯恩施坦将手稿的标题确定为"圣麦克斯。出自马克思恩格斯关于施蒂纳的一部著作"（Der „heilige Max". Aus einem Werk von Marx-Engels über Stirner）。而在第 2 期中，标题调整为"圣麦克斯。出自马克思恩格斯遗留下来的关于麦克斯·施蒂纳的一部著作"（Der „heilige Max". Aus einem nachgelassenen Werk von Marx-Engels über Max Stirner）。在接下来的第 3、4 期中，这一标题没有再发生变化。但是在第 7 期中，伯恩施坦又把标题进一步调整为"圣麦克斯。出自马克思恩格斯遗留下来的关于麦克斯·施蒂纳的一部著作"（Sankt Max. Aus einem nachgelassenen Werk von Marx-Engels über Max Stirner）。此后标题再未调整。

　　2 参见 Eduard Bernstein (Hrsg.): *Dokumente des Sozialismus*, Band III, Heft 1, 2, 3, 4, 7, 8, 1903, S. 17–32, 65–78, 115–130, 169–177, 306–316, 355–364.

期继续收录"3.启示录或'新智慧的逻辑'";第 9 期收录"3.启示录或'新智慧的逻辑'"的结尾部分。[1] 至此,《社会主义文献》在未作任何说明的情况下终止了《德意志意识形态》"圣麦克斯"章的刊印活动。

第二,伯恩施坦对"圣麦克斯"手稿的文献学说明。

在刊印"圣麦克斯"章原文的同时,伯恩施坦还通过"前言"(Vorbemerkung)等形式首次对"圣麦克斯"手稿作了较为细致的文献学说明。

首先,关于手稿的状况。在第 III 卷第 1 期为首次刊印"圣麦克斯"手稿所写的"前言"中,伯恩施坦在开篇就介绍了手稿的出处:"在弗里德里希·恩格斯通过遗嘱托付奥古斯特·倍倍尔和本刊主编(即伯恩施坦——作者注)所照管的那些手稿中,还有一部关于或者说反对麦克斯·施蒂纳——他是尤其通过无政府主义的、同尼采相关的文学运动而再次变得知名的《唯一者及其所有物》的作者——的著作(Arbeit)。"[2] 伯恩施坦指出,这份手稿的顶端写着罗马数字"III",由此可以得出,它曾被设想为一部文集(Sammelwerk)的一部分。伯恩施坦特别说明了手稿开篇的内容。他指出,手稿的前几句同"莱比锡宗教会议"一文相连,该文批判了鲍威尔和施蒂纳发表在《维干德季刊》1845 年第 3 卷中的文章。同"莱比锡宗教会议"一样,施蒂纳在这里也被作为圣师"圣麦克斯"而予以对待。[3] 由此,伯恩施坦一方面说明了"圣麦克斯"手稿的来源、考察对象等重要文献学信息,另一方面亦指明了它与"莱比锡宗教会议"的密切联系,这对于解决梅林未能破解的"莱比锡宗教会议"之谜提供了重要线索。

其次,关于作者的判定。从上述伯恩施坦拟定的标题可以看出,"圣麦克斯"手稿的作者是马克思和恩格斯。这对伯恩施坦来说是不言而喻的。在第 III 卷第 1 期的"前言"中,伯恩施坦也给出了说明。他指出,在恩格斯所

---

1 参见 Eduard Bernstein (Hrsg.): *Dokumente des Sozialismus*, Band IV, Heft 5, 6, 7, 8, 9, 1904, S. 210–217, 259–270, 312–321, 363–373, 416–419。

2 Eduard Bernstein (Hrsg.): *Dokumente des Sozialismus*, Band III, Heft 1, S. 17.

3 Ebenda, S. 19.

拟定的一份关于其文献遗产的清单中就列有这份关于施蒂纳的手稿，在它旁边的括号中写着"摩尔和我"，这就表明，它是马克思和恩格斯的一部合著（Kollektivarbeit）。[1] 然而，伯恩施坦也特别注意到了"圣麦克斯"手稿的笔迹问题。他发现，手稿的大部分内容出自恩格斯的笔迹，但前16页以及其他个别页面则是赫斯的笔迹。至于马克思，他的笔迹只出现在文本和页边的细微修正中。那么，伯恩施坦是否会依据笔迹得出，恩格斯是手稿的主要作者，赫斯则次之，而马克思列最后呢？并非如此。他指出："我们必须设想，在手稿中我们涉及的是一份由赫斯和恩格斯完成的誊清稿，而马克思又再次从头至尾阅读了它，并在这里或那里做了完善。"[2] 由此，尽管伯恩施坦把手稿中源自魏德迈的第三者笔迹误判为赫斯的笔迹，但他坚决主张，并不能依据笔迹来判定手稿的作者尤其是主要作者。事实上，伯恩施坦认为，"圣麦克斯"手稿的理论立场是马克思主义的，它所带有的浓重的论战风格正是马克思恩格斯当时所非常喜欢的。因此，马克思和恩格斯应该被视为手稿的创作者。[3] 至于马克思恩格斯在手稿中的进一步写作分担，伯恩施坦则认为这一问题"相当多余"[4]，因而并未作出分析。

第三，对《社会主义文献》刊印的"圣麦克斯"手稿的评析。

历史地来看，《社会主义文献》首次刊印的"圣麦克斯"手稿是马克思恩格斯去世后《德意志意识形态》的首次集中亮相，在《德意志意识形态》出版史上具有重要的意义：一方面，它确证了《德意志意识形态》手稿的存在；另一方面，它为《德意志意识形态》后来在梁赞诺夫主持的 MEGA[1] 编辑出版工

---

1 Ebenda, S. 17. 这份关于马克思恩格斯文献遗产的清单共有21项内容，其中3项同《德意志意识形态》相关，即"2）施蒂纳，1845—1846，摩尔和我"；"3）费尔巴哈和鲍威尔，1846—1847，摩尔和我"；"13）真正的社会主义，1847，摩尔和我"。参见 Inge Taubert: Die Überlieferungsgeschichte der Manuskripte der "Deutschen Ideologie" und die Erstveröffentlichungen in der Originalsprache, in: *MEGA-Studien*, 1997/2, S. 35。

2 Eduard Bernstein (Hrsg.): *Dokumente des Sozialismus*, Band III, Heft 1, S. 17.

3 Ebenda, S. 18.

4 Ebenda, S. 17.

程框架下的首次出版提供了重要线索。与此同时，伯恩施坦首次对"圣麦克斯"手稿所作的文献学介绍和分析亦为我们了解《德意志意识形态》手稿状况提供了重要信息。

然而，需要注意的是，《社会主义文献》刊印的"圣麦克斯"手稿并不完整，仍然有超过一半的内容没有出版，这尤其涉及"新约：'我'"第三节之后的大量手稿。而已出版的内容也存在一定的删节。例如，"旧约：人"的"4. 近代人"和"6. 自由者"并未被完整刊印，而"5. 在自己的虚构中享乐的'施蒂纳'"则完全没有被刊印。此外，伯恩施坦对手稿所作的文献学判定如第三者笔迹等也存在错误。

最重要的是，伯恩施坦对"圣麦克斯"手稿的所属即与《德意志意识形态》关系的说明非常含糊，甚至暧昧不清。一方面，从标题可以看出，伯恩施坦把这份手稿定位为马克思恩格斯所写的一部关于施蒂纳的著作。它似乎意味着，这是马克思恩格斯专门就施蒂纳所写的一部独立著作。但是另一方面，伯恩施坦又在个别地方强调，这部"著作"应从属于一部更大的著作。例如他在"前言"中指出，手稿顶端写的罗马数字"Ⅲ"意味着它曾被马克思恩格斯设想为"一部文集的一部分"；[1] 而在介绍"圣麦克斯"手稿的内容时，伯恩施坦亦指出，它是"马克思恩格斯对曾经的黑格尔派极左翼战友进行大清算的一部分"。[2] 显然，《德意志意识形态》在这里已经呼之欲出了。但是，令人奇怪的是，伯恩施坦并未进一步提及《德意志意识形态》，这个书名完全没有出现在关于"圣麦克斯"手稿的任何文献学说明中。而我们知道，就在此前一年即 1902 年出版的《遗著选》中，梅林已经详细地介绍了马克思恩格斯在 1845—1846 年所写的这部厚重手稿，说明了马克思和恩格斯在其中对费尔巴哈、鲍威尔、施蒂纳以及真正的社会主义所作的批判，并将这部手稿称为《德意志意识形态》，

---

1 Ebenda, S. 19.
2 Ebenda, S. 18.

强调它是马克思和恩格斯的一部著作。考虑到伯恩施坦在"圣麦克斯"手稿的相关文献学说明中多次提及梅林的《遗著选》,[1]因此,毫无疑问,他必定对梅林的这些论述和判定非常熟悉。既然《遗著选》已然先行确定了《德意志意识形态》的标题及内容,那么伯恩施坦为什么不直接把"圣麦克斯"手稿明确归结为《德意志意识形态》的组成部分,从而将其出版活动确立为《德意志意识形态》的首版呢?这是非常令人费解的。它或许意味着,一方面,伯恩施坦并不认可梅林的某些论断,因而宁愿不把"圣麦克斯"手稿归结于《德意志意识形态》;另一方面,伯恩施坦对《德意志意识形态》的整体认识亦相对有限,因而对"圣麦克斯"手稿与《德意志意识形态》的根本联系把握不足。

可以说,《社会主义文献》杂志节录刊印的"圣麦克斯"手稿实现了《德意志意识形态》手稿的首次集中亮相,但它毕竟不是一个著作版本,更不是历史考证版本,因此,它既不能够提供整个"圣麦克斯"章乃至《德意志意识形态》手稿的全貌,又不能提供全面、丰富、准确的历史考证资料,因而实际的社会影响并不大。顺便提一句,梁赞诺夫就认为,伯恩施坦并不想完整出版他所保存的《德意志意识形态》手稿,因为这部"超级论战性的著作"让人消受不起。[2]确实,除了后来在1913年3月9日和14日分别在《工人副刊》和《〈前进报〉娱乐报》又刊印了《德意志意识形态》"圣麦克斯"章的"我的自我享乐"[3]一小节外,伯恩施坦再未出版关于《德意志意识形态》的任何手稿。

二、《通信集》对《德意志意识形态》相关书信的首次出版

1913年,倍倍尔和伯恩施坦共同主编的《马克思恩格斯通信集(1844—

---

1 参见 Ebenda, S. 17, 18, 19.

2 *Marx-Engels-Gesamtausgabe (MEGA^I)*, Band III/1, Berlin: Marx-Engels-Verlag G. m. b. H., 1929, S. X.

3 Eduard Bernstein (Hrsg.): „Mein Selbstgenuß". Unveröffentlichtes aus dem Nachlaß von Karl Marx, in: *Arbeiter-Feuilleton*, Nr. 8, 9. März 1913, S. 207–213; Eduard Bernstein (Hrsg.): „Mein Selbstgenuß". Unveröffentlichtes aus dem Nachlaß von Karl Marx, in: *Unterhaltungsblatt des Vorärts*, Nr. 52, 14. März 1913, S. 205–207.

1883)》（以下简称《通信集》）四卷本在斯图加特出版。该书收录了马克思恩格斯四十年友谊的直接见证——1386 封书信，可谓是当时最负盛名的马克思主义文献编著。需要说明的是，由于倍倍尔一直忙于德国社会民主党的领导事务，因此这部编著其实是伯恩施坦独立完成的。值得一提的是，梁赞诺夫也参与了这部书的编辑过程。正如倍倍尔和伯恩施坦在该书"前言"（Vorwort）中写到的，"N. 梁赞诺夫也通过他渊博的专业知识为我们提供了富有价值的帮助，为此我们在这里向他表达我们的谢意"。[1]《通信集》第一卷收录了 1844—1853 年的 261 封信，其中就包括布鲁塞尔时期马克思和恩格斯之间的通信，确切地说，包括恩格斯在 1845—1847 年初写给马克思的书信[2]。在这些书信中，例如 1846 年 8 月 19 日、1846 年 9 月 18 日、1846 年 10 月[3]、1846 年 11 月 2 日、1846—1847 年之交[4]、1847 年 1 月 15 日、1847 年 3 月 9 日的书信都涉及《德意志意识形态》的写作或出版事宜，从而为我们提供了关于《德意志意识形态》写作与出版史的重要信息。

第一，关于"费尔巴哈"章的间接信息。

1846 年 8 月 19 日，恩格斯在致马克思的信中谈到："我浏览了一遍费尔巴哈发表在《模仿者》上的《宗教的本质》。这篇东西，除了有几处写得不错外，完全是老一套。一开头，当他还只限于谈论自然宗教时，还不得不较多地以经验主义为基础，但是接下去便混乱了。又全是本质呀，人呀，等等。我要仔细地读一遍，如果其中一些重要的段落有意思，我就尽快把它摘录给你，使你能

---

1 August Bebel und Eduard Bernstein (Hrsg.): *Der Briefwechsel zwischen Friedrich Engels und Karl Marx. 1844 bis 1883*, Band 1, Stuttgart: Verlag von J. H. W. Dietz Nachf. G. m. b. H., 1913, S. VI.

2 在现存的马克思恩格斯通信遗产中，不存在一封马克思在 1845 和 1846 年间写给恩格斯的信。

3 这封信未注明日期，《通信集》把它的写作时间判定为"1846 年 10 月"，《马克思恩格斯全集》中文第二版判定为"约 1846 年 10 月 18 日"。

4 这封信未注明日期，《通信集》把它的写作时间判定为"1846—1847 年之交"，《马克思恩格斯全集》中文第二版判定为"1846 年 11 月中—12 月"。

够用在有关费尔巴哈的地方。"[1] 恩格斯在这里谈到的"有关费尔巴哈的地方",
正是指马克思当时写作的《德意志意识形态》的"费尔巴哈"章。在此后写给
马克思的两封信中,恩格斯依然谈到了费尔巴哈的这篇文章。1846 年 9 月 18
日,恩格斯谈到:"出于某种畏惧,我直到今天还没有能下决心去摘录费尔巴
哈的著作。在巴黎这里,这种东西使人感到十分枯燥。不过现在我家里有这本
书,我会尽快动手去做。"[2] 1846 年 10 月,恩格斯在致马克思的信中得出了结
论:"经历了长时间内心的反感,我终于强迫自己把费尔巴哈的破烂货读了一
遍,我觉得,在我们的批判中无法涉及这篇东西。"[3] 于是,恩格斯用三个印刷
页的篇幅列举了费尔巴哈的《宗教的本质》中的陈腐观点,并指出,所有这一
切,"与我们的著作没有多大关系"[4]。

恩格斯的这几封信显然引起了伯恩施坦的注意。在《通信集》第一卷的"导
言"(Vorbemerkung)中,伯恩施坦特别谈到了最后这封书信。他指出,这封
书信"以对费尔巴哈发表于文集《模仿者》中的文章《宗教的本质》的独特的
批判性评论作为开篇。它所涉及的是这样一个问题,这篇文章是否还必须在马
克思和恩格斯于布鲁塞尔共同写作的、关于黑格尔以后的德国哲学的著作中予
以考虑"[5]。由此,伯恩施坦就一语道破了这几封信谈及的费尔巴哈文章同《德
意志意识形态》的写作联系,进而从侧面提供了《德意志意识形态》"费尔巴哈"
章的信息。

第二,关于《德意志意识形态》的出版筹措。

除了考虑是否要把费尔巴哈的《宗教的本质》纳入"费尔巴哈"章的写作

---

1 August Bebel und Eduard Bernstein (Hrsg.): *Der Briefwechsel zwischen Friedrich Engels und Karl Marx. 1844 bis 1883*, Band 1, S. 23–24; 中文版参见《马克思恩格斯全集》第 47 卷, 人民出版社 2004 年版, 第 387—388 页。

2 Ebenda, S. 35; 中文版参见《马克思恩格斯全集》第 47 卷, 人民出版社 2004 年版, 第 405 页。

3 Ebenda, S. 45; 中文版参见《马克思恩格斯全集》第 47 卷, 人民出版社 2004 年版, 第 415 页。

4 Ebenda, S. 48; 中文版参见《马克思恩格斯全集》第 47 卷, 人民出版社 2004 年版, 第 419 页。

5 Ebenda, S. XV–XVI.

框架，恩格斯在致马克思的书信中探讨更多的是《德意志意识形态》手稿的出版事宜。在 1846 年 9 月 18 日的信中，他谈到："你在钱上的倒霉事还一直没有解决，真糟糕。我不知道除了列斯凯外，还有哪个出版商愿意接受我们的手稿，而在与列斯凯商谈时，还不能让他知道我们对他的出版社的批评。勒文塔尔显然是不会接受的，他曾经用种种可耻的借口拒绝了贝尔奈斯的一笔很有利的买卖……威斯特伐利亚人把手稿寄给丹尼尔斯了吗？——你听到有关科隆计划的更详细的消息了吗？赫斯写信提到过这事，你是知道的。"[1] 从这封信可以推断出，此时威斯特伐利亚的出版计划已经失败，马克思恩格斯一方面要取回手稿，另一方面开始想办法靠自己之力出版手稿。

1846 年 10 月，恩格斯致信马克思说："我想同瑞士的书商接洽一下，不过能否给手稿找到地方，我没有把握。这些人都没有钱印 50 个印张。我的意见是，我们可以把手稿分开，设法分册出版，先出版哲学部分，这事最急，然后再出版其余的部分，否则我们什么也出版不了。一下子出 50 个印张，分量太大，许多书商正是因为无力负担才不接受它。——此外还有一个不来梅的屈特曼……就是莫泽斯和魏特林从我们这里拉走的那个人；这个人愿意印刷可能遭到查禁的书，但是不肯多付钱；我们可以拿手稿去找他，完全可以。如果把手稿分开，把第一卷交给一个人，把第二卷交给另外一个人，你认为如何？"[2] 这封信让我们直接了解到《德意志意识形态》手稿的写作规模——50 印张，而正是这一巨大篇幅使得马克思恩格斯很难找到有足够经济实力的出版商将其"一下子"出版，因此，恩格斯才不得不提出了分卷出版的方案。

1846 年 11 月 2 日，恩格斯向马克思说明了联系出版商的进展，并重申了分卷出版的建议："关于手稿的事我往瑞士写了信，但是这个家伙好像不打算回答我。除了这个家伙以外，就只剩下耶尼了，我取笑过他，不愿意给他写

---

1 Ebenda, S. 35–36; 中文版参见《马克思恩格斯全集》第 47 卷，人民出版社 2004 年版，第 405—406 页。
2 Ebenda, S. 49; 中文版参见《马克思恩格斯全集》第 47 卷，人民出版社 2004 年版，第 420 页。

信，请你下次来信时给这家伙写上几行，我给他寄去，但这只不过是走一下形式，他一定不会接受。我写信的第一个人是贝尔奈斯的一本小册子的出版商，但是，即使他接受了，从皮特曼的信上看来，他仍然是一个破了产的人。情况就是这样。我对瑞士已经失望。很难想出个好办法了。我们在当前的困境下，显然不能把两卷一起出版，最多也只能把两卷分给两个完全不同的出版商。"[1]

接下来的日子，恩格斯仍然在想尽办法四处打听联系出版商。在1846—1847年之交写给马克思的信中，他谈到："刚才收到瑞士出版商的回信。这封附来的信又一次证明，这个家伙确是个坏蛋。通常一个出版商，是不会让别人等了几星期以后又这么友好地接受下来的。现在我们要看看，那个不来梅人会怎样回信，然后再看怎样做合适。在康斯坦茨的贝尔维尤还有一个出版商，也许能够同他达成协议。如果那个不来梅人不愿意，我可以去试试同这一个接洽。同时我还要打听一个黑里绍的出版商。"[2]1847年1月15日，恩格斯告诉马克思，"无论如何，宁可要不来梅人［书商］，也不要瑞士人"。[3]3月9日，恩格斯再次告诉马克思，要尽快出版手稿，"所以不能放过不来梅人。他不答复，就再给他写封信，万不得已时，最低的条件也得同意。这些手稿放在那里不动，每个月每印张都要损失5—10法郎的交换价值"。[4]

如果说，马克思在《〈政治经济学批判〉序言》中还十分豁达且不失幽默地谈到既然已经达到了目的，就情愿把《德意志意识形态》手稿交由老鼠的牙齿去批判，那么通过上述通信我们却可以发现，在1846—1847年，马克思恩格斯为了出版这部巨幅手稿真可谓绞尽脑汁、殚精竭虑。正如伯恩施坦在《通信集》的"导言"中指出的，这些书信表明，"马克思和恩格斯费了多大的努力来为他们的哲学著作寻找一位出版商，以及出版这份据他们估计包含50印

---

1 Ebenda, S. 51; 中文版参见《马克思恩格斯全集》第47卷，人民出版社2004年版，第431页。
2 Ebenda, S. 55; 中文版参见《马克思恩格斯全集》第47卷，人民出版社2004年版，第436页。
3 Ebenda, S. 58; 中文版参见《马克思恩格斯全集》第47卷，人民出版社2004年版，第453页。
4 Ebenda, S. 60; 中文版参见《马克思恩格斯全集》第47卷，人民出版社2004年版，第458页。

张的手稿的尝试遭遇到哪些困难"。[1]当然，伯恩施坦也没有忘记指出，恩格斯为此向马克思提出的那些建议，亦展现出他"在商业上的深谋远虑"[2]。

第三，关于《德意志意识形态》的修改计划与最终结局。

值得一提的是，尽管出版事宜远远没有着落，但恩格斯并没有放弃《德意志意识形态》写作计划，他甚至在1847年初还抱有修改这份手稿的想法。在1月15日致马克思的信中，他谈到："现在，当真正的社会主义在四面八方发展起来，除皮特曼之流这些孤独的星群之外又成立了威斯特伐利亚学派、萨克森学派、柏林学派等等的时候，如果我们能够把'真正的社会主义'这一章再写一遍，那该多好啊！……我想改写关于格律恩论歌德的文章，要把它缩减到二分之一至四分之三印张，并且准备把它用在我们的书中，如果你同意这样做的话，请你从速写信告诉我。"[3]事实上，恩格斯后来确实写了"真正的社会主义者"手稿[4]，而如果结合这封信的内容，就可以更好地理解他这份手稿尤其是其开篇部分的阐述。

自然，马克思恩格斯不可能一直停留在未出版的《德意志意识形态》手稿上。在1847年初的书信中，除了《德意志意识形态》的出版事宜，新的写作出版计划《哲学的贫困》已经浮现出来，而从恩格斯的书信中也可以看出他对这两部著作的不同态度。1月15日，恩格斯致信马克思："你用法文写东西驳斥蒲鲁东，这很好。但愿在这封信到达的时候，这本小册子已经完成。不言而喻，我完全同意你从我们的书中引用你所需要的东西。"[5]对于新近的著作《哲学的贫困》，恩格斯显然采取了更为优先、更为重视的态度。因此，他才同意

1　Ebenda, S. XVI.

2　Ebenda.

3　Ebenda, S. 58–59; 中文版参见《马克思恩格斯全集》第47卷，人民出版社2004年版，第454—455页。

4　《马克思恩格斯全集》第3卷，人民出版社1960年版，第641—692页。

5　August Bebel und Eduard Bernstein (Hrsg.): *Der Briefwechsel zwischen Friedrich Engels und Karl Marx. 1844 bis 1883*, Band 1, S. 58; 中文版参见《马克思恩格斯全集》第47卷，人民出版社2004年版，第454页。

马克思从《德意志意识形态》手稿中引用需要的内容。而在 3 月 9 日的信中，他更是直截了当地指出："如果我们手稿的出版与你那本书的出版发生冲突，那么就把手稿搁一旁算了，因为出版你的书重要得多。我们两人从我们的著作中得到的好处不多。"[1] 看来，随着《德意志意识形态》出版事宜的一拖再拖，在不断发展的斗争形势下它日益不合时宜，因此，马克思恩格斯不得不优先考虑更新的作品。因此，他们最终放弃了《德意志意识形态》手稿。而伯恩施坦在"导言"中亦指出，3 月 9 日的这封信表明，《德意志意识形态》和《哲学的贫困》"这两部著作不只涉及文学上的斗争，而且也涉及实际宣传鼓动的直接目的"[2]。

总之，在《通信集》出版的源自布鲁塞尔时期的马克思恩格斯通信中，我们发现了关于《德意志意识形态》的写作和出版过程的重要信息：它们或者涉及费尔巴哈的文章与"费尔巴哈"章的写作联系，或者涉及篇幅达 50 印张的全部手稿的完整或分卷出版事宜，或者涉及"真正的社会主义"部分的修改设想。所有这些信息对于我们把握《德意志意识形态》的写作和出版史都具有重要的意义。然而，需要注意的是，《通信集》并没有对马克思恩格斯通信予以完整呈现，而是对之作了一定的删节。正如伯恩施坦在《通信集》的"说明"（Anmerkungen）中指出的，书信在出版时作了极少的删节，而删节原则是："只有在涉及尤其私密情况的地方——它与任何普遍的兴趣都没有联系，只有在提及完全无关紧要的人的无关紧要的事情的地方，删除看起来才是合理的。有些地方对第三者表示反感的评论也删除了，但这只涉及这样一些表述，它们不包含在前面的通信中还没有被清楚地表达过的政治判断或科学判断。"[3] 如果说，在马克思逝世 30 年之后，伯恩施坦基于对某些仍然在世之人的保护而采

---

1 Ebenda, S. 61; 中文版参见《马克思恩格斯全集》第 47 卷，人民出版社 2004 年版，第 460 页。

2 Ebenda, S. XVII.

3 Ebenda, S. VI–VII.

取了删节原则,这似乎情有可原,但他的删节原则本身也造成了对马克思恩格斯书信的遮蔽。这也适用于《德意志意识形态》本身。我们不妨举两个例子。事实上,早在 1846 年 8 月 19 日致马克思的信中,恩格斯就谈到:"为了威斯特伐利亚人的事,我狠狠地责备了他(即奥古斯特·艾韦贝克——作者注)。魏德迈这个无赖给贝尔奈斯写了一封威斯特伐利亚式的诉苦信,把高尚的迈耶尔和雷姆佩尔描绘成美好事业的蒙难者,说他们甘愿为这一事业而牺牲了一切,而我们却以蔑视的态度把他们赶走了,云云。艾韦贝克和贝尔奈斯这两个轻信的日耳曼人,也就异口同声地抱怨我们冷酷无情,爱争吵,而对那个少尉的话却句句当真。如此迷信盲从实在少见。"[1]而在 1846 年 9 月 18 日的书信中,恩格斯再次谈到:"魏德迈甜蜜的胡说真是动人。这家伙先是声称要写一个宣言,宣称我们是无赖,接着又希望这不致引起私人之间的不和。这样的事,甚至在德国也只是在汉诺威—普鲁士边境才可能发生。"[2]可以看出,这两段话涉及的核心人物正是同《德意志意识形态》出版计划联系密切的魏德迈,它们对于我们了解马克思恩格斯如何看待威斯特伐利亚出版活动的失败、如何评价作为中间联络人的魏德迈的功过是非具有重要的参考价值。然而,这两段话显然被伯恩施坦视为"对第三者表示反感的评论",在《通信集》中予以彻底删除了。由此可以想象,伯恩施坦的删节原则在使马克思恩格斯书信遭受裁剪的同时,亦使读者蒙受重大的损失。

值得一提的是,作为《通信集》的参编者,梁赞诺夫或许比常人更清楚这部编著对马克思恩格斯通信所作的介入,而他对伯恩施坦删节原则的坚决反对从其评论文章《马克思恩格斯通信集》[3]亦可窥得一斑。因此,《通信集》提供的关于《德意志意识形态》的信息固然重要,但是梁赞诺夫后来在 MEGA[1] 编

---

1 《马克思恩格斯全集》第 47 卷,人民出版社 2004 年版,第 386—387 页。

2 《马克思恩格斯全集》第 47 卷,人民出版社 2004 年版,第 405 页。

3 参见 V. Külow und A. Jaroslawski (Hrsg.): *David Rjasanow – Marx-Engels-Forscher, Humanist, Dissident*, Berlin: Dietz Verlag, 1993, S. 44–53。

辑出版工程中会在多大程度上信任它、倚重它，决不可高估。至于阿多拉茨基主编的 MEGA^1 版《德意志意识形态》，则完全可以忽略《通信集》，因为在该卷于 1932 年问世之前，完整收录马克思恩格斯所有通信的 MEGA^1 第 III/1、第 III/2、第 III/3 和第 III/4 卷已经在 1929—1931 年出版了。

第四节　迈尔对《德意志意识形态》的详引与刊印

1920 年，迈尔出版了世界历史上首部恩格斯传记作品即《恩格斯传》第一卷。该卷主要聚焦于 1820—1851 年间恩格斯的早期生平。在第九章中，迈尔以"对德意志意识形态的清算"为题对《德意志意识形态》手稿的写作出版过程、文献学信息特别是主要内容作了详细阐述。这可谓是当时关于《德意志意识形态》最全面的说明。1921 年，迈尔在《社会科学和社会政治文库》发表《莱比锡宗教会议》一文，其中首次完整刊印了"莱比锡宗教会议"和"圣布鲁诺"章，从而使《德意志意识形态》的又一部分重要手稿呈现在世人面前。

一、《恩格斯传》对《德意志意识形态》文献状况的一般说明

在《恩格斯传》中，迈尔对《德意志意识形态》的写作和出版过程作了简要介绍，对手稿的基本状况作了概括说明，并对之进行了总体评价。

第一，关于《德意志意识形态》的创作和出版。

迈尔指出，马克思恩格斯在 1845 年夏从英国返回后，便开始着手写作《德意志意识形态》这一著作，"它试图以清算青年黑格尔派哲学的形式来全面地阐发他们的新唯物主义的、经济的历史观。正像在《神圣家族》中那样，当他们同布鲁诺·鲍威尔、施蒂纳、费尔巴哈、'真正的社会主义者'进行斗争时，

他们此时也在同自己'从前的哲学信仰'进行斗争"。[1] 显然，这一论述是以马克思在《〈政治经济学批判〉序言》中所作的自述为依据的。迈尔指出，篇幅达 50 印张的两厚册八开本的《德意志意识形态》手稿在 1845 年 9 月至 1846 年 8 月基本完成，它的"外在命运"尤其令人关注。于是，迈尔极为简练地概括了《德意志意识形态》的出版遭遇：起初，马克思恩格斯希望比雷菲尔德的一位同威斯特伐利亚的社会主义者圈子接近的出版商能够承担出版事宜；在发现受骗、希望破灭后，他们便又求助于伯尔尼、黑里绍、康斯坦茨、达姆施塔特、不来梅等地的出版商；在一切无果之后，他们甚至打算以小册子的形式在不同出版商那里分开出版手稿；最后，当《哲学的贫困》的出版事宜列入议程时，他们决定把《德意志意识形态》手稿丢到一边，交由老鼠的牙齿去批判。[2] 显然，迈尔的描述完全是以倍倍尔和伯恩施坦的《通信集》所出版的马克思恩格斯书信为基础的。也正是因为这些资料已然问世，迈尔的叙述才会如此简洁。

第二，关于《德意志意识形态》的作者判定。

在对《德意志意识形态》的写作和出版过程作了阐述后，迈尔便深入到文献学层面对手稿作了进一步的说明。他指出，从"老鼠牙齿的批判"中幸存下来的手稿，其中大部分都是由恩格斯书写的，而马克思只作了一些插入补充或修改润色。另外，在批判施蒂纳的手稿——目前出版了一部分——中还存在赫斯的笔迹。由此，就产生了关于《德意志意识形态》手稿的作者判定问题。对此，迈尔的态度很明确：单从笔迹并不能得出关于作者的确定结论。他指出，马克思的笔迹非常潦草，因此，恩格斯常常要承担文稿的书写任务，不论是最终的付印稿还是最初的草稿。迈尔推测，书写清晰且流畅的恩格斯可能也常常独自完成某些简单的章节。[3] 可以看出，迈尔试图弄清楚马克思和恩格斯在写

1 Gustav Mayer: *Friedrich Engels. Eine Biographie*, Band I, Berlin-Heidelberg: Springer Verlag, 1920, S. 239–240.

2 Ebenda, S. 240.

3 Ebenda, S. 241.

作《德意志意识形态》时的具体分工和工作份额，但是仅以手稿的笔迹为据显然不够充分，因此他提出，此时只能结合马克思恩格斯的"本质特点和发展历程"来进行考察。尽管恩格斯一再强调，当马克思 1845 年在布鲁塞尔时已经为他们的历史观找到了一般表述，[1] 但是迈尔认为，恩格斯此时——正如马克思在《〈政治经济学批判〉序言》中指出的——也通过《英国工人阶级状况》得出了同马克思一样的结果。[2] 可见，马克思和恩格斯在 1845 年都已达到了唯物史观的思想高度，因此，要想区分二人在写作《德意志意识形态》时的具体分工和写作份额仍不容易。只不过作为《恩格斯传》的作者，迈尔显然更愿意强调恩格斯在这一写作活动中所发挥的突出作用。

可以看出，迈尔此处关于《德意志意识形态》的作者判定问题，在很大程度上重复了伯恩施坦在《社会主义文献》节录刊印"圣麦克斯"章时所作的分析。如前所述，伯恩施坦也注意到了"圣麦克斯"章中马克思、恩格斯包括赫斯的书写篇幅差异，但他并不主张单纯从笔迹出发对作者进行判定。显然，伯恩施坦的观点深深影响了迈尔，后者也因此更加强调不应从笔迹，而应从马克思恩格斯的"本质特点和发展历程"出发来判定写作分担情况。当然，就在接受伯恩施坦关于作者判定的合理观点的同时，迈尔也不自觉地接受了他关于第三者笔迹源自赫斯的错误判定。

第三，关于《德意志意识形态》的基本内容。

在迈尔看来，在与被恩格斯称为"反对共产主义的头等重要的人物"[3] 的鲍威尔、施蒂纳等人的斗争中，马克思和恩格斯正好可以检验他们新锻造的"武器"。[4] 不言而喻，这一武器正是马克思恩格斯经过不同道路得出的唯物史观。迈尔对《德意志意识形态》所反映的马克思恩格斯的思想发展阶段做出了高度

---

1 参见《马克思恩格斯文集》第 4 卷，人民出版社 2009 年版，第 232 页。

2 Gustav Mayer: *Friedrich Engels. Eine Biographie*, Band I, S. 241–242.

3 《马克思恩格斯全集》第 2 卷，人民出版社 1974 年版，第 600 页。

4 Gustav Mayer: *Friedrich Engels. Eine Biographie*, Band I, S. 242.

评价，他认为："我们在此亲身经历了使纯思想的德国通向革命行动的德国的过程的一部分，我们在此难得目睹了哲学时代的晚霞如何过渡到指向现实斗争的年轻时代的朝霞。"[1] 在他看来，马克思恩格斯"属于那些代表性的德国人的行列，他们教育他们的同胞——这些人随着时间的推移自然成为好学的学生——用这个世界的眼睛来考察这个世界的事物"[2]。

关于《德意志意识形态》的批判对象，迈尔指出，就布鲁诺·鲍威尔来说，他在《维干德季刊》中对马克思恩格斯在《神圣家族》中对他所作批判的回应，没有任何令人信服之处，因此，马克思恩格斯已经不再值得为之开展第二次论争了。但是施蒂纳却不同，因为当马克思恩格斯写作《神圣家族》时，他的著作《唯一者及其所有物》尚未出版。[3] 因此，迈尔认为，施蒂纳的书"为马克思和恩格斯提供了最值得感谢的起点，以便在一切可能的问题上都阐明他们对物质过程和精神过程之间关系的彻底颠倒；它也提供了最令人欢迎的证据，以便向公众证明，柏林的青年黑格尔派已经迷失在毫无希望的死胡同里了"[4]。由此，迈尔直接引用了《德意志意识形态》手稿，确切地说是"莱比锡宗教会议"一节的原文：圣布鲁诺和圣麦克斯"这两位神圣的宗教裁判所的骑士团长传异教徒费尔巴哈出庭受审，严厉控告他是诺斯替教派"，"除了审理这些重要的控告外，还对两位圣者控诉莫泽斯·赫斯的案件，以及圣布鲁诺控诉《神圣家族》的作者的案件，作出判决。但是，由于这些被告当时忙于'尘世的事务'，因此他们没有出席 santa casa［圣宫］受审，结果他们就被缺席判决：他们在整个尘世生活期间永远被驱逐出精神的王国。最后，两位骑士团长彼此之间又制造出一些奇异的阴谋而互相倾轧"[5]。从这段引文我们可以惊喜地发现，迈尔显然

---

1 Ebenda.

2 Ebenda.

3 Ebenda, S. 242–243.

4 Ebenda, S. 243.

5 Ebenda, S. 243–244；中文版参见《马克思恩格斯全集》第 3 卷，人民出版社 1960 年版，第 89、90 页。

已经接触到《德意志意识形态》手稿，从而在对手稿进行辨识的基础上直接引述其中那不为人知的具体内容了。事实上，在下文关于《德意志意识形态》具体内容的介绍中，迈尔几乎完全采用直接引语或间接引语的方式，按照主题给出了大量的手稿片断。在当时《德意志意识形态》尚未完整出版的情况下，这些原文的珍贵价值和重要意义自不待言。

迈尔认为，"莱比锡宗教会议"这一《德意志意识形态》的场景设计出自恩格斯之手，他指出，"如果这一明显是由恩格斯虚构出的框架性文学作品得到严格执行，那么或许会出现一本容易阅读的书"[1]。看来，迈尔作出的这个判定一方面同手稿中的恩格斯笔迹有关，另一方面亦同他所谓的恩格斯有时也会单独完成某些章节相关。对他而言，《德意志意识形态》之为手稿的存在直接影响到对其地位和价值的评判。于是，迈尔写下了如下明确表达自己立场的话："因为作者写这本书与其说是为了世人，不如说是为了自己弄清问题，为了自己的利益，所以他们忽略了形式。在许多幽默风趣和非凡的聪明才智之处，以无尽的愉悦沉溺于细节之中的广泛论战在手稿中——它存在于我们面前——完全冲破了原初预定的框架。因此，如果我们把他们的著作——它可能仍然要经历修改调整——视为一座采石场，那么我们的做法对作者而言绝非不公允，他们的历史观正是在此背景下从其中的材料首次构建起来的，正如它在这一最早的详尽阐述中所表明的。"[2]迈尔提出的《德意志意识形态》的写作是为了马克思恩格斯自己而不是为了世人这一判断，看来源自马克思在《〈政治经济学批判〉序言》中所谓"自己弄清问题"的公开自述，但这一判断是否正确仍然值得推敲。毕竟，谁会仅仅为了自己的"利益"而写作两厚册八开本、篇幅达 50 个印张的手稿呢？另外，看来迈尔也注意到了马克思恩格斯在《德意志意识形态》手稿、特别是"圣麦克斯"章中所作的极为复杂、细致甚至有些

---

1 Ebenda, S. 244.

2 Ebenda.

琐碎的论证和批判，对此，他显然同梅林持相同的立场，即它们影响了马克思恩格斯的写作架构乃至批判力度。正因如此，他提出很乐意"跳过"马克思恩格斯"在反驳施蒂纳、鲍威尔和费尔巴哈时认为有必要使用的繁琐的、丰富的巴洛克式处理手法"[1]。事实上，在下文关于《德意志意识形态》具体内容的介绍中，迈尔确实略去了马克思恩格斯的繁复论证、琐碎辨析，详细介绍了他们关于不同问题的正面阐述。最后，考虑到《德意志意识形态》之为手稿的存在样态，考虑到唯物史观在其中的首次明确阐述，迈尔将它称为"采石场"固然有一定合理性，但这样也会根本贬低《德意志意识形态》的理论地位和重大价值。

二、《恩格斯传》对《德意志意识形态》主要内容的原文介绍

《恩格斯传》最具价值的地方莫过于迈尔对《德意志意识形态》手稿内容的大规模呈现。我们发现，在说明《德意志意识形态》两卷次的主要内容时，迈尔援引了大量手稿原文。这些原文涉及"费尔巴哈"章、"圣布鲁诺"章、"圣麦克斯"章以及"真正的社会主义"部分。不仅如此，他还特别以"费尔巴哈"章的原文为基础，详尽论述了马克思恩格斯在其中阐发的唯物史观，大量的原文令人目不暇接。

第一，关于《德意志意识形态》第一卷的内容。

迈尔指出，第一卷涉及的是马克思恩格斯与鲍威尔、施蒂纳和费尔巴哈的论战。不过，马克思恩格斯对这三者的态度并不相同。就费尔巴哈来说，马克思恩格斯对之仍然怀有尊敬之心，因而要指出其局限性；但是就鲍威尔和施蒂纳来说，马克思恩格斯则充满了根本的蔑视。[2] 接下来，迈尔便分别概括了马克思恩格斯对鲍威尔、施蒂纳和费尔巴哈所作批判的核心内容。于是，一段一段的手稿原文或者相互穿插、或者直接完整出场。

---

1 Ebenda, S. 242.
2 Ebenda, S. 244.

首先，关于圣布鲁诺。迈尔指出，关于"无须多言"的圣布鲁诺，手稿中写到：他徒劳地竭力去保全自己的陈腐发酵的批判，免得被人们遗忘（第91页[1]）；他依旧在骑着他的老年黑格尔派的战马耀武扬威（第92页），而不知道自我意识对实体的关系问题只是黑格尔思辨范围之内的争论问题（第92页），但对欧洲的均势（第93页）没有任何影响；黑格尔用以反映——以歪曲的形式反映——现实冲突的那种抽象的和神秘的词句，在这位圣者看来就是现实冲突本身："关于现实问题的哲学'词句'对他来说就是现实问题本身"（第93页）。关于具有创造力的范畴预先存在的黑格尔理论（第101页）一直深入他的身心。[2] 另外，迈尔指出，除了哲学方面之外，同鲍威尔的争论还有政治的一面。鲍威尔在《德意志年鉴》和《莱茵报》遭镇压之后避开了政治，并声明自由主义已经完结，但马克思恩格斯认为，应该向他指明，恰恰相反，自从现实的、由于经济关系而产生的资产阶级意识到有必要夺取政权以来，自由主义才在德国获得了实际的存在，从而才有某种成功的机会（第109页）。[3]

其次，关于施蒂纳。迈尔指出，马克思恩格斯对施蒂纳的批判分析远比鲍威尔详尽。这里，他用一个半印刷页的篇幅引述了马克思恩格斯对施蒂纳的批判。"圣麦克斯是一位圣者，因为他和那些他自以为驳倒的人一样，坚持思想对经验世界的统治，因为他也认为，各种不同的观念创造了各种不同的生活条件，'这些观念的制造商——思想家——就主宰了世界'（第492页），因为对他来说，思辨的观念始终是历史的动力。谁坚持这一立场，那么对他而言，历史就变成了单纯的哲学史（第131页），历史就成为关于精神和怪影的神话，而构成这些神话的基础的真实的经验的历史，却仅仅被利用来赋予这些怪影以形体（第132页）。实质上，施蒂纳不是把握世界，而只是把他关于世界的热

---

1 为了方便读者参阅和对照迈尔引述的手稿原文，在本节中，我们直接在正文括号中给出这些引文在《马克思恩格斯全集》中文第一版第3卷即《德意志意识形态》卷中的页码。以下不再逐一说明。

2 Gustav Mayer: *Friedrich Engels. Eine Biographie*, Band I, S. 244–245.

3 Ebenda, S. 245.

病时的胡想当作自己的东西来把握并占为己有。他把世界当作自己关于世界的
观念来把握，而作为他的观念的世界，是他的想像的所有物（第 127 页）"。[1]

迈尔特别引述了马克思恩格斯就施蒂纳的思想来源以及对共产主义的歪曲
所作的论述："我们这位强悍的圣者的柏林的地方性的结论说：在黑格尔哲学
中，世界全部完了。这一结论使他毋需多大费用就能建立起'自己的'世界
王国。黑格尔哲学把一切变为思想、圣物、幽灵、精神、精灵、怪影（第 201
页）。施蒂纳在想像中战胜它们并在它们的尸体上建立他'自己的''唯一的''有
形体的'世界王国，完整的人的世界王国（第 201 页）。在他把共产主义者的
社会理想解释为'正直地用劳动得来的享乐'的地方，最清楚地出现了因经营
自由而破产的并在'精神上'愤怒的小手工业师傅（第 239 页）。批判者被这
一对他们自己理想的如此粗陋的误判激怒了：除了施蒂纳和一些柏林的鞋匠和
裁缝之外，谁会想到'正直地用劳动得来的享乐'，而且谁还会叫共产主义者
来说这样的话（在共产主义者那里，劳动和享乐之间的对立的基础消失了！）（第
239 页）。"[2] 于是，迈尔以对比的方式引用了马克思恩格斯的正面阐述及对施蒂
纳的讽刺和批判："一个人……他的生活包括了一个广阔范围的多样性活动和
对世界的实际关系，因此是过着一个多方面的生活，这样一个人的思维也像他
的生活的任何其他表现一样具有全面的性质（第 296 页）……而局限于地方范
围的柏林教书匠或著作家的情况就不同了，他们的活动仅仅是一方面辛苦工
作，[3] 他们的世界就限于从莫阿毕特区到科比尼克区，钉死在汉堡门以内，他们
的可怜的生活状况使他们同世界的关系降至最低限度。在这样的人那里，当他
具有思考的需要时，他的思维不可避免地就会成为和他本人以及他的生活一样
地抽象，而且对于这个毫无抵抗的人成为一种惰性力量，这种惰性力量的活动

---

1 Ebenda, S. 245–246.

2 Ebenda, S. 246.

3 迈尔此处的引用少了一句："一方面享受思维的陶醉"。参见《马克思恩格斯全集》第 3 卷，人民出版
社 1960 年版，第 296 页。

使他有可能从他的'丑恶的世界'中获得片刻的解脱，使他能得到瞬间的享乐（第 296 页）。"[1]

最后，关于费尔巴哈。迈尔指出，马克思恩格斯在费尔巴哈的哲学中看到了"具有发展能力的萌芽"（第 48 页），但是，费尔巴哈对感性世界却束手无策，因为他是通过哲学家的眼镜来观察它的(第 48 页)。费尔巴哈没有注意到，这个感性世界决不是某种开天辟地以来就已存在的、始终如一的东西，而是世世代代的产物，其中每一代都站在前一代所达到的基础上（第 48 页）。因为他对感性世界的理论认识局限于纯粹的直观和纯粹的感觉，因此，他停留在抽象的"人"上，他没有达到活动的人，只在感觉范围内承认现实的肉体的人（第 50 页），爱与友情是他所发现的唯一的人的关系（第 50 页）。他完全忽略了那个很著名的人与自然的统一性（第 49 页）向来就存在于人的生产活动中。正是在"共产主义的唯物主义者"指出改造工业和社会制度的必要性和条件的地方，他却重新陷入唯心主义（第 50—51 页）。通过证明人们是互相需要的，并且过去一直是互相需要的，他只是希望达到对现存事实的正确理解，然而一个真正的共产主义者的任务却在于推翻这种现存的东西（第 47 页）。于是，迈尔总结说，费尔巴哈达到了理论家一般可能达到的地步，但他还是一位理论家和哲学家（第 47 页）。[2]

第二，关于《德意志意识形态》第二卷的内容。

迈尔指出，第二卷考察的是"那些同马克思和恩格斯一样超越了费尔巴哈的'理论'人道主义的德国社会主义者，但是他们从词句的丛林出发找不到通向现实的道路"[3]。在这里，迈尔主要引述了第二卷第一章即关于真正的社会主义的哲学的原文。

1　Gustav Mayer: *Friedrich Engels. Eine Biographie*, Band I, S. 246–247.

2　Ebenda, S. 247.

3　Ebenda, S. 248.

"真正的"社会主义者认为外国的共产主义文献并不是一定的现实运动的表现，而纯粹是些理论的著作，这些著作完全像他们所设想的德国哲学体系的产生一样，是从纯粹的思想中产生的（第535页）。他们把那些作为现实运动的表现的共产主义和社会主义体系同现实运动分裂开来，又非常任意地把它们同黑格尔和费尔巴哈的哲学联系起来；他们把一定的、受历史条件制约的各生活领域的意识同这些领域本身割裂开来，并且以"真正的、绝对的意识即德国哲学的意识"为依据来评判这种意识（第536页）。因此，这总是一再表现为，真正的社会主义不过纯粹是把法国人的思想翻译成德国思想家的语言，不过是把共产主义扭曲成德意志意识形态（第536页）。这些德国思想家总是认为，历史上所有现实的分裂都是由概念的分裂所引起的（第551页）。他们试图把德国人的始终非常丰富的幻想和现实等量齐观，以此来掩饰德国人在现实的历史上曾经扮演过的并且还在继续扮演的可怜的角色（第551页），因为德国人到处都只能是观察者和监视者，所以他们认为自己的使命是对全世界进行审判（第555页），他们误以为整个历史过程在德国达到了自己的最终目的（第555页）。如果民族的狭隘性一般是令人厌恶的，那么当它以超越民族狭隘性和一切现实利益的要求出现，并以这种幻想来反对这些公开承认以现实利益为基础的民族时，这种狭隘性就尤其令人作呕（第555页）。[1]

迈尔特别引述了马克思思格斯关于真正的社会主义者这一社会运动和共产党的对比说明。真正的社会主义者把自己看作时代的主要党派，并且自以为在扭转世界历史的杠杆，而事实上他们只是把自己的幻想纺成一条无限长的线（第550页）。他们根本不知道，国外现实的激进的政党对于他们的存在全然不知（第550页）。这种德国的社会主义被正确地视为无产阶级的共产主义和英国法国那些或多或少同它相近的党派在德国人的精神太空和德国人的心灵太空

---

1 Ebenda, S. 251.

中的变形而已（第 536—537 页）。它针对的不是无产阶级，而是德国人数最多的两类人，抱有博爱幻想的小资产者以及这些小资产者的思想家，即哲学家及其追随者（第 537 页）。然而，在共产党形成以后，这一并不是在现实的党派利益基础上产生的纯粹的社会文学运动就丧失了它的存在根据。如果它还想继续存在，它将从今以后不得不愈来愈多地只在小资产者中间寻找自己的群众，而在那些萎靡和堕落的著作家中寻找这些群众的代表（第 538 页）。[1] 由此，迈尔指出，这是我们首次听说德国共产党的成立，而马克思恩格斯亦把自己称为德国共产党人的领袖。他们声称，"纲领，即以概括形式给出的党的目标整体，并不是源自党派个别创始人的任意思想，而是仅仅源于同政治斗争联系在一起的某一社会阶级的现实生活状况。他们的理论澄清斗争的成果也帮助他们达到了对现实运动需要的卓越理解"[2]。他们认识到，在德国不发达的阶级关系下，共产主义者只能从他们出身的那个阶级的生活条件中得出自己体系的基础（第 544 页）。如果无产阶级的理论代表们还想通过自己的写作活动达到某种结果（第 553 页），那么他们应当给自己提出阐明他们所处的现实关系的任务。虽然马克思恩格斯认为担心一小撮空谈家会断送德国共产主义运动（第 554 页）是夸大其辞，但是他们也认为在德国这样一个国家中，许多世纪以来哲学词句都占有一定的势力，这里没有其他民族所有的那种尖锐的阶级对立，而这种情况本来就削弱着共产主义意识的尖锐性和坚定性，在这样的国家中毕竟应当更有力地反对一切能够更加冲淡和削弱对于共产主义同现存世界秩序的充分对立性的认识的词句（第 554 页）。[3]

　　第三，关于"费尔巴哈"章与唯物史观的内容。

　　正如恩格斯指出的，《德意志意识形态》手稿包含着他与马克思关于唯物主

1　Ebenda, S. 251–252.

2　Ebenda, S. 252–253.

3　Ebenda, S. 253.

义历史观的阐述，而这正是这部庞大手稿最具理论价值的部分。因此，迈尔在介绍完第一、二卷的具体内容后，又对这部手稿中首次阐发的新的历史观作了具体说明。在此，他围绕现实的个人、历史、生产、国家、城乡分离、经济发展简史、无产阶级、共产主义等主题详细列出了"费尔巴哈"章的手稿原文[1]。由于篇幅所限，我们在这里只列出迈尔就"现实的个人"所作的相关说明。

迈尔指出，对于马克思恩格斯这两位渴求走出德意志意识形态森林的"实践的唯物主义者"来说，唯一的前提条件是"现实的个人，他们的活动和他们的物质生活条件，包括他们得到的现成的和由他们自己的活动所创造出来的物质生活条件"（第23页）。因此，生活资料的生产——人们通过它开始把自己和动物区别开来（第24页）——对于人们来说是历史的原事实。于是，以一定的方式进行生产活动的一定的个人就在生产条件的作用下相互发生一定的联系（第28—29页）。因此，社会和国家经常是从一定个人的生活过程中产生的。但这里所说的个人不是他们自己或别人想像中的那种个人，而是现实中的个人，也就是说，这些个人是从事活动的，进行物质生产的（第29页）。在任何情况下，社会结构和政治结构同生产的联系都要毫无异议地加以揭示，而不应当带有任何思辨和神秘的色彩（第29页）。思想和观念的生产最初也是直接与人们的物质活动、与人们的物质交往交织在一起的（第29页）。人们是自己的观念和思想的生产者，这里所说的人们是现实的，从事活动的人们，他们受着自己的生产力的一定发展以及与这种发展相适应的交往的制约（第29页）。人们的存在就是他们的实际生活过程，意识在任何时候都只能是被意识到了的存在。在全部意识形态中人们和他们的关系就像在照相机中一样是倒现着的，这种结果也是从人们生活的历史过程中产生的，正如物象在眼网膜上的倒影是直接从人们生活的物理过程中产生的一样（第29—30页）。意识形态家的出发

---

1 Ebenda, S. 253–260.

点是人们所说的、所思考的、所想像的、所设想的东西，而只有当从口头上所说的、思考出来的、想像出来的、设想出来的人出发，他们才理解真正的人。他们从天上降到地上（第 30 页）！思辨终止的地方，即在现实生活面前，正是真正实证的科学开始的地方（第 30—31 页）。我们的出发点是从事实际活动的人，而且从他们的现实生活过程中我们还可以把握这一生活过程在意识形态上的反射和回声的发展，人们头脑中模糊的东西是他们的与物质前提相联系的物质生活过程的必然升华物。因此，道德、宗教、形而上学也失去了独立性的外观（第 30 页）和对单独发展与单独历史的要求。因为那些发展着自己的物质生产和物质交往的人们，在改变自己的这个现实的同时也改变着自己的思维和思维的产物（第 30 页）。[1]

综上所述，迈尔在《恩格斯传》第九章中首次以《德意志意识形态》的原始手稿为基础，对这部著作的写作出版、文献信息特别是具体内容作了极为详细的介绍。相较于梅林在《遗著选》和《马克思传》中对《德意志意识形态》所作的外在介绍和说明，迈尔就这部巨幅手稿所作的长达 20 多个印刷页的阐述，特别是几乎完全以直接引语或间接引语的方式展现的十余个印刷页的手稿原文，在当时的马克思主义文献著作中绝对是前所未有的，这对于当时的《德意志意识形态》研究无疑是一笔巨大的新财富。值得一提的是，尽管迈尔详细列出了《德意志意识形态》手稿的大量原文，但是由于这部手稿并未完整出版，因此，关于自己的资料来源，他只能笼统地作出说明。于是，一方面，他在开篇的"前言"（Vorwort）中指出："我要特别感谢爱德华·伯恩施坦先生；作为自倍倍尔去世后唯一在世的保管人，他允许我使用恩格斯遗产中重要的、未出版的文献和书信。"[2] 另一方面，他在卷末的"资料与说明"中亦再次指出，伯恩施坦先生允许他为了写作这部传记而查阅《德意志意识形态》现存的、在科

---

1 Ebenda, S. 253–254.

2 Ebenda, S. IX.

学上尚未被利用的大量手稿。[1] 值得一提的是，迈尔就《德意志意识形态》所开展的研究与出版活动，引起了后来着手进行《德意志意识形态》手稿的搜集、编辑和出版活动的梁赞诺夫的注意。我们在下文中将看到，梁赞诺夫对《恩格斯传》中提供的新材料非常感兴趣。当然，他更感兴趣的是，迈尔如何获得了《德意志意识形态》手稿，他是否获得了整部手稿？换言之，《德意志意识形态》的所有手稿是否依然存在？

三、《社会科学和社会政治文库》对"莱比锡宗教会议"的首次刊印

迈尔同《德意志意识形态》的渊源关系不仅体现在他首次全景展现的《德意志意识形态》第一、二卷涉及鲍威尔、施蒂纳、费尔巴哈以及真正的社会主义的手稿原文，而且体现在他对《德意志意识形态》原始手稿的发表刊印上。就在《恩格斯传》第一卷出版的第二年，迈尔在《社会科学和社会政治文库》发表了《莱比锡宗教会议》一文，其中首次完整刊印了《德意志意识形态》的"莱比锡宗教会议"和"圣布鲁诺"章。这成为《德意志意识形态》出版史上又一个标志性事件。在为之撰写的"导言"（Einführung）中，迈尔详细介绍了《德意志意识形态》的写作背景以及"莱比锡宗教会议"手稿的相关情况。

第一，关于《德意志意识形态》的写作背景。

迈尔指出，在1844年合作完成的《神圣家族》中，马克思恩格斯实现了同以鲍威尔为代表的德国思辨哲学的彻底决裂。而在1845年，他们决定再合写第二部著作，标题为"对费尔巴哈、布·鲍威尔和施蒂纳所代表的黑格尔以后的哲学以及各式各样先知所代表的德国社会主义的批判"。这一次，他们的对手阵营更为扩大，几乎涉及德国精神生活的所有极左翼领袖。[2] 迈尔强调，

---

1 Ebenda, S. 403.

2 Gustav Mayer (Hrsg.): Das Leipziger Konzil. Von Friedrich Engels und Karl Marx. Mit Einführung von Gustav Mayer, in: *Archiv für Sozialwissenschaft und Sozialpolitik*, Band 47, Heft 3, 1921, S. 774.

这对于马克思恩格斯来说别无选择，因为"在其毫无喘息的前进风暴中，他们必须不断地把那些他们不久前还视为同盟军，并对其中一些还抱有希望的新人物甩在后面。他们努力塑造的思想是如此新颖和大胆，他们是如此反叛，他们如此痛打一切传统的脸，以至于只有最激进的排他性和不宽容似乎才能为他们开辟道路"。[1] 这里，迈尔一方面强调了马克思恩格斯在《德意志意识形态》中所进行的对德意志意识形态代表人物的总体清算，另一方面也表明了马克思恩格斯在此期间创立的唯物史观对以往思想的根本超越和彻底变革。这里，迈尔特别指出，就费尔巴哈来说，尽管马克思恩格斯对之心怀感激，但是由于他不能超出远离政治和社会领域的哲学共产主义，因此，他们感到有必要向公众说明与他的对立；就真正的社会主义者来说，马克思恩格斯的顾虑则少了很多，尽管他们坚决把社会问题置于关注的中心，但是他们仍然试图在哲学词句的世界中，而不是在经济中寻求其解决方案。[2] 这里，迈尔对马克思恩格斯与费尔巴哈、马克思恩格斯与真正的社会主义者的思想关系特别是观点分歧的论述，简洁明了且一语中的。

第二，关于"莱比锡宗教会议"的手稿出处。

在"导言"中，迈尔追溯了《德意志意识形态》手稿的出版情况。他指出，二十年前，伯恩施坦在其主编的《社会主义文献》杂志刊印了《德意志意识形态》的大量章节，它们所涉及的是对施蒂纳的批判。这里则接续对鲍威尔再次进行清算的一章，而马克思恩格斯认为早在《神圣家族》中就已完成了对他的清算。[3] 由此，迈尔一方面把伯恩施坦所刊印的批判施蒂纳的手稿明确归于《德意志意识形态》，从而消除了伯恩施坦对"圣麦克斯"章所属或出处的暧昧和含混；另一方面，迈尔亦引出了"莱比锡宗教会议"所包含的具体内容。这里，

---

1 Ebenda.

2 Ebenda, S. 774–775.

3 Ebenda, S. 775–776.

我们要特别注意，同梅林在《遗著选》中类似，迈尔所谓的"莱比锡宗教会议"也不仅包含以此为题的《德意志意识形态》手稿，而且还包含"圣布鲁诺"章本身。换言之，他同样把"莱比锡宗教会议"和"圣布鲁诺"两份手稿一起置于"莱比锡宗教会议"之名下，这也是他在《社会科学和社会政治文库》发表的文章标题"莱比锡宗教会议"的真正所指。

接下来，迈尔便对"莱比锡宗教会议"手稿的保管情况作了说明。他指出，尽管《德意志意识形态》其他手稿保存在恩格斯遗产中，但是"莱比锡宗教会议"手稿却由于某种偶然存放于德国社会民主党档案馆的马克思遗产中。当梅林编撰《遗著选》时，在档案馆里发现了这部手稿，但是他并不知道这些纸页的所属，因而只把它看作是恩格斯的一篇幽默文章。[1] 迈尔的这段论述就揭开了梅林给我们留下的"莱比锡宗教会议"之谜。如前所述，在《遗著选》中，梅林不是在关于《德意志意识形态》的第七部分，而是在关于《神圣家族》的第六部分论述了"莱比锡宗教会议"。他的这一处理着实令人费解，我们不得不怀疑他是否了解"莱比锡宗教会议"与《德意志意识形态》的根本联系。而迈尔则直接证实了我们的猜测：梅林并不清楚"莱比锡宗教会议"的出处或"所属"。如此一来，他只能根据其中关于鲍威尔的内容将其置于《神圣家族》的背景之下。由此，在揭开了梅林的"莱比锡宗教会议"之谜的同时，迈尔亦正式确立了"莱比锡宗教会议"同《德意志意识形态》的所属关系。值得注意的是，迈尔此处所谓梅林在德国社会民主党档案馆找到"莱比锡宗教会议"手稿的说法，并不准确。事实上，梅林的"莱比锡宗教会议"手稿同样来自恩格斯文献遗产的保管人——伯恩施坦。关于这一点，我们后面论及梁赞诺夫搜集《德意志意识形态》手稿时再详细说明。

第三，关于"莱比锡宗教会议"的作者判定。

---

[1] Ebenda, S. 776.

迈尔指出，"莱比锡宗教会议"手稿几乎完全是恩格斯执笔的，只有个别地方出自马克思的修改完善。但这一关于笔迹的事实并不能判定作者问题。迈尔指出，即使处于伯恩施坦保管之下的《德意志意识形态》大部分章节也是恩格斯执笔的，一小部分甚至是赫斯写的，而马克思的笔迹仅限于一些插入和修改。但是，这并不意味着马克思对《德意志意识形态》的参与度最低。[1]迈尔给出了两点理由：首先，在布鲁塞尔期间，马克思和恩格斯住得很近，两位友人之间的合作是如此紧密，以至于根本不能由外在的证据作出结论；其次，恩格斯的书写更易辨认，因此，他总是时刻准备着把他和马克思共同草拟的篇章写在纸上。而他们此前详细讨论的其他章节，可能就是由马克思口授写下的。于是，他得出结论：根本没有理由认为，"莱比锡宗教会议"不是源于共同的讨论。[2]可以看出，迈尔关于《德意志意识形态》包括"莱比锡宗教会议"作者的判定，依然沿循了他在《恩格斯传》中的观点。当然，他的观点从根本上源于伯恩施坦在《社会主义文献》中的分析，因而他也像《恩格斯传》中一样再次重复了伯恩施坦的错误判定：手稿中的第三者笔迹源于赫斯。值得一提的是，迈尔在此又为自己的观点增加了新的论据，即马克思恩格斯在布鲁塞尔时期的现实生活状况尤其是两位友人的密切交往。而他明确提出的马克思口授、恩格斯笔记的观点，在后世关于《德意志意识形态》写作分工的讨论中，产生了重要而深远的影响。梁赞诺夫就在首次刊印《德意志意识形态》"费尔巴哈"章时认为，这份手稿是由马克思口授、恩格斯笔记的。

第四，关于"莱比锡宗教会议"的写作契机。

"莱比锡宗教会议"的标题是从何而来的呢？迈尔对之做了解释。他指出，在 19 世纪 40 年代中期，德意志天主教运动也在新教德国产生了热烈的反响。没有一个地方像莱比锡那样在公共领域充满着对这一运动的倡导者约翰

---

1 Ebenda.

2 Ebenda.

内斯·朗格（Johannes Ronge）的同情。1845 年 3 月 23—26 日，莱比锡举行了一场宗教会议。它本该确立对新教派的信仰，但会上却发生了激烈的争论。[1]因此，当马克思恩格斯要批判鲍威尔、施蒂纳等德意志意识形态代表人物时，就巧妙地设计了"莱比锡宗教会议"的情节，鲍威尔、施蒂纳等也因此成了圣师，成了"圣布鲁诺""圣麦克斯"。当然，迈尔补充到，马克思恩格斯所开展的批判也是需要契机的，而这一契机就是 1845 年秋《维干德季刊》第 3 卷的出版。正是在这一卷中，施蒂纳发表了《施蒂纳的评论者》，对《唯一者及其所有物》所遭受的批判进行了辩护；鲍威尔则发表了《评路德维希·费尔巴哈》。这里，迈尔特别强调，鲍威尔在其文章中先用 40 个印刷页批判了费尔巴哈，又用 15 个印刷页分析了施蒂纳，然后只用 4 个印刷页来反驳《神圣家族》的作者即马克思恩格斯对他的批判，最后又用 3 页批判了马克思恩格斯的同盟军、《晚近的哲学家》的作者赫斯。[2]可想而知，在这种情况下，马克思恩格斯自然要对鲍威尔和施蒂纳旧账新账一起清算，这就直接促成了《德意志意识形态》的诞生。

第五，关于"莱比锡宗教会议"写作计划的诞生。

迈尔特别从文献学角度探讨了"莱比锡宗教会议"写作计划何时诞生的问题。他指出，在 1846 年《社会明镜》第 1 期有一篇必定源于恩格斯的札记，其中写道："一场决定性的战役打响了，不论是欧洲还是美洲的报纸都没有报道它——世界历史被引向终结，而整个世界对此却一无所知。与 1845 年发生在莱比锡——《维干德季刊》第 3 卷——的这场会战相比，莱比锡会战不过是儿戏。这里，晚近的哲学家对遗忘他们的世界运动怒气冲冲，他们通过把这一现实运动从'意识'的'最高立场'简单地颠倒为哲学范畴'社会主义'而相

1　Ebenda, S. 777.

2　Ebenda.

互摧毁，顺带也把社会运动摧毁了。"[1] 显然，迈尔引用的这段话有特别令人熟悉之感，其中关于《维干德季刊》的论述，令人马上联想起"莱比锡宗教会议"的开篇："《维干德季刊》1845 年第 3 卷中，真是发生了考尔巴赫预言式地描绘过的匈奴人之战……"[2] 在此基础上，迈尔又特别谈到了同样发表于 1846 年《社会明镜》第 1 期的另外一篇在 1845 年 11 月 20 日写于布鲁塞尔的文章。他认为，这篇迄今不被关注的文章对《维干德季刊》中鲍威尔的文章作了暂时的清算，它显然就是"莱比锡宗教会议"的初稿（erste Skizze）。[3] 迈尔指出，如果对这篇通讯和可能同时期写下的"莱比锡宗教会议"进行比较，就会发现二者的表述存在多处重合。与"莱比锡宗教会议"一样，恩格斯在这篇文章中也指责鲍威尔不是以《神圣家族》，而是以《威斯特伐利亚汽船》杂志上关于该书的一篇"平庸而混乱的评论"作为其引用和摘引的对象，并且以"批判的谨慎态度"向读者隐瞒了这一点。[4] 迈尔此处提到的写于 1845 年 11 月 20 日的文章，正是由马克思和恩格斯匿名发表于《社会明镜》的《对布·鲍威尔反批评的回答》[5]。虽然迈尔将这篇文章的作者仅限于恩格斯，但是他对该文与"莱比锡宗教会议"的比较分析是非常必要的，而他得出的二者具有写作上的亲缘关系的结论亦是非常正确的。由此，《对布·鲍威尔反批评的回答》在从侧面反映"莱比锡宗教会议"写作情况的同时，亦首次被纳入《德意志意识形态》的研究视域。就此而言，迈尔确实功不可没。

总之，在《社会科学和社会政治文库》中，迈尔一方面使"莱比锡宗教会议"和"圣布鲁诺"章两份手稿首次原文呈现在世人面前，从而继《社会主义

---

1 Ebenda, S. 779–780.

2 《马克思恩格斯全集》第 3 卷，人民出版社 1960 年版，第 88 页。

3 Gustav Mayer (Hrsg.): Das Leipziger Konzil. Von Friedrich Engels und Karl Marx. Mit Einführung von Gustav Mayer, S. 780.

4 Ebenda. 亦可参见《马克思恩格斯全集》第 42 卷，人民出版社 1979 年版，第 364 页。

5 《马克思恩格斯全集》第 42 卷，人民出版社 1979 年版，第 364—367 页。

文献》刊印"圣麦克斯"章之后实现了《德意志意识形态》手稿的再次集中刊印；另一方面又进一步推进了《德意志意识形态》的文献学研究。正是迈尔确立了此前不为梅林所把握的"莱比锡宗教会议"与《德意志意识形态》的所属关系，并对这份手稿（含"圣布鲁诺"章）的作者判定、写作契机以及与其他文本的密切联系等相关文献学情况作了深入的考察。这就为后人尤其是 MEGA[1] 编者开展《德意志意识形态》完整版的编辑出版工作创造了重要条件。

第二章
《德意志意识形态》手稿的全面搜集与
"费尔巴哈"章的首次出版

十月革命胜利后，在列宁的倡议下，苏共中央马克思恩格斯研究院（以下简称"马恩研究院"）于 1921 年初宣告成立，梁赞诺夫被任命为研究院的首任院长。从此，梁赞诺夫带领马恩研究院全体工作人员展开了规模浩大的马克思恩格斯文献遗产的搜集、整理、编辑和出版活动。在马克思主义文献编纂史上产生重大影响的《马克思恩格斯全集》历史考证版第一版即 MEGA[1] 就是这一伟大工程的硕果。

值得一提的是，在梁赞诺夫所致力于的浩大的马克思恩格斯文献遗产搜集、整理、编辑和出版工作中，就他所面对的极其庞杂的马克思恩格斯著作和文章而言，有一部作品与他的关系极为密切，以至于每当谈起这部作品，就必须论及梁赞诺夫，而每当谈起梁赞诺夫，就必须论及这部作品，它就是标志唯物史观诞生的马克思恩格斯的重要著作——《德意志意识形态》。梁赞诺夫与《德意志意识形态》这部巨幅手稿有着极为深厚的渊源关系：首先，正是梁赞诺夫在 1923 年的柏林之行中找到了这份篇幅庞大且分散杂乱的手稿。为此，他足足花费了四周时间，并同伯恩施坦发生了数次争执。其次，恰恰因为这部手稿，梁赞诺夫得罪了《恩格斯传》的作者迈尔，因而同后者发生了一场不大不小的关于《德意志意识形态》手稿之"发现"的学术论争，从而为自己的学术声誉留下了历史性"污点"。时至今日,西方学界在谈及此事时仍然用带引号的"发现者"一词来揶揄、嘲讽梁赞诺夫。最后,正是梁赞诺夫编辑出版了世界历史上首个俄文版和原文版《德意志意识形态》"费尔巴哈"章,从而成为《德意志意识形态》的版本奠基人。而正是以梁赞诺夫的前期工作为基础,马恩研究院的第二任院长阿多拉茨基在1932年正式推出世界历史上首个原文完整版《德意志意识形态》,从而彻底揭开了这一备受关注的马克思恩格斯遗著的神秘面纱。

第一节 梁赞诺夫对《德意志意识形态》手稿的历史发掘

1923年夏,梁赞诺夫前往柏林,着手在德国社会民主党档案馆以及恩格斯文献遗产保管人——伯恩施坦家中搜集马克思恩格斯的遗稿。《德意志意识形态》手稿成为他此行的重要收获。11月20日,梁赞诺夫在莫斯科社会主义学院作了题为《马克思恩格斯文献遗产的最新消息》的报告。正是在这篇报告中,他向我们披露了搜寻《德意志意识形态》手稿的前后始末。

如梁赞诺夫所说:"我们所有人都读过马克思《政治经济学批判》的序言。我们所有人都知道它提到了那两厚册八开本,马克思和恩格斯在其中批判了德意志意识形态,即黑格尔以后的整个哲学与'真正的社会主义'在生活中的所有表现。因此,我们每个人都在询问这两卷的下落。"[1]毫无疑问,《德意志意识形态》手稿是梁赞诺夫关注的焦点。几十年过去了,这部庞大手稿的保存状况如何?是否真如马克思所说遭到了老鼠牙齿的"批判",这种"批判"达到何种程度?种种问题都萦绕在梁赞诺夫的脑海中。他必须要探寻究竟,求得答案。

---

1 D. Rjasanoff: Neueste Mitteilungen über den literarischen Nachlaß von Karl Marx und Friedrich Engels, in: *Archiv für die Geschichte des Sozialismus und der Arbeiterbewegung*, Jg. 11, 1925, S. 387.

一、《遗著选》和《恩格斯传》提供的《德意志意识形态》搜寻线索

梁赞诺夫对《德意志意识形态》手稿的搜集活动并不是无据可依、无迹可循的。一方面，马克思恩格斯曾留下关于《德意志意识形态》手稿的三次公开自述，这是关于这部巨幅手稿的首要文献信息；另一方面，德国社会民主党理论家在其马克思主义文献编纂活动中多次涉及《德意志意识形态》，这既包括《德意志意识形态》手稿的部分发表，如伯恩施坦在《社会主义文献》节录刊印的"圣麦克斯"章以及迈尔在《社会科学和社会政治文库》完整刊印的"莱比锡宗教会议"和"圣布鲁诺"章，又包括《德意志意识形态》的文献学研究，如梅林的《遗著选》和《马克思传》、倍倍尔和伯恩施坦的《通信集》以及迈尔的《恩格斯传》等对《德意志意识形态》写作出版、卷次内容、理论价值等的考察分析。所有这些，都构成了梁赞诺夫开展《德意志意识形态》手稿的搜集、整理乃至编辑出版工作的重要条件。在这其中，梅林的《遗著选》和迈尔的《恩格斯传》成为梁赞诺夫关注的重点。

梅林是德国社会民主党内仅有的几位马克思恩格斯文献遗产的知情者之一。他既是《遗著选》的编者，又是第一部马克思个人传记的作者，同时还参与了倍倍尔和伯恩施坦版《通信集》的编辑工作。[1] 因此，梅林如何说明、评价《德意志意识形态》手稿，成为梁赞诺夫搜集工作的重要参考。我们知道，在 1902 年出版的《遗著选》中，梅林并没有收录以手稿形态存在的《德意志意识形态》，他认为，它"必须保留在之后的全集中出版"。[2] 尽管如此，梅林在第七部分"源自德国社会主义杂志"的"编者导言"的第一节"亡命布鲁塞尔"和第二节"《德意志意识形态》"中，对《德意志意识形态》的写作出版情

1　参见 August Bebel und Eduard Bernstein (Hrsg.): *Der Briefwechsel zwischen Friedrich Engels und Karl Marx. 1844 bis 1883*, Band 1, S. VI。

2　Franz Mehring (Hrsg.): *Aus dem literarischen Nachlass von Karl Marx, Friedrich Engels und Ferdinand Lassalle*, Band 2, S. 346.

况以及卷次内容作了较为详细的介绍，并对《德意志意识形态》的地位与价值作了较低评价。同时，梅林亦在关于《神圣家族》的第六部分"编者导言"中详细介绍了"莱比锡宗教会议"，尽管他并不知道这份错置的手稿同《德意志意识形态》的内在联系，但这份手稿毕竟由此进入了学界视野。

总体来说，梁赞诺夫对梅林以及《遗著选》给予了较高的评价。他指出，梅林是"第一个尽职尽责地研究"马克思恩格斯文献遗产的人，"他在1898年受党的委托来出版马克思恩格斯的文献遗产。我们所有人都在一定程度上受教于梅林版的那三卷。我总是把这几卷视为一部穷尽了在这方面所能展现的全部内容的著作，它的作者至少仔细研究了所有应予考虑的问题"。[1]但是，就《德意志意识形态》来说，梁赞诺夫认为，梅林的《遗著选》是存在"重大缺漏"[2]的。他指出，《遗著选》有涉及《德意志意识形态》的一小节，但是梅林却告知读者，《遗著选》只收录马克思恩格斯的已发表著述，因此作为手稿的《德意志意识形态》不予收录。对此，梁赞诺夫提出了强有力的反驳：梅林"似乎忘了，他在《遗著选》第一卷中刊印了马克思的博士论文"。[3]

梁赞诺夫把考察的重点放到了被梅林错置的"莱比锡宗教会议"手稿上。他发现，一方面，梅林得出奇怪的评论，说《德意志意识形态》本身没有太大价值，因为马克思恩格斯写它只是为了自己弄清问题；但另一方面，《遗著选》第二卷却有关于"莱比锡宗教会议"的一小节，其中涉及了鲍威尔和施蒂纳。这令梁赞诺夫好奇不已。看来，梅林手头有一份题为"莱比锡宗教会议"的手稿，它论述了鲍威尔和施蒂纳。通过1923年夏的柏林之行，梁赞诺夫终于找到了答案。原来，梅林其实早就意识到了《德意志意识形态》的重要性，并曾多次向伯恩施坦借阅手稿，但均未成功。后来，伯恩施坦为了摆脱梅林，不得

---

1 D. Rjasanoff: Neueste Mitteilungen über den literarischen Nachlaß von Karl Marx und Friedrich Engels, S. 386.

2 Ebenda, S. 387.

3 Ebenda.

已才给了他一小份关于鲍威尔的手稿，也就是"莱比锡宗教会议"。正是依据这部分手稿，梅林得出了《德意志意识形态》价值不大的结论。梁赞诺夫之所以能够知道这一鲜为人知的情况，就是因为他在此次柏林之行中，在伯恩施坦那里悉心整理《德意志意识形态》的各份手稿时，唯独不见关于鲍威尔的第二章。在他的一再追问下，伯恩施坦才解释说，这些手稿在1900年给了梅林，但是梅林一直未曾归还。于是，梁赞诺夫又到梅林的遗嘱执行人爱德华·福克斯（Eduard Fuchs）那里打听，也毫无线索。后来他才明白，这部分手稿其实就是"莱比锡宗教会议"，并最终在社会民主党档案馆中找到了它。在这份梁赞诺夫几经周折找到的手稿的最后一页，有恩格斯写的几个字："II. 布鲁诺·鲍威尔，1845—1846"。梁赞诺夫推测，梅林之所以没有把这份手稿归还伯恩施坦，就是因为他直接把它交还给了社会民主党档案馆。[1]

可以说，梁赞诺夫对"莱比锡宗教会议"手稿的探寻过程为我们揭开了两个谜团。首先，梅林确实拥有一份题为"莱比锡宗教会议"的手稿，但是这份手稿并非像迈尔所说的那样来自德国社会民主党档案馆，而是同样来自恩格斯的遗产保管人伯恩施坦。其次，梅林借出的"莱比锡宗教会议"手稿其实包含两部分，一为"莱比锡宗教会议"，二为"圣布鲁诺"章。正因如此，他才在《遗著选》中谈及"莱比锡宗教会议"时会涉及"圣布鲁诺"章。相应地，迈尔在《社会科学和社会政治文库》中刊印的题为"莱比锡宗教会议"的手稿，亦包含了"圣布鲁诺"章。

---

1 Ebenda, S. 387–388. 值得注意的是，关于"莱比锡宗教会议"为何保存在社会民主党档案馆，英格·陶伯特后来提出了新的观点。她认为，梁赞诺夫的推测，即梅林把从伯恩施坦那里借来的"莱比锡宗教会议"手稿直接归还给了社会民主党档案馆，是错误的。她指出，梅林在用完这份手稿后，很可能把它同马克思的博士论文一并归还给了劳拉·拉法格。1911年劳拉去世后，梁赞诺夫去法国德拉维尔清理完她的遗产后，把这些遗稿带回到了德国社会民主党档案馆。于是，"莱比锡宗教会议"手稿就保存在了社会民主党档案馆之中。陶伯特给出了一个重要证据：在"档案馆保存的马克思—拉法格遗产名录"中写着："34）马克思的博士论文；35）恩格斯的手稿（莱比锡宗教会议）"。可以说，这两份材料在拉法格遗产中的同时出现且前后相邻在很大程度上支持了陶伯特的观点。参见 Inge Taubert: Die Überlieferungsgeschichte der Manuskripte der "Deutschen Ideologie" und die Erstveröffentlichungen in der Originalsprache, S. 43。

如果说，梅林的《遗著选》构成了梁赞诺夫苦苦寻找《德意志意识形态》手稿的一条线索，那么迈尔的《恩格斯传》则成为他搜集《德意志意识形态》手稿的另一线索。梁赞诺夫指出，在特别偶然的情况下，他在迈尔的《恩格斯传》中发现了"极为有趣的一章，大概是在第 240—261 页"，这是"迈尔的著作中最有趣的部分"，它提供了某些"全新的东西"。[1] 梁赞诺夫所说的"极为有趣的一章"，正是《恩格斯传》的第九章"对德意志意识形态的清算"。而他所列出的页码，正是该章集中介绍《德意志意识形态》卷次内容以及唯物史观相关表述的部分。至于所谓"全新的东西"，自然是指迈尔所引用的大量手稿原文了。梁赞诺夫非常好奇，迈尔是如何得到这些关于《德意志意识形态》的重要内容的？于是，在该书的注释中，他看到了迈尔的特别说明：伯恩施坦是如此的亲切友好，他拿出恩格斯遗产中的一些手稿供他使用。[2] 这也成为梁赞诺夫 1923 年到柏林造访伯恩施坦的原因之一。

二、梁赞诺夫对《德意志意识形态》手稿的初步文献学考察

关于 1923 年柏林之行的成果，我们不妨看看梁赞诺夫自己的叙述："我最终通过巨大的努力，成功地使整个《德意志意识形态》重见天日。现在，我拥有这份手稿的一套照相复制件。我希望以后能够有机会向大家讲述，我在四周的时间里花了多大的工夫从伯恩施坦档案馆里找出一份又一份的手稿。我以我所熟悉的所有已经刊印的原始资料为依据。起初，我想拥有'圣麦克斯'手稿。我记得，《德意志意识形态》的这一部分已经出版，因而想，我可能从伯恩施坦那里最早得到已出版的那些文本的手稿。当这一点实现之后，我对伯恩施坦说，他本人在某某地方曾说过，这部著作还有一个部分，他想出版它。他想不

---

1 D. Rjasanoff: Neueste Mitteilungen über den literarischen Nachlaß von Karl Marx und Friedrich Engels, S. 388.

2 Ebenda, S. 388–389. 亦可参见 Gustav Mayer: *Friedrich Engels. Eine Biographie*, Band I, S. IX。

起来。因此就必须向他指出他本人曾经说过的话。经过数日的争论，他才把手稿的第二部分交给了我。"[1]

　　显然，梁赞诺夫同伯恩施坦进行的《德意志意识形态》手稿的交接博弈，是以他对《德意志意识形态》手稿的文献信息、出版状况的深入了解为前提的。例如，他所谈到的"已经出版"的"圣麦克斯"手稿，自然是指 1903—1904 年《社会主义文献》杂志对这份手稿的节录刊印。只有如此，梁赞诺夫才能准确又完整地从伯恩施坦那里搜集到所有的《德意志意识形态》手稿，进而照相复制。在对《德意志意识形态》特别是"圣麦克斯"章的复制件进行仔细研究之后，梁赞诺夫得出了如下出人意料的结论："这部著作决不像伯恩施坦在出版它时所认为的那样，严重地遭到了'老鼠牙齿的批判'。老鼠咬坏的部分比伯恩施坦自己所忽略的要少得多。"[2]梁赞诺夫举例说到，伯恩施坦在《社会主义文献》谈及"圣麦克斯"章的"人道自由主义"一节时这样写道："由于只有三小页残留了下来，而所有其他部分——第 41—42 印张——都被老鼠吃光了，因此我宁愿不出版这整个章节。"[3]但事实上，通过对手稿的细致考察，梁赞诺夫发现："所有据说被老鼠毁坏的手稿都毫发无损地完整保存着。"[4]除了"圣麦克斯"章，梁赞诺夫也谈到了"圣布鲁诺"章和"费尔巴哈"章。他认为，尽管马克思在《神圣家族》中批判过鲍威尔，但是《德意志意识形态》中的这部分内容

---

　　1 D. Rjasanoff: Neueste Mitteilungen über den literarischen Nachlaß von Karl Marx und Friedrich Engels, S. 389.

　　2 Ebenda.

　　3 伯恩施坦的原文表述是："'人道自由主义'只存在开篇，它包含 3 个对开页的手稿。第一部分的现存手稿在第 40 印张结束。由于第二部分从第 43 印张开始，因此缺失了两个印张或 8 个对开页手稿。"除了手稿的保存情况，伯恩施坦也从内容方面作了评判。他指出，"人道自由主义"保留下来的开篇内容并不重要，没必要刊印，因为"它只是按照之前各章的方式批判或嘲笑施蒂纳从概念和抽象出发进行推导的方法"。于是，基于保存状况和内容价值的双重考量，伯恩施坦没有在《社会主义文献》刊印"人道自由主义"这部分手稿。参见 Eduard Bernstein (Hrsg.): *Dokumente des Sozialismus*, Band IV, Heft 5, S. 210。

　　4 D. Rjasanoff: Neueste Mitteilungen über den literarischen Nachlaß von Karl Marx und Friedrich Engels, S. 389.

还是要比伯恩施坦所认为的重要得多。[1] 由于生病，梁赞诺夫未能及时译出"费尔巴哈"章的内容，但他还是引用了迈尔的摘录，"出发点、基本论点并不是什么抽象物，而是现实的个人和他们的行动、他们的行为、他们已有的条件以及被人的活动所改变的条件。任何想研究人类历史的人必须首先为自己提出这样一项任务：研究人的有机体，研究人自身，研究他在其中进行活动的环境，他周围的地质的、地理的、气候的条件以及其他条件"。[2] 梁赞诺夫指出，所有这些都在"费尔巴哈"章中得到了出色的阐述。[3] 另外，梁赞诺夫谈到，《德意志意识形态》手稿还包含关于"真正的"社会主义者的章节。较之于《共产党宣言》对真正的社会主义所作的简短、尖锐的论述，《德意志意识形态》则提供了对其整个著述的"详尽批判"。[4]

总的来说，梁赞诺夫对《德意志意识形态》颇为重视。在他看来，这部手稿对于解决许多重大的理论问题都具有重要的启发意义。例如，就马克思恩格斯个人来说，他们如何实现了由现实的人道主义到革命共产主义的转变，中间的环节是什么？就德意志意识形态的发展来说，从黑格尔经由费尔巴哈过渡到马克思恩格斯，其具体发展过程是怎样的？[5] 所有这些都可以从《德意志意识形态》手稿中找到线索与答案。由此，与梅林相反，梁赞诺夫对《德意志意识形态》给予了极高评价。在他看来，这部手稿"对于马克思

1　Ebenda, S. 390.

2　梁赞诺夫引述的这段话的原文可能是："我们开始要谈的前提不是任意提出的，不是教条，而是一些只有在臆想中才能撇开的现实前提。这是一些现实的个人，是他们的活动和他们的物质生活条件，包括他们已有的和他们自己的活动创造出来的物质生活条件……全部人类历史的第一个前提无疑是有生命的个人的存在。因此，第一个需要确认的事实就是这些个人的肉体组织以及由此产生的个人对其他自然的关系。当然，我们在这里既不能深入研究人们自身的生理特性，也不能深入研究人们所处的各种自然条件——地质条件、山岳水文地理条件、气候条件以及其他条件。任何历史记载都应当从这些自然基础以及它们在历史进程中由于人们的活动而发生的变更出发。"参见《马克思恩格斯文集》第 1 卷，人民出版社 2009 年版，第 516—519 页。

3　D. Rjasanoff: Neueste Mitteilungen über den literarischen Nachlaß von Karl Marx und Friedrich Engels, S. 390.

4　Ebenda, S. 391.

5　Ebenda, S. 390–391.

和恩格斯的传记""对于德意志意识形态史""对于 19 世纪德国的社会、政治和经济思想史"乃至"对于整个 19 世纪思想史"都具有"巨大的意义"。[1]由于《德意志意识形态》手稿篇幅庞大,不可能在短时间内全部出版,因此,梁赞诺夫决定,在整部著作出版之前,将首先尽快出版"费尔巴哈"章。[2]作为这一设想的结果,1924 年,俄文版《马克思恩格斯文库》第一卷出版了梁赞诺夫主编的世界历史上首个俄文版"费尔巴哈"章;1926 年,德文版《马克思恩格斯文库》第一卷出版了梁赞诺夫主编的首个原文版"费尔巴哈"章。由此,《德意志意识形态》这一最受人关注的部分终于进入公众的视野。

第二节　梁赞诺夫和迈尔的《德意志意识形态》"发现者"之争

如前所述,作为马恩研究院的首任院长、MEGA[1] 编辑出版工程的灵魂人物,梁赞诺夫经过不懈努力,终于完整搜集到了极具价值的马克思恩格斯的未竟著作——《德意志意识形态》手稿。然而令人意外的是,在西方学术界,每当提到梁赞诺夫开掘《德意志意识形态》手稿的历史功绩时,许多学者会嗤之以鼻、不以为然,甚至会把这一功绩冠名为颇具讽刺意味的"发现"。[3]那么,为什么梁赞诺夫搜集《德意志意识形态》手稿的千辛万苦会换来西方学界的不屑与讥讽,其间究竟发生了什么?我们应该如何评价梁赞诺夫对《德意志意识形态》手稿的历史性发掘呢?

---

1 Ebenda, S. 391.

2 Ebenda, S. 390.

3 例如,特雷尔·卡弗就把梁赞诺夫对《德意志意识形态》手稿的发掘称为带引号的"发现",参见 Terrell Carver, *The German Ideology* Never Took Place, in: *History of Political Thought*, Vol. XXXI, No. 1, Spring 2010, p. 122. 陶伯特与汉斯·佩尔格也对梁赞诺夫的"发现"不以为然,参见 Inge Taubert und Hans Pelger (Hrsg.): Karl Marx, Friedrich Engels, Joseph Weydemeyer: Die Deutsche Ideologie, in: *Marx-Engels-Jahrbuch 2003*, Berlin: Akademie Verlag, 2004, S. 9[*]。

一、"发现者"之争的历史缘起

1923 年秋，梁赞诺夫从柏林带回了 7000 纸面（14000 页）沉甸甸的马克思恩格斯文献遗产的照相复制件。[1] 在 11 月 20 日于莫斯科社会主义学院所作的报告《马克思恩格斯文献遗产的最新消息》中，梁赞诺夫对他从柏林带回来的马克思恩格斯文献遗产的情况作了详细介绍，其中特别对《德意志意识形态》手稿的搜寻过程作了细致说明。梁赞诺夫的这一报告引起了卡尔·格律恩伯格（Carl Grünberg）的注意，他将其收录到 1925 年出版的《社会主义和工人运动史文库》第 11 卷中。然而，梁赞诺夫在报告中对《德意志意识形态》手稿所作的说明引起了《恩格斯传》作者迈尔的强烈不满。于是，一场关于《德意志意识形态》手稿之"发现"的学术争论缓缓拉开了序幕。

1925 年 1 月 28 日，梁赞诺夫的师友、法兰克福社会研究所首任所长格律恩伯格致信迈尔，请求他为梁赞诺夫所从事的 MEGA[1] 编辑出版工程提供帮助。"您一定知道梁赞诺夫朋友正在全力工作以求实现的伟大的马克思恩格斯版本。从我这方面来说，我努力采取一切形式对他予以支持，而他也期望得到您的帮助和支持。"[2] 由此，格律恩伯格引出了这封信的主旨："我们所的图书馆馆员胡伯先生最近在科隆、埃尔伯费尔德和恩格耳斯基尔亨。他利用这个机会也同商业顾问恩格斯进行了谈话。后者告诉胡伯，在您和他之间进行的关于青年恩格斯的通信极富教益。因此，如果能够从他那里获得复制件将对梁赞诺夫极为重要。但是，商业顾问恩格斯认为，如果没有征得您的明确同意就允许进行这些书信的复制工作是不合适的，因为您的书信，您的问题和评论，像他那由您所激发的回答一样都是您的文献财产。现在，我可以请求您同意这件事

1　Heinz Stern und Dieter Wolf: *Das große Erbe*, Berlin: Dietz Verlag, 1972, S. 86.

2　Carl-Erich Vollgraf, Richard Sperl und Rolf Hecker (Hrsg.): *Beiträge zur Marx-Engels-Forschung. Neue Folge*, Sonderband 2, Berlin-Hamburg: Argument Verlag, 2000, S. 201.

吗?"[1]作为著名的《社会主义和工人运动史文库》的主编,格律恩伯格始终都致力于马克思主义、社会主义与工人运动史的文献研究与出版工作。他对马克思恩格斯文献遗产的搜集、编辑和出版事业更是高度重视。因此,梁赞诺夫主持的MEGA[1]编辑出版工程得到了他不遗余力的帮助,尤其是在文献的搜集方面。然而,正是格律恩伯格出于支持梁赞诺夫所领导的MEGA[1]工程而主动向迈尔写的这封信,为迈尔提供了发泄其对梁赞诺夫不满情绪的出口。

1925年1月30日,迈尔给格律恩伯格写了回信。首先,他非常冷漠地回应了格律恩伯格提到的MEGA[1]工程。"您在您的信中认为,我知道'梁赞诺夫朋友'所从事的伟大的马克思恩格斯版本工作。只是我的认识非常不全面。我对它的了解来自第四手材料。从我这方面来说,只有当我从第一手的资料了解到一切细节,并且确定这里所涉及的确实是一项具备一切科学条件的事业时,我才能对整个项目予以评论。"[2]显然,迈尔对梁赞诺夫所主持的MEGA[1]工程持保留甚至怀疑态度。因此,他竭力强调自己对这项工程的不甚了解,进而同这项工程、同梁赞诺夫保持距离。为什么迈尔这样一位积极从事马克思恩格斯文献研究事业的人会对MEGA[1]和梁赞诺夫持如此强烈的拒斥态度呢?答案很快就揭晓了。"不论在什么情况下,我都必须完全拒绝把我多年前所写的书信——其中也可能存在个人的评论,提供给一个像您的'梁赞诺夫朋友'那样的不但在口头上而且在文章中如此轻蔑地评说我的人。或许您认为,我不知道这个人于1923年11月20日在他的莫斯科学院报告中所讲述的、并且之后在他的《文库》[3]中发表的那些消息。如果您不知道这些言论,那么我很乐意提供给您一份德译文。"[4]这里,问题的症结终于浮出了水面:梁赞诺夫在他的报

---

1 Ebenda.

2 Ebenda, S. 204–205.

3 即俄文版《马克思恩格斯文库》。

4 Carl-Erich Vollgraf, Richard Sperl und Rolf Hecker (Hrsg.): *Beiträge zur Marx-Engels-Forschung. Neue Folge*, Sonderband 2, S. 205.

告中对迈尔作了贬抑性的评论，令迈尔大为不满，因此他才拒绝了格律恩伯格的请求。那么，梁赞诺夫究竟对迈尔作了怎样的评说？格律恩伯格知晓这件事吗？我们不妨先来看看格律恩伯格对迈尔的回复。

1925年2月2日，格律恩伯格致信迈尔。在这封信中，格律恩伯格一方面向迈尔表达了理解之情，"我现在清楚地看出，您在生梁赞诺夫的气。在一定意义上，我也理解这一点。他对您的攻击我是知道的"；另一方面，格律恩伯格向迈尔透露了一个更具刺激性的消息：考虑到梁赞诺夫那篇报告所具有的文献史的价值，格律恩伯格将把它翻译为德文收录在即将出版的《社会主义和工人运动史文库》第11卷中。这里，格律恩伯格对迈尔作了如下解释："请您原谅我的评论，在我看来，梁赞诺夫所从事的任务是如此重要，以至于合理的个人心理也应该让位于推动这一任务的客观必要性。"[1] 可以想象，格律恩伯格的回信对迈尔来说如同当头一棒，他没有想到梁赞诺夫对他的攻击即将由狭窄的俄语学界进一步扩展到德语世界中。于是，他在2月6日致信格律恩伯格，要求他务必对这一事件作番表态。[2] 然而，在2月9日的回信中，格律恩伯格再次声明了自己的立场："就梁赞诺夫对您的攻击而言，当我们去年夏天在一起的时候，我并没有向他隐瞒，我完全不赞成他对您以及您的科学人格的攻击方式。我的立场在这一点上自然不变。尽管如此，我发表他的讲话，只是因为它确实包含着西方学界有权真正了解到的关于马克思恩格斯遗产的消息。我过去认为并且现在认为，我没有义务在内容上对这篇发言做丝毫改动。我已经指出，它是梁赞诺夫写的，他对这篇文章承担唯一责任。"[3] 于是，在格律恩伯格的坚持之下，梁赞诺夫的报告《马克思恩格斯文献遗产的最新消息》不久之后便进入了德语世界。

---

1 Ebenda, S. 207.

2 Ebenda, S. 208–209.

3 Ebenda, S. 209–210.

值得一提的是，对于格律恩伯格与迈尔的通信内容，梁赞诺夫全程都是非常了解的。早在收到迈尔的第一封回信后，作为梁赞诺夫的亲密师友，格律恩伯格便于 1925 年 2 月 11 日致信梁赞诺夫，并把迈尔书信的复制件一同寄去。他在信中写道："附件是古斯塔夫·迈尔给我的回信的复制件。……要严格保密。如果您透露了一丁点我给您寄去副本的消息，那我就相当难堪了。但是我必须这么做，以便使您了解真相，并且知道，情况进展如何。"[1]

梁赞诺夫对迈尔的回应态度并不是前后一贯的。在 2 月 13 日回复格律恩伯格的信时，梁赞诺夫的态度显然比较强硬。在他看来，格律恩伯格擅自以他的名义向迈尔请求关于恩格斯的书信是不合适的，因为他本人从未表示出这样的意愿。在他看来，显然是格律恩伯格对他的想法产生了错误的理解。同时，梁赞诺夫认为，如果说，迈尔关于恩格斯的书信对莫斯科马恩研究院编辑出版 MEGA[1] 有重要的意义，那么马恩研究院所搜集到的大量资料对于迈尔的恩格斯传记写作也同样具有重要意义。[2] 然而，随着时间的推移，梁赞诺夫的思想发生了变化。三个月后，也就是 1925 年 5 月 9 日，梁赞诺夫委托自己的副手、马恩研究院副院长恩斯特·崔贝尔（Ernst Czóbel）通知格律恩伯格，删去梁赞诺夫报告中所有伤害到迈尔的地方。[3] 考虑到这篇报告即将发表，崔贝尔以书信和电报两种方式同时向格律恩伯格发去消息。然而，一切都为时已晚。此时的《社会主义和工人运动史文库》第 11 卷已经完成了印刷工作，很快就要装订出版了。任何更改都不再可能。于是，在迈尔、格律恩伯格和梁赞诺夫三人的书信联系中进行的关于这篇报告的内部讨论很快就演变成为一场公开的学术论争。

---

1 Ebenda, S. 206.

2 Ebenda, S. 210.

3 Ebenda, S. 212.

二、梁赞诺夫与迈尔的论争焦点

1925 年，《社会主义和工人运动史文库》第 11 卷出版，梁赞诺夫的《马克思恩格斯文献遗产的最新消息》（以下简称《最新消息》）全文收录于其中。正如向迈尔声明的，格律恩伯格在该文注释中明确地指出："这篇报告作于 1923 年 11 月 20 日莫斯科社会主义学院的会议。梁赞诺夫的消息具有如此重大的文献史价值，我认为，应该把它全文介绍给德国对此感兴趣的人。"[1] 于是，这篇让迈尔耿耿于怀的报告终于向德语学界乃至国际学界露出了其"庐山真面目"，我们也由此看到了梁赞诺夫与迈尔之间学术论争的焦点所在。

如前所述，在《德意志意识形态》手稿的搜寻过程中，迈尔的《恩格斯传》是梁赞诺夫的一条重要线索。《恩格斯传》包含两卷。第一卷出版于 1920 年，它阐述了 1820—1851 年恩格斯的早期生平情况。在 14 年之后的 1934 年，《恩格斯传》的第二卷才姗姗问世，这部传记由此得以最终完成。在第一卷的第九章——"对德意志意识形态的清算"中，迈尔详细介绍了《德意志意识形态》的写作出版情况以及两卷次内容，特别是引用了大量的手稿原文。正是这些"全新的东西"引起了梁赞诺夫的注意，进而指引他后来在伯恩施坦那里觅得《德意志意识形态》手稿。如此说来，迈尔作为梁赞诺夫寻找、搜集《德意志意识形态》手稿的重要线索人，理应得到梁赞诺夫的积极肯定。那么，迈尔的不满从何而来呢？梁赞诺夫的轻蔑性评说又在哪里呢？

原来，在《最新消息》中，当梁赞诺夫明确指出迈尔为自己的《德意志意识形态》手稿搜寻工作提供了重要线索时，他也顺带对迈尔和《恩格斯传》作出了如下否定性评价："无疑，迈尔对发现 1842 年以前恩格斯生平中的几个重要事实做出了贡献。但迈尔是一位资产阶级作家，他只是在最近才成为了社会

---

1 D. Rjasanoff: Neueste Mitteilungen über den literarischen Nachlaß von Karl Marx und Friedrich Engels, S. 385, Anm. 1).

民主党人，或者更确切地说，德国国家社会民主党人。他根本不能把马克思主义理解为哲学的和革命的学说。他至多能把恩格斯理解成一位善良的德意志爱国人士。"[1] 另外，梁赞诺夫也对该书中《德意志意识形态》部分的写作规范提出了尖锐批评："迈尔是记者、老练的报纸通讯员，时至今日他还保留着一名记者或报纸通讯员的习惯。即使在撰写一部科学著作时，他也不会确切地说明他使用了哪些手稿。在注释中，您将徒劳地探寻这些情况：他使用的是《德意志意识形态》的哪些部分、哪些手稿；它们存在于哪里；各个引文出自哪些手稿以及手稿的哪些页。所有这些，迈尔只字未提。"[2]

至此，真相终于大白。迈尔之所以对格律恩伯格的来信漠然处之，对梁赞诺夫愤懑不满，就是因为梁赞诺夫在《最新消息》中对他的治学方式、对他的学术人格作了极为苛刻的评论。既然过去在与格律恩伯格的私密通信中对梁赞诺夫的讨伐毫无效果，既然梁赞诺夫的报告包括其中的轻蔑性评说已经走出俄语世界进入国际学界，那么迈尔再也不能坐视不管、不闻不问了。于是，在1926年出版的《社会主义和工人运动史文库》第12卷中，迈尔发表了他的著名的反驳文章《〈德意志意识形态〉手稿的"发现"》。那么，迈尔是如何批驳梁赞诺夫的呢？

首先，迈尔指出，梁赞诺夫所谓的《德意志意识形态》手稿的"发现"，只是他自己的幻想。因为，人们不需要"发现"那些从未遗失的东西。迈尔指出，通过恩格斯《路德维希·费尔巴哈和德国古典哲学的终结》的"1888年单行本序言"，人们就可以知道，《德意志意识形态》手稿依然存在。而梁赞诺夫在自己的报告中也谈到，梅林已经知晓手稿的存在。但是，迈尔指出，梁赞诺夫"忘了"明确地告诉听众和读者一个重要事实：早在1903年，伯恩施坦就在其主编的《社会主义文献》中刊印了大量出自《德意志意识形态》手稿的章节，并在"前言"中对这部手稿的各方面情况作了介绍。因此，从1903年起，

---

1 Ebenda, S. 388.

2 Ebenda, S. 389.

了解这些资料的人都不再怀疑，这部手稿存放于何处。迈尔本人正是基于这一点才去拜访伯恩施坦，从而得以查阅《德意志意识形态》手稿的。所以，《德意志意识形态》手稿的"发现"一说无从谈起。[1]

其次，关于梁赞诺夫对《恩格斯传》一书所作的评价，迈尔并没有直接回击，他只是用一种软中带硬的口吻谈到："梁赞诺夫先生在抨击我以及我的科学成就时所用的语气，与我个人的口味完全对立，我仿佛都能感到我在试着让我的答复与这种语气相适应。我也坦然地让德国和俄国的专业人士圈子来判断，我对恩格斯的理解是否真如梁赞诺夫所断言的那样如此令人绝望。"[2]不过，对于梁赞诺夫就写作规范所提出的批评，迈尔则予以了激烈的回应："我不允许自己对他的另外一个指责置之不理，其实只是由于它的缘故我才拿起了笔。梁赞诺夫先生竟敢断言，我故意隐瞒我的科学资料来源，以便不让别人弄到它。为此，我不得不在这里向读者奉上我的《恩格斯传》第一卷中满满一个半印张的'资料与说明'中的两个简短引文。然后，他自己就可以作出判断，我是否出于心胸狭窄的原因而向读者故意隐瞒了我许久以来就对《德意志意识形态》手稿所熟知的东西。"[3]

迈尔的反驳文章言辞激烈，咄咄逼人。面对这一矛头直指梁赞诺夫的公开讨伐，所有人都期待梁赞诺夫能够作出某些回应。遗憾的是，这场争论并没有持续下去。我们发现，就在对迈尔这篇回应文章所作的注释中，格律恩伯格给出了如下说明："通过下面对梁赞诺夫相关文章的回应，编辑部认为本文库中的这一论战就此结束。"[4]显然，格律恩伯格不想让《社会主义和工人运动史文库》成为梁赞诺夫与迈尔之间争论、对峙的舞台。因此，他在尊重迈尔的发言

1 Gustav Mayer: Die „Entdeckung" des Manuskripts der „Deutschen Ideologie", in: *Archiv für die Geschichte des Sozialismus und der Arbeiterbewegung*, Jg. 12, 1926, S. 285–286.

2 Ebenda, S. 286.

3 Ebenda.

4 Ebenda, S. 284, Anm. 1).

权、刊发了他的反驳文章之后，便运用编辑的权威强行终止了这场论战，以求息事宁人。然而，这一事件在西方产生了持久的影响。时至今日，许多西方学者在谈到梁赞诺夫对《德意志意识形态》手稿的搜寻时，都会像迈尔那样使用带引号的"发现"一词表示嘲讽。

需要补充的是，尽管迈尔和梁赞诺夫因为《德意志意识形态》手稿而发生了这样一场不大不小的论战，但二人却没有因此而彻底反目。1928 年，迈尔到马恩研究院作了为期近一个月的学术考察，受到了梁赞诺夫的热情接待。[1]正是通过这次考察，迈尔获得了大量对德国社会民主党档案馆的资料形成补充的、在其他地方根本不可能接触到的文献资料，这为他完成《恩格斯传》提供了重要的原始材料。正如他在 1930 年初给梁赞诺夫写信谈到的："我希望 2 月份能够最终再次回到关于恩格斯的工作。[2]之后我也会尽快给您寄回关于布鲁塞尔国际的照相复制件。由于我在准备第一卷的第二版，因此我将能够在那里使用来自恩格斯家庭的书信，您非常正确地指出了这一点。所有其他在您这里找到的材料，借助您友好的帮助也会对我有益。"[3]因此，在 1932 年为《恩格斯传》第二版所写的"前言"中，迈尔特地谈到了 1928 年的学术考察，并向当时已更名为马克思恩格斯列宁研究院的马恩研究院表达了谢意，[4]而这其中更多的谢意自然是指向那时已然离职的梁赞诺夫的。

三、梁赞诺夫发掘《德意志意识形态》手稿的历史贡献

回顾这桩历史公案的前前后后，我们发现，它的导火索只是梁赞诺夫在不

---

1 参见 Gustav Mayer: *Erinnerungen. Vom Journalisten zum Historiker der deutschen Arbeiterbewegung*, Zürich-Wien: Europa Verlag, 1949, S. 353—356。

2 即《恩格斯传》第二卷。

3 V. Külow und A. Jaroslawski (Hrsg.): *David Rjasanow – Marx-Engels-Forscher, Humanist, Dissident*, S. 190.

4 Gustav Mayer: *Friedrich Engels. Eine Biographie*, Band I, 2. Auflage, Frankfurt/M-Berlin-Wien: Verlag Ullstein GmbH, 1975, S. VII.

经意间对迈尔的治学方式、学术规范所作的批评。就这一点来说，不但格律恩伯格，就连梁赞诺夫的副手崔贝尔也认为梁赞诺夫对迈尔的指责不是很站得住脚。[1] 当然，梁赞诺夫后来也意识到了自己的失误，因而请格律恩伯格删掉自己的报告中所有伤害到迈尔的地方。但是，所有这些已经不再重要，因为这场论争最后聚焦到了一个更为关键、更具实质性的问题，那就是迈尔的反驳核心：梁赞诺夫是不是《德意志意识形态》手稿的发现者？

　　如前所述，由于格律恩伯格的及时干预，这场即将引起轩然大波的论战被迅速平息。但是，就在《社会主义和工人运动史文库》终止了这场连迈尔本人都承认"或许对科学不会有太大促进"的争论的同时[2]，我们也不得不面对这样的结果：梁赞诺夫本人也丧失了为自己辩护、对迈尔的反驳予以回应的机会。于是，历史地来看，迈尔的激烈反驳似乎并没有引起梁赞诺夫的强力回击，我们看到的只是梁赞诺夫的无动于衷、沉默不语。由此，就造成了这样一种印象：梁赞诺夫似乎默认了迈尔的结论，他或许确实夸大了自己的工作成果，从而自以为是《德意志意识形态》手稿的发现者。不过，既然我们已经全面了解了这场争论的始末，要想对之作出判断，就必须认真思考其中的核心问题：梁赞诺夫在搜寻《德意志意识形态》手稿过程中究竟扮演了什么样的角色？

　　确实，迈尔的阐述并非毫无道理可言。早在《路德维希·费尔巴哈和德国古典哲学的终结》的"1888 年单行本序言"中，恩格斯就谈到了《德意志意识形态》手稿，尤其是"费尔巴哈"章的写作情况。在《遗著选》中，梅林尽管没有收录这部手稿，但是他对《德意志意识形态》所作的论述却广为人知。当然，对这部珍贵手稿的开掘做出更大贡献的当属伯恩施坦。他于 1903—1904 年在《社会主义文献》杂志节录刊印了"圣麦克斯"章的一大部分，从

1　Carl-Erich Vollgraf, Richard Sperl und Rolf Hecker (Hrsg.): *Beiträge zur Marx-Engels-Forschung. Neue Folge*, Sonderband 2, S. 213.

2　Gustav Mayer: Die „Entdeckung" des Manuskripts der „Deutschen Ideologie", S. 284.

而使《德意志意识形态》手稿在马克思恩格斯逝世后实现了首次集中亮相。考虑到这些情况，我们完全可以认同迈尔的观点：在当时的历史背景下，对于公众尤其是马克思主义研究者来说，《德意志意识形态》手稿并不是一个已然佚失的"概念性"文稿，它的现实存在是个不争的事实。但是，需要注意的是，承认迈尔的论点并不会对梁赞诺夫本人产生任何影响。因为事实上，梁赞诺夫从未把重获《德意志意识形态》手稿称为一种发现（Entdeckung），更没有自诩为这部手稿的"发现者"。通过对《最新消息》的文献学考察，我们发现，在介绍整部手稿的获得过程中，梁赞诺夫只用过两次"发现"（Entdeckung）一词。一次是承认，"无疑，迈尔对发现1842年以前恩格斯生平中的几个重要事实做出了贡献"；[1] 另一次是谈到，正是由于偶然看到的迈尔对《德意志意识形态》得出的某些全新观点，由于这一发现，梁赞诺夫才决定，推迟马克思著作相应卷次的出版，直至他最终确定《德意志意识形态》手稿存在于何处，是否事实上完全佚失了。[2] 因此，在《最新消息》中，我们其实根本找不到梁赞诺夫自诩为《德意志意识形态》手稿之"发现者"的文献证据。从这一意义上讲，迈尔的反驳不免有"欲加之罪"的色彩。

此外，尽管迈尔在其反驳文章中提到了《恩格斯传》第一卷中"满满一个半印张"的"资料与说明"，并引用了其中两处关于《德意志意识形态》的介绍，以此来反驳梁赞诺夫对其写作规范的批评，但是这里所谓的"一个半印张"其实是他对《恩格斯传》全书所作说明的总篇幅，而单就《德意志意识形态》来说，"资料与说明"中的相关介绍非常有限，也非常笼统。一方面，它的开篇简单介绍了《德意志意识形态》已发表手稿以及伯恩施坦允许迈尔查阅手稿等背景信息，共几行字[3]；另一方面，在后续的注释中，涉及第九章的仅有几处，

---

1 D. Rjasanoff: Neueste Mitteilungen über den literarischen Nachlaß von Karl Marx und Friedrich Engels, S. 388.

2 Ebenda, S. 389.

3 Gustav Mayer: *Friedrich Engels. Eine Biographie*, Band I, S. 403.

篇幅不过一个印刷页。[1] 在这种情况下，梁赞诺夫希望了解《恩格斯传》中相关原文的具体来源——出自《德意志意识形态》哪个章节、哪一页，显然是不可能的。

进一步讲，即使我们依照迈尔的逻辑，不把梁赞诺夫称为《德意志意识形态》手稿的"发现者"，我们也完全有理由把梁赞诺夫称为这部手稿的历史发掘者。梁赞诺夫搜集和寻找《德意志意识形态》手稿的历史功绩绝不能被忽视甚至否定。

首先，《德意志意识形态》手稿的搜集工作并不像迈尔所认为的那样，仅仅涉及作为马克思恩格斯遗产保管者的伯恩施坦本人。它涉及整个德国社会民主党，涉及曾经与手稿有密切联系的党内重要人士。诚然，迈尔曾经得到了伯恩施坦的热情帮助，但是当梁赞诺夫以苏联马恩研究院院长的身份前往柏林搜集、复制手稿的时候，情况就不再如此简单了。梁赞诺夫最终是通过种种不懈的努力，才与德国社会民主党达成了复制马克思恩格斯文献遗产的协议，从而得以亲自搜寻、查找手稿的。因此，从听闻手稿到获得手稿，这个过程是非常艰难的。梁赞诺夫作为打通这整个渠道、全部环节的最关键的人物，实在功不可没。

其次，虽然伯恩施坦最早将《德意志意识形态》手稿中的部分内容刊发，但他对手稿本身的研究却较为有限。更严重的是，他的一些阐述具有明显的误导性。正如梁赞诺夫指出的，伯恩施坦没有在《社会主义文献》刊印"圣麦克斯"章的"人道自由主义"一节，因为他说这部分手稿遭到了老鼠牙齿的严重批判。[2] 然而事实上，他所谓的被损毁的手稿依然完好无损地保存着。可见，伯恩施坦并没有对全部手稿进行细致的整理与深入的研究，他的一些判断显然有

---

1 Ebenda, S. 417–418.

2 D. Rjasanoff: Neueste Mitteilungen über den literarischen Nachlaß von Karl Marx und Friedrich Engels, S. 389.

臆测成分。更重要的是，伯恩施坦并不打算出版整部《德意志意识形态》手稿。在 1903—1904 年刊印了 "圣麦克斯" 章之后的整整 20 年中，除了 1913 年在《工人副刊》和《〈前进报〉娱乐报》发表了 "圣麦克斯" 章的 "我的自我享乐" 一小节外，伯恩施坦再也没有刊发其他任何与《德意志意识形态》相关的手稿。这固然与《德意志意识形态》之为手稿的性质、它的保存状况以及辨识难度有关，但是伯恩施坦乃至德国社会民主党都无意于开启这一艰巨的工程，亦是不争的事实。在这种情况下，梁赞诺夫完整发掘这部手稿的重大意义就不言自明了。

最后，伯恩施坦只能勉强算作手稿的保管人，他没有对手稿尽到应有的照顾和看护的责任。正如上文谈到的，早在 1900 年，伯恩施坦就把《德意志意识形态》的 "莱比锡宗教会议" 手稿（含 "圣布鲁诺" 章）借给了梅林，可是直至 1923 年夏梁赞诺夫亲自前往他家搜集手稿的时候，他才想到梅林还没有归还这份手稿。[1] 可以看出，身为马克思恩格斯遗产的保管人，伯恩施坦远远不像恩格斯当年守护马克思的遗稿那样认真细致，对手稿的外借谨慎小心。从梁赞诺夫在伯恩施坦家里找出一摞摞覆满蜘蛛网的手稿[2]这一事实亦可以得出，伯恩施坦并没有悉心照管这些手稿。可以想象，如果它们一直由伯恩施坦保管，那么没有人能够保证，这些珍贵资料可以完好无损、安然无恙，更不要说全面完整地出版问世了。从这个意义上讲，梁赞诺夫的搜集、寻找活动实质上是对马克思恩格斯文献遗产的拯救和保护行动。后来的历史也印证了这一点。在第二次世界大战中，由于经历了种种颠沛流离，马克思恩格斯的原始手稿遭到了很大的破坏。因此，在今天编辑《马克思恩格斯全集》历史考证版第二版即 MEGA[2] 各卷次，包括第 I/5 卷即《德意志意识形态》卷时，编者在依据原始手稿的同时还要参考梁赞诺夫当年从柏林带回的照相复制件，因为正是这些

---

1 Ebenda, S. 387–388.

2 Heinz Stern und Dieter Wolf: *Das große Erbe*, S. 87.

复制件反映了手稿未被破坏前的原始面貌。[1]

综上，通过对《德意志意识形态》手稿之"发现者"这桩公案的历史性回溯与文献学分析，我们必须澄清，梁赞诺夫从未自诩为《德意志意识形态》手稿的发现者，所谓"发现者"之名完全是迈尔的"欲加之罪"。相反，我们要高度评价梁赞诺夫对《德意志意识形态》手稿的搜集和整理工作，它从根本上讲是对马克思恩格斯文献遗产这一人类文明成果之重要构成的拯救与保护。就此而言，梁赞诺夫与马恩研究院全体工作人员的历史功绩应当为后人所铭记。

第三节　梁赞诺夫主编的首部原文版"费尔巴哈"章

1924 年，梁赞诺夫在马恩研究院的院刊——《马克思恩格斯文库》俄文版第一卷中出版了《德意志意识形态》"费尔巴哈"章[2]。这是世界历史上首个"费尔巴哈"章版本，它正式揭开了《德意志意识形态》百年文献学的序幕。1926年，梁赞诺夫又在德文版《马克思恩格斯文库》第一卷中出版了"费尔巴哈"章，这是世界历史上首个原文版《德意志意识形态》"费尔巴哈"章，它对于"费尔巴哈"章乃至整个《德意志意识形态》在后世的原文编排产生了深远的影响，因而较之于俄文版具有更为重要的文献学意义。

在德文版《马克思恩格斯文库》第一卷中，"费尔巴哈"章收录在第二部分"来自马克思和恩格斯的文献遗产"中，标题为"马克思恩格斯论费尔巴哈（《德意志意识形态》第一部分）"。它包含如下内容：一、"编者导言"；二、《关

---

1 例如，在编辑《1844 年经济学哲学手稿》时，为了辨识"笔记本 II"的破损页面，MEGA² 编者特地查阅了梁赞诺夫在 20 世纪 20 年代完成的手稿照相复制件，参见 *Marx-Engels-Gesamtausgabe (MEGA²)*, Band I/2, Berlin: Dietz Verlag, 1982, S. 704；而陶伯特在编辑 MEGA² 版《德意志意识形态》的先行版时，亦对照了梁赞诺夫完成的手稿复制件，参见 Inge Taubert und Hans Pelger (Hrsg.): Karl Marx, Friedrich Engels, Joseph Weydemeyer: Die Deutsche Ideologie, S. 22*。

2 Д. Рязанов, К. Маркс и Ф. Енгельс о Фейербахе//*Архив К. Маркса и Ф. Енгельса*, Книга Первая, М.: Государственное Издательство, 1924, С. 191–256.

于费尔巴哈的提纲》；三、《德意志意识形态》"序言"草稿；四、"费尔巴哈。
唯物主义观点和唯心主义观点的对立"。[1] 就《关于费尔巴哈的提纲》来说，梁
赞诺夫显然是基于它与"费尔巴哈"章在主题上的密切联系而将其收录的。正
如梁赞诺夫所说，这是《德意志意识形态》第一部分的"最佳导言"。不仅如
此，梁赞诺夫强调，恩格斯在首次出版《关于费尔巴哈的提纲》时，对之作了
个别改动。而梁赞诺夫则根据马克思的笔记收录了它的原始文本。[2] 就《德意志
意识形态》"序言"草稿来说，它正是我们所熟知的《德意志意识形态》"序言"。
这份草稿其实并不存在于"费尔巴哈"手稿中，而是梁赞诺夫从劳拉·拉法格
（Laura Lafargue）那里获得的。正如梁赞诺夫在"编者导言"结尾谈到的："对
《德意志意识形态》手稿的进一步熟悉帮助我揭开了一份我从劳拉·拉法格那
里获得的马克思手稿的秘密。它是我当时还不了解的马克思的一部著作的第一
卷序言方案。直到现在我才明白，其中提及的'书'[3]不是别的，正是未出版的
《德意志意识形态》。"[4] 因此，梁赞诺夫把"序言"草稿收录在了《关于费尔巴
哈的提纲》之后。自然，第四部分正是首次出版的原文版《德意志意识形态》"费
尔巴哈"章，它是我们考察的重中之重。那么，梁赞诺夫会如何编排"费尔巴
哈"章？他的编辑理念和编排原则是什么呢？

一、《德意志意识形态》"费尔巴哈"章的手稿状况

梁赞诺夫对《德意志意识形态》第一部分即"费尔巴哈"章的编排完全是
以他所掌握的手稿自身的情况为基础的。正是通过对这部分手稿的仔细考察与
细致分析，梁赞诺夫才本着全面地、如实地再现手稿的原则向我们展现了他所

---

1 D. Rjazanov (Hrsg.): Marx und Engels über Feuerbach (Erster Teil der „Deutschen Ideologie"), in: *Marx-Engels-Archiv*, Band I, 1926, S. V.

2 Ebenda, S. 217.

3 参见《马克思恩格斯文集》第 1 卷，人民出版社 2009 年版，第 509 页。

4 D. Rjazanov (Hrsg.): Marx und Engels über Feuerbach (Erster Teil der „Deutschen Ideologie"), S. 217.

编辑的世界历史上第一个原文版《德意志意识形态》"费尔巴哈"章。因此，手稿本身的状况是我们研究梁赞诺夫的编辑理念、编排方式的根本出发点。在德文版《马克思恩格斯文库》第一卷关于"费尔巴哈"章的"编者导言"中，梁赞诺夫详细介绍了他所掌握的这部分手稿的情况。

总的来看，"费尔巴哈"手稿几乎都出自恩格斯的手笔，马克思只作了一些插入、修改或者边注。但是，梁赞诺夫指出，这并不意味着恩格斯是手稿的作者。恰恰相反，手稿其实是由马克思口授、恩格斯笔记的，这尤其体现在第一章"一般意识形态，特别是德意志意识形态"之中[1]。与之不同，第二章看来是由恩格斯独自地、而非口授完成的。之所以得出这一结论，是因为梁赞诺夫认为，第一章中出自恩格斯之笔的改动，与恩格斯通常在自己的草稿中所习惯作的改动并不相同，也不同于第二章中的改动。[2] 可以看出，就手稿的作者来说，梁赞诺夫沿袭了此前伯恩施坦和迈尔的观点，主张马克思主导说，尤其强调"马克思口授、恩格斯笔记"说。不过，尽管梁赞诺夫在此处以恩格斯的写作习惯为据作出了更进一步的分析，即第一章为马克思主导，第二章则由恩格斯主导，但是鉴于"费尔巴哈"手稿中马克思恩格斯的写作分担问题太过"棘手"，梁赞诺夫还是把注意力集中到了二位作者对手稿所作的"排序和编辑"上。[3] 于是，他详细介绍了手稿的构成及相关文献学信息。

梁赞诺夫指出，"费尔巴哈"手稿包含两个部分。第一部分是一份主手稿（Hauptmanuskript），共计71对开页，它构成了"费尔巴哈"手稿的主体。第二部分是小手稿或第二手稿，只包含三个对开印张（每印张有4页），虽然它也用1到4这几个数字标示，但内容并不是连续的。这应该是一份刚刚开始抄

---

1 就梁赞诺夫编辑的这一版"费尔巴哈"来说，它并不像我们通常所说的那样被称为"费尔巴哈"章，而是称为"费尔巴哈"部分（Teil），这一部分中的三大组即"A.一般意识形态，特别是德意志意识形态""[B.]唯物主义观点下的经济、社会、个人及其历史""[C.]国家和法同所有制的关系"则被称为"章"（Kapitel）。

2 D. Rjazanov (Hrsg.): Marx und Engels über Feuerbach (Erster Teil der „Deutschen Ideologie"), S. 217.

3 Ebenda.

写的誊清稿，笔迹也是恩格斯的。[1]

第一，就主手稿来讲，它并不是由马克思和恩格斯一气呵成写下的，而是一个片断、一个片断逐步完成的。因此，其间会有一些脱节，有些地方上下文并不衔接，内容上也没有连续性。对于这部分手稿，马克思和恩格斯都作了编号，但方式完全不同。恩格斯是以印张为基础，每一印张编一个号，而马克思则以每一印张所包含的四个页面为基础，对每个页面标号。[2]因此，恩格斯的一个印张编号对应的是马克思的4页编号。除了编号方式不同外，这些编号在手稿中的连续性也有很大的差异。我们不妨作一番具体的说明。[3]

首先，在未编号的第1印张之后，紧接着的是第5印张，中间没有第2、3、4印张。不过，在梁赞诺夫所掌握的手稿中，还有一个松散纸面，它应该是连着第1印张的，或者说，应该是佚失的第2印张的前两页。因为它在内容上与第1印张完全接续。这两个印张以及那一页散纸，马克思都没有编号。

其次，接下来是恩格斯编的第6印张，它在内容上与之前的第5印张并没有关联，不过，从这一印张开始，它的4个页面上出现了马克思编的序号或页码，即8，9，10和11。由此，这两种编号方式开始对应出现，一直延续到恩格斯编的第9印张，也就是马克思编的20—23页。在恩格斯编的第10印张，情况发生了一些变化。在这一印张的第一页面上，马克思用竖线删掉了大量内容，因此，他没有给这一页面编上页码，而只是写了"鲍威尔"一词。从这一印张的下一页面起，马克思才再次接续编上了页码24。于是，第10印张只对应了马克思编的3个页面，即24—26页。接下来的第11印张，只有前两个页

---

1 Ebenda.

2 需要说明的是，在德文中，"印张"（Bogen）指一大张纸，它像文件夹那样对折，可以分成四个页面，每一页面构成我们中文所说的一"页"（Seite）。因此，在这里的行文中，为了区分马克思与恩格斯的编号方式，笔者用"页面"一词的时候就意指中文里所谓的页，也就是马克思的编号方式；用"张"的时候就表示印张，即恩格斯的编号方式。另外，当涉及正反两页（Seite）构成的半个印张时，则用"纸面"（Blatt）来指称。

3 参见 D. Rjazanov (Hrsg.): Marx und Engels über Feuerbach (Erster Teil der „Deutschen Ideologie"), S. 218–219。

面被马克思标记了页码 27、28。其中，第 28 页还被删除了一大部分，这部分被马克思用到了"圣麦克斯"章中。

再次，在恩格斯编的第 11 印张之后，手稿直接跳跃到了第 20 印张。这一印张与此前的内容并不接续，尽管这里的编号"20"被他人用铅笔改成了"29"。它的第 1 页面上的内容被马克思用竖线删除，挪用到了"圣麦克斯"章中。因此，这个页面没有被马克思编号。于是，恩格斯编的第 20 印张对应的是马克思编的 30—32 页。第 21 印张的内容与第 20 印张的内容是前后相续的，不过这一印张的第 3 页面被马克思完全删除了，因此，这一页面也没有被编页码。于是，第 21 印张对应的是马克思编的 33—35 页。

最后，剩下部分的主手稿的编号就没有中断了。这里，恩格斯的编号从第 84 印张开始，一直连续地进展到第 92 印张。相应地，马克思的编号从 40 页一直延续到 72 页。这里需要说明两点。其一，这部分手稿显然与之前的手稿并不直接相连。因为，从马克思的页码编号就可以看出，这里少了 36—39 页，所以手稿很可能佚失了一个印张。其二，在恩格斯编的最后一个印张，即第 92 印张中，第一个页面被完全写满了，马克思标上了页码 72。在这一页里，除了恩格斯写的 9 行字以外，其余的都是马克思写的简短语句。显然，马克思打算日后再进行详细的阐发。在下一个页面中，也有马克思写的几句话，但马克思并没有给它编上页码。剩下的两个页面是空白的，因此也没有页码。

通过对主手稿基本情况的说明，我们可以看出，如果按照马克思的编号方式，除了开始几页之外，整部主手稿基本上是连续完整的，因为马克思所作的页码编号从 8 一直延续到 72（其中只缺了 29、36—39 页）[1]。相反，如果我们按照恩格斯的编号方式，那么整部手稿就显得"漏洞百出"了，第 2—4、

---

1 1962 年，齐格弗里德·巴纳在阿姆斯特丹国际社会史研究所发现了《德意志意识形态》三个纸面的手稿，其中包括属于主手稿的马克思编号的第 1、2 和 29 页。详情参见本书第四章第一节。

12—19、22—83 印张都缺失了，这意味着有 73 印张、近 300 页的内容消失不见了。对于这种情况，梁赞诺夫给出了如下判断："早在写作这部著作，或者更确切地说，在编辑这部著作的时候，缺失的第 2—4、12—19、22—83 印张就已经被挑了出来，因为它们的内容在誊清稿或新稿本中变成了《德意志意识形态》的其余部分。"[1] 此前提到的几处被马克思删除、后来又出现在"圣麦克斯"章中的段落也证明了这一判断。因此，梁赞诺夫认为，主手稿其实是相对完整的，它可以作为编排的基础。

第二，就小手稿或第二手稿来说，它分为毫不相关的两个部分。第一部分（第 1—2 印张）本身又包含两部分构成：首先是主手稿导论的誊清稿，这篇誊清稿除了结尾一段有些许改动之外，其他部分与主手稿中被马克思用竖线划掉的导论内容完全一致，因此，梁赞诺夫决定仅把誊清稿的结尾一段纳入脚注，其余内容不予考虑；其次是第一章开头的新稿本，也就是第一章的新开篇，梁赞诺夫决定把它置于导论之后、主手稿的第一章之前。第二部分（第 3—4 印张）在内容上与主手稿的结尾部分相续，梁赞诺夫决定把它置于主手稿结尾之后。[2]

二、梁赞诺夫原文版"费尔巴哈"章的编辑方式

通过对手稿状况的说明，我们就可以大致把握梁赞诺夫的编排方案了。首先，主手稿是"费尔巴哈"手稿的主体，这是不言而喻的，马克思编好的页码 8—72 已经为这一编排提供了明确线索和根本基础。其次，第二手稿的各个部分将穿插在主手稿中，或者作为第一章的开篇，或者作为主手稿结尾的续篇。于是，根据手稿自身的情况，梁赞诺夫最终作出了如下的编排：

---

1 D. Rjazanov (Hrsg.): Marx und Engels über Feuerbach (Erster Teil der „Deutschen Ideologie"), S. 220.

2 Ebenda.

《德意志意识形态》序言草稿[1]

一 费尔巴哈 唯物主义观点和唯心主义观点的对立（导论部分，主手稿第一印张前半部分。梁赞诺夫在脚注中给出了第二手稿中导论誊清稿的最后一段。）[2]

A.一般意识形态，特别是德意志意识形态（主手稿中断，插入第二手稿第一章开篇的新稿本）[3]

1.一般意识形态，特别是德国哲学（接续主手稿第一章开篇，第一印张后半部分，一个松散纸面，第5、6—11、20—21印张，第8—28、30—35页）[4]

[B.唯物主义观点下的经济、社会、个人及其历史]（主手稿第84—91印张，第40—68页[5]，标题为编者所加）[6]

[C.]国家和法同所有制的关系（主手稿91—92印张，第68—[73][7]页。主手稿结束）[8]

[分工和所有制形式]（第二手稿第二部分，第3—4印张，标题为编者所加）[9]

透过梁赞诺夫的编排，我们可以看出，他采取了忠实于手稿自身的结构和

---

1 Ebenda, S. 230–232; 中文版参见《马克思恩格斯文集》第1卷，人民出版社2009年版，第509—511页。

2 Ebenda, S. 233–234; 中文版参见《马克思恩格斯文集》第1卷，人民出版社2009年版，第512—514页。

3 Ebenda, S. 235–237; 中文版参见《马克思恩格斯文集》第1卷，人民出版社2009年版，第514—516页。

4 Ebenda, S. 237–269; 中文版参见《马克思恩格斯文集》第1卷，人民出版社2009年版，第516—520、523—555页。

5 关于"费尔巴哈"手稿各个章节所对应的印张或页码信息，梁赞诺夫并没有逐一给出。我们这里给出的信息以MEGA[2]版《德意志意识形态》为依据。

6 参见 D. Rjazanov (Hrsg.): Marx und Engels über Feuerbach (Erster Teil der „Deutschen Ideologie"), S. 270–298; 中文版参见《马克思恩格斯文集》第1卷，人民出版社2009年版，第555—583页。

7 [73]为主手稿第72页的背面，此编号为编者所加。

8 D. Rjazanov (Hrsg.): Marx und Engels über Feuerbach (Erster Teil der „Deutschen Ideologie"), S. 298–302; 中文版参见《马克思恩格斯文集》第1卷，人民出版社2009年版，第583—587页。

9 Ebenda, S. 303–306; 中文版参见《马克思恩格斯文集》第1卷，人民出版社2009年版，第520—523页。

样态，如实地呈现手稿原始风貌的编辑原则。显然，在梁赞诺夫看来，越实事求是地、原原本本地呈现手稿的全貌，越能贴近马克思恩格斯的本意。相应地，编者的介入越小、对手稿的"侵犯"越少，越能展现马克思恩格斯的原始思想轨迹。事实上，梁赞诺夫的这种编辑理念并不仅仅体现在"费尔巴哈"章的总体编排上，而且也体现在对具体的每一部分、每一印张以及每一页的编辑之中。在这里，他通过脚注以及各种编辑排版形式和手段为我们提供了关于每页手稿的几乎所有信息。可以说，要让读者在阅读本版"费尔巴哈"章时就像在阅读印刷体版的原始手稿，这是梁赞诺夫的最大目标。我们下面来详细地考察一番。

第一，对于手稿中的各个关键环节，尤其是各章的划分之处、写作中断之处、印张或页码编号断续之处，梁赞诺夫都会在脚注中给出详细的说明。

如前所述，单就主手稿而言，其中就有多个中断之处。这里的中断既有内容上的中断，即手稿写作的中断，又有印张号（恩格斯编号）或页码（马克思编号）的中断。另外，由于在总体编排中插入了第二手稿的不同部分，因此，整个"费尔巴哈"手稿就会有几处明显的断点或节点，对于这些重要的"点"，梁赞诺夫都进行了详细说明。

首先，关于手稿不同部分的中断或穿插。例如，在导论之后，梁赞诺夫中断了主手稿，插入了第二手稿的 A 章新开篇。于是，他在脚注中指出："此处我们根据第二手稿给出第一章即 A 章的开篇。"[1] 相应地，在这部分手稿结束、插入中止的时候，梁赞诺夫又在脚注中指出，"手稿在此中断""从这里起再次接上主手稿"。[2] 同样，在整部主手稿结束、第二手稿第二部分接续之处，梁赞诺夫也给出了类似说明："我们依据小手稿给出下面的片断，它构成了小手稿的第二部分。之所以在此处接续这一片断，是因为它是主手稿的内容丰富的各

---

1 Ebenda, S. 235, Anm.[1]).
2 Ebenda, S. 237, Anm.[1]),[2]).

个部分的简明概括。此外，它也能够被视为前面给出的马克思所计划的结尾的未竟阐述。"[1]

其次，关于各个印张的中断处。在前文中我们谈到，在第一个印张之后直接出现了第 5 印张，其间只留存一纸散页。这一点在手稿具体的排版中也体现了出来。在德文版《马克思恩格斯文库》第一卷第 238 页中间，出现了两个段落，它们与前后段落的间隔很大。这里，梁赞诺夫在第一段开头给出脚注："接下来两段存在于遗产中一个完全松散的纸面上，没有任何标记。"[2]在这两段结束之后，在隔着很大行距重新开始的下一段上，梁赞诺夫又指出，"接下来是恩格斯标记为 5 的印张"。[3]同样地，在第 5 印张结束之后，梁赞诺夫再次隔着较大行距重启了新的段落。在段落的开头他给出脚注，"此处接续恩格斯编号为 6 的印张"。[4]与此同时，梁赞诺夫还不忘提供另外一个重要信息：马克思从这一印张起以 8 开始了页码编号。[5]显然，对于印张断续处或者手稿本身有特殊情况的地方，梁赞诺夫都会同步给出相应的信息，让读者及时了解手稿本身的情况。不过，需要强调的是，梁赞诺夫的这种及时说明仅仅局限于特殊的印张或页面。也就是说，在通常情况下，在手稿的行文排版中，我们并不能够看出，具体的某段文字来自手稿的哪一印张甚至哪一页面。这也算是梁赞诺夫原文版"费尔巴哈"章的"微瑕"吧。

最后，关于未被马克思编号的页面。在前文中我们曾提到，马克思并没有给一些完全作了删除的页面编号。对此，梁赞诺夫不仅在脚注中作了说明，而且也给出了被删除段落的原文。例如，在恩格斯编的第 10 印张中，马克思并没有给第一页面编页码。当行文至此时，梁赞诺夫在脚注中写道："在手稿

---

1 Ebenda, S. 303, Anm.[1]).

2 Ebenda, S. 238, Anm.[1]).

3 Ebenda, Anm.[2]).

4 Ebenda, S. 241, Anm.[1]).

5 Ebenda.

中，此处接续一个马克思未编页码、恩格斯标记为 10 的页面。它被马克思用竖线全部划掉了。马克思在这一页顶端写着'鲍威尔'，在边上写着'神圣家族'。虽然这一处被吸收到了'圣麦克斯'中，并将在《德意志意识形态》完整版中出版，但我们在此就把它刊登在脚注中，因为它在内容上同前面的文本紧密联系。还需注意的是，下一页（马克思编为 24 页）的前两行也属于这里，它们同样被马克思划掉了。马克思编为 24 的页面上标记有'费尔巴哈'（马克思所写），它是之前各页中阐发的思想进程的直接继续。被删除的这一处原文是……"[1] 显然，在梁赞诺夫看来，说明这些未被编号的页面固然非常重要，但再现那些被马克思删除的段落更为重要。因为，它们不仅便于上下文的理解，更有利于把握马克思的思想脉络。这种全面"再现"的理念也充分地体现在整个手稿的行文编排中。

第二，对于手稿中的增、删、边注，梁赞诺夫运用了不同的编辑方式尽可能直观地予以说明。

在"编者导言"中介绍完手稿的具体情况后，梁赞诺夫也特别对编辑准则进行了说明。首先，所有那些被划掉或者被删除的地方，只要在内容上有意义，并且能够被辨识，就会被排印在行文中的相应地方，只不过是置于尖括号内。如果被删除部分中仍然有删除内容，那么这些内容就被置于双尖括号内。其次，如果某个句子的修改过于复杂，那么就在行文中给出最终修改好的句子。同时，在脚注中指出，该句修改很大，并给出未作修改前的原句。另外，如果句子出自马克思的修改，也要在脚注中予以特别说明。再次，马克思恩格斯在手稿的页边所作的补充、注释，如果有明确依据说明它们在文中的位置，就直接插入文中而不作特别说明。如果对于它们的文中位置存有疑虑，就收入脚注内。[2]

---

1 Ebenda, S. 258, Anm. [1]).

2 Ebenda, S. 220.

梁赞诺夫的这几点编辑准则看似简单，但其实涉及了手稿中大量的重要内容与关键线索。我们举几个例子。在"序言"草稿中，前半部分几乎没有什么改动，但是到了后半部分，删改的痕迹变得非常明显。马克思不断地划掉内容，再不断地重新起草。于是在这里，梁赞诺夫同时运用了几种编辑方式来说明这后半部分手稿。首先，他在脚注中指出："接下来的内容是续篇（或者可能是全新稿本）的尝试。从手稿中可以看出，马克思大概重新写了五六次。在每次开头之后，手稿中都留下了较大的间隔。每一这种重新开始的阐述都遭到了极为严重的修改，并最终被马克思用竖线划掉，以至于没有留下一点未被划掉的东西。我们在上面给出了这一文本，其中用横线划掉的内容置于尖括号内。"[1] 除了在页底脚注中给出文字说明，梁赞诺夫在排版上亦采取了非常直观的形式。一方面，他用字号更小的字体来表示这部分删改内容，从而与前面的较流畅、完整的行文相区别；另一方面，他有意加大了这几段零散段落之间的行距，从而使这部分删改内容更为明显、更为突出。如此一来，马克思在此反复进行的修改情况就一目了然了。

另一个例子涉及导论。如前所述，小手稿或第二手稿中有一篇导论的誊清稿，它与主手稿中的导论内容几乎完全一致，只是最后一段的表述有些许不同。在具体的编排过程中，梁赞诺夫采取了以主手稿导论为基础的原则，并相应地给出了其中增删、修改的内容。但是誊清稿中的那段表述略有不同的内容，他也没有忽略，而是直接放到了导论的脚注中。[2] 如此一来，他既通过主手稿的导论草稿直观地展现了马克思恩格斯的写作过程，又通过脚注兼顾了导论誊清稿中最后一段的异文。这样，读者就可以了解这两个导论稿本的全部情况。

第三，对于马克思所作的增删与修改，梁赞诺夫也在脚注中作了专门说明。

---

1 Ebenda, S. 231, Anm. [1]).
2 Ebenda, S. 234, Anm. [6]).

如我们所知，"费尔巴哈"手稿主要出自恩格斯之笔，因此，马克思在此基础上所作的增删和修改就特别值得关注。可以说，它们是我们研究马克思思想轨迹的直接线索。显然，梁赞诺夫也意识到了这一点。尽管他谈到，"我们并不想试图基于《德意志意识形态》的笔迹来决定两位作者的写作分担这一棘手问题"[1]，但是在手稿的编辑过程中，他仍然对马克思所作的改动予以了特别关注。正如他在编辑准则中指出的，马克思所作的插入、补充、边注以及修正，都在脚注中予以专门说明。[2] 于是，在这一编辑理念的指导下，马克思的思想在梁赞诺夫的编排中异常清晰地凸显了出来。

在导论的开篇，我们看到了这样的句子："Wie ⟨unsre⟩ deutsche Ideologen ⟨versichern⟩ melden[2]), ⟨ist⟩ hat Deutschland in den letzten Jahren eine Umwälzung ohne Gleichen[3]) durchgemacht ⟨wie sie in der Geschichte unerhört ist⟩."[3] 它的中译文是："正如⟨我们的⟩德意志意识形态家们所⟨保证⟩宣告的[2])，德国在最近几年里经历了一次⟨它在历史上闻所未闻的⟩空前的[3) 变革。"[4] 这里的两个脚注就对马克思所作的两处改动进行了说明。脚注[2) 写道，"最后一个词是马克思写的"。[5] 这就表明，马克思在修改手稿的时候，认为"宣告"（melden）更为合适，因此，他删掉了"保证"（versichern），代之以"宣告"。脚注[3) 写道，"'空前的'（ohne Gleichen）由马克思插入"。[6] 可以看出，马克思认为"空前的"要比"它在历史上闻所未闻的"（wie sie in der Geschichte unerhört ist）这个表述更为简洁明快，因此，他删掉了后者，把前者插入句子之中。由此可

---

1 Ebenda, S. 217.

2 Ebenda, S. 220.

3 在梁赞诺夫原文版"费尔巴哈"章中，"[1)""[2)""[3)"等表示编者在行文中补充的脚注编号。以下不再逐一说明。

4 D. Rjazanov (Hrsg.): Marx und Engels über Feuerbach (Erster Teil der „Deutschen Ideologie"), S. 233; 中文版参见《马克思恩格斯文集》第 1 卷，人民出版社 2009 年版，第 512 页。

5 Ebenda, S. 233, Anm.[2]).

6 Ebenda, Anm.[3]).

见，通过同步跟进的脚注，我们就可以了解马克思在手稿中所作的具体改动。相应地，我们就能根据改动前后字词、语句的变化来体味马克思的修改用意。可以说，在"费尔巴哈"手稿中，马克思所作的类似改动非常多，而梁赞诺夫事无巨细、全部都在脚注中给予说明。由此，我们就得到了一些关于马克思的思想脉络的特殊线索。

例如，在对共产主义社会下取消分工的状况进行阐述时，手稿中出现了我们所熟知的那段著名的话："原来，当分工一出现之后，任何人都有自己一定的特殊的活动范围，这个范围是强加于他的，他不能超出这个范围：他是一个猎人、渔夫、牧人，或者是一个批判的批判者[2])，只要他不想失去生活资料，他就始终应该是这样的人。而在共产主义社会里，任何人都没有特殊的活动范围，而是都可以在任何部门内发展，社会调节着整个生产，因而使我有可能随自己的兴趣今天干这事，明天干那事，上午打猎，下午捕鱼，傍晚〈成为演员〉从事畜牧，甚至批判食物[3])，这样就不会使我老是一个猎人、渔夫、牧人或批判者[4])。"[1]我们发现，这里出现的三个脚注都是关于"批判的批判"的。首先，脚注[2])指出，"最后三个词是马克思写的"。[2]这里的"三个词"就是"oder kritischer Kritiker"，即中译文中的"或者是一个批判的批判者"。其次，脚注[3])指出，"最后五个词是马克思写的"。[3]这里的"五个词"即"auch das Essen zu kritisieren"，即中译文的"甚至批判食物"。[4]最后，脚注[4])指出，"最后两个词是马克思写的"。[5]这"两个词"是"oder Kritiker"，也就是中译文的"或批判者"。

根据这几个脚注，我们可以看出，在原初的手稿中，在谈到人类进入共产

1　Ebenda, S. 251; 中文版参见《马克思恩格斯文集》第 1 卷，人民出版社 2009 年版，第 537 页。

2　Ebenda, S. 251, Anm.[2]).

3　Ebenda, S. 251, Anm.[3]).

4　值得注意的是，梁赞诺夫之后的"费尔巴哈"章或《德意志意识形态》各版本把此处判读为"nach dem Essen zu kritisieren"，即"晚饭后从事批判"。

5　D. Rjazanov (Hrsg.): Marx und Engels über Feuerbach (Erster Teil der „Deutschen Ideologie"), S. 251, Anm.[4]).

主义社会前后的分工情况时，最初的例子只涉及猎人、渔夫和牧人这几项实实在在的活动或者职业。可是，马克思在修改文稿的过程中却加上了有关"批判的批判者"的内容。于是，在分工时代，批判的批判者就成了像猎人、牧人一样的职业活动、生存方式；在共产主义社会，这种批判的批判亦成了人的可选择活动之一。马克思为什么会在传统的人类活动中突然加入"批判的批判"、"批判的活动"呢？是想为原本严谨、朴实的内容增添一丝轻松与幽默，还是想借机对"批判的批判"进行揶揄、嘲讽？梁赞诺夫对马克思的这几处修改所作的特别注释，不仅可以引起我们对这些修改的关注，更能够引发我们的好奇心：马克思这样修改的初衷或用意何在？由此，我们可以想象，伴随着梁赞诺夫提供的大量细致说明，马克思修改手稿的许多细节都会全景显现。那时，更为广大的问题域、研究域就会在我们面前开启。

第四，有关马克思恩格斯笔迹的变换、手稿中个别标识的大量细碎信息，梁赞诺夫也力求全面、如实地予以呈现。

如前所述，梁赞诺夫的目标是尽可能全面地展现手稿的风貌，从而使读者在阅读他所编排的这一版"费尔巴哈"章时，就像面对马克思恩格斯所写的手稿一样。因此，他不仅关注手稿中的特殊印张、页面，关注马克思所作的增删与改动，从而运用各种编辑手段把相应的情况反映在这一版本中。同时，他也没有忽略手稿中哪怕一丁点的标记、说明，只要是手稿中存在的信息，不论是内容上的还是形式上的，他都尽可能充分地传达给读者。于是，我们在他的版本中看到了大量关于手稿的细碎信息。

例如，在导论的开篇，梁赞诺夫加了这样一个题目："一　费尔巴哈　唯物主义观点和唯心主义观点的对立"。在相应的脚注中，他指出："这个标题存在于主手稿的最后一页，是恩格斯用铅笔写的。"[1] 在主手稿的结尾处，梁赞

---

1 Ebenda, S. 233, Anm. [1]).

诺夫再次作了脚注。于是，我们得到了关于这个标题的更为详细的说明："这里，在这一纸面——它的第一页面被马克思写上了页码 72——的未被编号的背面，也就是 73 页上，主手稿结束了。在这一页的边缘，恩格斯用铅笔写着：一 费尔巴哈 唯物主义观点和唯心主义观点的对立。"[1]由此，通过两次注释，手稿的标题出处就得到了明确说明，人们也相应地了解到与之相关的手稿的情况。

另外，对于手稿中马克思恩格斯笔迹的变换，梁赞诺夫也会予以说明。如前所述，在主手稿的最后一页即 72 页，恩格斯只写了 9 行字，剩余部分都是马克思写的。而且，马克思写的内容还延续到了下一页面，只不过他没有给该页面编号。于是，当编辑这一页时，在恩格斯所写内容的结尾处，梁赞诺夫作了一个脚注："主手稿中恩格斯的笔迹在此结束。下面的为以后阐述之用的格言式记录和关键词均为马克思的笔迹，直至主手稿结束。"[2]还有一处更为特殊的情况。在第 10 印张，马克思插入了如下一段话："例如，某一时代想象自己是由纯粹'政治的'或'宗教的'动因所决定的——尽管'宗教'和'政治'只是时代的现实动因的形式——，那么它的历史编纂学家就会接受这个意见。这些特定的人关于自己的真正实践的'想象'、'观念'变成了一种支配和决定这些人的实践的〈真正〉唯一起决定作用的和积极的〈本质〉力量。"[3]对此，梁赞诺夫在脚注中写道，这句话是马克思写的。虽然通常情况下，马克思写的内容或者穿插到恩格斯写的字里行间中，或者位于页边，但是这里，梁赞诺夫特别强调，马克思所写的内容直接接续恩格斯写的内容，然后，恩格斯又承接马克思的这句话继续写了下去。[4]毫无疑问，这种马克思恩格斯笔迹前后衔接，因而内容连贯流畅的情况在手稿中是极为罕见的。也正因如此，梁赞诺夫才在

1 Ebenda, S. 302, Anm. [2]).
2 Ebenda, S. 301, Anm. [2]).
3 Ebenda, S. 260–261; 中文版参见《马克思恩格斯文集》第 1 卷，人民出版社 2009 年版，第 545—546 页。
4 Ebenda, S. 261, Anm. [1]).

脚注中对之予以了专门说明。可见，只要手稿中出现某些特殊的不符常规的情况，梁赞诺夫就会给读者作出清晰的说明，从而使读者对手稿情况了然于胸。

第五，从编者的立场出发，梁赞诺夫对手稿中难以判读的地方、编辑添加的内容等，都作了明确说明。

梁赞诺夫在编辑马克思恩格斯遗稿时所秉持的"全面完整""忠实于原文"的原则，也特别体现在他对编辑活动的如实描述上。正如他在编辑准则中指出的：编者对手稿中的一些缩写、作者显然由于疏忽而漏掉的词所作的补充，用方括号标出；如果某个词难以辨识，就用"[?]"表示；如果某个句子难以辨识，就用"[...?...]"表示。另外，如果辨识困难是由于纸张受损或者某一部分被撕去，那么也用这样的标记标明，同时在脚注中说明手稿受损的情况。[1]

于是，我们看到，梁赞诺夫出于章节明晰的考虑而人为地添加的一些标题，都被放置到了方括号之内。例如，[B. 唯物主义观点下的经济、社会、个人及其历史]，[C.] 国家和法同所有制的关系，以及 [分工和所有制形式] [2]。另外，一些难以辨识的词句也被明确地标示出来，并在脚注中作了说明。例如，在主手稿的最后一页有一些马克思写的零散句子，其中一句是："总之：分工〈自然产生的〉[...?...][1]）依赖于当时生产力的发展水平。"[3]脚注[1]）指出，"此处难以辨认，可能是'在多大程度上'（inwiefern）"。[4]同时，一些由于页面受损而难以辨识的地方也在脚注中得到了说明。[5]显然，在梁赞诺夫看来，明确地指出编者难以解决的问题，既是对读者的尊重，又是对手稿本身的忠实，因为这本身也是对手稿的间接说明。

由此，通过上述种种编辑形式与手段，梁赞诺夫最大程度地再现了《德意

---

1 Ebenda, S. 221.

2 Ebenda, S. 270, Anm.[1]); S. 298; S. 303, Anm.[1]).

3 Ebenda, S. 302; 中文版参见《马克思恩格斯文集》第1卷，人民出版社2009年版，第587页。

4 Ebenda, S. 302, Anm.[1]).

5 例如 Ebenda, S. 280, Anm.[1]); S. 282, Anm.[1]).

志意识形态》手稿的原貌，并充分展现了这份手稿的写作过程。作为《德意志意识形态》手稿的第一个原文版本，梁赞诺夫版"费尔巴哈"章在马克思主义文献学史上的地位和价值自然不言而喻。

三、梁赞诺夫之为"费尔巴哈"章的版本奠基人

通过对梁赞诺夫主编的首个原文版"费尔巴哈"章的细致考察，我们可以得出，正是梁赞诺夫首次确立了《德意志意识形态》"费尔巴哈"章的基本样态，他可谓是"费尔巴哈"章的版本奠基人。梁赞诺夫在编辑"费尔巴哈"章时所坚持的编辑原则——完整地、忠实地再现手稿——不仅反映了他的 MEGA[1] 编辑理念，而且也深刻地影响了后世学人。

第一，梁赞诺夫力求把手稿的内容全面、完整地展现给世人。如我们所知，马克思恩格斯遗留下来的手稿本身已然残缺不全，而手稿之为手稿的性质又使得其中存在大量诸如增删、插入、修改、边注等情况，另外还有马克思恩格斯的笔迹变换，这就使得编辑工作异常复杂。编者需要全面地把握这些情况，并运用适当的编辑方式把它们体现在文本之中，进而传达给读者。于是，我们看到，不论是各个印张、页面上的主体内容还是边缘部分的注释、说明，不论是增补、删除还是改动、插入，不论是马克思恩格斯所作的标记、划的横线还是写作构思时预先隔开的空隙，梁赞诺夫都纳入到了编辑范围内，他运用种种编辑手段将这些信息全部及时地展现了出来。于是，通过梁赞诺夫主编的"费尔巴哈"章，我们仿佛看到了《德意志意识形态》的原始手稿。换句话说，梁赞诺夫原文版"费尔巴哈"章几乎是印刷版的原始手稿。手稿中的任何一点信息，任何一丝细节，梁赞诺夫都不会忽略，它们最终都要体现在印刷版中。需要强调的是，梁赞诺夫在及时地介绍手稿的种种情况时，采取的是直观呈现的描述性原则。也就是说，他总是把关于手稿的某些情况的脚注置于相应情况所在的页面，于是我们就可以在阅读文本内容的同时，即时地、当下地了解这

些相关信息,从而对手稿形成直观而又完整的图景。

第二,在全面完整地再现手稿内容的同时,梁赞诺夫也没有忘记介绍作为这些内容之载体的手稿本身的状况。也就是说,在梁赞诺夫看来,对手稿本身情况的介绍和说明也是"完整"和"忠实"的应有之意,因为这些信息对于我们了解马克思恩格斯的写作过程具有重要的意义。尤其在"费尔巴哈"章中,它们甚至是极其重要的文本编排线索。于是,我们发现,在梁赞诺夫原文版"费尔巴哈"章中,原始手稿本身的保存、佚失情况,马克思和恩格斯对手稿所作的不同编号,这些印张号或页面号的断续情况,手稿的破损、撕裂或散开状况,都被梁赞诺夫纳入到脚注的说明之列。特别是在总体结构或内容发生断裂的地方,包括印张出现断续的地方,关于手稿状况的说明都非常详细。如此一来,我们既可以明了编者的手稿编排依据,又可以把握手稿自身的信息。于是,尽管没能亲自接触到马克思恩格斯的遗稿,但梁赞诺夫仍然以其独特的、全面的编排方式让我们感触到了作为印刷版之源头的原始手稿。

第三,梁赞诺夫所追求的"完整""忠实"的原则还有一个非常重要的内涵,那就是保证文本自身的独立性,尽可能避免编者的干涉和介入。在梁赞诺夫看来,既然《德意志意识形态》手稿是马克思恩格斯未完成的著作,那么编者的主要职责就是根据马克思恩格斯本人以及其他历史的确证线索,从手稿的实际状况出发尽可能如实地展现手稿的本来面貌,避免一切不必要的添加和建构。于是,我们看到,在梁赞诺夫原文版"费尔巴哈"章中,凡是编者增加的标题、说明,手稿中难以辨识或者辨识把握不高的词句等,都在脚注中得到了说明。可以说,梁赞诺夫尽可能把所有的编辑信息传达给读者,从而使他们能够将这些"介入"内容与手稿本身的情况明确地区分开来。值得一提的是,梁赞诺夫的这种编辑手法并不是纯粹自然主义的,也就是说,他不是完完全全地按照手稿本身的片断性样态原始地再现手稿的。毋宁说,他在依据手稿提供的线索的前提下,采取了"外在逻辑"的编排方式。这种"外在逻辑"体现为:一方面,不介入到各份手稿内部，从而保证对手稿内容的忠实。马克思编号为 8—72 页的那部分主手稿就是基于此而得到了连贯、完整的呈现。另一方面，赋予不同手稿以一定的外在次序或逻辑。这突出地体现在，"分工和所有制形式"片断被基于内容上的联系而置于主手稿之后。可以说，正是这种"外在逻辑"的编排方式一方面实现了对手稿内容的原始再现，另一方面亦确保了"费尔巴哈"章的基本逻辑样态。

当然，不可否认的是，梁赞诺夫原文版"费尔巴哈"章也存在着一定的不足甚至缺陷。例如，它所依据的是手稿复制件，而非原始手稿本身；它并未完整地呈现马克思恩格斯的编号方式，更未能像后来的试编卷版、先行版以及 MEGA^2 版那样用清楚明了的左右分栏模式展现手稿原貌。此外，它对手稿的辨识亦存在一定错误，前文提到的"晚饭后从事批判"（nach dem Essen zu kritisieren）被辨识为"甚至批判食物"（auch das Essen zu kritisieren）就是一个典型的例子。最重要的是，梁赞诺夫对主手稿第 5 印张的判定存在失误。这一印张其实同"分工和所有制形式"一样，是一份独立的片断，但梁赞诺夫却基于印张号的连续而将其置于第 6 印张之前，尽管他明确地认识到这两个印张的内容并不接续。在后世的版本中，这一错误得到了根本纠正。

尽管如此，梁赞诺夫的原文首版"费尔巴哈"章仍然在很大程度上坚持并实现了"全面完整"和"忠实于原文"的编辑原则，从而也实现了历史考证版所应具有的学术性和科学性。正因如此，时至今日，这一版本依然被誉为"重大的科学成就和出版成就"。[1]

---

1 参见 Inge Taubert und Hans Pelger (Hrsg.): Karl Marx, Friedrich Engels, Joseph Weydemeyer: Die Deutsche Ideologie, S. 9*。

第三章
MEGA[1] 版《德意志意识形态》的编辑与出版

在 1926 年出版了《德意志意识形态》原文版"费尔巴哈"章之后，梁赞诺夫便全力领导和组织 MEGA[1] 卷次的出版工作。1927 年，MEGA[1] 第 I/1.1 卷出版，它标志着 MEGA[1] 卷次的正式问世。1929 年，MEGA[1] 第 I/1.2 卷和第 III/1 卷出版；1930 年，MEGA[1] 第 I/2 卷、III/2 卷和 III/3 卷出版。由此，梁赞诺夫在完成了五卷六册的 MEGA[1] 卷次的同时，显然已将作为 MEGA[1] 第 I/5 卷的《德意志意识形态》纳入工作视域。然而，令人意外的是，1931 年 2 月，梁赞诺夫被罢免马恩研究院院长之职、开除出党，彻底告别了 MEGA[1] 编辑出版工程，而他与《德意志意识形态》的学术渊源亦由此终结。[1]

在梁赞诺夫被罢免之后，阿多拉茨基接任了他的职务，成为马恩研究院的新任院长。就在阿多拉茨基带领马恩研究院工作人员紧锣密鼓地开展 MEGA[1] 第 I/5 卷即《德意志意识形态》卷的编辑工作时，1932 年，由齐格弗里德·朗兹胡特（Siegfried Landshut）和雅可布－彼得·迈尔（Jacob-Peter Mayer）主编的《卡尔·马克思。历史唯物主义。早期著作》两卷本在莱比锡出版，它或完整或部分地收录了青年马克思在 1838—1848 年所写的书信、文章、著作以及手稿。其中，第二卷首次近乎完整地收录了《德意志意识形态》。具体来说，

---

1 关于梁赞诺夫的罢职详情，可参见赵玉兰：《从 MEGA[1] 到 MEGA[2] 的历程——〈马克思恩格斯全集〉历史考证版的诞生与发展》，中国社会科学出版社 2013 年版，第 92—102 页。

在朗兹胡特—迈尔版中,《德意志意识形态》包含以下内容：1.《关于费尔巴哈的提纲》；2.《德意志意识形态》第一部分,即"序言"和"费尔巴哈"章；3.《德意志意识形态》第三部分"圣麦克斯"；4.《德意志意识形态》第二卷开篇的"真正的社会主义"以及第一部分"《莱茵年鉴》或真正的社会主义的哲学"；5.《德意志意识形态》第二卷的第五部分"'霍尔施坦的格奥尔格·库尔曼博士'或真正的社会主义的预言"。[1]可以看出,除了篇幅短小的"莱比锡宗教会议""圣布鲁诺"章以及第二卷第四部分"卡尔·格律恩：《法兰西和比利时的社会运动》（1845 年达姆施塔特版）或真正的社会主义的历史编纂学"未予收录外,朗兹胡特—迈尔版《德意志意识形态》几乎完整构建起了《德意志意识形态》的文本框架,其整体面貌亦基本呈现。值得一提的是,在这一版中,"《德意志意识形态》所有迄今为止尚未出版的部分"均被收录,包括首次完整出版的"圣麦克斯"章,首次出版的"真正的社会主义"以及"'霍尔施坦的格奥尔格·库尔曼博士'或真正的社会主义的预言"。[2]考虑到"莱比锡宗教会议"和"圣布鲁诺"章已由迈尔在 1921 年出版,而关于格律恩的第二卷第四部分早在马克思生前就已出版,于是,朗兹胡特和迈尔不无骄傲地指出,"从现在起,《德意志意识形态》的所有部分都可以为公众所通达了"。[3]历史地来看,朗兹胡特—迈尔版以德国社会民主党所掌握的马克思恩格斯的原始手稿为基础,首次实现了《德意志意识形态》的近乎完整出版,这在《德意志意识形态》出版史上是极具意义的。然而,这一版本毕竟不是《德意志意识形态》的完整版本,更重要的是,由于几乎与其同时问世的 MEGA[1] 版《德意志意识形态》的强势挤压,该版的影响范围颇为有限,因而产生的社会历史效应亦相对微弱。

---

　1 S. Landshut und J. P. Mayer (Hrsg.): *Karl Marx. Der historische Materialismus. Die Frühschriften*, Band 2, Leipzig: Alfred Kröner Verlag, 1932, S. V–VII.

　2 S. Landshut und J. P. Mayer (Hrsg.): *Karl Marx. Der historische Materialismus. Die Frühschriften*, Band 1, S. V.

　3 Ebenda.

就在朗兹胡特和迈尔主编的《卡尔·马克思。历史唯物主义。早期著作》出版 5 个月后，同样在 1932 年[1]，由阿多拉茨基主编的 MEGA¹ 第 I/5 卷即《德意志意识形态》卷正式出版。这是《德意志意识形态》整部手稿的首次原文完整出版，它成为后来的《马克思恩格斯全集》俄文第一版和第二版、德文版以及中文第一版收录的《德意志意识形态》的原始底本，产生了广泛而深远的影响。然而，正是这一版的"费尔巴哈"章引起了后世诸多质疑，备受诟病。那么，MEGA¹ 版《德意志意识形态》的总体编辑情况究竟如何？它那饱受争议的"费尔巴哈"章是如何确立的？我们应该如何评价这部世界历史上首个原文完整版《德意志意识形态》？

第一节　《德意志意识形态》诞生史的文献学研究

在 MEGA¹ 第 I/5 卷"导言"（Einleitung）的开篇，阿多拉茨基对《德意志意识形态》手稿做出了极高的评价："这里……由我们以《德意志意识形态》为题按照原文首次完整（就现存的手稿而言）刊印的手稿具有最高的理论、历史和实践价值。马克思和恩格斯在此作为无产阶级的先锋、初生的共产党的领袖、辩证唯物主义的捍卫者出现。除了论战性的阐述外，他们阐发了自己关于一系列科学领域（认识论、逻辑学、历史、艺术、语言学等等）的正面观点。在他们的其他早期著作中，我们找不到一部著作如此多方面地、详尽地阐明辩证唯物主义的基本问题。令人遗憾地未完成的、最终没有写就的手稿'一、费尔巴哈'包含了他们对人类经济发展史的历史的、哲学的观点的首次系统阐述。

---

1 按照 MEGA² 编者的考证，朗兹胡特和迈尔主编的《卡尔·马克思。历史唯物主义。早期著作》出版于 1932 年 2 月，而 MEGA¹ 第 I/5 卷即《德意志意识形态》卷出版于 1932 年 7 月，两个版本仅仅间隔五个月。参见 *Marx-Engels-Gesamtausgabe (MEGA²)*, Band I/5, Berlin-Boston: Walter de Gruyter GmbH, 2017, S. 789–790, Anm. 247。

所有这些赋予本部著作以重大的意义。"[1] 正是在这一定位下,MEGA[1] 对《德意志意识形态》的诞生史作了深入的文献学研究。

一、《德意志意识形态》写作出版过程的历史回顾

在 MEGA[1] 第 I/5 卷 "导言" 中,阿多拉茨基详细考察了《德意志意识形态》的写作和出版过程,尤其列举了马克思恩格斯对这一文本所作的论述。

第一,阿多拉茨基对《德意志意识形态》的写作过程作了简要的说明。他指出,《德意志意识形态》诞生于马克思恩格斯的布鲁塞尔时期,具体为 1845 年夏末至 1846 年秋。那时,马克思由于受到法国基佐政府的驱逐,于 1845 年 2 月初迁至布鲁塞尔。而恩格斯在完成《英国工人阶级状况》的付印稿后亦于 1845 年 4 月移居布鲁塞尔,与马克思会合。在 7—8 月对英国的伦敦和曼彻斯特作了一个多月的旅行之后,马克思和恩格斯返回布鲁塞尔,开始共同写作《德意志意识形态》。1846 年夏初,手稿的主体部分完成。[2]

第二,阿多拉茨基引用马克思写的两封信对《德意志意识形态》未能出版的原因作了说明。一封是 1846 年 7 月 31 日[3] 致出版商卡尔·列斯凯(Carl Leske)的信,马克思在其中谈到:"德国的几个资本家愿意出版我、恩格斯和赫斯的一些著作……只是在那部著作的第二卷手稿绝大部分已经寄往德国以后,不久前那些先生才终于来信说,他们的资金另作他用,所以这件事一无所成。"[4] 值得注意的是,阿多拉茨基在这里作了两处注释。第一处是关于 "德国的几个资本家",他在脚注中指出:"这是来自奥斯纳布吕克和比雷菲尔德的

---

1 *Marx-Engels-Gesamtausgabe (MEGA¹)*, Band I/5, Berlin: Marx-Engels-Verlag G. m. b. H., 1932, S. IX–X.

2 Ebenda, S. X.

3 《马克思恩格斯全集》中文第二版判定马克思致列斯凯的这封信写于 1846 年 8 月 1 日,参见《马克思恩格斯全集》第 47 卷,人民出版社 2004 年版,第 381 页。

4 *Marx-Engels-Gesamtausgabe (MEGA¹)*, Band I/5, S. X;中文版参见《马克思恩格斯全集》第 47 卷,人民出版社 2004 年版,第 382—383 页。

'真正的社会主义者'尤利乌斯·迈耶尔和鲁道夫·雷姆佩尔。"[1]第二处是关于
"不久前"，阿多拉茨基在脚注中标明其时间为"1846年7月9日"[2]。另一封是
1846年12月28日致帕维尔·瓦西里耶维奇·安年科夫（Павел Васильевич
Анненков）的信。马克思在信中写道："我本来很想随信把我那本关于政治经
济学的书寄给您，但是直到现在，我既未能出版这本书，也未能出版我曾在布
鲁塞尔向您说过的对德国的哲学家和社会主义者的那篇批判。您很难想像，在
德国出版这种书要碰到怎样的困难，这困难一方面来自警察，一方面来自与我
所抨击的一切流派利益攸关的出版商。至于我们自己的党，那么它不仅很贫
困，而且德国共产党内有相当大的一部分人由于我反对他们的空想和浮夸而生
我的气。"[3]这里，马克思谈到的"对德国的哲学家和社会主义者的那篇批判"，
正是指《德意志意识形态》。显然，在阿多拉茨基看来，马克思的这两封信对
《德意志意识形态》出版失败的原因作出了清晰的说明。

　　第三，阿多拉茨基列举了马克思和恩格斯后来就《德意志意识形态》所作
的三次论述。首先，他援引了马克思在1859年《〈政治经济学批判〉序言》中
所作的著名自述：当1845年春恩格斯也住在布鲁塞尔时，"我们决定共同阐明
我们的见解与德国哲学的意识形态的见解的对立，实际上是把我们从前的哲学
信仰清算一下。这个心愿是以批判黑格尔以后的哲学的形式来实现的。两厚册
八开本的原稿早已送到威斯特伐利亚的出版所，后来我们才接到通知说，由于
情况改变，不能付印。既然我们已经达到了我们的主要目的——自己弄清问
题，我们就情愿让原稿留给老鼠的牙齿去批判了"。[4]其次，他引用了恩格斯在
《路德维希·费尔巴哈和德国古典哲学的终结》的"1888年单行本序言"中的
说明："在这篇稿子送去付印以前，我又把1845—1846年的旧稿找出来看了一

1　Ebenda, S. X, Anm. 1).

2　Ebenda, S. X, Anm. 2).

3　Ebenda, S. X–XI; 中文版参见《马克思恩格斯全集》第47卷，人民出版社2004年版，第450页。

4　Ebenda, S. XI; 中文版参见《马克思恩格斯文集》第2卷，人民出版社2009年版，第593页。

遍。其中关于费尔巴哈的一章没有写完。已写好的部分是阐述唯物主义历史观的；这种阐述只是表明当时我们在经济史方面的知识还多么不够。旧稿中缺少对费尔巴哈学说本身的批判；所以，旧稿对现在这一目的是不适用的。可是我在马克思的一本旧笔记中找到了十一条关于费尔巴哈的提纲，现在作为本书附录刊印出来。这是匆匆写成的供以后研究用的笔记，根本没有打算付印。但是它作为包含着新世界观的天才萌芽的第一个文献，是非常宝贵的。"[1]这里所谓的"1845—1846 年的旧稿"正是《德意志意识形态》，而"一本旧笔记"则是马克思的"1844—1847 年笔记本"。我们在下文会看到，这一笔记中的三份材料（包括《关于费尔巴哈的提纲》）被 MEGA[1] 版《德意志意识形态》收录在附录中。最后，阿多拉茨基两次提及恩格斯在 1885 年为《揭露科隆共产党人案件》的德文第三版所写的引言《关于共产主义者同盟的历史》，其中间接提到了《德意志意识形态》："1845 年春天当我们在布鲁塞尔再次会见时，马克思已经……大致完成了阐发他的唯物主义历史理论的工作，于是我们就着手在各个极为不同的方面详细制定这种新形成的世界观了。"[2]在阿多拉茨基看来，正是在 1845—1846 年写作《德意志意识形态》的过程中，马克思恩格斯实现了唯物史观的"详细制定"。

第四，阿多拉茨基介绍了《德意志意识形态》出版计划失败后各个手稿片断的出版情况。他指出，除了马克思批判格律恩的《法兰西和比利时的社会运动》的手稿——即《德意志意识形态》第二卷第四章"真正的社会主义的历史编纂学"——已经在《威斯特伐利亚汽船》杂志发表之外，《德意志意识形态》的其他手稿并没有在马克思恩格斯生前出版。他们去世后，这部巨幅手稿只有一些片断得以出版。[3]尽管阿多拉茨基没有一一列举这些零散的出版情况，但

---

1 Ebenda, S. XI; 中文版参见《马克思恩格斯文集》第 4 卷，人民出版社 2009 年版，第 266 页。

2 Ebenda, S. IX, XI; 中文版参见《马克思恩格斯文集》第 4 卷，人民出版社 2009 年版，第 232 页。

3 *Marx-Engels-Gesamtausgabe (MEGA¹)*, Band I/5, S. XI.

其中自然包含"圣麦克斯"章于 1903—1904 年在《社会主义文献》杂志的节录刊印，"莱比锡宗教会议"和"圣布鲁诺"章于 1921 年在《社会科学和社会政治文库》的首次全文发表，甚至包括"费尔巴哈"章于 1924 年和 1926 年分别在俄文版和德文版《马克思恩格斯文库》第一卷的首次俄文和原文出版。至于朗兹胡特—迈尔版中首次刊印的《德意志意识形态》相关手稿，鉴于其与 MEGA¹ 版《德意志意识形态》的出版时间太过接近，阿多拉茨基显然还不可能将其纳入考察视域。

二、MEGA¹ 版《德意志意识形态》的文献学研究水准

通过阿多拉茨基在 MEGA¹ 第 I/5 卷"导言"中的详尽阐述，我们可以看出，MEGA¹ 编者在《德意志意识形态》文献学研究方面已经达到时代的最高水准。

第一，就《德意志意识形态》的写作和出版情况来说，MEGA¹ 编者可谓考察了当时的历史条件所能提供给他们的所有资料。不论是马克思恩格斯关于《德意志意识形态》所作的直接或间接的公开阐述，还是他们在与友人的私人书信中对这一手稿的提及，都得到了 MEGA¹ 编者的关注。甚至是"导言"中没有正面论述的马克思于 1847 年 4 月发表在《特利尔日报》和《德意志—布鲁塞尔报》的《驳卡尔·格律恩》[1] 一文也在注释[2] 中被阿多拉茨基提及，以便说明"德意志意识形态"这一由 MEGA¹ 编者所确立的标题的文献来源。因此，单就马克思恩格斯本人所作的阐述来说，即使从当代视角来看，MEGA¹ 编者的考察也已是非常全面了。

第二，尽管没有进行深入细致的说明，但是 MEGA¹ 编者对于《德意志意识形态》出版失败的具体原因看来是比较了解的。这尤其可以从阿多拉茨基

---

1 参见《马克思恩格斯全集》第 4 卷，人民出版社 1958 年版，第 42—45 页。
2 *Marx-Engels-Gesamtausgabe (MEGA¹)*, Band I/5, S. IX, Anm. 1).

对马克思致列斯凯的信所作的两处注释看出。一方面，对尤利乌斯·迈耶尔（Julius Meyer）和鲁道夫·雷姆佩尔（Rudolf Rempel）等"资本家"的注释表明，MEGA¹编者非常清楚，正是这两位威斯特伐利亚企业主最初做出、后来又撤回对《德意志意识形态》的资助许诺的，而这对于《德意志意识形态》手稿的写作和出版都具有重大影响；另一方面，把"不久前"标注为"1846 年 7 月 9 日"，突出地证明了 MEGA¹ 编者对于迈耶尔在这一天写给马克思恩格斯的决裂信[1]是了然于胸的。正是在这封信中，迈耶尔提出收回他曾经做出的资助出版《德意志意识形态》的承诺，从而最终导致《德意志意识形态》出版计划的夭折。事实上，阿多拉茨基在下文阐述编辑原则时也谈到《德意志意识形态》在"1846 年 7 月出版失败"，[2]这显然是以迈耶尔的决裂信为依据的。尽管马克思在致安年科夫的信中还提及了其他原因，但是与威斯特伐利亚人迈耶尔和雷姆佩尔的决裂可谓是《德意志意识形态》出版计划失败的最直接、最重要的原因。

第三，MEGA¹ 编者把《德意志意识形态》的写作时间确定为 1845 年夏末至 1846 年秋，从当时的文献掌握情况来看是基本合理的。一方面，写作起点定位于英国旅行之后，应该是基于对马克思恩格斯生平传记的考证研究。如前所述，梅林在《遗著选》与《马克思传》中就明确指出，正是在 1845 年7—8 月为期六周的英国之旅结束后，马克思和恩格斯返回布鲁塞尔并开始了《德意志意识形态》的写作。[3]看来，以英国之旅为界这一观点亦为 MEGA¹ 编者所接受。另一方面，写作终点定位于 1846 年秋，必定同上文提及的 1846年 7 月 9 日迈耶尔写的决裂信有密切关联。显然，正是在这封信所导致的《德

1　参见 *Marx-Engels-Gesamtausgabe (MEGA²)*, Band III/2, Berlin: Dietz Verlag, 1979, S. 243–244。

2　参见 *Marx-Engels-Gesamtausgabe (MEGA¹)*, Band I/5, S. XVII。

3　参见 Franz Mehring (Hrsg.): *Aus dem literarischen Nachlass von Karl Marx, Friedrich Engels und Ferdinand Lassalle*, Band 2, S. 332–333; [德] 弗·梅林：《马克思传》，樊集译，持平校，人民出版社 1965 年版，第142—143 页。

意志意识形态》出版计划失败之后，《德意志意识形态》的写作亦随后搁浅终止了。

第四，关于后来在学界备受关注的《德意志意识形态》的著作和季刊之争，在 MEGA¹ 的视域下并不存在。阿多拉茨基在"导言"中非常明确地把《德意志意识形态》称为"著作"[1]，而对"季刊"只字未提。在这一文献资料开掘较少且较浅的历史阶段，我们似乎不便苛求 MEGA¹ 编者对《德意志意识形态》的著述形式予以考察。但是需要注意的是，阿多拉茨基对"季刊"问题很可能并非一无所知。如前所述，他在"导言"中谈到了"1846 年 7 月出版失败"，特别是在注释中标明了"1846 年 7 月 9 日"这个特殊日期——迈耶尔正是在当天给马克思恩格斯写了决裂信。这意味着，阿多拉茨基很可能知晓这封信的内容。但凡读过这封信的人必定知道，它通篇谈论的并不是一部著作，而是一份季刊（Vierteljahrsschrift）的出版事宜。[2] 因此，如果阿多拉茨基确实对季刊事宜有所了解，但他却没有对源于季刊的《德意志意识形态》的著作性质作一明确阐述，不免令人遗憾。

第二节 MEGA¹版《德意志意识形态》的总体编辑情况

在 MEGA¹ 第 I/5 卷的"导言"中，阿多拉茨基就《德意志意识形态》的编辑原则作了极为扼要的说明。他指出："在根据原稿付印个别和整部手稿时，我们所遵循的原则是，按照 1846 年 7 月出版失败前马克思恩格斯所计划的形式再现《德意志意识形态》。"[3] 正是以这一原则为指导，MEGA¹ 确立了世界历史上首版《德意志意识形态》的整体面貌。

---

1 *Marx-Engels-Gesamtausgabe (MEGA¹)*, Band I/5, S. X, XVII.

2 参见 *Marx-Engels-Gesamtausgabe (MEGA²)*, Band III/2, S. 243。

3 *Marx-Engels-Gesamtausgabe (MEGA¹)*, Band I/5, S. XVII.

一、MEGA¹ 版《德意志意识形态》的内容框架

MEGA¹ 版《德意志意识形态》所收录的文本分为两个部分。首先是正文，其中收录了《德意志意识形态》现存的 10 份手稿；其次是附录，其中收录了同《德意志意识形态》相关的 6 份材料。

第一，关于《德意志意识形态》的整体框架。

阿多拉茨基指出，《德意志意识形态》原计划分两卷出版。第一卷包含的手稿有：1. 马克思写的"序言"；2. 拼合起来的"一、费尔巴哈"手稿；3. 题为"莱比锡宗教会议"的一份简短手稿，它是后面关于"圣布鲁诺"和"圣麦克斯"的两份手稿的导言；4."二、圣布鲁诺"；5."三、圣麦克斯"；6. 与"莱比锡宗教会议"对应的一份简短手稿，它直接写在"三、圣麦克斯"之后，标题为"莱比锡宗教会议闭幕"。[1] 由于这 6 份手稿都流传了下来，MEGA¹ 编者便按照上述次序确立了《德意志意识形态》第一卷的基本结构。就第二卷来说，它包含 6 份手稿，但只有 4 份流传了下来。它们分别是：1. 作为导言部分的"真正的社会主义"；2."一、《莱茵年鉴》或真正的社会主义的哲学"；3."四、卡尔·格律恩：《法兰西和比利时的社会运动》（1845 年达姆施塔特版）或真正的社会主义的历史编纂学"；4."五、'霍尔施坦的格奥尔格·库尔曼博士'或真正的社会主义的预言"。[2] 关于缺失的第二、三章，阿多拉茨基在注释中指出，从马克思致列斯凯的信中可以看出，第二卷的开篇部分同样被送到了德国。不排除这两份手稿是在此过程中遗失的。[3] 由此，通过对第一、二卷手稿情况的梳理，MEGA¹ 版《德意志意识形态》的整体框架就基本确立了。

---

1 Ebenda.

2 Ebenda, S. XVIII.

3 Ebenda, S. XVIII, Anm. 1).

第二，关于附录中收录的相关材料。

除了正文收录的 10 份手稿，MEGA¹ 版《德意志意识形态》还在附录中收录了 6 份材料。它们是：1."马克思论他与黑格尔和费尔巴哈的关系"，这是马克思大约在 1845 年 1 月写于巴黎的札记，它存在于马克思的"1844—1847 年笔记本"的第 16 页 [1]；2."资产阶级社会和共产主义革命"，这也是马克思大约在 1845 年 1 月写于巴黎的札记，它存在于马克思的"1844—1847 年笔记本"的第 22 和 23 页 [2]；3."马克思论费尔巴哈"，即我们所熟知的《关于费尔巴哈的提纲》，这是马克思大约在 1845 年 3 月写于布鲁塞尔的札记，它存在于马克思的"1844—1847 年笔记本"的第 [51] — [55] 页 [3]；4."出自'一、费尔巴哈'的内容"，即马克思在"费尔巴哈"章手稿的最后两页（马克思编号的 72 页及其背面 [73] 页）所作的札记，它们非常零散，不成体系，因此未被收入"费尔巴哈"章的正文中 [4]；5."恩格斯论费尔巴哈"，这是 1846 年 10 月前后恩格斯在巴黎对费尔巴哈的《未来哲学原理》所作的摘录 [5]；6.《圣布鲁诺反对〈神圣家族〉的作者》，这篇匿名文章写于 1845 年 11 月 20 日，1846 年 1 月发表在《社会明镜》第 7 期。MEGA¹ 编者认为，它很可能是埃德加·冯·威斯特华伦（Edgar von Westphalen）撰写、马克思编辑的。[6] 值得一提的是，上述 6 份材料的标题都是由 MEGA¹ 编者补充的，其中最后一份《圣布鲁诺反对〈神圣家族〉的作者》，其实就是我们所熟知的《对布·鲍威尔反批评的回答》。

---

1 Ebenda, S. 530, 531.

2 Ebenda, S. 530, 532.

3 Ebenda, S. 530, 533–535. 值得一提的是，MEGA¹ 版《德意志意识形态》在"手稿描述。文本异文"中对附录收录的前三份材料的来源——马克思的"1844—1847 年笔记本"作了详细说明，参见 *Marx-Engels-Gesamtausgabe (MEGA¹)*, Band I/5, S. 547–550。

4 Ebenda, S. 536–537.

5 Ebenda, S. 530, 538–540. 按照 MEGA² 编者的考证，恩格斯其实是于 1846 年 2 月中旬至 4 月中旬在布鲁塞尔写下这些摘录的，参见 *Marx-Engels-Gesamtausgabe (MEGA²)*, Band I/5, S. 966–969。

6 *Marx-Engels-Gesamtausgabe (MEGA¹)*, Band I/5, S. 530, 541–544.

二、MEGA¹版《德意志意识形态》的编辑方式

就 MEGA¹ 版《德意志意识形态》的正文文本来说，编者的编辑活动主要表现在两个方面，一是对各份手稿写作时间的先行说明，二是对文本内容所作的丰富脚注。

第一，MEGA¹ 编者在各份手稿之前均先行标出其写作时间。具体来说，"序言"在"1846 年夏写于布鲁塞尔，介于 5 月初至 8 月中旬之间"；"一、费尔巴哈"在"1845 年 9 月至 1846 年 10 月中旬写于布鲁塞尔。未完成"；"莱比锡宗教会议"在"1846 年 4—5 月写于布鲁塞尔"；"二、圣布鲁诺"约在"1845 年 12 月至 1846 年 4 月中旬写于布鲁塞尔"；"三、圣麦克斯"约在"1845 年 9 月至 1846 年 5 月初写于布鲁塞尔"；"莱比锡宗教会议闭幕"约在"1846 年 5 月初写于布鲁塞尔"；"真正的社会主义"约在"1846 年 4 月写于布鲁塞尔"；"一、《莱茵年鉴》或真正的社会主义的哲学"在"1846 年春写于布鲁塞尔"；"四、卡尔·格律恩:《法兰西和比利时的社会运动》(1845 年达姆施塔特版)或真正的社会主义的历史编纂学"在"1846 年春写于布鲁塞尔"；"五、'霍尔施坦的格奥尔格·库尔曼博士'或真正的社会主义的预言"约在"1846 年春写于布鲁塞尔"，"很可能由莫泽斯·赫斯撰写，马克思编辑"。[1] 这些说明虽然毫不起眼，但它们背后实际上蕴含着 MEGA¹ 编者基于文献资料所作的深入考证研究。

第二，在具体的文本编辑中，MEGA¹ 编者充分利用页底脚注对手稿的原始状况(如纸页破损、纸张缺失)、马克思恩格斯的写作情况(如删除、插入和增补等)以及编者的编辑情况(错误拼写的纠正等)进行了说明，从而尽可能即时、全面地呈现手稿的本来面貌。在"费尔巴哈"章中，由于马克思和恩

---

1 Ebenda, S. 2, 6, 70, 74, 96, 430, 434, 440, 470, 518.

格斯在手稿的右栏作了大量的补充和插入，因此脚注中常常出现对右栏信息的说明。例如，在"[1.] 历史"的开篇，正文写道："我们谈的是一些没有任何前提的德国人，因此我们首先应当确定一切人类生存的第一个前提……"，编者在相应的脚注中指出，"在从这里开始的、未被删除的文本的高度，马克思在右栏作了说明：历史。"[1] 类似的例子举不胜举。另外，在"圣麦克斯"章中，由于手稿有多处破损，因此，脚注中频频出现某行至某行是"老鼠咬坏之处"以及"纸张损坏"的字样。特别是在"旧约：人"的结尾、"新约：'我'"的开始部分，这样的注释比比皆是。[2] 此外，脚注中还多次出现"在照片中文本被破损纸面的折角所遮盖"[3] 的说明。这是因为，MEGA¹ 所依据的编辑底本并非《德意志意识形态》的原始手稿，而是 20 世纪 20 年代从德国制作的原始手稿的照相复制件。[4]

三、MEGA¹ 版《德意志意识形态》的附属资料

尽管不像 MEGA² 那样拥有独立的附属资料卷，但是 MEGA¹ 编者并没有忽略资料考证的重要性。在正文文本以及收录 6 份相关材料的附录之后，MEGA¹ 编者给出了长达 150 多页的考证资料，内容涉及马克思的"1844—1847 年笔记本"、《德意志意识形态》手稿的页码表、编辑准则、手稿描述和文本异文、文献说明和索引等。

"1844—1847 年笔记本"是马克思自 1844 年开始写作的笔记本，它伴随了马克思的巴黎、布鲁塞尔包括 1846 年夏的英国旅行时光，附录中收录的前 3 份文稿正是源于这一笔记本。因此，MEGA¹ 编者对它的文献信息作了细

1　Ebenda, S. 17; 中文版参见《马克思恩格斯文集》第 1 卷，人民出版社 2009 年版，第 531 页。

2　参见 *Marx-Engels-Gesamtausgabe (MEGA¹)*, Band I/5, S. 179–216, 227–262。

3　Ebenda, S. 205, 209.

4　参见 David Rjasanoff: Neueste Mittteilungen über den literarischen Nachlass von Karl Marx und Friedrich Engels, S. 389。

致的说明。[1] 页码表对《德意志意识形态》所收录的各份手稿的印张编号、页码、笔迹包括缺失纸页作了一目了然的表格式呈现。从中可以看出，除了"序言"（马克思的笔迹）和"五、'霍尔施坦的格奥尔格·库尔曼博士'或真正的社会主义的预言"（魏德迈的笔迹）外，所有手稿几乎都是恩格斯的笔迹。值得注意的是，"圣麦克斯"章的第 1—4、15、20—23、27—28、43—45、75 印张比较特殊，它们是魏德迈书写、马克思编号的。[2] 可以看出，MEGA[1] 编者对手稿中第三者笔迹的考证取得了重大进展，他们否定了从伯恩施坦源起，为迈尔所沿袭的第三者笔迹来自赫斯的错误观点，首次提出了该笔迹源自魏德迈的正确观点，从而使魏德迈在《德意志意识形态》写作过程中所起的作用开始为学界所关注。编辑准则主要阐述了未完成的"费尔巴哈"章的编辑准则和确立过程[3]，下文将予以详述。手稿描述主要介绍了《德意志意识形态》各份手稿的基本情况和重要文献学信息；[4] 文本异文则展现了马克思恩格斯在手稿写作过程中所作的删改情况，它的分量很大，约占整个资料部分一半的篇幅。[5] 文献说明主要按照字母顺序列出了《德意志意识形态》中出现的相关作家及其著作，对于那些马克思恩格斯在引用时存在偏差的引文亦给出其原文。[6] 而这些原文尤其涉及鲍威尔的《评路德维希·费尔巴哈》和施蒂纳的《唯一者及其所有物》。索引包含人名索引和主题索引。[7]

正是在附属资料中，MEGA[1] 编者作出了一些重要的考证说明。首先，如页码表所表明的，魏德迈誊写了"圣麦克斯"章的部分手稿。而 MEGA[1] 编者则在手稿描述中进一步指出，"'三、圣麦克斯'的第 20—23 印张不过是魏德

1　参见 *Marx-Engels-Gesamtausgabe (MEGA¹)*, Band I/5, S. 547–550。

2　Ebenda, S. 551–560.

3　Ebenda, S. 561–564.

4　Ebenda, S. 564–565.

5　Ebenda, S. 565–640.

6　Ebenda, S. 641–671.

7　Ebenda, S. 673–700.

迈对恩格斯书写和编号、马克思修改的'一、费尔巴哈'手稿的第 20 和 21 印张所作的誊写稿。由于这些在'一、费尔巴哈'手稿中的印张还部分地包含着一个属于以片断形式存在的'一、费尔巴哈'的文本，因此，魏德迈从中为'三、圣麦克斯'誊写出了不属于'一、费尔巴哈'，而是用于'三、圣麦克斯'的内容。"[1] 可见，对于"费尔巴哈"章与"圣麦克斯"章的渊源关系，MEGA¹ 编者已经有了较深的认识。其次，MEGA¹ 编者对赫斯与《德意志意识形态》的关系亦作了较为深入的研究。他们指出，尽管"五、'霍尔施坦的格奥尔格·库尔曼博士'或真正的社会主义的预言"的笔迹是魏德迈的，但这可能源于魏德迈对赫斯所作的原稿的誊写，因为在手稿结尾，魏德迈写了"莫·赫斯"的字样。[2] 最后，MEGA¹ 编者指出，除了第二卷第五章之外，赫斯还曾为《德意志意识形态》提交了一篇题为《格拉齐安诺博士，德国哲学界的小丑》的文章，他在其中对阿尔诺德·卢格（Arnold Ruge）进行了批判。在与马克思恩格斯反目，特别是《德意志意识形态》出版计划失败之后，赫斯把这篇文章从马克思那里索要了回来。因此，MEGA¹ 编者推测，卢格曾经应该也是《德意志意识形态》的批判对象。[3]

四、MEGA¹ 版《德意志意识形态》文献学研究的新进展

从 MEGA¹ 对《德意志意识形态》的总体编辑情况可以看出，它在这一经典著作的编辑、考证、历史定位等方面都取得了新的突破。

第一，MEGA¹ 首次确立了《德意志意识形态》的整体内容和框架结构，从而使之全面完整地呈现在世人面前。尽管在 MEGA¹ 之前《德意志意识形态》已有部分内容出版，但正是 MEGA¹ 首次把 1846 年 7 月出版失败前的《德意

1　Ebenda, S. 564.

2　Ebenda, S. 564, 639.

3　Ebenda, S. 564–565.

志意识形态》所有现存的 10 份手稿完整推出，从而使马克思恩格斯的这部重要著作为世人所知。这可谓 MEGA¹ 版《德意志意识形态》的巨大历史功绩。正是以 MEGA¹ 为基础，此后才有了《马克思恩格斯全集》俄文第一版和第二版、德文版以及中文第一版中的《德意志意识形态》文本，这为马克思主义的国际传播奠定了重要的文本基础。

　　第二，MEGA¹ 版《德意志意识形态》在附录中收录的几份材料亦颇具意义。如果说前 3 份材料是基于与"1844—1847 年笔记本"的同源关系，与费尔巴哈批判的密切联系而被收录，第 4 份材料是基于"费尔巴哈"章的内容完整而被收入，那么最后两份材料的收录则更加体现 MEGA¹ 编者对于《德意志意识形态》创作史的深入考察。一方面，恩格斯对《未来哲学原理》所作的摘录是《德意志意识形态》写作过程的重要一环。按照 MEGA² 编者后来的考证，这份摘录中的一些引文被马克思恩格斯直接用于"费尔巴哈"章的写作，特别是用于对费尔巴哈关于本质与存在的观点的批判。[1] 正因如此，在英格·陶伯特（Inge Taubert）主编的《德意志意识形态》先行版以及 MEGA² 版《德意志意识形态》中，这份摘录已经被正式列为"费尔巴哈"章的组成部分。[2] 另一方面，《圣布鲁诺反对〈神圣家族〉的作者》这篇文章对于《德意志意识形态》的意义更是非同一般，它是马克思恩格斯对鲍威尔发表在《维干德季刊》1845 年第 3 卷中的文章《评路德维希·费尔巴哈》的最早回应，它实际上构成了《德意志意识形态》的写作起点。因此，尽管 MEGA¹ 编者错误地把马克思判定为这篇文章的编者而非作者，但对它的收录本身表明了他们对这份文稿的重视。就此而言，MEGA¹ 编者根本沿袭了迈尔在刊印《莱比锡宗教会议》时对这篇文章首次给予的关注。事实上，在

---

　　1 参见 *Marx-Engels-Gesamtausgabe (MEGA²)*, Band I/5, S. 966。

　　2 参见 Inge Taubert und Hans Pelger (Hrsg.): Karl Marx, Friedrich Engels, Joseph Weydemeyer: Die Deutsche Ideologie, S. 101–103; *Marx-Engels-Gesamtausgabe (MEGA²)*, Band I/5, S. 124–128。

《德意志意识形态》先行版中，陶伯特已经把这篇文章作为《德意志意识形态》最早写作的文本而以《驳布鲁诺·鲍威尔》为题置于"费尔巴哈"章之首了。[1]

第三，尽管在各份手稿写作时间的具体判定上，MEGA¹版《德意志意识形态》与后来的 MEGA²版不尽相同，[2]但是在某些关键时间点的把握上，MEGA¹的考虑还是正确的。例如，MEGA¹把"费尔巴哈"章和"圣麦克斯"章写作时间的起点都确定为 1845 年 9 月，很可能是以《维干德季刊》1845 年第 3 卷的出版日期为准的，因为对鲍威尔、施蒂纳的批判正是源于对该卷中鲍威尔的文章《评路德维希·费尔巴哈》和施蒂纳的文章《施蒂纳的评论者》的回应。当然，后来的研究表明，《维干德季刊》1845 年第 3 卷是在当年 10 月中旬才出版的[3]，因此，MEGA²把《德意志意识形态》写作时间的起点确定为 1845 年 10 月底。但这并不影响 MEGA¹编者在判定依据上的正确性。另外，MEGA¹把"圣麦克斯"章和"莱比锡宗教会议闭幕"的写作终止时间确定为 1846 年 5 月初，很可能是基于马克思在 1846 年致列斯凯的书信。马克思在其中谈到他的朋友即魏德迈"一直待到 5 月份"，以便把"第一卷手稿安全地带过边界"。[4]而在"导言"中介绍第一卷的手稿构成时，阿多拉茨基也曾提到，

---

1 Inge Taubert und Hans Pelger (Hrsg.): Karl Marx, Friedrich Engels, Joseph Weydemeyer: Die Deutsche Ideologie, S. 3–5.

2 MEGA²编者对《德意志意识形态》各份手稿的写作时间判定如下："序言"：1846 年 7 月底至 12 月底之间；"费尔巴哈"章：1845 年 10 月底至 1846 年 7 月中旬；"莱比锡宗教会议"：1846 年 4 月中旬至 5 月 30 日之间；"圣布鲁诺"章：1846 年 4 月中旬至 5 月 30 日之间；"圣麦克斯"章：1845 年 11 月底至 1846 年 4 月中旬；"莱比锡宗教会议闭幕"：1846 年 4 月中旬；"真正的社会主义"与"真正的社会主义的哲学"：1846 年 4 月中旬至 5 月 30 日之间；"真正的社会主义的历史编纂学"：1846 年 4 月中旬至 5 月 30 日之间；"真正的社会主义的预言"：1845 年 11 月底 12 月初至 1846 年 4 月中旬之间。参见 Marx-Engels-Gesamtausgabe (MEGA²), Band I/5, S. 801, 832, 992, 1001, 1046, 1046, 1540, 1580, 1654。

3 参见 Inge Taubert und Hans Pelger (Hrsg.): Karl Marx, Friedrich Engels, Joseph Weydemeyer: Die Deutsche Ideologie, S. 163。

4《马克思恩格斯全集》第 47 卷，人民出版社 2004 年版，第 383 页。

后 4 份手稿都是付印稿，并被交给了魏德迈。[1] 因此，就当时的文献掌握来说，以魏德迈离开的时间即"1846 年 5 月初"为时间节点是合理的。[2]

第四，MEGA[1] 编者在附属资料中得出的考证结论是非常有价值的。一方面，就"圣麦克斯"章来说，MEGA[1] 编者不仅注意到极少数纸页的笔迹不是源于恩格斯、而是源于魏德迈，而且注意到这其中的某些内容还同"费尔巴哈"章有密切关联。事实上，在介绍"费尔巴哈"章的"诞生与流传"时，MEGA[2] 编者已经明确指出，主手稿的第 30—35、40—72 页是马克思和恩格斯从"圣麦克斯"章抽取出的，它们中的部分内容后来经修改后被重新移回"圣麦克斯"章。[3] 尽管没有给出明确阐述，但是 MEGA[1] 编者对"费尔巴哈"章和"圣麦克斯"章在内容上的复杂联系可能已有相当的认识。另一方面，就赫斯与《德意志意识形态》的渊源关系来说，MEGA[1] 编者的考证也是正确的。赫斯不仅为《德意志意识形态》写作了"五、'霍尔施坦的格奥尔格·库尔曼博士'或真正的社会主义的预言"的手稿，而且还针对卢格写作了《格拉齐安诺博士的著作。阿·卢格的〈巴黎二载。文稿和回忆录〉》（以下简称为《格拉齐安诺博士的著作》）一文，而卢格起初也确实被设定为《德意志意识形态》第一卷的批判对象。[4] 后来在出版计划失败之后，《格拉齐安诺博士的著作》于 1847 年 8 月发表在《德意志—布鲁塞尔报》。[5] 正是基于这篇文章与《德意志意识形态》

1 *Marx-Engels-Gesamtausgabe (MEGA¹)*, Band I/5, S. XVIII.

2 当然，根据 MEGA[2] 编者的考证，魏德迈其实在 1846 年 4 月中旬便离开布鲁塞尔前往威斯特伐利亚了。因此，MEGA[2] 把"圣麦克斯"章的写作终止时间确定为 1846 年 4 月中旬。参见 *Marx-Engels-Gesamtausgabe (MEGA²)*, Band I/5, S. 1058。

3 参见 *Marx-Engels-Gesamtausgabe (MEGA²)*, Band I/5, S. 837–844。

4 在"莱比锡宗教会议"手稿的结尾删去了一句话："在舞台深处出现了 Dottore Graziano（格拉齐安诺博士）或称作'非常机智而有政治头脑的人'的阿尔诺德·卢格……"参见《马克思恩格斯全集》第 3 卷，人民出版社 1960 年版，第 90 页。MEGA[2] 编者认为，这表明，除了鲍威尔和施蒂纳之外，马克思恩格斯起初也把卢格列为批判对象之一。参见 *Marx-Engels-Gesamtausgabe (MEGA²)*, Band I/5, S. 1738–1739。

5 Moses Heß: Dottore Graziano's Werke. Zwei Jahre in Paris, Studien und Erinnerungen von A. Ruge, in: *Deutsche-Brüsseler-Zeitung*, Nr. 62, 5. August 1847, S. 2/3; Nr. 63, 8 August 1847, S. 2/3.

的密切联系，MEGA² 把它收录在了附录之中。[1]

第三节　MEGA¹ 版《德意志意识形态》"费尔巴哈"章的编辑情况

在 MEGA¹ 版《德意志意识形态》中，"费尔巴哈"章的编辑既是重中之重，又是难中之难。这是因为，与其他基本上是以誊清稿或付印稿形式流传下来的手稿不同，构成"费尔巴哈"章的手稿在马克思恩格斯生前并未完成，它们或者是片断，或者是誊清稿试作，或者是草稿，其中充满了修改、删除、补充、边注甚至札记。因此，这一章的编辑可谓是 MEGA¹ 编者所面临的重大考验，而他们如何应对这一考验自然也成为学界关注的焦点。

一、MEGA¹ 版"费尔巴哈"章的编辑准则

MEGA¹ 编者在"导言"和正文的先行说明中均对"费尔巴哈"章的编辑准则有所提及，但是非常简洁。在"导言"中，阿多拉茨基在介绍《德意志意识形态》两卷的手稿构成时，特别对"费尔巴哈"章作了一个脚注："这部未完成的手稿被马克思作了丰富的边注，它们可以作为我们编辑活动的指针。"[2] 如果说这一注释毫不起眼，那么编者对"费尔巴哈"章所作的先行说明就颇为引人关注了。因为同其他手稿的先行说明只介绍写作时间不同，在"费尔巴哈"章的先行说明中，编者在阐述了写作时间和写作状况——"1845 年 9 月至 1846 年 10 月中旬写于布鲁塞尔。未完成"[3]——之后，专门对这份手稿的编辑方式作了概括："我们按照其中包含的马克思所作的札记对手稿的个别部分作了调整。'三、圣麦克斯'等手稿中与之相关的说明被纳入了考量，从这些

1　参见 *Marx-Engels-Gesamtausgabe (MEGA²)*, Band I/5, S. 647–667。

2　*Marx-Engels-Gesamtausgabe (MEGA¹)*, Band I/5, S. XVII, Anm. 1).

3　Ebenda, S. 6.

说明可以得出,'一、费尔巴哈'构成了《德意志意识形态》的两个部分即'莱比锡宗教会议'和'真正的社会主义'的导言。"[1]这一言简意赅却清楚明晰的编辑说明极为重要,它表明在编辑未完成的"费尔巴哈"章时,编者将不会原原本本地呈现手稿样貌,而是对之进行干涉和介入。

在卷末的资料部分中,MEGA[1]编者专门通过"编辑准则"一节对"费尔巴哈"章的编辑情况作了详细说明。编者指出:"编辑的准则是马克思和恩格斯本人在手稿中所作的札记、边注和其他关于材料的构造的说明。问题在于,按照作者的阐述方式来展现各组材料的辩证关系。"[2]可以看出,在编排"费尔巴哈"章时,MEGA[1]编者注重的是反映各份手稿的辩证关系,凸显它们的思想关联。因此,他们力图以马克思恩格斯的各种说明为依据,通过逻辑编排的方式,来完成马克思恩格斯本人未能完成的作品。就作为编辑依据的直接说明而言,编者列举了三类:1. 关于未完成手稿的编排或进一步写作的说明;2. 主要由马克思所作的大量边注;3. 在各个连续的材料块之间的分隔线以及收入较短段落的括号。就间接说明来说,编者指出,一方面要把马克思恩格斯所删掉的内容纳入考量,另一方面要参考"圣麦克斯"章中有关"费尔巴哈"章的论述和说明。[3]于是,在上述编辑准则的指导下,MEGA[1]版"费尔巴哈"章正式确立。

二、MEGA[1] 版 "费尔巴哈" 章的框架结构

MEGA[1]编者对"费尔巴哈"章的编辑思路包含两个步骤,一是确立结构,二是分配内容。就框架结构的确立来说,其核心就是标题与小标题的选择和确定。

---

1 Ebenda.

2 Ebenda, S. 561.

3 Ebenda.

第一，对手稿既有标题的选择。

MEGA¹编者认为，"费尔巴哈"章的现有材料包含三个文本写作层次。A层次为原始文本，它包含恩格斯编号为第6—11、20—21、84—92印张（马克思编号为第8—28、30—35、40—72页）的大部分主手稿，这是"费尔巴哈"章的主体；B层次为誊清稿草稿，它包含主手稿中的导论草稿以及章开篇"1. 一般意识形态，特别是德国哲学"[1]；C层次为誊清稿试作，其中的个别部分确实为誊清稿，包括第二手稿的所有部分（导论的誊清稿[2]、章开篇"A. 一般意识形态，特别是德意志意识形态"[3]和关于"分工和所有制形式"的片断[4]）以及主手稿中恩格斯编号为5的关于"意识和存在的关系"的片断[5]。编者指出，在这三种文稿中，马克思恩格斯直接写下的标题有四处，分别是原始文本第68页的小标题"国家和法同所有制的关系"，誊清稿草稿中的标题"一、费尔巴哈"和"1. 一般意识形态，特别是德国哲学"以及誊清稿试作中的标题"一、费尔巴哈"和"一、费尔巴哈。A. 一般意识形态，特别是德意志意识形态"。就这几个标题的选择来说，MEGA¹编者指出，写作成熟度最高的C层次文本即誊清稿试作应该作为编辑的出发点。通过对B层次和C层次的两个相似标题的比较，编者认为C层次的标题"A. 一般意识形态，特别是德意志意识形态"更为合适，因此，B层次的标题"1. 一般意识形态，特别是德国哲学"不予采用。另外，反复出现的"一、费尔巴哈"可以作为总标题，而只出现一次的"国家和法同所有制的关系"可以作为节标题。[6]由此，通过对"费尔巴哈"章手稿的考察，MEGA¹编者首先确定了三个标题。

---

1 参见《马克思恩格斯文集》第1卷，人民出版社2009年版，第516—520页。

2 参见《马克思恩格斯文集》第1卷，人民出版社2009年版，第512—514页。

3 参见《马克思恩格斯文集》第1卷，人民出版社2009年版，第514—516页。

4 参见《马克思恩格斯文集》第1卷，人民出版社2009年版，第520—523页。

5 参见《马克思恩格斯文集》第1卷，人民出版社2009年版，第523—526页。

6 参见 *Marx-Engels-Gesamtausgabe (MEGA¹)*, Band I/5, S. 561。

第二，边注对标题的补充。

由于手稿包含的标题非常有限，因此仍然需要寻找新的标题来充实有待确立的"费尔巴哈"章的框架结构。MEGA¹编者认为，手稿右栏的边注只出现在 A 层次的原始文本中，这表明，它们涉及的是本身未写好的材料及其未来的写作计划。这就为边注充当标题提供了依据。于是，MEGA¹编者选择了几处重要边注作为节标题的补充：1. 手稿第 11 页的边注"历史"；2. 手稿第 19 页的边注"交往和生产力"；3. 手稿第 21 页的边注"关于意识的生产"；4. 手稿第 60 页的边注"交往形式本身的生产"。另外，其他的边注如"费尔巴哈""费尔巴哈：存在与本质"等，MEGA¹编者或者基于《德意志意识形态》写作计划的变化，或者基于相关手稿的缺失而没有采用它们作为标题。[1]

由此，MEGA¹ 版《德意志意识形态》"费尔巴哈"章的基本结构确立如下：

　　一、费尔巴哈

　　A. 一般意识形态，特别是德意志意识形态

　　　[1.] 历史

　　　[2.] 关于意识的生产

　　[B. 意识形态的现实基础]

　　　[1.] 交往和生产力

　　　[2.] 国家和法同所有制的关系

　　　[3. 自然产生的和由文明创造的生产工具与所有制形式]

　　[C.] 共产主义。——交往形式本身的生产 [2]

需要说明的是，上述框架结构中的方括号表示括号里的相应内容为编者所加。由此可以看出，除了［B. 意识形态的现实基础］和［3. 自然产生的和由文明创造的生产工具与所有制形式］这两个标题完全由编者拟定之外，其余标

---

1 Ebenda, S. 562. 这些页码均为马克思所作的编号。

2 Ebenda, S. 562–563, 703.

题均源于"费尔巴哈"章手稿的文本和边注。

三、MEGA¹ 版"费尔巴哈"章的内容编排

在"费尔巴哈"章的框架结构确立之后，MEGA¹ 编者的任务便是如何对"乍看上去浑然一体"[1]的手稿材料进行内容分割，以便按照主题把它们填充到不同标题之下。这里，他们所依据的就是上文谈到的第三类直接说明，即马克思恩格斯在一段或几段文字之间所作的大量或长或短的分隔线、收入简短内容的括号以及附带说明，它们成为材料分割的重要标识。于是，"实际的编辑与其阐述所走的道路正好相反。整体将在被分隔线标记的地方分解为其组成部分，之后再根据边注和编辑说明进行重组"。[2] 由此，在逻辑编排的原则之下，"费尔巴哈"章遭到了根本的介入与干涉，其原始面貌被完全改变。

我们不妨深入到文本之中，以 A 部分的第 2 节"关于意识的生产"为例进行说明。在这一节中，编者基本收录了马克思所编手稿的第 21—35 页。然而，这些页码并不是连续的，而且其中穿插了在这一范围之外的其他手稿页。具体来说，该节收录的手稿页依次为第 21 页 (后半部分)、第 22 页 (前半部分)、第 24 页 (完整)、第 25 页 (完整)、第 26 页 (完整)、第 27 页 (完整)、第 28 页 (完整)、第 8 页 (完整)、第 9 页 (完整)、第 10 页 (完整)、第 20 页 (完整)、第 21 页 (前半部分)、第 30 页 (完整)、第 31 页 (完整)、第 32 页 (完整)、第 33 页 (完整)、第 34 页 (左栏)、第 35 页 (完整) 和第 34 页 (右栏)。[3] 从总体上看，这一节的内容基本上由三组文本构成，首先是以本节标题"关于意识的生产"所在的第 21 页为开端，直至第 28 页的内容；其次是编者插入的作为马克思编号开端的第 8—10 页的内容；最后是接续 28 页的第 30—35 页的内

---

1 Ebenda, S. 563.

2 Ebenda.

3 Ebenda, S. 26–39. 该节内容对应 MEGA² 版《德意志意识形态》的如下页码：*Marx-Engels-Gesamtausgabe (MEGA²), Band I/5, S. 41–43, 45–58, 19–26, 40–41, 60–66。

容。显然，这些文本并不是按照马克思的编号依次编排的。再进一步考察，我们会发现第 21 页比较特殊，它被分成了两部分：后半部分同接续的 22 页一起成为本节的开端，前半部分与先行的 20 页一同被插入到本节的中间位置。类似这样的某一页被分成两到三个部分而置于"费尔巴哈"章不同位置的情况非常普遍。另外，如果说"关于意识的生产"一节在页码上多少还比较连贯的话，那么"[C.] 共产主义。——交往形式本身的生产"则充斥着大量零碎而不连续的片断。[1] 由此可以想象，MEGA[1] 版"费尔巴哈"章的整体面貌同手稿的原始样态是何等不同。

第四节　梁赞诺夫原文版"费尔巴哈"章与 MEGA[1] 版《德意志意识形态》的渊源关系

在 MEGA[1] 版《德意志意识形态》出版之后，关于这个完整版本特别是其中的"费尔巴哈"章与梁赞诺夫原文版"费尔巴哈"章的关系问题成为学界关注的焦点问题。我们应该如何对此进行评析呢？

一、两个版本的根本区别与内在联系

历史地来看，1926 年的梁赞诺夫原文版"费尔巴哈"章和 1932 年的 MEGA[1] 版《德意志意识形态》既存在根本的区别，又包含密切的联系。一方面，二者所涉及的《德意志意识形态》文本篇幅和内容范围并不相同。此外，二者的主编不同，编辑原则和编排方式亦不相同。另一方面，二者又均属于 MEGA[1] 编辑出版工程框架下所取得的重大成果，具有内在的渊源关系。就此而言，前者正可谓是后者的"先行版"。

---

1 参见 *Marx-Engels-Gesamtausgabe (MEGA[1])*, Band I/5, S. 60–67。

第一，从编排情况看，两个版本并不相同，甚至毫无可比之处。

一方面，就 MEGA¹ 版《德意志意识形态》来说，它的"费尔巴哈"章完全采取了逻辑编排的方式，对手稿作了根本的介入与调整，从而彻底背离了手稿的本来面貌。就此而言，该版"费尔巴哈"章是一种内在强逻辑编排，它并未做到"忠实于原文"。另一方面，就梁赞诺夫原文版"费尔巴哈"章来说，尽管它也采取了逻辑编排，但这是一种外在弱逻辑编排，即它主要依据马克思所作的页码编号来编排主手稿，并在个别地方穿插第二手稿的不同部分，因而在赋予不同手稿以外在次序的同时又不介入各份手稿内部，从而尽可能保证了对原文的忠实。因此，在编排原则根本不同的情况下，两个版本的"费尔巴哈"章亦根本不同。就此而言，对两个版本进行比较似乎是多余的。

第二，从渊源关系看，两个版本作为 MEGA¹ 的产物具有内在的联系。

尽管 MEGA¹ 版"费尔巴哈"章与梁赞诺夫原文版"费尔巴哈"章的总体架构与逻辑脉络毫不相同，但这并不意味着两个版本毫无关系，更不意味着梁赞诺夫与 MEGA¹ 版《德意志意识形态》毫无关联。事实上，与陶伯特主编的时间顺序版"费尔巴哈"章是 MEGA² 版《德意志意识形态》的先行版类似，梁赞诺夫主编的原文版"费尔巴哈"章在很大程度上也是 MEGA¹ 版《德意志意识形态》的先行版。进一步讲，梁赞诺夫本人亦为 MEGA¹ 版《德意志意识形态》做了根本的奠基工作。自 1926 年原文版"费尔巴哈"章出版以来，梁赞诺夫一直都在为《德意志意识形态》手稿的完整出版做着精心的准备。到 1930 年年底时，他很可能已经基本完成了这部手稿的编辑工作，只待出版方面的筹措安排。正如梁赞诺夫于 1930 年 9 月底 10 月初在马恩研究院内部所作的一次讲话中谈到的："明年我们要准备第 9 卷和第 10 卷，出版第 4、5、6、7 卷和第 3 卷。我们扩大了卷次的数目，第 3 卷被分成了第 3 卷和第 4 卷，因此《德意志意识形态》将作为第 5 卷出版……"[1] 显然，此时《德意志意识形态》的辨识、整理和编辑工作已经基本完成，就差最后的出版环节了。遗憾的是，1931 年初，梁赞诺夫被罢免研究院院长之职、开除出党，从而彻底地离开了 MEGA[1] 编辑出版工程。此后，经过数月，阿多拉茨基取代梁赞诺夫成为马恩研究院的新任院长，并在 1932 年主编出版了 MEGA[1] 第 I/5 卷即《德意志意识形态》卷。可以想象，在 1931 年初至 1932 年这短短一年多的时间之内，阿多拉茨基决不可能一下子完成对像《德意志意识形态》这样大篇幅的手稿的辨识、整理、编辑和出版工作，他必定要以梁赞诺夫领导研究院的相关工作人员所完成的前期准备工作为基础。然而，在 MEGA[1] 版《德意志意识形态》的"导言"中，梁赞诺夫为《德意志意识形态》手稿的完整出版所做的巨大贡献丝毫未被提及。[2] 更令人遗憾的是，阿多拉茨基完全抛弃了梁赞诺夫一直秉持并在他主编的原文版"费尔巴哈"章中践行的"全面完整""忠实于原文"的编辑理念与原则。

二、梁赞诺夫决非 MEGA[1] 版"费尔巴哈"章的编排肇始者

如果说阿多拉茨基主编的 MEGA[1] 版《德意志意识形态》是由梁赞诺夫奠基其原初文本的，那么这是否意味着，MEGA[1] 版《德意志意识形态》的逻辑编排方式亦是由梁赞诺夫先行确立的？换句话说，一个有趣的问题始终让人欲罢不能：如果梁赞诺夫没有离开 MEGA[1] 编辑出版工程，那么 MEGA[1] 版《德意志意识形态》特别是未完成的"费尔巴哈"章将会呈现出何种面貌？

其实，这个问题之所以令人着迷，就是因为它包含了一种预设，即如果

---

1 Carl-Erich Vollgraf, Richard Sperl und Rolf Hecker (Hrsg.): *Beiträge zur Marx-Engels-Forschung. Neue Folge*, Sonderband 1, Berlin-Hamburg: Argument Verlag, 1997, S. 118.

2 梁赞诺夫对此显然是极其愤怒的。正如他后来在流放地萨拉托夫谈到的："至今我都未曾收到一卷由我所准备、修订和编辑，在 1931—1933 年间以阿多拉茨基等人之名出版的俄文或德文的马克思恩格斯著作。"参见 Carl-Erich Vollgraf, Richard Sperl und Rolf Hecker (Hrsg.): *Beiträge zur Marx-Engels-Forschung. Neue Folge*, Hamburg: Argument Verlag, 1993, S. 12。

梁赞诺夫编辑 MEGA¹ 版《德意志意识形态》，那么他必定会把他在原文版
"费尔巴哈"章中所采取的编排方式一以贯之，而不会像阿多拉茨基版那样用
内在强逻辑编排的方式完全遮蔽了手稿的原始样态。因此，尽管梁赞诺夫对
MEGA¹ 版《德意志意识形态》有奠基性的贡献，但是对"费尔巴哈"章的内
在强逻辑编排这一思路绝不可能源于梁赞诺夫，它只能源于新任院长阿多拉茨
基。就此而言，梁赞诺夫其实代表了 MEGA¹ 的真正编辑方向，而阿多拉茨基
则是对这种方向的背离。这也同样适用于对梁赞诺夫原文版"费尔巴哈"章和
MEGA¹ 版《德意志意识形态》的评价。

　　需要追问的是，阿多拉茨基为什么要在 MEGA¹ 版"费尔巴哈"章中背离
梁赞诺夫先行确立的"忠实于原文"的编辑原则，转而采取逻辑介入的编辑
方式呢？这或许可以从他在 1931 年 4 月 1 日向共产国际执行委员会全体会议
所提交的报告中窥得端倪："梁赞诺夫在领导马克思恩格斯研究院的工作期间，
没有对社会民主党进行任何斗争。在为马克思著作集所写的前言中，他培养出
一种学术主义，一种抽象的、超党派的渊博学识，这在我们的革命条件下必定
只会导致对无产阶级事业的直接背叛……在马克思恩格斯著作的出版方面，梁
赞诺夫主要停留在马克思恩格斯的那些早期著述的范围内，而当时他们还是唯
心主义的黑格尔派，或者说当时他们完成了向辩证唯物主义的过渡，初步迈入
新的世界观。即使后一种著作对马克思恩格斯的发展历程具有重要意义，它们
也不像后期的著述那样对于今天如此必要。这些著述完全是从纯粹文学的论战
出发来反对马克思和恩格斯最初的志同道合者，即青年黑格尔左派，而对于
今天的研究用处不大。"[1]在梁赞诺夫被罢免、马恩研究院遭清洗的现实背景下，
作为继任者的阿多拉茨基显然必须与梁赞诺夫划清界限，与体现其学究气的原
文版"费尔巴哈"章划清界限，这很可能是 MEGA¹ 版"费尔巴哈"章采取内

---

　　1 Carl-Erich Vollgraf, Richard Sperl und Rolf Hecker (Hrsg.): *Beiträge zur Marx-Engels-Forschung. Neue
Folge*, Sonderband 3, Berlin-Hamburg: Argument Verlag, 2001, S. 114–115.

在强逻辑编排的根本动因。即便如此，在 MEGA^1 版《德意志意识形态》具体的文本编辑，特别是丰富的脚注以及详细的附属资料对手稿状况以及马克思恩格斯写作情况的即时说明中，我们仍然可以看出梁赞诺夫时期 MEGA^1 卷次编辑方式的深刻烙印。

第二篇 MEGA^2 视域下的《德意志意识形态》文献学研究

第四章
《德意志意识形态》文献学研究的新突破

在 MEGA[1] 版《德意志意识形态》于 1932 年出版后，1933 年，《马克思恩格斯全集》俄文第一版第 4 卷[1] 出版，其中收录的《德意志意识形态》完全采用了 MEGA[1] 版的编排方式。此后，随着 MEGA[1] 于 1935 年停止出版，并于 1941 年彻底夭折，有关《德意志意识形态》的出版活动也暂时中止，整个世界都陷入到第二次世界大战的深渊之中。战后，1955 年开始出版的《马克思恩格斯全集》俄文第二版第 3 卷[2] 收录了《德意志意识形态》，其编译底本正是 MEGA[1] 版《德意志意识形态》。此后，1956 年开始出版的德文版《马克思恩格斯全集》又以俄文第二版《德意志意识形态》为底本出版了《德意志意识形态》[3]，其根本底本依然是 MEGA[1] 版《德意志意识形态》。

进入 20 世纪 60 年代，《德意志意识形态》文献学研究出现了新突破。1962 年，一个关于《德意志意识形态》手稿的重大发现轰动了整个学界。齐格弗里德·巴纳（Siegfried Bahne）在荷兰阿姆斯特丹国际社会史研究所收藏的伯恩施坦文献遗产中发现了《德意志意识形态》三个纸面（Blatt）的手稿。其中两个纸面属于主手稿，它们包含马克思编号的第 1、2 和 29 页。这一重大发

---

1 К. Маркс и Ф. Энгельс, *Сочинения*, том 4, М.: Партийное Издательство, 1933.

2 К. Маркс и Ф. Энгельс, *Сочинения*, том 3, М.: Государственное Издательство Политической Литературы, 1955.

3 *Marx-Engels-Werke*, Band 3, Berlin: Dietz Verlag, 1958.

现使《德意志意识形态》特别是"费尔巴哈"章的编辑出版进入了一个新纪元。1965 年，苏联《哲学问题》杂志发表了格奥尔基·巴加图利亚（Георгий Багатурия）编辑的俄文新版"费尔巴哈"章。一年之后，《德国哲学杂志》以俄文新版为底本，发表了德文新版"费尔巴哈"章。不仅如此，关于《德意志意识形态》的文献资料研究亦取得重要进展。1968 年，伯尔特·安德烈亚斯（Bert Andréas）与沃尔弗冈·蒙克（Wolfgang Mönke）发表了长篇论文《〈德意志意识形态〉的新材料。附一封不为人知的卡尔·马克思书信以及其他文献》，一方面详细介绍了一封首次发现的 1846 年马克思致魏德迈的书信，另一方面原文收录了近百份同《德意志意识形态》相关的书信与文献，从而为《德意志意识形态》写作史与出版史的研究提供了重要资料支撑。所有这些新进展，构成了 20 世纪 70 年代启动的 MEGA^2 版《德意志意识形态》编辑出版工作的重要前提。

第一节　《德意志意识形态》新手稿的发现

在 1926 年德文版《马克思恩格斯文库》第一卷中首次出版《德意志意识形态》原文版"费尔巴哈"章时，梁赞诺夫曾对马克思恩格斯未能完成的这部分手稿的保存状况作过详细说明。他特别指出，主手稿的主体部分被马克思连续编号为 8—72 页。只不过，其中有个别页面缺漏，包括第 1—7、29 及 36—39 页。这些缺漏自然也表现在原文版"费尔巴哈"章中。在 1932 年出版的 MEGA^1 版《德意志意识形态》中，尽管"费尔巴哈"章采用了逻辑编排方式，但其中的缺漏依然存在。那时恐怕没有人会想到，30 年后这一缺漏会在一定程度上得到填补。

一、《德意志意识形态》新手稿的偶然问世

1962 年，齐格弗里德·巴纳在《国际社会史评论》杂志发表文章《马克

思和恩格斯的〈德意志意识形态〉——几个文本补充》，详细介绍了他在荷兰阿姆斯特丹国际社会史研究所新发现的三个纸面的《德意志意识形态》手稿的情况。

第一，关于《德意志意识形态》的写作与出版简史。

巴纳指出，在 1845 年 9 月至 1846 年初夏，马克思和恩格斯在布鲁塞尔合写了"对费尔巴哈、布·鲍威尔和施蒂纳所代表的现代德国哲学"以及对德国所谓的"真正的"社会主义的"批判"。赫斯应该也为这部计划中的著作写了批判卢格和格奥尔格·库尔曼的章节。然而，这部著作当时并未能出版，因为负责印刷和出版的出资人即奥斯纳布吕克的迈耶尔和比雷菲尔德的雷姆佩尔收回了他们的许诺。1932 年，这部著作的现存手稿首次无删节出版。[1] 可以看出，巴纳基本上是以 MEGA[1] 为准来论述《德意志意识形态》的写作和出版历程的。当然，关于赫斯与《德意志意识形态》的渊源关系，他也借鉴了蒙克在 1957 年发表的论文《莫斯泽·赫斯与〈德意志意识形态〉》。[2] 值得注意的是，他提到的《德意志意识形态》的首次无删节出版，不仅是指这部手稿在 MEGA[1] 中的首次完整出版，而且还包括它在朗兹胡特和迈尔主编的《卡尔·马克思。历史唯物主义。早期著作》中的出版。这里，巴纳对朗兹胡特—迈尔版的定位显然不够精准。如前所述，朗兹胡特—迈尔版实现了《德意志意识形态》的三个"首次"出版：首次完整出版了"圣麦克斯"章；首次出版了"真正的社会主义"；首次出版了"'霍尔施坦的格奥尔格·库尔曼博士'或真正的社会主义的预言"。以此为基础，朗兹胡特—迈尔版可谓实现了《德意志意识形态》的首次近乎完整出版。然而，"近乎"完整并不等于"绝对"完整，因为事实上，它并没有收录"莱比锡宗教会议""圣布鲁诺"章以及第二卷第四章"卡尔·格律恩：《法

---

1 Siegfried Bahne: „Die deutsche Ideologie" von Marx und Engels. Einige Textergänzungen, in: *International Review of Social History*, Vol. 7, No. 1, 1962, S. 93.

2 Ebenda, Anm. 1.

兰西和比利时的社会运动》（1845 年达姆施塔特版）或真正的社会主义的历史
编纂学"。因此，《德意志意识形态》手稿的首次完整出版只能归结于 MEGA[1] 版。

第二，关于《德意志意识形态》的出版脉络。

当提及《德意志意识形态》在 1932 年首次无删节出版时，巴纳特意在脚
注中梳理了《德意志意识形态》手稿的出版历程：关于格律恩的一章（即第二
卷第四章）在 1847 年发表于吕宁主编的月刊《威斯特伐利亚汽船》杂志；"莱
比锡宗教会议"和"圣布鲁诺"章在 1921 年由迈尔发于《社会科学和社会
政治文库》第 47 卷；"圣麦克斯"章的部分内容由伯恩施坦发于《社会主义
文献》第 III 卷（1903 年）[1]、《工人副刊》（1913 年 3 月 9 日）和《〈前进报〉娱
乐报》（1913 年 3 月 14 日）[2]；"序言"和"费尔巴哈"章发表于德文版《马克
思恩格斯文库》第一卷。此外，1932 年还先后诞生了两个版本——朗兹胡特—
迈尔版《德意志意识形态》和 MEGA[1] 版《德意志意识形态》。[3] 可以说，巴纳
的这一梳理和总结为读者了解和把握《德意志意识形态》的总体出版状况具有
一定的指导意义。

第三，关于《德意志意识形态》新手稿的发现详情。

巴纳指出，《德意志意识形态》文本的缺漏既源于手稿本身的未完成性，
又源于马克思所谓的"老鼠牙齿的批判"，还源于某些手稿的未被发现。由此，
他引出了自己发现《德意志意识形态》手稿的详情。巴纳谈到，他最近在收藏
《德意志意识形态》手稿的阿姆斯特丹国际社会史研究所发现了三个纸面即六
页的手稿，它们被错误地放置在一个标有"帝国议会议员伯恩施坦先生的印刷
品"的信封中，而在这个信封上还有伯恩施坦自己注明的"已在《社会主义文献》
第 III/IV 卷刊印的有删节的圣麦克斯"字样。事实证明，这三个纸面的手稿属

---

1 巴纳在文中只提及了《社会主义文献》第 III 卷。事实上，伯恩施坦在《社会主义文献》第 III 卷（1903）
第 1、2、3、4、7、8 期和第 IV 卷（1904）第 5、6、7、8、9 期均刊发了"圣麦克斯"章相关内容。
2 1913 年 3 月在《工人副刊》和《〈前进报〉娱乐报》发表的均为"圣麦克斯"章的一小节"我的自我享乐"。
3 Siegfried Bahne: „Die deutsche Ideologie" von Marx und Engels. Einige Textergänzungen, S. 93, Anm. 3.

于马克思恩格斯合著的《德意志意识形态》手稿，它们包含"费尔巴哈"章中马克思编号的第1、2 和 29 页以及"圣麦克斯"章中恩格斯编号的第 28 页。[1]

如前所述，伯恩施坦于 1903—1904 年在《社会主义文献》杂志节录刊印了《德意志意识形态》"圣麦克斯"章，其中包括"旧约：人"的绝大部分以及"新约：'我'"的开篇部分。按照此处伯恩施坦的说明，该信封应该是他用来存放已经刊印的那部分"圣麦克斯"手稿的，而这三个纸面的新发现手稿显然不属于其中。为什么这部分手稿被错误放置，我们已然不得而知。不过值得庆幸的是，历史最终还是让它们为巴纳所发现，从而为世人所知。

二、《德意志意识形态》新手稿的文献信息

《德意志意识形态》新手稿的具体情况显然是读者关注的焦点，而巴纳亦对之作了详细说明。他指出，从整体上看，这三个纸面均由恩格斯书写、马克思修改，它们在规格、纸张等方面同我们迄今所熟知的《德意志意识形态》手稿都是一致的。[2] 具体来说，三个纸面的文献信息如下：

第一，就第一个纸面来说，巴纳指出，它的上面写有一个起初由马克思修改，之后又用竖线划去的文本。该文本同 MEGA[1] 版《德意志意识形态》第84 页（第 17—21、35—37 行）、85 页（第 11—37 行）、86 页（第 1—29 行）[3]即"圣布鲁诺"章中的相关内容在很大程度上是一致的。后来，恩格斯在正面右栏写下了"费尔巴哈"章的一部分内容，它可以接续 MEGA[1] 版《德意志意

---

1 Ebenda, S. 93–95.

2 Ebenda, S. 94.

3 中文版参见《马克思恩格斯全集》第 3 卷，人民出版社 1960 年版，第 102 页（"他们之间是势不两立的，就像爱尔兰的基尔肯尼的两只猫那样，它们彼此把对方吃得精光，结果只剩下了两条尾巴。对于这两条尾巴，圣布鲁诺就来宣布自己的判词：它们是'实体'，因而应当永远受诅咒。"）、第 102—103 页（"他不去深入研究施蒂纳对鲍威尔的'纯粹批判'的批判，却在第 124 页上断言施蒂纳的批判也和任何其他的批判一样，不能损他毫厘，'因为他正是批判家本身'。"）以及第 103—104 页（从 103 页"3. 圣布鲁诺反对'神圣家族'的作者"的开篇至 104 页结束）。

识形态》第 32 页第 5 行[1]即"费尔巴哈"章的相关内容。这一页面被马克思重新标记为 29 页。[2]巴纳的这段描述尽管已经比较细致，但是由于手稿并未直观呈现，因此单纯依靠文字说明来把握手稿状况仍然存在难度。结合国际社会史研究所电子化的《德意志意识形态》手稿原图[3]，我们现在就可以较为轻松地把握巴纳的论述了。事实上，这一纸面的正面和背面均分为左右两栏。就左栏来说，正背面均以恩格斯的笔迹写满，但被用竖线完全划去了。这部分内容——正如巴纳所说——同"圣布鲁诺"章的相应内容几乎一致。看来，它们之所以被划掉，是因为被挪作他用了。就右栏来说，只有正面的绝大部分被恩格斯的笔迹填满，背面则为空白，而正面恩格斯的笔迹所涉及的正是巴纳提到的关于"费尔巴哈"章的内容。正是这一正面被马克思编号为 29，而它就接续"费尔巴哈"章马克思编号为 28 的那页手稿右栏结尾处，即巴纳提到的 MEGA[1] 版《德意志意识形态》第 32 页第 5 行处。

第二，就第二个纸面来说，巴纳指出，它尤为有趣，因为它的正面右栏被马克思写满了涂鸦、边注和习字。在几个后来被删去的语句之后，正面以及背面上部继续是恩格斯所写的文本。在背面的下半部分——一条分隔线将其同上面隔开，有 MEGA[1] 版《德意志意识形态》第 75 页第 22 行至第 76 页第 6 行刊印的段落[4]——出自"圣布鲁诺"章的开篇——的初稿。在这一纸面上有马克思作的许多修改、边注和删除，他把该纸面所包含的正、背面这两个页面标记为 1 和 2。巴纳还特别提到，这一纸面的底部损坏较为严重。[5]根据国际

---

1 中文版参见《马克思恩格斯文集》第 1 卷，人民出版社 2009 年版，第 549 页（"如果他们的'存在'同他们的……"）。

2 Siegfried Bahne: „Die deutsche Ideologie" von Marx und Engels. Einige Textergänzungen, S. 94.

3 参见阿姆斯特丹国际社会史研究所官网提供的《德意志意识形态》"费尔巴哈"章电子化图片：https://access.iisg.amsterdam/universalviewer/#?manifest=https://hdl.handle.net/10622/ARCH00860. A_11?locatt=view:manifest, image 46, 47.

4 中文版参见《马克思恩格斯全集》第 3 卷，人民出版社 1960 年版，第 91（"圣布鲁诺开始向费尔巴哈开炮'征讨'"）—92 页（"把'自我意识'的全部奥秘都揭穿了"）。

5 Siegfried Bahne: „Die deutsche Ideologie" von Marx und Engels. Einige Textergänzungen, S. 94–95.

社会史研究所电子化的手稿图片，我们可以更好地理解巴纳的阐述。[1]事实上，这一纸面的正背面同样分为左右两栏，正面的左栏被恩格斯的字迹写满，但其靠上部分被用斜线删去，右栏则是马克思的涂鸦，其中夹杂着一些边注和文字。这一正面被马克思标记为1。背面左栏被恩格斯的笔迹填满，一条横向分隔线将其分为上、下两部分，下半部分被完全删去了，它所涉及的内容正是巴纳所谓的"圣布鲁诺"章开篇的初稿。至于背面右栏，只有非常零散的几行字，部分也被划去。这一背面被马克思标记为2。如巴纳所说，这一纸面的底部损坏较为严重，因此在文本内容上也有一定缺漏。值得一提的是，巴纳在其文章中特别收录了第1页手稿的图片，但它只是一个截图，内容仅涉及右栏的马克思涂鸦，[2]因而对于我们直观把握该页的整体面貌，帮助较为有限。

第三，就第三纸面来说，巴纳指出，它的正面被恩格斯标记为28，其中包含着可以填充MEGA[1]版《德意志意识形态》第180页第20行[3]，即"圣麦克斯"章的缺漏内容的开端。看来这里缺了论述的后续部分，以便过渡到目前已知文本的开端。在这一纸面上，出自马克思之手的只有正面右边底部用铅笔作的一处修改以及背面的页码编号。这一纸面的顶端破损严重。[4]总体来说，巴纳对这一纸面的说明比较简明。事实上，根据手稿的电子化图片可知，[5]该纸面的正背面也分为左右两栏。正面左栏被恩格斯的笔迹所写满，右栏基本空白，只有底部有马克思用铅笔所作的两行修改。该页顶端有恩格斯标记的印张编号28。

---

1 参见阿姆斯特丹国际社会史研究所官网提供的《德意志意识形态》"费尔巴哈"章电子化图片：https://access.iisg.amsterdam/universalviewer/#?manifest=https://hdl.handle.net/10622/ARCH00860. A_11?locatt=view:manifest, image 23, 24。

2 Siegfried Bahne: „Die deutsche Ideologie" von Marx und Engels. Einige Textergänzungen, S. 98.

3 中文版参见《马克思恩格斯全集》第3卷，人民出版社1960年版，第217页。第三个纸面的内容就介于217页第三段结尾"[似乎今后每一个人都成为所有者了……"]与第四段开头"[……'施蒂纳'认为"之间。

4 Siegfried Bahne: „Die deutsche Ideologie" von Marx und Engels. Einige Textergänzungen, S. 95.

5 参见阿姆斯特丹国际社会史研究所官网提供的《德意志意识形态》"圣麦克斯"章电子化图片：https://access.iisg.amsterdam/universalviewer/#?manifest=https://hdl.handle.net/10622/ARCH00860. A_14?locatt=view:manifest, image 80, 81。

背面的左右栏均为恩格斯的笔迹，左栏写满，右栏有三段较大修改，篇幅均较长。背面的顶端有马克思标记的编号 28a。

三、《德意志意识形态》新手稿的文本呈现

在介绍了《德意志意识形态》新手稿的文献状况后，巴纳进一步原文呈现了手稿的内容。这一呈现涉及两个方面：其一，在正文中呈现手稿的最终文本样态；其二，在附录中呈现手稿的异文状况，包括修改、补充和删除等。

第一，正文收录的手稿最终文本。

在正文中，巴纳收录的手稿原文包含两个部分：第一部分为对"费尔巴哈"章的补充，依次为马克思标记的第 29 页、第 1 页和第 2 页；第二部分为对"圣麦克斯"章的补充，即第 28 页。这里，巴纳一方面在正文中收录了手稿经马克思恩格斯删改后所具有的最终文本样态，另一方面也在页下脚注中对手稿的相关文献学信息予以了即时介绍。我们以手稿第 1 页为例进行说明。

在正文中，巴纳给出了他所辨识的第 1 页手稿最终文本样态：

/1/Wir werden uns natürlich nicht die Mühe geben, unsere weisen Philosophen darüber aufzuklären, daß die „Befreiung" des „Menschen" damit noch um keinen Schritt weiter gekommen ist, wenn sie Philosophie, Theologie, Substanz und den ganzen Unrath in das „Selbstbewußtsein" aufgelöst, wenn sie den Menschen von der Herrschaft dieser Phrasen, unter der er nie geknechtet war, befreit haben; daß es nicht möglich ist, eine wirkliche Befreiung anders als in der wirklichen Welt und mit wirklichen Mitteln durchzusetzen, daß man die Sklaverei nicht aufheben kann ohne die Dampfmaschine und die Mule-Jenny, die Leibeigenschaft nicht ohne verbesserten Ackerbau, daß man überhaupt die Menschen nicht befreien kann, solange sie nicht im Stande sind, sich Essen und Trinken, Wohnung und Kleidung in vollständiger Qualität und Quantität zu verschaffen. Die „Befreiung" ist eine geschichtliche That, keine Gedankenthat, und sie wird bewirkt durch geschichtliche Verhältnisse, durch den [Sta]nd der Industrie, des Han[del]s, [des Acker]baus, der Ver[kehrsverhältnisse] [...] [1]

与此同时，巴纳也在页下脚注中对手稿的相关情况作了说明，这主要涉及马克思在右栏所作的边注。例如，在"die Mühe geben（花费精力）"处，他作注指出，"马克思在右栏写下：费尔巴哈"；[2] 在"keinen Schritt weiter gekommen ist（没有前进一步）"处，他作注指出，"马克思在右栏写下：哲学的和真正的解放"；在"in das ‚Selbstbewußtsein' aufgelöst（消融在'自我意识'中）"处，他作注指出，"马克思在右栏写下：人。唯一者。个人"；在"Herrschaft dieser Phrasen（词句的统治）"处，他作注指出，"马克思在右栏写下：地质、水文等等条件"；在"befreit haben（解放出来）"处，他作注指出，"马克思在右栏写下：人体。需要和劳动"。[3] 另外，针对结尾的多处中括号补充，巴纳作注指出，"主文本中的[ ] = 纸面破损"。[4] 这就是说，由于纸面破损，手稿中的文字存在缺漏，因此编者根据现存的单词片断补充了剩余字母，而这些由编者完成的补充均置于中括号内。

第二，附录收录的手稿异文。

---

1 Siegfried Bahne: „Die deutsche Ideologie" von Marx und Engels. Einige Textergänzungen, S. 96–97. 中译文为："当然，我们不想花费精力去启发我们的聪明的哲学家，使他们懂得：如果他们把哲学、神学、实体和一切废物消融在'自我意识'中，如果他们把'人'从这些词句的统治下——而人从来没有受过这些词句的奴役——解放出来，那么'人'的'解放'也并没有前进一步；只有在现实的世界中并使用现实的手段才能实现真正的解放；没有蒸汽机和珍妮走锭精纺机就不能消灭奴隶制；没有改良的农业就不能消灭农奴制；当人们还不能使自己的吃喝住穿在质和量方面都得到充分保证的时候，人们就根本不能获得解放。'解放'是一种历史活动，不是思想活动，'解放'是由历史的关系，是由工业状况、商业状况、农业状况、交往状况促成的[……]"。参见《马克思恩格斯文集》第 1 卷，人民出版社 2009 年版，第 526—527 页。

2 Siegfried Bahne: „Die deutsche Ideologie" von Marx und Engels. Einige Textergänzungen, S. 96, Anm. 4; 中文版参见《马克思恩格斯文集》第 1 卷，人民出版社 2009 年版，第 526 页注释①。

3 Ebenda, S. 97, Anm. 2–5; 中文版参见《马克思恩格斯文集》第 1 卷，人民出版社 2009 年版，第 527 页注释①。

4 Ebenda, S. 97, Anm. 6.

如果说，正文展现的是经过马克思恩格斯删改后的手稿最终文本样态，那么在附录中，巴纳则运用大量的符号标记对手稿中马克思恩格斯所作删改等异文情况作了全面的呈现。他首先对符号标记作了说明：所有存在于主文本或被删掉文本部分中的马克思的笔迹，只要脚注中未予说明，就都用符号"ᵐ"标记，而那些后来由恩格斯插入他所书写的文本中的内容则用"ᵉ"标记。非横向的删除，其开头和结尾用"ˣ…ˣ"标记，而横向的删除则用"⟨⟩"标记。"[]"表示对手稿中未写完整的字词的可能的补充。星号"**"或者表示文本中边注的各个部分之间的较大间隔，或者表示对某些只同作者马克思相关的字句进行补充的文本的开头。[1] 由此，巴纳依次对三个纸面的异文情况予以了呈现。它主要涉及两个方面：其一，对正文中的最终文本在写作过程中的删改增补等异文的呈现；其二，对被删除文本的再现，其中同样涉及删改增补等异文的呈现。

我们不妨以第一纸面涉及的第 29 页进行说明。如前所述，第一纸面的正面和背面均分为左右两栏。正、背面的左栏虽然被恩格斯的笔迹写满，但均被用竖线划去；右栏只有正面写有内容，而其最终文本被收录在了正文中。因此，在涉及这一纸面时，附录的任务就是一方面原始呈现被删除的正面和背面左栏的内容，另一方面呈现正文最终文本的删改异文。我们这里仅选取被删除内容中的一小段予以说明。这一小段位于正面左栏顶端，巴纳将其呈现如下[2]：

⟨die beiden Katzen von Kilkenny in Irland,⟩ die einander so vollständig auffraßen daß zuletzt nur die Schwänze übrig ⟨blieben⟩. Ueber diese Schwänze spricht nun ⟨der heillige⟩ St. ᵐ Bruno das Urtheil aus, daß sie „Substanz", also

---

1 Ebenda, S. 101.

2 Ebenda. 中译文为："⟨爱尔兰的基尔肯尼的两只猫，⟩它们彼此把对方吃得精光，结果只剩下了两条尾巴。对于这两条尾巴，圣布鲁诺就来宣布自己的判词：它们是'实体'，因而⟨应当永远受诅咒⟩。最后，布鲁诺先生因为这样的想法而平静下来，即任何批判不能使他这位批判家损失毫厘，因为'他'正是'批判家本身'。（第 124 页）"

auf ⟨ewig verdammt sind. Hierbei⟩ Schließlich^e beruhigt sich Herr Bruno mit dem Gedanken, daß ihm dem^e Kritiker^e keine Kritik etwas anhaben können, ⟨da⟩ weil^m „er ⟨"⟩ der Kritiker selber" sei. (p.^{m} 124)^m

从巴纳的呈现中，我们可以看出这段文字在写作过程中经过了哪些删改，特别是马克思和恩格斯对之作了哪些调整。由此，文本的写作过程就完整地展现了出来。[1] 可以说，巴纳正是采用这种与 MEGA^2 异文表类似的呈现方式，尽可能完整地再现了新发现的三个纸面手稿的异文情况，并且在必要情况下辅之以脚注进行说明。由此，正文的最终文本与附录的异文总览相结合，新手稿的完整样貌就全面地呈现了出来。在读者尚不能通达《德意志意识形态》手稿的 20 世纪 60 年代，巴纳的这一呈现已经是非常全面和充分的了。

总之，巴纳通过多种编辑手段对其新发现的《德意志意识形态》手稿予以了全景再现。就正文来说，他的辨识较为准确；就异文来说，他的呈现较为全面。当然，巴纳对手稿的编辑和呈现仍有不足之处。例如，它不能使读者对每一纸面的架构和样态有整体把握，而在细节如异文的呈现上，某些地方亦与 MEGA^2 版有出入。但是，对于学界而言，编辑与呈现只是相对次要的方面，重要的是《德意志意识形态》新手稿的发现这一重大事实本身。正是以巴纳的发现为肇始，《德意志意识形态》特别是"费尔巴哈"章的编辑和出版进入到一个新时代，"费尔巴哈"章的多个版本由此应运而生。

第二节　德文新版"费尔巴哈"章的问世

1965 年，苏联《哲学问题》杂志第 10 期和第 11 期发表《卡·马克思和

---

1 巴纳此处的异文呈现与 MEGA^2 版并不一致，参见 *Marx-Engels-Gesamtausgabe (MEGA^2)*, Band I/5, S. 892。

弗·恩格斯的〈德意志意识形态〉第一章新版》[1]，其中收录了由巴加图利亚重新编辑的俄文新版《德意志意识形态》"费尔巴哈"章。这一版的特点是，它彻底推翻了 MEGA[1] 版《德意志意识形态》对手稿的内在强逻辑编排，重新恢复了梁赞诺夫原文版"费尔巴哈"章所倡导的忠实于手稿原始样态的编辑原则。不仅如此，该版还将"费尔巴哈"章分成 27 小节，并为除了导论一节之外的其余各节补充了标题。[2] 1966 年，俄文新版"费尔巴哈"章出版了单行本。同年，民主德国的《德国哲学杂志》第 10 期发表文章《卡尔·马克思和弗里德里希·恩格斯的〈德意志意识形态〉第一卷第一章新版（德国统一社会党中央委员会马克思列宁主义研究院）》，以俄文新版为底本推出了德文新版"费尔巴哈"章。该版与俄文版的编排完全一致，但删去了俄文版编者所补充的标题。因此，德文新版可谓更符合"费尔巴哈"章手稿的原貌。作为新的历史时期首个原文版"费尔巴哈"章，德文新版"费尔巴哈"章具有承上启下的重要意义。我们不妨对之作一番深入考察。

一、对《德意志意识形态》创作史的深入说明

德文新版"费尔巴哈"章由德国统一社会党中央委员会马克思列宁主义研究院的英格·蒂尔海恩博士（Dr. Inge Tilhein）[3] 负责完成，她也为德文新版撰写了"导言"。[4] 在"导言"中，她对《德意志意识形态》的创作史作了详细介绍。

---

1 Институт Марксизма-Ленинизма При ЦК КПСС. Новая публикация первой главы «Немецкой идеологии» К. Маркса и Ф. Энгельса// Вопросы философии, 1965, № 10, C. 79-107; Институт Марксизма-Ленинизма При ЦК КПСС. Новая публикация первой главы «Немецкой идеологии» К. Маркса и Ф. Энгельса// Вопросы философии, 1965, № 11, C. 111–137. 中文版参见［俄］巴加图利亚主编：《巴加图利亚版〈德意志意识形态·费尔巴哈〉》，张俊翔编译，南京大学出版社 2011 年版。

2 其中第一个和倒数第二个标题源于手稿。

3 英格·蒂尔海恩其实就是我们所熟知的英格·陶伯特，蒂尔海恩是其前夫姓。

4 Institut für Marxismus-Leninismus beim ZK der SED (Hrsg.): Neuveröffentlichung des Kapitels I des I. Bandes der „Deutschen Ideologie" von Karl Marx und Friedrich Engels, in: *Deutsche Zeitschrift für Philosophie*, Jg. 14, Heft 10, 1966, S. 1198.

第一，简要勾勒《德意志意识形态》的创作前史。

蒂尔海恩指出，德文新版"费尔巴哈"章"涉及马克思和恩格斯于1845—1846 年在布鲁塞尔写下的两卷本著作的最重要的部分。在这一章中，马克思和恩格斯聚焦于他们迄今研究所得出的最重要的认识，阐述了他们最重要的发现之一——唯物史观"。[1] 在作了这一基本定位后，蒂尔海恩便大致梳理了马克思恩格斯在 1844—1845 年的思想交往脉络。她指出，在 1844 年 8 月于巴黎会面时，马克思恩格斯就在观点上取得了完全一致。而在此后的书信往来中，恩格斯多次向马克思强调，在完成《神圣家族》后非常有必要阐述和发展他们自己的理论，从而为共产主义运动奠定科学的基础。当 1845 年春马克思和恩格斯在布鲁塞尔再次见面时，马克思已经大致完成了阐发他的唯物主义历史理论的工作。[2] 这就为《德意志意识形态》的写作奠定了基础。可以看出，蒂尔海恩主要是以恩格斯在 1885 年写作的《关于共产主义者同盟的历史》为依据，对《德意志意识形态》写作之前马克思恩格斯的思想发展历程作出梳理的。[3]

第二，详细说明《德意志意识形态》的创作历程。

蒂尔海恩以各种文献资料如摘录笔记或书信为基础，对《德意志意识形态》写作构想的确立、写作动机、直接动因以及具体的写作出版历程等进行了阐述。

首先，关于《德意志意识形态》写作构想的确立。蒂尔海恩指出，在 1845 年 4 月恩格斯来到布鲁塞尔后，马克思和恩格斯起初各有各的工作计划：马克思要完成两卷本的《政治和国民经济学批判》，而恩格斯则打算撰写一部关于"英国和英国社会主义的历史发展"的著作。现存的摘录笔记表明，直到 1845 年 8 月，两人还在各自进行着各自的计划。1845 年 7 月和 8 月，马克思

---

1 Ebenda, S. 1192.

2 Ebenda.

3 参见《马克思恩格斯文集》第 4 卷，人民出版社 2009 年版，第 232 页。

和恩格斯前往英国伦敦和曼彻斯特旅行。这场旅行一方面使马克思亲眼目睹了"最先进的资本主义国家的状况",了解了英国工人运动,另一方面亦使马克思在恩格斯的帮助下开始"以原文研究英国经济学家的著作"。蒂尔海恩强调,从现存的摘录笔记可以看出,马克思和恩格斯共同研究了几部著作,并从中得出了他们的结论。由此,蒂尔海恩指出,马克思和恩格斯很可能是在英国旅行期间,或者是在此之后产生了《德意志意识形态》的写作构想的。[1]

其次,关于《德意志意识形态》的写作动机。蒂尔海恩援引了两封书信来阐明《德意志意识形态》的写作动机。其一,马克思在 1846 年 8 月 1 日致列斯凯的书信草稿。列斯凯是马克思计划中的著作《政治和国民经济学批判》的出版商。在这封信中,马克思向列斯凯解释了这部著作写作搁置的原因。他谈到:"因为我认为,在发表我的正面阐述以前,先发表一部反对德国哲学和迄今的德国社会主义的论战性著作,是很重要的。为了使读者对于我的同迄今为止的德国科学根本对立的经济学观点有所准备,这是必要的。"[2] 显然,这封信表明了马克思对自己的研究和写作工作的总体规划,尤其表明了他对《德意志意识形态》的写作定位。其二,魏德迈 1846 年 4 月底从威斯特伐利亚致马克思的信。在这封信中,魏德迈写道:"你所谈到的关于批判'施蒂纳'是多余的这一论断,我已经在一些人那里碰到了。我为此尤其同毕尔格尔斯长时间地争吵不休。与之相反,在我看来,这一批判的必要性比之前更加清晰明了。观念的统治仍然强有力地存在于人们,尤其是共产主义者本人的头脑之中,即使谬论并没有随着施蒂纳的清晰性显露出来,但范畴、建构等也存在于那些涉及更为现实的内容的著作之中,在其中脚手架被更好地遮蔽和隐藏了起来。"[3] 魏德迈的这封信反映了当时德国思想界存在的"观念的统治""思想的统治"的

---

1 Institut für Marxismus-Leninismus beim ZK der SED (Hrsg.): Neuveröffentlichung des Kapitels I des I. Bandes der „Deutschen Ideologie" von Karl Marx und Friedrich Engels, S. 1193–1194.

2 Ebenda, S. 1194; 中文版参见《马克思恩格斯全集》第 47 卷, 人民出版社 2004 年版, 第 383 页。

3 Ebenda. 亦可参见 Marx-Engels-Gesamtausgabe (MEGA²), Band III/1, S. 532–533。

状况，表明了批判施蒂纳所代表的德意志意识形态的必要性与紧迫性。这自然也是马克思写作《德意志意识形态》的关键因素。通过这两封信，《德意志意识形态》写作过程中作为主体的马克思的主观考量和作为客体的德国思想界的客观状况均呈现了出来。由此，蒂尔海恩指出，在对德国思想界的哲学观点加以分析时，马克思恩格斯就可以运用他们的唯物史观，不仅揭示其"认识论根源尤其是社会经济根源"，而且可以证明"它们不过是客观存在的物质关系在观念上的反映"。[1]

再次，关于《德意志意识形态》写作的直接动因。蒂尔海恩指出，《维干德季刊》第 3 卷的发表是《德意志意识形态》写作的直接动因。1845 年 10 月底或 11 月初，《维干德季刊》第 3 卷发表。该卷既收录了鲍威尔的文章《评路德维希·费尔巴哈》，又收录了施蒂纳的文章《施蒂纳的评论者》。蒂尔海恩指出，就鲍威尔的文章来说，它不仅批判了费尔巴哈的唯物主义，攻击了《神圣家族》的作者马克思和恩格斯，而且把马克思和恩格斯的共产主义思想与费尔巴哈的抽象观点等同了起来。就施蒂纳的文章来说，它旨在为《唯一者及其所有物》进行辩护，因而既驳斥了费尔巴哈发表在《维干德季刊》第 2 卷中的《因〈唯一者及其所有物〉而论〈基督教的本质〉》的批判文章，又驳斥了赫斯的批判性小册子《晚近的哲学家》。[2]蒂尔海恩指出，这些文章使马克思恩格斯认识到，费尔巴哈和赫斯由于自身观点的局限性"既不能清晰、明确地反驳青年黑格尔派的主观唯心主义，又不能以一种为政治运动所必需的正面的科学观点来反驳它"。[3]与此同时，这两篇文章亦表明，人们试图把马克思恩格斯的观点与费尔巴哈、赫斯的观点等同起来，这显然是马克思恩格斯不能接受的。因此，以《维干德季刊》第 3 卷的出版为肇始，马克思恩格斯决定对鲍威尔、施

---

1 Institut für Marxismus-Leninismus beim ZK der SED (Hrsg.): Neuveröffentlichung des Kapitels I des I. Bandes der „Deutschen Ideologie" von Karl Marx und Friedrich Engels, S. 1194.

2 Ebenda.

3 Ebenda, S. 1194–1195.

蒂纳所代表的德意志意识形态进行批判，由此揭开了《德意志意识形态》写作的序幕。

最后，关于《德意志意识形态》的写作和出版历程。蒂尔海恩指出，马克思恩格斯起初并没有把对鲍威尔和施蒂纳的批判，对费尔巴哈唯物主义的辩护、对其缺陷的批判以及自己观点的正面阐述区分开来。随着写作的深入，他们决定，把对自己观点的正面阐述置于对鲍威尔和施蒂纳所代表的青年黑格尔派唯心主义的批判之前。同时，把自己观点的正面阐述同对费尔巴哈的批判结合起来。由此，独立的"费尔巴哈"章得以确立，第一卷的章节结构由此形成。1846 年 7 月，《德意志意识形态》第一卷和第二卷的大部分手稿被带到威斯特伐利亚，只有"费尔巴哈"章没有完成。蒂尔海恩指出，这一章的各个部分是在不同时间段完成的，其中的三个部分同第一卷的第二、三章相关。她特别引用两封书信表明，恩格斯还曾试图摘录费尔巴哈新发表的文章《宗教的本质》，以服务于马克思"费尔巴哈"章的写作。1846 年底，马克思开始写作《哲学的贫困》，《德意志意识形态》"费尔巴哈"章的写作就此搁置，未能完成。值得一提的是，蒂尔海恩也把"费尔巴哈"章的未能完成同《德意志意识形态》的出版失败联系了起来。她指出，迈耶尔和雷姆佩尔作为出资人一直推迟手稿的出版，而在 1846 年 7 月中旬，他们直接收回了承诺。此后，尽管马克思和恩格斯作出种种努力，但仍未能找到出版商。1847 年春，他们终止了所有努力，《德意志意识形态》最终未能出版。针对《德意志意识形态》的出版失败，蒂尔海恩指出，这一方面源于当时的书报检查制度，另一方面源于出版商对马克思恩格斯所批判的哲学流派及其代表人物的同情。[1] 这一总结显然源于马克思 1846 年 12 月致安年科夫的信。[2]

---

1 Ebenda, S. 1195–1196.

2 参见《马克思恩格斯全集》第 47 卷，人民出版社 2004 年版，第 450 页。

二、德文新版"费尔巴哈"章的编排

德文新版"费尔巴哈"章是在远有梁赞诺夫原文版"费尔巴哈"章和 MEGA[1] 版"费尔巴哈"章、近有俄文新版"费尔巴哈"章的情况下问世的。较之于之前的版本，它有哪些调整和变化呢？这就需要我们深入地考察其编辑原则和编排方式。

第一，德文新版"费尔巴哈"章的编辑原则。

德文新版"费尔巴哈"章并没有正面论述其编辑原则，但是，通过其对既往"费尔巴哈"章出版史的回顾，特别是对梁赞诺夫原文版"费尔巴哈"章和 MEGA[1] 版"费尔巴哈"章的评价，我们就可以看出其根本的编辑原则。

首先，关于梁赞诺夫原文版"费尔巴哈"章。蒂尔海恩在"导言"中谈到，《德意志意识形态》第一卷第一章在 1924 年和 1926 年分别首次以俄文和德文发表。她指出："在得到手稿的复制件之后，如此迅速地把马克思和恩格斯的这部重要著作公诸于世，这是苏联共产党的伟大功绩。原文版是在达·梁赞诺夫主编的莫斯科马克思恩格斯研究院院刊《马克思恩格斯文库》第一卷中实现的。文本的编排总的来说与手稿相符合，但这一正确的原则未能一贯地执行下去。"[1] 这里，蒂尔海恩一方面高度肯定了以梁赞诺夫为代表的苏联研究者的高效工作：他们在 1923 年搜集到《德意志意识形态》手稿复制件之后，仅用一年时间就推出了俄文版，又用两年时间推出了原文版。这的确是苏联共产党为世界马克思主义研究和国际共产主义运动做出的巨大贡献。另一方面，蒂尔海恩亦对"费尔巴哈"章的编辑原则表达了明确立场。在她看来，按照原文呈现"费尔巴哈"章显然是"正确的"编辑原则。就此而言，梁赞诺夫原文版无疑开了个好头。然而，这一原则却未能被后来的版本坚决地贯彻下去。

---

1 Institut für Marxismus-Leninismus beim ZK der SED (Hrsg.): Neuveröffentlichung des Kapitels I des I. Bandes der „Deutschen Ideologie" von Karl Marx und Friedrich Engels, S. 1196–1197.

　　其次，关于 MEGA¹ 版"费尔巴哈"章。1932 年，MEGA¹ 第 I/5 卷出版，这是《德意志意识形态》的首个原文完整版。然而，这一版并未坚持梁赞诺夫原文版的编排方式，对"费尔巴哈"章进行了重大的调整。蒂尔海恩指出，MEGA¹ 版编者所遵循的基本原则是：按照 1846 年 7 月出版失败前马克思恩格斯所计划的形式再现《德意志意识形态》。[1] 因此，他们尝试"通过调整不同的文本部分赋予第一章未完成的手稿以更多的完整性"，而马克思和恩格斯所作的札记、边注和其他说明都被解释为"作者自己所计划的文本调整的指引"。[2]蒂尔海恩特别引用了 MEGA¹ 版编者在卷末编辑准则中所作的说明："问题在于，如何把乍看上去浑然一体的材料分割开来。事实表明，马克思和恩格斯在各个或短或长的章节之间作了大量的分隔线，其次还加了括号，另外还特别标记了脚注（用'附注'的字样）。因此，实际的编辑与其阐述所走的道路正好相反。整体将在被分隔线标记的地方分解为其组成部分，之后再根据边注和编辑说明进行重组。"[3]由此，通过原文援引 MEGA¹ 版的编辑原则和编排方式，"费尔巴哈"章所遭受的深度介入被充分地展现出来。而这显然不是德文新版所赞成的。蒂尔海恩专门提及了同样在 1932 年出版的朗兹胡特—迈尔版《德意志意识形态》。她指出，该版的"费尔巴哈"章在文本呈现上完全沿袭了梁赞诺夫原文版"费尔巴哈"章，甚至在其 1953 年由朗兹胡特单独主编的一卷本中依然如此。[4]由此，德文新版对梁赞诺夫原文版的认可与倾向不言自明。

　　最后，关于俄文新版"费尔巴哈"章。蒂尔海恩指出，苏共中央马克思列

---

　　1 参见 *Marx-Engels-Gesamtausgabe (MEGA¹)*, Band I/5, S. XVII。

　　2 Institut für Marxismus-Leninismus beim ZK der SED (Hrsg.): Neuveröffentlichung des Kapitels I des I. Bandes der „Deutschen Ideologie" von Karl Marx und Friedrich Engels, S. 1197.

　　3 Ebenda. 亦可参见 *Marx-Engels-Gesamtausgabe (MEGA¹)*, Band I/5, S. 563.

　　4 Institut für Marxismus-Leninismus beim ZK der SED (Hrsg.): Neuveröffentlichung des Kapitels I des I. Bandes der „Deutschen Ideologie" von Karl Marx und Friedrich Engels, S. 1197. 亦可参见 S. Landshut und J. P. Mayer (Hrsg.): *Karl Marx. Der historische Materialismus. Die Frühschriften*, Band 2, S. 5–81; Siegfried Landshut (Hrsg.): *Karl Marx. Die Frühschriften*, Stuttgart: Alfred Kröner Verlag, 1953, S. 341–417.

宁主义研究院在一年前出版了俄文新版"费尔巴哈"章，它发表于苏联《哲学问题》杂志第 10 和 11 期。该版的单行本于 1966 年出版，题为《卡·马克思和弗·恩格斯。费尔巴哈。唯物主义观点和唯心主义观点的对立》。这里，德文新版编者引用了俄文新版编者所作的最重要的判定："对于莫斯科研究院1932 年版中所作的文本调整，不存在任何必要性和足够的证据，正如对这种调整的正当性所作的严谨核查以及对手稿及其内容的进一步研究所表明的。"[1]由此，MEGA[1] 版"费尔巴哈"章的编排方式被彻底否定。蒂尔海恩指出，德文新版"费尔巴哈"章将"立足于莫斯科研究院的研究"。[2] 这就意味着，德文新版将立足于俄文新版的考证结论与编排方式来编辑出版"费尔巴哈"章。

于是，通过对梁赞诺夫原文版"费尔巴哈"章、MEGA[1] 版"费尔巴哈"章以及俄文新版"费尔巴哈"章的梳理分析，德文新版确立了由梁赞诺夫所开创、被 MEGA[1] 版所抛弃、最终为俄文新版所恢复的按照手稿原始样态编排文本的基本编辑原则。

第二，德文新版"费尔巴哈"章的文本结构。

从整体上讲，德文新版"费尔巴哈"章所依据的手稿包含五个部分。前两个部分是两份关于誊清稿的异文，编者将其编为第 1 节。后三个部分则是由马克思连续编号的 72 页手稿。如果说在梁赞诺夫原文版和 MEGA[1] 版时期，这份手稿只包含 8—72 页，其中的第 1—7、29、36—39 页缺失，那么在 1962 年巴纳发现了"费尔巴哈"章的第 1、2、29 页手稿之后，这份手稿则只缺少 3—7、36—39 页。德文新版编者完全以马克思的编号为序把这部分手稿编为第 2、3 和 4 节。[3]

首先，就第 1 节来说，编者指出，它主要包含两份异文。第一份异文或原

---

1 Institut für Marxismus-Leninismus beim ZK der SED (Hrsg.): Neuveröffentlichung des Kapitels I des I. Bandes der „Deutsche Ideologie" von Karl Marx und Friedrich Engels, S. 1198.

2 Ebenda.

3 Ebenda.

初的异文由导论的草稿和"1. 一般意识形态，特别是德国哲学"构成，共计 5
页。这一文本的大部分内容被删去了。第二份异文包含导论的誊清稿、"A. 一
般意识形态，特别是德意志意识形态"以及另外两份相对独立的文本。这几份
文本都被恩格斯标注了从 1 至 5 的印张号。[1] 显然，第 1 节涉及的是除了马克
思编号为 1—72 页的手稿之外的所有其他手稿。它包含"费尔巴哈"章的三份
章开篇——导论（含草稿和誊清稿）、"1. 一般意识形态，特别是德国哲学"以
及"A. 一般意识形态，特别是德意志意识形态"，编号为"3"的关于"分工和
所有制形式"的片断以及编号为"5"的关于"意识和存在的关系"的片断。[2]
就这部分手稿的编排来说，编者首先收录了导论的誊清稿。与此同时，导论的
草稿中被删除的内容，只要未被马克思恩格斯在誊清稿中采用，就被收入编者
的注释之中；而与导论的草稿前后接续的、原初的异文中未被删除的内容，即
"1. 一般意识形态，特别是德国哲学"则被插到标有印张号"2"的"A. 一般意
识形态，特别是德意志意识形态"之后。编者特别指出，之所以插到此处，是
因为之后将是编号为"3"的印张，它将开启关于分工和所有制形式的新主题。[3]

其次，第 2—4 节涉及的是马克思编号为 1—72 页的连贯手稿。就第 2 节
来说，它涉及的是恩格斯最初编号为 6—11 印张、马克思后来编号为 1—29
页（3—7 页缺失）的手稿。编者特别指出，这部分手稿中有几节同鲍威尔进
行论争的内容被删去了，但它们部分以原文、部分经过修改被用于"圣布鲁
诺"章。[4] 第 3 节涉及的是恩格斯最初编号为 20 和 21 印张、马克思后来编号
为 30—35 页的手稿，它们原本属于"圣麦克斯"章的"教阶制"，文本的大

1 Ebenda, S. 1251–1252, Anm. [²].
2 这两份片断的编号在 MEGA² 版《德意志意识形态》中被精确为"3)"和"5."。参见 *Marx-Engels-Gesamtausgabe (MEGA²)*, Band I/5, S. 129, 135.
3 Institut für Marxismus-Leninismus beim ZK der SED (Hrsg.): Neuveröffentlichung des Kapitels I des I. Bandes der „Deutschen Ideologie" von Karl Marx und Friedrich Engels, S. 1252, Anm. [²].
4 Ebenda, S. 1252, Anm. [⁴].

部分内容被删除了，而这些被删除内容又被魏德迈誊抄了下来。[1]第 4 节涉及的是恩格斯原初编号为 84—92 印张、马克思后来编号为 40—72 页的手稿。编者指出，手稿的状况并不允许恢复其原初属于"圣麦克斯"章的样态，但是从"圣麦克斯"章的"作为资产阶级社会的社会"和"暴动"这两节的内容来看——它们在"圣麦克斯"章的第 80—94 印张，这部分手稿的诞生应该同这两节密切相关。[2]

由此，德文新版"费尔巴哈"章的编排结构就清晰地呈现了出来，具体如下：

一 费尔巴哈 唯物主义观点和唯心主义观点的对立

第 1 节

导论的誊清稿（第 1 印张，脚注收录导论的草稿中被删除的内容）

一、费尔巴哈。A. 一般意识形态，特别是德意志意识形态（第 2 印张）

1. 一般意识形态，特别是德国哲学（原初的异文中未被删除的内容）

关于"分工和所有制形式"的文本（第 3—4 印张）

关于"意识和存在的关系"的文本（第 5 印张）

第 2 节

马克思编号为 1—29 页、恩格斯编号为 6—11 印张的手稿

第 3 节

马克思编号为 30—35 页、恩格斯编号为 20—21 印张的手稿

第 4 节

马克思编号为 40—72 页、恩格斯编号为 84—92 印张的手稿

由此，《德意志意识形态》"费尔巴哈"章的又一个原文版本出炉。它揭开了新的历史时期《德意志意识形态》"费尔巴哈"章的原文编排序幕。

---

1 Ebenda, S. 1253, Anm. [23].

2 Ebenda, S. 1254, Anm. [29].

第三，德文新版"费尔巴哈"章的编辑方式。

德文新版"费尔巴哈"章采取了正文展现手稿内容、脚注介绍文献信息的基本呈现方式。就正文来说，它采用的是手稿的最终文本，即经马克思恩格斯删改增补之后的文本样态。就脚注来说，它主要提供手稿的即时文献信息，从而尽可能完整地呈现手稿的样貌。接下来，我们对脚注的情况作一番详细说明。

首先，再现手稿的被删除内容。"费尔巴哈"章有大量的修改和删除，因此，德文新版的大部分脚注都涉及对被删除内容的呈现。例如，在"1. 一般意识形态，特别是德国哲学"的开篇，手稿中删去了一大段话。德文新版在脚注中对之加以再现："手稿中删去以下一段话：我们仅仅知道一门唯一的科学，即历史科学。历史可以从两方面来考察，可以把它划分为自然史和人类史。但这两方面是不可分割的；只要有人存在，自然史和人类史就彼此相互制约。自然史，即所谓自然科学，我们在这里不谈；我们需要深入研究的是人类史，因为几乎整个意识形态不是曲解人类史，就是完全撇开人类史。意识形态本身只不过是这一历史的一个方面。"[1] 类似这样的再现被删除内容的脚注，在德文新版中非常普遍。

其次，说明手稿的异文及外文。如前所述，德文新版在正文中收录的是手稿的最终文本，异文并不在其呈现范围之内。尽管如此，编者也会在脚注中对个别异文予以说明。例如，在第 2 节的开篇，马克思恩格斯在批判费尔巴哈时指出："他没有看到，他周围的感性世界决不是某种开天辟地以来就直接存在的、始终如一的东西，而是工业和社会状况的产物，是历史的产物，是世世代代活动的结果……"德文新版在此处最后一句作注指出，"手稿原初的异文：它在每一历史时期都是世世代代活动的结果"。[2] 此外，对于手稿中出现的外文

---

1 Ebenda, S. 1202; 中文版参见《马克思恩格斯文集》第 1 卷，人民出版社 2009 年版，第 516—519 页。
2 Ebenda, S. 1209, Anm. 23; 中文版参见《马克思恩格斯文集》第 1 卷，人民出版社 2009 年版，第 528 页。

文字，脚注也会给出德文译文。例如，在正文开篇马克思恩格斯谈到绝对精神的瓦解时，将其比作"Caput mortuum"，德文新版便在脚注中给出了德文解释："toten Kopfes"（骷髅）。[1]

最后，介绍手稿本身的状况。手稿纸张的文献学信息也是脚注所涉及的一个重要方面。例如，在第 2 节开篇，正文中的文字有多处缺失。编者在脚注中指出："手稿破损。"[2] 在马克思编号的第 8 页手稿前，编者在脚注中指出："马克思编号的手稿第 3、4、5、6、7 页缺失。"[3] 类似地，在马克思编号的第 40 页手稿前，编者在脚注中指出，"马克思编号的手稿第 36、37、38 和 39 页缺失"。[4]

值得一提的是，除了脚注之外，手稿页下还有大量的星号"*"说明，它们专门用于介绍手稿中的边注情况。例如，在第 2 节中，马克思恩格斯写道："我们谈的是一些没有任何前提的德国人，因此我们首先应当确定一切人类生存的第一个前提，也就是一切历史的第一个前提，这个前提是：人们为了能够'创造历史'，必须能够生活。"在"一切历史的第一个前提"处，正文标记了星号，而页下的相应星号说明指出："[马克思的边注：] 历史"。类似地，在该句结尾处，页下同样以星号说明指出："[马克思的边注：] 黑格尔。地质、水文等等的条件。人体。需要，劳动。"[5] 可以说，关于边注的星号说明虽然在形式上与脚注不同，但它们的实质仍然是一样的，即对手稿的文献信息予以即时充分的介绍。

三、对德文新版"费尔巴哈"章的评析

德文新版"费尔巴哈"章是在巴纳发现《德意志意识形态》新手稿之后诞

---

1 Ebenda, S. 1199, Anm. 3; 中文版参见《马克思恩格斯文集》第 1 卷，人民出版社 2009 年版，第 513 页。

2 Ebenda, S. 1208, Anm. 19.

3 Ebenda, S. 1208, Anm. 21.

4 Ebenda, S. 1228, Anm. 49.

5 Ebenda, S. 1211; 中文版参见《马克思恩格斯文集》第 1 卷，人民出版社 2009 年版，第 531 页。

生的首个原文版"费尔巴哈"章。而在"费尔巴哈"章原文版的出版脉络上，如果说梁赞诺夫版是原文呈现的肯定阶段、MEGA¹版是背弃原文呈现的否定阶段，那么德文新版则是对MEGA¹版的否定之否定。它恢复了"忠实于原文"这一重要的编辑原则。由此，作为否定之否定阶段的德文新版与最初作为肯定阶段的梁赞诺夫原文版有何区别与联系，就成为我们应予考察的重要问题。

第一，两个版本的"大同"之处。

从总体编排看，梁赞诺夫版和德文新版均遵循了原文呈现与外在逻辑相结合的编辑原则。如前所述，梁赞诺夫版在总体上坚持了忠实于原文的编辑原则，尽可能不介入手稿内部，这既体现在对手稿内容的忠实呈现上，又体现在马克思编号的8—72页手稿的连贯完整上。但是，在不同手稿之间，梁赞诺夫赋予了外在的逻辑性，例如把导论前置，以彰显其作为开篇的首要地位；把关于"分工和所有制形式"的片断后置，以便与"国家和法同所有制的关系"手稿在主题上相承接。类似地，德文新版一方面坚持对手稿原文的忠实，完全不介入手稿，并保证马克思编号为1—72页手稿的连贯完整，另一方面也以外在逻辑为基础，将三个章开篇前置，从而实现了"费尔巴哈"章的整体性。就此而言，大原则（忠实于原文）与小逻辑（外在弱逻辑）相结合是两个版本共同的特征。

第二，两个版本的"小异"之处。

在坚持忠实于原文与外在弱逻辑相结合的编辑原则基础上，梁赞诺夫版和德文新版亦存在一些细小但重要的差异，这使得两个原文版在表现形态上根本不同。

首先，章开篇的结构不同。乍一看，梁赞诺夫版的开篇与德文新版的开篇完全一致，都是先导论，再"A. 一般意识形态，特别是德意志意识形态"，然后是"1. 一般意识形态，特别是德国哲学"，但其背后的实质是不一样的。梁赞诺夫版在开篇收录的是导论的草稿，而导论的誊清稿只在注释中收录了一段，因为该段与导论的草稿相应内容并不一致。相应地，"A.一般意识形态，特别是德意志意识形态"是梁赞诺夫插入到主手稿中的，它前接被删除的导论的草稿，后接与导论的草稿直接相连的、未被删除的内容，即"1.一般意识形态，特别是德国哲学"。因此，梁赞诺夫版的开篇是以作为统一整体的导论的草稿和"1.一般意识形态，特别是德国哲学"为总框，把"A.一般意识形态，特别是德意志意识形态"插入其间的结构。德文新版的开篇收录的是导论的誊清稿，而导论的草稿则作为被删除的内容收录于页下脚注。之后接续的是另一个独立的开篇"A.一般意识形态，特别是德意志意识形态"。至于"1.一般意识形态，特别是德国哲学"则是作为与导论的草稿相接续的、未被删除的部分，被插到"A.一般意识形态，特别是德意志意识形态"之后。因此，德文新版的开篇是导论的誊清稿、"A.一般意识形态，特别是德意志意识形态"和"1.一般意识形态，特别是德国哲学"（与导论的草稿同在一份手稿中）这三份文本前后相接的结构，它们各自独立，互无联系。从根本上讲，两个版本的开篇之所以存在隐形差异，就是因为它们选取的导论底本不同：梁赞诺夫版选取了导论的草稿，而德文新版选取了导论的誊清稿。

其次，对两个片断的编排不同。就关于"分工和所有制形式"和关于"意识和存在的关系"这两个片断来说，两个版本的编排亦存在差异。在梁赞诺夫版中，一方面，关于"分工和所有制形式"的片断被置于末尾，以便与马克思编号为68—72页的"国家和法同所有制的关系"手稿相接续；另一方面，关于"意识和存在的关系"的片断则基于其印张号"5"而被置于恩格斯编号为第6印张、马克思编号为8的手稿页之前，从而在整体上位于马克思编号的72页手稿之前。由此，这两个片断一头一尾，而中间夹着的正是马克思编号的72页手稿。而在德文新版中，这两个片断被统一置于"1.一般意识形态，特别是德国哲学"之后，马克思编号的72页手稿之前。为什么会有这一重要调整呢？它主要源于这几份手稿的印张编号。如德文新版编者所述，恩格斯对第 1 节包含的几份手稿作了从 1—5 的印张编号。其中，"A. 一般意识形态，特别是德意志意识形态"的编号为 2，关于"分工和所有制形式"的片断的编号为 3—4，关于"意识和存在的关系"的片断的编号为 5。[1]因此，它们之间的次序一目了然。而由于与导论的草稿相接的未删除部分"1. 一般意识形态，特别是德国哲学"在主题上与"A. 一般意识形态，特别是德意志意识形态"很接近，因此，它被插到了后者之后。于是，开篇形成了"A. 一般意识形态，特别是德意志意识形态""1. 一般意识形态，特别是德国哲学"以及关于"分工和所有制形式"的片断、关于"意识和存在的关系"的片断这样的次序。顺便说一句，德文新版之所以把导论的誊清稿作为底本，将其置于开篇之首，很可能是因为这份手稿上标有印张号"1"。因此，可以想象，德文新版开篇主要是按照这几份零散手稿的印张号排序的。此处，除了"1. 一般意识形态，特别是德国哲学"被插到"A. 一般意识形态，特别是德意志意识形态"之后涉及逻辑考量，其余手稿的编排均基于手稿自身的印张编号。就此而言，较之于梁赞诺夫版，德文新版的外在逻辑性更弱，忠实于原文的意图更强。[2]

最后，在文本的呈现上，梁赞诺夫版以在正文中直接呈现异文的方式，充分展现了手稿的删改增补等情况。同时，它辅之以脚注对手稿、作者以及纸张的情况进行说明，从而尽可能全面地呈现"费尔巴哈"章的整体样态。相较之下，德文新版是在正文中呈现经马克思恩格斯删改后的最终文本，在脚注中收录被删除内容（含个别异文）、边注以及手稿相关文献信息。因此，在异文呈现上，德文新版显然稍逊一筹。此外，它关于文献信息的说明亦没

[1] 德文新版"费尔巴哈"章的第 1 节注明了这几份手稿的印张编号，参见 Institut für Marxismus-Leninismus beim ZK der SED (Hrsg.): Neuveröffentlichung des Kapitels I des I. Bandes der „Deutschen Ideologie" von Karl Marx und Friedrich Engels, S. 1199, 1200, 1203, 1205, 1205。

[2] 我们在下文会看到，MEGA^{2}试编卷对作为德文新版"费尔巴哈"章编排依据的印张编号做出了新的判定：导论誊清稿以及"A. 一般意识形态，特别是德意志意识形态"的印张编号"1"和"2"并非源于恩格斯，而是源于伯恩施坦。相应地，关于"分工和所有制形式"的文本片断中的第二个印张编号"4"也源于伯恩施坦。这就使得上述几个印张编号被排除在了"费尔巴哈"章的编排依据之外。

有梁赞诺夫版丰富全面。[1] 就此而言，德文新版"费尔巴哈"章只能被称为简明版本。但是换个角度来看，德文新版以正文呈现文本的最终样态，以脚注收录异文及文献信息的方式，恰恰是有利于对文本的最终把握的读者友好型编排方式，它代表了后续版本的编辑趋势。这种二分在MEGA^{2}版中进一步发展为正文卷收录最终文本，资料卷收录异文表、修正表以及注释等文献信息的两卷次结构。

总之，作为巴纳发现《德意志意识形态》新手稿之后诞生的首个原文版本，德文新版"费尔巴哈"章在收录手稿的完备性上取得重大突破。与此同时，它在"费尔巴哈"章的编排结构上亦实现了新的飞跃。这既体现在打破梁赞诺夫版确立的关于"分工和所有制形式"的片断与"国家和法同所有制的关系"手稿的外在逻辑联系，将前者前置并独立呈现，又体现在克服梁赞诺夫版的错误判定，把编号为"5"的关于"意识和存在的关系"的片断同马克思编号的1—72页手稿分离开来并独立呈现，还体现在对导论的誊清稿而非导论的草稿的侧重上。而在文本呈现上，以正文收录文本最终样态、以脚注收录文献信息的二分方式亦代表了"费尔巴哈"章乃至《德意志意识形态》未来的文本呈现趋势。再进一步讲，与梁赞诺夫版立足于手稿复制件不同，德文新版亦参考了《德意志意识形态》的手稿[2]，这也使该版较之于梁赞诺夫版更具优势，更能实现对"费尔巴哈"章的如实呈现。因此，德文新版以其更完备的文本内容、更合理的编排结构、更优越的呈现方式和更可靠的编辑底本而成为新时期"费尔巴哈"章编排的新起点，它为后续的原文版"费尔巴哈"章乃至《德意志意识形态》完整版本奠定了重要基础。

---

1 德文新版最值得称道之处或许在于它全面给出了正文的手稿页码。就第1节来说，它标出了各份手稿的印张号；就第2—4节来说，它完整标出了马克思所作的1—72页编号。这是梁赞诺夫版未能做到的。

2 参见 Institut für Marxismus-Leninismus beim ZK der SED (Hrsg.): Neuveröffentlichung des Kapitels I des I. Bandes der „Deutschen Ideologie" von Karl Marx und Friedrich Engels, S. 1198.

第三节　《德意志意识形态》新材料的汇编

20 世纪 60 年代，在巴纳发现《德意志意识形态》新手稿、俄文新版和德文新版"费尔巴哈"章相继问世之后，《德意志意识形态》文献资料的搜集与整理亦出现重大进展。1968 年，伯尔特·安德烈亚斯和沃尔弗冈·蒙克在《社会历史文库》发表文章《〈德意志意识形态〉的新材料。附一封不为人知的卡尔·马克思书信以及其他文献》，其中不仅着重介绍了一封新发现的马克思书信，而且详尽汇总了近百份与《德意志意识形态》相关的重要书信、文件和材料，从而为《德意志意识形态》文献学研究提供了一个较为完整的资料库。

一、一封新发现的马克思书信

从安德烈亚斯和蒙克的文章标题就可以看出，他们发现了一封迄今为止不为人知的马克思书信。这封书信是马克思什么时候写的？内容是什么？它是怎么被发现的呢？

在文章的"前言"（Vorbemerkungen）中，安德烈亚斯和蒙克详细介绍了这封不为人知的马克思书信的发现过程。1966 年春天，安德烈亚斯和蒙克前往威斯特伐利亚的档案馆进行了一次研究之旅。在这次旅行中，他们发现了在其文章中收录的第 25 号书信，即马克思大约在 1846 年 5 月 14—16 日致魏德迈的一封信。这封信源自威斯特伐利亚施洛斯霍尔特的滕格—里特伯格（Tenge-Rietberg）家族档案馆。档案馆的看管人奥尔加·滕格—里特伯格（Olga Tenge-Rietberg）女士对两位作者给予了充分理解和协助，允许二人查阅档案，复制并出版所有同马克思恩格斯研究和社会主义史研究相关的材料。具体来说，马克思致魏德迈的这封信存放在一个保存着尤利乌斯·迈耶尔和他的未婚妻即后来的妻子海尔米娜·滕格（Hermine Tenge）之间大量通信的文件夹中。[1] 那么，为什么马克思写给魏德迈的信会存放于迈耶尔的书信中呢？这就涉及到迈耶尔的身份尤其是他在 1846 年《德意志意识形态》出版过程中所扮演的角色了。

安德烈亚斯和蒙克简要介绍了迈耶尔的生平。他们指出，迈耶尔于 1817 年 10 月 7 日出生于奥斯纳布吕克的伯姆特（Bohmte），父亲是当地的地主和邮局局长。1838 年 6 月 19 日，迈耶尔同海尔米娜结婚，后者是地主和实业家弗里德里希·路德维希·滕格（Friedrich Ludwig Tenge）的女儿。婚后，岳父委任迈耶尔来管理他所创立的霍尔特炼铁厂。在父亲去世并继承遗产之后，迈耶尔于 1846 年 1 月 6 日斥资购置了奥斯纳布吕克附近贝克罗德的一个炼铁厂。他在施洛斯霍尔特以及贝克罗德的住处在 19 世纪 40 年代成为来自民主派阵营和社会主义阵营的反对派人士的聚会地点。与迈耶尔交往的人士包括斐迪南·弗莱里格拉特（Ferdinand Freiligrath）、卡尔·格律恩、海尔曼·克里盖（Hermann Kriege）、奥托·吕宁以及鲁道夫·雷姆佩尔等。他多次接待了魏德迈，并同威廉·魏特林（Wilhelm Weitling）保持着联系。迈耶尔后来成为阿斯特鲁普（Astrup）的地主，他于 1863 年 3 月 13 日在一次旅行中去世。[2] 从上述简介可以看出，一方面，迈耶尔具有较好的出身背景和较强的经济实力，这是他后来能够成为《德意志意识形态》出资人的重要原因。而简介中提到的迈耶尔在 1846 年年初购置炼铁厂一事，亦为后来所谓威斯特伐利亚出资人陷入财务危机提供了线索，正如安德烈亚斯和蒙克在注释中援引迈耶尔岳父的原话——这是一个"冒险的行动"[3]——所表明的。另一方面，从迈耶尔的交友圈亦可以看出，他同马克思所反对的真正的社会主义者如格律恩、克利盖、吕宁等联系密切，这就为《德意志意识形态》后来的出版失败埋下了伏笔。值得一

1 Bert Andréas und Wolfgang Mönke: Neue Daten zur „Deutschen Ideologie". Mit einem unbekannten Brief von Karl Marx und anderen Dokumenten, in: *Archiv für Sozialgeschichte*, Band VIII, 1968, S. 9.

2 Ebenda, S. 9–10.

3 Ebenda, S. 10, Anm. 3).

提的是，两位作者在提及雷姆佩尔时，特别在括号中指出，他是"威斯特伐利亚三月革命以前以及革命期间最重要的激进民主主义者之一，他同迈耶尔本人一样在 40 年代同情'真正的'社会主义"。[1]这在表明作为《德意志意识形态》另一位出资人雷姆佩尔政治立场的同时，亦再次反映了迈耶尔的政治立场和态度。就此而言，马克思在致安年科夫的信中提到的"与我所抨击的一切流派利益攸关的出版商"[2]，其所指就不言而喻了。

安德烈亚斯和蒙克进一步介绍了迈耶尔文献遗产的情况。他们指出，在其独生女去世之后，迈耶尔的一部分遗产被添加到滕格—里特伯格档案馆，其余的部分——按照奥尔加的说法——被销毁了。迈耶尔在施洛斯霍尔特的遗产包含 12 个卷宗，其中有与妻子海尔米娜的几千封通信，还有与滕格家族成员的书信以及一些商业和生平文件。马克思的信存放于第 5 卷宗中，这一卷宗涉及的是海尔米娜和女儿海德维希·迈耶尔（Hedwig Mayer）在 1836—1863 年致迈耶尔的信。两位作者指出，从文章中收录的第 29 号书信即魏德迈在 1846 年 6 月 11 日致马克思的信可以看出，魏德迈在收到马克思的这封信后直接把它拿给了迈耶尔。此后，这封信显然就放在迈耶尔处了。[3]那么，马克思在这封信中谈了什么呢？

单从写作时间"约 1846 年 5 月 14—16 日"以及收信人魏德迈这两点信息，我们就能猜测到，这封信与《德意志意识形态》密切相关。因为就在 1846 年 4 月，魏德迈带着马克思恩格斯的《德意志意识形态》第一卷大部分手稿，前往威斯特伐利亚，并作为中间人在马克思恩格斯和威斯特伐利亚出资人迈耶尔和雷姆佩尔之间进行联系和沟通。而这封书信确实包含了关于《德意志意识形态》写作和出版情况的重要信息。该信的内容分为两部分。第一部分是

---

1 Ebenda, S. 10.

2 《马克思恩格斯全集》第 47 卷，人民出版社 2004 年版，第 450 页。

3 Bert Andréas und Wolfgang Mönke: Neue Daten zur „Deutschen Ideologie". Mit einem unbekannten Brief von Karl Marx und anderen Dokumenten, S. 11.

马克思对魏德迈此前一封书信的回应。他在信中谈到，第二卷差不多已经完成，而第一卷的手稿一到，"殷切希望马上开始付印"。他还谈到，出版商卡尔·福格勒（Carl Vogler）可以承担出版工作，并介绍了具体情况。第二部分则是马克思对写信期间收到的魏德迈又一封来信所作的回复。他指出，魏德迈信中传来的消息使他相当不快，并详细列举了自己和卡尔·贝尔奈斯（Karl Bernays）等人糟糕的经济状况。[1] 可以说，这封信的前半部分既涉及《德意志意识形态》的写作情况，又涉及其出版方案，而后半部分虽然表面上在论述马克思等人的经济窘况，但从根本上讲，它是对魏德迈传来的不快消息的回应。结合魏德迈致马克思的相关书信，我们可以知道，这一不快消息涉及的是威斯特伐利亚人的财务危机，而正是这一危机成为《德意志意识形态》出版失败的导火索。

作为 1846 年间流传下来的唯一一封马克思致魏德迈的书信，安德烈亚斯和蒙克发现的这封信具有极为重要的价值。它一方面提供了来自马克思本人的关于《德意志意识形态》写作进展和出版方案的一手信息，另一方面亦为《德意志意识形态》后来的出版失败提供了重要线索。此外，它也间接反映了贝尔奈斯甚至赫斯等人与《德意志意识形态》的写作关联。

二、《德意志意识形态》的新资料

安德烈亚斯和蒙克不仅发现了不为人知的马克思致魏德迈的书信，而且搜集整理了与《德意志意识形态》相关的大量书信以及文件。它们按照时间顺序汇编于文章的第七部分"关于《德意志意识形态》的文献"。这些材料主要分为四类：首先，官方公告或报纸消息，共计 6 份；其次，公开论述或声明，共计 5 份；再次，马克思恩格斯以及友人的通信，共计 67 份；最后，《德意志意

---

1 Ebenda, S. 67–72; 中文版参见《马克思恩格斯全集》第 47 卷，人民出版社 2004 年版，第 369—372 页。

识形态》从部分节选到 1932 年完整出版的文献材料汇总，共计 19 份。鉴于前文已对《德意志意识形态》从节选到首次完整出版的相关情况做了详细考察，我们这里重点关注前三类材料。

第一，官方公告或报纸消息。

在第七部分收录的材料中，前五份均为官方公告或报纸消息。第一份题为"1844 年 4 月 16 日普鲁士内政大臣的公告"（第 1 号），这份公告基于《德法年鉴》第一、二期合刊的革命内容而命令各级警察当局，一旦卢格、马克思、亨利希·海涅（Heinrich Heine）、贝尔奈斯等《德法年鉴》的主编和作者进入普鲁士国境，就没收其证件并予以逮捕[1]；第二份题为"1844 年 6 月 29 日《曼海姆晚报》"（第 2 号），其中收录了该报发自科布伦茨的一条消息：来自柏林的针对《德法年鉴》主编卡尔·马克思的逮捕令已经到达，不过前提是马克思先生踏入普鲁士国境[2]；第三份题为"1844 年 12 月 21 日普鲁士内政大臣的公告"（第 3 号），其中提到，卢格、贝尔奈斯和马克思的体貌情况迄今仍未弄到，如果他们被捕，必须安全送到柏林，移交皇家警察总署[3]；第四份题为"1844 年 12 月 31 日萨克森省总督的通告"（第 4 号），其中指出，巴黎《前进报》的主编和工作人员亨利希·伯恩施太因（Heinrich Börnstein）、卢格、马克思、海涅、贝尔奈斯等一旦入境，就予以逮捕并移送柏林的皇家警察总署[4]；第五份题为"1845 年 2 月 13 日普鲁士内政大臣的公告"（第 5 号），其中详细说明了马克思的体貌特征[5]。可以说，这五份材料反映了《德意志意识形态》写作前马克思所从事的革命出版活动及其引发的普鲁士政府的敌视与仇恨。这构成了《德意志意识形态》写作和出版的前史与背景。此外，还有一份报纸材料同《德意

---

1 Ebenda, S. 43.

2 Ebenda, S. 43–44.

3 Ebenda, S. 44–45.

4 Ebenda, S. 45–46.

5 Ebenda, S. 46.

志意识形态》直接相关，其标题为"1845 年 11 月赫斯的出版努力"（第 8 号）。它收录了《特利尔日报》第 333 号即 1845 年 11 月 29 日的一条消息："埃尔伯费尔德，11 月 24 日。在过去的几天，我们高兴地看到《社会明镜》主编莫·赫斯在我们的中间，他因为一次文学方面的出差而经过这里，并在这一情况下带来了令人惬意的消息……"[1]这条消息所涉及的是 1845 年 11 月赫斯的威斯特伐利亚之旅。而作为这次旅行的重要成果，赫斯同迈耶尔和雷姆佩尔达成协议，后者同意资助《德意志意识形态》的出版。可以说，这条消息从侧面反映了《德意志意识形态》的出版筹措，具有重要的资料价值。

第二，公开论述或声明。

这类材料共计五份。前三份主要涉及马克思恩格斯生前发表的唯一一份《德意志意识形态》手稿——"卡尔·格律恩：《法兰西和比利时的社会运动》（1845 年达姆施塔特版）或真正的社会主义的历史编纂学"——的出版事宜。第一份为"1847 年 4 月 6 日马克思驳格律恩的声明"（第 60 号）。在这份节选的声明中，马克思谈到了他和恩格斯合写的《德意志意识形态》，并声称要将其中批判格律恩的手稿交由《威斯特伐利亚汽船》杂志发表。[2]如果说这一份材料我们非常熟悉，那么第二份则相对陌生了，它的标题为"1847 年 6 月 3 日吕宁的声明"（第 62 号）。作为《威斯特伐利亚汽船》杂志的主编，吕宁在声明中指出："大约两个月前，卡尔·马克思先生在《特利尔日报》中宣称，他将把一篇反驳卡尔·格律恩的《比利时和法兰西的社会运动》[3]的文章交由《威斯特伐利亚汽船》发表。我们不想说，我们是否能够或者愿意发表上述文章，但是我们不得不声明，直到现在我们没有看到这篇文章的丝毫踪影，因此请读者不要把它没有发表的罪过加诸我们身上。或许马克思先生改变了他的计划，

---

1 Ebenda, S. 50.

2 Ebenda, S. 104–106; 中文版参见《马克思恩格斯全集》第 4 卷，人民出版社 1958 年版，第 42—44 页。

3 吕宁此处写错了格律恩著作的标题，应为《法兰西和比利时的社会运动》。

把文章交给了另一份刊物。我们也希望他同样在某处对此予以解释，因为他使我们的杂志与这篇文章发生了联系。"[1] 吕宁的这份声明可谓是马克思驳格律恩的声明的续篇，它也构成马克思批判格律恩的文章在发表过程中遭遇的一个小插曲。第三份就是"马克思和恩格斯：《卡尔·格律恩：〈法兰西和比利时的社会运动〉》。1847 年 8—9 月"（第 69 号），其中收录了马克思恩格斯反驳格律恩的文章在《威斯特伐利亚汽船》杂志的出版信息。[2] 后两份材料又是我们非常熟悉的马克思恩格斯关于《德意志意识形态》的公开自述：第四份为 1859 年马克思的《〈政治经济学批判〉序言》（第 73 号），其中节选了马克思阐述《德意志意识形态》写作和发表情况的那一著名段落；[3] 第五份为恩格斯的《路德维希·费尔巴哈和德国古典哲学的终结》（第 76 号），其中节选了"1888 年单行本序言"的开头和结尾涉及《德意志意识形态》的两段论述。[4] 可以看出，这几份公开发表的材料都同《德意志意识形态》的写作和出版史有直接关联，它们在很大程度上构成了后人把握《德意志意识形态》总体状况的基本材料。

第三，马克思恩格斯以及友人的通信。

在第七部分收录的《德意志意识形态》相关材料中，通信占了绝大部分，共计 67 封。其中，1845 年有 2 封，1846 年有 48 封，1847 年有 12 封，晚年有 5 封。具体如下：

1845 年：10 月 14 日恩格斯致尤利乌斯·康培（Julius Campe）的信（第 6 号）、11 月 22 日格奥尔格·韦伯（Georg Weber）致马克思的信（第 7 号）。[5]

1846 年：1 月 14 日雷姆佩尔致赫斯的信（第 9 号）、1 月 21 日贝尔奈斯致

1　Bert Andréas und Wolfgang Mönke: Neue Daten zur „Deutschen Ideologie". Mit einem unbekannten Brief von Karl Marx und anderen Dokumenten, S. 108–109.

2　Ebenda, S. 115.

3　Ebenda, S. 117–118；中文版参见《马克思恩格斯文集》第 2 卷，人民出版社 2009 年版，第 592—593 页。

4　Ebenda, S. 119–120；中文版参见《马克思恩格斯文集》第 4 卷，人民出版社 2009 年版，第 265—266 页。

5　Ebenda, S. 47–50.

赫斯及友人的信（第 10 号）、2 月 8 日迈耶尔致赫斯的信（第 11 号）、2 月 10
日伊格纳茨·毕尔格尔斯（Ignaz Bürgers）致马克思的信（第 12 号）、2 月 14
日贝尔奈斯致恩格斯的信（第 13 号）、2 月 23 日贝尔奈斯致马克思的信（第
14 号）、3 月 2 日贝尔奈斯致马克思的信（第 15 号）、3 月 7 日贝尔奈斯致马
克思的信（第 16 号）、3 月 26 日贝尔奈斯致马克思的信（第 17 号）、3 月 28
日沃尔弗冈·弥勒（Wolfgang Müller）致迈耶尔的信（第 18 号）、3 月 30 日
乔治·朱利安·哈尼（George Julian Harney）致恩格斯的信（第 19 号）、4 月
7 日贝尔奈斯致马克思的信（第 20 号）、4 月 30 日魏德迈致马克思的信（第
21 号）、5 月 9 日福格勒致马克思的信（第 22 号）、5 月 13 日魏德迈致共产主
义通讯委员会的信（第 23 号）、5 月 14 日魏德迈致马克思的信（第 24 号）、
约 5 月 14—16 日马克思致魏德迈的信（第 25 号）、5 月 17 日赫斯致迈耶尔的
信（第 26 号）、6 月 2 日贝尔奈斯致马克思的信（第 27 号）、6 月 5 或 6 日格
奥尔格·维尔特（Georg Weerth）致马克思的信（第 28 号）、6 月 11 日魏德迈
致马克思的信（第 29 号）、6 月 13 日贝尔奈斯致马克思的信（第 30 号）、6 月
19 日魏德迈致马克思的信（第 31 号）、6 月 24 日罗兰特·丹尼尔斯（Roland
Daniels）致马克思的信（第 32 号）、6 月 24 日后丹尼尔斯致马克思的信（第
33 号）、6 月 28 日魏德迈致马克思的信（第 34 号）、6 月 29 日雷姆佩尔致马
克思的信（第 35 号）、7 月 11 日雷姆佩尔致马克思的信（第 36 号）、7 月 17
日赫斯致马克思和恩格斯的信（第 37 号）、7 月 17 日丹尼尔斯致马克思的信（第
38 号）、7 月 27 日魏德迈致丹尼尔斯的信（第 40 号）、约 7 月 28—29 日马克
思致赫斯的信（第 41 号）、7 月 28 日赫斯致马克思的信（第 42 号）、7 月 29
日魏德迈致马克思的信（第 43 号）、8 月 1 日马克思致列斯凯的信（第 44 号）、
8 月 11 日贝尔奈斯致马克思的信（第 45 号）、8 月 19 日恩格斯致马克思的信
（第 46 号）、8 月 19 日魏德迈致马克思的信（第 47 号）、9 月中旬亨利希·毕
尔格尔斯（Heinrich Bürgers）致马克思和他人的信（第 48 号）、9 月 16 日贝

尔奈斯致马克思的信（第 49 号）、9 月 18 日恩格斯致马克思的信（第 50 号）、10 月 7 日贝尔奈斯致马克思的信（第 51 号）、10 月 18 日恩格斯致马克思的信（第 52 号）、11 月 2 日恩格斯致马克思的信（第 53 号）、11 月 5 日赫斯致妻子的信（第 54 号）、12 月恩格斯致马克思的信（第 55 号）、12 月 21 日亨利希·格鲁伯（Heinrich Grube）致赫斯的信（第 56 号）、12 月 28 日马克思致安年科夫的信（第 57 号）。[1]

1847 年：1 月 15 日恩格斯致马克思的信（第 58 号）、3 月 9 日恩格斯致马克思的信（第 59 号）、4 月 19 日亨利希·毕尔格尔斯致马克思的信（第 61 号）、6 月 28 日丹尼尔斯致马克思的信（第 63 号）、7 月 7 日魏德迈致马克思的信（第 64 号）、7 月 15 日吕宁致马克思的信（第 65 号）、7 月 22 日魏德迈致马克思的信（第 66 号）、8 月 6 日弗兰茨·施洛特曼（Franz Schlodtmann）致马克思恩格斯的信（第 67 号）、8 月 8 日马克思致格奥尔格·海尔维格（Georg Herwegh）的信（第 68 号）、10 月 26 日马克思致海尔维格的信（第 70 号）、11 月 5 日安德烈亚斯·哥特沙克（Andreas Gottschalk）致马克思的信（第 71 号）、12 月 9 日马克思致安年科夫的信（第 72 号）。[2]

晚年：1883 年 6 月 2 日恩格斯致劳拉·拉法格的信（第 74 号）、1883 年 6 月 13 日恩格斯致伯恩施坦的信（第 75 号）、1888 年 10 月 25 日恩格斯致倍倍尔的信（第 39 号）[3]、1889 年 10 月 22 日恩格斯致麦克斯·希尔德布兰德（Max Hildebrandt）的信（第 77 号）、1891 年 3 月 6 日约翰·亨利·麦凯（John Henry Mackay）致恩格斯的信（第 78 号）。[4]

---

1 Ebenda, S. 51–84, 85–102.

2 Ebenda, S. 102–104, 107–108, 109–114, 115–117.

3 这封信本来位于"1846 年 7 月 17 日丹尼尔斯致马克思的信"（第 38 号）之后，序号为第 39 号。此处按照写作时间列于晚年书信中。

4 Bert Andréas und Wolfgang Mönke: Neue Daten zur „Deutschen Ideologie". Mit einem unbekannten Brief von Karl Marx und anderen Dokumenten, S. 118–119, 85, 120–121.

从时间段上看，如果说晚年书信主要是对《德意志意识形态》相关情况的回顾，那么1845—1847年的书信则完全对应《德意志意识形态》的写作和出版历程。其中，1846年的大量书信尤其能够揭示《德意志意识形态》的具体创作情况和出版规划。值得一提的是，在这67封信中，马克思和恩格斯所写的书信只有19封，不到三分之一。而其余的48封信主要是他人致马克思恩格斯的书信，甚至还有他人与他人的书信，这就使得《德意志意识形态》创作和出版史的研究视域更为宽广。我们可以看到，整个《德意志意识形态》的创作和出版过程涉及很多人物，他们既包括与其写作密切相关的赫斯、贝尔奈斯、丹尼尔斯甚至维尔特，也包括与其出版发生关联的魏德迈、迈耶尔、雷姆佩尔、福格勒甚至施洛特曼，还有一些外围友人，如哈尼、毕尔格尔斯、安年科夫等。需要强调的是，在这些书信中，魏德迈致马克思的书信共9封，其第一封正是从1846年4月30日开始，即他到达威斯特伐利亚开始成为马克思恩格斯和威斯特伐利亚出资人迈耶尔和雷姆佩尔的中间人之时。因此，可以想象，魏德迈致马克思的信必定包含关于《德意志意识形态》出版进展的重要信息。此外，迈耶尔、雷姆佩尔、赫斯等人的书信显然也至关重要，它们对于我们把握《德意志意识形态》的出版失败及其原因具有重要的参考价值。就此而言，书信尤其是他人致马克思恩格斯书信的引入，对于我们研究《德意志意识形态》的写作和出版史具有非常重要的意义。

需要说明的是，安德烈亚斯和蒙克在收录同《德意志意识形态》相关的大量文献资料时，并没有完整地呈现这些资料，其中的很多内容都是节选，个别甚至只列出了文献信息。尽管如此，在20世纪60年代的历史条件下，他们可谓首次对《德意志意识形态》的文献资料做了较为系统的整理和汇编，从而使《德意志意识形态》文献学研究获得了相对完整的资料库。尤其值得一提的是，通过对书信的搜集汇总，他们使得他人致马克思恩格斯的书信得以集中亮相，从而强势进入《德意志意识形态》的研究视域。我们在下文会看到，MEGA²编者正是沿着安德烈亚斯和蒙克开辟的研究路向，立足于 MEGA² 书信卷所首次完整、系统收录的他人致马克思恩格斯的书信，最终得以重构《德意志意识形态》的写作史和出版史。

第五章
陶伯特和《德意志意识形态》的编辑与出版

《德意志意识形态》文献学研究在 20 世纪 60 年代取得的新手稿、新版本、新资料等方面的重大突破，为 MEGA² 版《德意志意识形态》创造了重要前提、奠定了重要基础。1975 年，MEGA² 第 I/1 卷出版，它标志着 MEGA² 的正式问世。伴随着这一力求全面、完整、如实地呈现马克思恩格斯文献遗产的重大项目，学界日益期待真正的《德意志意识形态》原文完整版，而这一使命就落到了以英格·陶伯特为首的 MEGA² 编者身上。由此，《德意志意识形态》百年文献学历程进入到陶伯特时代。

如前所述，早在 20 世纪 60 年代，陶伯特就以英格·蒂尔海恩之名主编了德文新版"费尔巴哈"章，然而由于这一版完全是以俄文新版"费尔巴哈"章为编辑底本的，因此它并不能体现陶伯特个人的《德意志意识形态》编排见解。但是，当历史进入到 20 世纪 70 年代，情况就发生了根本变化。毫不夸张地说，从此时起直至 21 世纪初，陶伯特始终是《德意志意识形态》编辑和研究的核心领袖、灵魂人物。作为 MEGA² 版《德意志意识形态》的首任主编，正是陶伯特主导完成了 1972 年 MEGA² 试编卷版"费尔巴哈"章的编排架构，从而确立了 MEGA² 著作部分的样章形态；也正是陶伯特在 1997 年出版的《MEGA研究》中首次推出了《德意志意识形态》完整版构想，从而展现了她将要确立的 MEGA² 第 I/5 卷的整体框架；最后，正是陶伯特一反逻辑编排潮流，在

2004 年推出了时间顺序版"费尔巴哈"章，从而引起整个学界的震动。因此，对陶伯特的《德意志意识形态》编辑与研究工作进行深入考察，是《德意志意识形态》文献学研究中不可或缺的一环。

第一节　20 世纪 70 年代：MEGA^2 试编卷的逻辑顺序版"费尔巴哈"章

从 20 世纪 50 年代中期起，苏联共产党中央委员会马克思列宁主义研究院和民主德国统一社会党中央委员会马克思列宁主义研究院（以下简称"民主德国马列主义研究院"）就开始了关于联合出版《马克思恩格斯全集》历史考证版第二版的讨论磋商。经过十年的反复沟通，这项宏大工程在两国领导人的大力推动下，终于在 1964 年被正式批准，开始实施。[1]

一、MEGA^2 试编卷版"费尔巴哈"章的手稿构成与编排结构

1972 年，MEGA^2 试编卷（Probeband）正式问世。它按照 MEGA^2 的四部分（Abteilung）结构划分，从马克思恩格斯的著作、《资本论》及其准备材料、书信和摘录笔记中各选取若干文本进行编排，从而展现未来 MEGA^2 正式卷次各部分的编排样式和基本体例，以呈交国际学界的马克思主义研究专家予以评鉴。其中，篇幅最大的文本就是收录于第一部分即著作部分的《德意志意识形态》"费尔巴哈"章，其编者正是民主德国马列主义研究院马克思恩格斯部的陶伯特[2]。

MEGA^2 试编卷版"费尔巴哈"章的编排是以现存手稿本身的状况为基础的。正如编者指出的，流传下来的"费尔巴哈"章并不是一个完整的文本，它由七

1　关于 MEGA^2 的历史性诞生过程，可参见赵玉兰：《从 MEGA^1 到 MEGA^2 的历程——〈马克思恩格斯全集〉历史考证版的诞生与发展》，第 173—184 页。

2　编者在试编卷的版权页中指出，该卷收录的《德意志意识形态》"费尔巴哈"章是由"英格·陶伯特在约翰娜·德内特（Johanna Dehnert）的协助下"编辑完成的。

个写于不同时间、相对独立的手稿部分构成，其中一些手稿甚至原本是为其他章节而作的。[1]具体来说，这七个部分的手稿情况如下：

第一，关于马克思编号为1—72页的"主手稿"（Hauptmanuskript）。编者指出，最早写作的是第五部分（Teil 5），它最初属于一份未完整流传下来的同鲍威尔的《评路德维希·费尔巴哈》进行论争的手稿，后来被马克思编号为1—29；第六部分（Teil 6）原本是作为"圣麦克斯"章的"教阶制"的组成部分而被写下的，后来被抽出来并入"费尔巴哈"章，马克思将其编号为30—35页；第七部分（Teil 7）原本是"圣麦克斯"章的"作为资产阶级社会的社会"一节的内容，后来被抽出来并入"费尔巴哈"章，马克思将其编号为40—72。第五、六、七部分构成了"费尔巴哈"章的主体，因而被编者称为"主手稿"。[2]它们作为与鲍威尔、施蒂纳进行论争的组成部分构成了《德意志意识形态》的一个诞生阶段。其中，"对唯物史观的基本认识的阐述直接同对鲍威尔和施蒂纳的批判交织在一起"，尽管如此，该阐述"在这一论争的框架内已然具有了相对独立的特征"。[3]

第二，关于开篇的两份手稿。第一部分（Teil 1）和第二部分（Teil 2）构成了"费尔巴哈"章开篇的两份异文。它们的大标题一致，均为"一、费尔巴哈"，但后续的第一节标题并不相同。第一部分的标题为"一、费尔巴哈。A.一般意识形态，特别是德意志意识形态"。而第二部分则又由两部分构成，其一为导论的誊清稿"一、费尔巴哈"，其二为导论的草稿及"1.一般意识形态，特别是德国哲学"。编者特别指出："导论的存在，这一导论所受到的严重修改，流传下来的誊清稿以及对接下来的节标题的改动——它更符合第一卷的特征，可以使我们猜测，第二部分的诞生晚于第一部分。"[4]

1　*Marx-Engels-Gesamtausgabe. Editionsgrundsätze und Probestücke*, Berlin: Dietz Verlag, 1972, S. 404.

2　Ebenda.

3　Ebenda, S. 405.

4　Ebenda.

第三，两份相对独立的文本片断。第三部分（Teil 3）是一份未完成的关于分工和所有制形式历史的概述，编者指出，它的第二印张空白页面显然是为后续写作预留的。第四部分（Teil 4）探讨的是社会意识相对于社会存在的独立性，马克思恩格斯在其中论证了他们的与唯心主义考察方式相反的研究方法和论述方法。编者认为，从这两部分的特征和写作方式来看，它们很可能是直接地先后完成的。[1]

正是以上述七部分手稿为基础，MEGA[2] 试编卷对"费尔巴哈"章作了如下编排：

一、费尔巴哈。A.一般意识形态，特别是德意志意识形态（第一部分；"费尔巴哈"章开篇的第一份异文）

一、费尔巴哈。（第二部分；"费尔巴哈"章开篇的第二份异文；包含导论的誊清稿）

1.一般意识形态，特别是德国哲学（第二部分；"费尔巴哈"章开篇的第二份异文；包含导论的草稿和第 1 节）[2]

关于"分工和所有制形式"的文本片断（第三部分）

关于"意识和存在的关系"的文本片断（第四部分）

马克思编号为 1—72 页的主手稿（第五、六和七部分）[3]

可以看出，MEGA[2] 试编卷版"费尔巴哈"章同 1966 年出版的德文新版"费尔巴哈"章基本一致，它们均采用了章开篇在前、两个文本片断居中、马克思编号的主手稿收尾的结构。不过在细节上，两个版本却存在一个明显差异，即

---

1 Ebenda.

2 值得一提的是，由于第二份异文的第一部分——导论的草稿——后来被马克思恩格斯删掉，因此，它并未被收录在试编卷的正文中，而是被收录到资料部分的"异文表"中。参见 *Marx-Engels-Gesamtausgabe. Editionsgrundsätze und Probestücke*, S. 419–425。

3 关于这六份文本的具体内容，参见 *Marx-Engels-Gesamtausgabe. Editionsgrundsätze und Probestücke*, S. 33–35、36–37、37–38、39–43、43–46、46–119；中文版参见《马克思恩格斯文集》第 1 卷，人民出版社 2009 年版，第 514—516、512—514、516—520、520—523、523—526、526—587 页。

德文新版是以导论的誊清稿开篇，接续"A. 一般意识形态，特别是德意志意识形态"以及"1. 一般意识形态，特别是德国哲学"，而试编卷版则是以"A. 一般意识形态，特别是德意志意识形态"开篇，接续导论的誊清稿和"1. 一般意识形态，特别是德国哲学"。那么，为什么试编卷版没有沿袭德文新版的编排方式，而是做出了新的调整呢？前文曾提到，试编卷版编者认为，包含导论的草稿、誊清稿以及"1. 一般意识形态，特别是德国哲学"的第二部分手稿，其诞生要晚于第一部分手稿。因此，对于这两份同为章开篇的文稿，编者显然只能基于时间顺序的考量，把第一部分置于第二部分之前。于是，"A. 一般意识形态，特别是德意志意识形态"成为了试编卷版的开篇。但这只是试编卷版开篇结构的一个原因。另外一个更重要的原因是，试编卷版并不认同德文新版章开篇的编排依据。如前所述，德文新版特别注意到了章开篇各份手稿的印张编号：导论誊清稿的编号为"1"，"A. 一般意识形态，特别是德意志意识形态"的编号为"2"，而关于"分工和所有制形式"的文本片断的编号为"3"和"4"，关于"意识和存在的关系"的文本片断的编号为"5"。正是基于印张编号次序，德文新版编排出了作为章开篇的"费尔巴哈"章第1节。那么，试编卷版为什么不采用德文新版这一看起来颇为忠实于原文的编排方式呢？原因很简单，试编卷版编者经过深入的考证研究发现，除了两个文本片断的编号"3"和"5"源自恩格斯，其他的编号很可能源于伯恩施坦。正如编者指出的，就"费尔巴哈"章的章开篇手稿来说，"两个印张上有出自恩格斯之笔的3和5，另外两个印张没有编号，三个印张被编号为1、2和4，而这些编号至今一直被归结于恩格斯……通过比较伯恩施坦在《德意志意识形态》手稿其他部分所作的补充，以及比较伯恩施坦在其他手稿所作的编号，可以得出更可靠的猜测：伯恩施坦补充了这些印张编号"。[1]这就意味着，导论誊清稿的编号"1"、"A. 一般

---

1 *Marx-Engels-Gesamtausgabe. Editionsgrundsätze und Probestücke*, S. 407.

意识形态，特别是德意志意识形态"的编号"2"以及关于"分工和所有制形式"的片断的第二个编号"4"均为伯恩施坦的补充，而非源于作者恩格斯。因此，它们自然不能成为"费尔巴哈"章手稿的编排依据。正是基于这一原因，试编卷版没有沿用德文新版的编排方式。事实上，MEGA² 编者也认为，"费尔巴哈"章开篇手稿的印张号"1""2"和"4"源于伯恩施坦[1]，因此并不值得关注，更不足为据。[2]

尽管同德文新版存在一定差异，但是从总体上讲，试编卷版"费尔巴哈"章同德文新版一样顺应了 20 世纪 60 年代的"费尔巴哈"章逻辑编排潮流，对"费尔巴哈"章进行了先开篇、后具体阐述的逻辑的、系统的编排。而这一编排背后其实蕴含着一个对编者乃至当时的整个学界来说不言自明的判定：《德意志意识形态》是一部著作，"一、费尔巴哈"是这部著作的一章。因此，不论是在试编卷的"导言"（Einleitung）中，还是在"费尔巴哈"章的科学资料中，《德意志意识形态》均被称为一部著作（Werk）[3]，而"一、费尔巴哈"被称为《德意志意识形态》的一"章"（Kapitel）[4]。进一步讲，试编卷版"费尔巴哈"章的标题就是："《德意志意识形态》。第一卷。第一章。费尔巴哈。唯物主义观点和唯心主义观点的对立"。[5]可见，在"著作说"的框架下，对作为《德意志意识形态》第一章的"费尔巴哈"章进行逻辑编排是理所当然、毋庸置疑的。

二、MEGA² 试编卷版"费尔巴哈"章的一般特点和隐性端倪

作为未来 MEGA² 第 I 部分即著作部分卷次的文本范例，MEGA² 试编卷版

---

1 *Marx-Engels-Gesamtausgabe (MEGA²)*, Band I/5, S. 813, 829, 981.

2 我国学者侯才认为，这几份誊清稿材料上的编号 1—5 均出自恩格斯之手，并主张以此为据编排相关手稿。参见侯才编注：《〈德意志意识形态〉"费尔巴哈"章的一种文献学研究》，中国社会科学出版社 2023 年版，第 21—22 页。

3 *Marx-Engels-Gesamtausgabe. Editionsgrundsätze und Probestücke*, S. 31*, 400, 401, 402, 403.

4 Ebenda, S. 30*, 31*, 400, 403, 404.

5 Ebenda, S. 31, 722.

"费尔巴哈"章在总体上展现了MEGA^{2}的一般编排方式及编辑样态。与此同时，它的某些编辑考量亦蕴含着后来的时间顺序版"费尔巴哈"章的些许端倪。

第一，MEGA^{2}试编卷版"费尔巴哈"章的一般特点。

首先，按照原文（Original）编排文本。就此而言，《德意志意识形态》"费尔巴哈"章的原始手稿可谓是试编卷版"费尔巴哈"章的编辑底本，正如编者在"导言"中指出的，试编卷中的文本"均按照各自的原文予以呈现"。由此，在对原始手稿进行重新辨识的基础上，试编卷版对"费尔巴哈"章作了全新的编排，并"首次详尽地呈现了手稿的整个内在发展过程"。[1] 其次，以丰富的资料说明文本。尽管试编卷尚未把所收录文本的科学资料独立成卷，但是这一MEGA^{2}的重要构成已经充分地体现在了试编卷中。就"费尔巴哈"章来说，试编卷给出了100余页的科学资料，内容涉及"《德意志意识形态》的诞生""'费尔巴哈'章的诞生""手稿的描述""第一章的出版""异文表""修正表"以及注释等。[2] 其中，异文表的篇幅尤其庞大，它作为体现"内在于手稿的丰富、复杂的文本发展过程"[3]的重要方式，通过运用同行并列展示等编辑手法，充分表现了"费尔巴哈"章在写作过程中所经历的增补、删除、修改等细节。这里，编者一方面对即时异文（Sofortvariante）作了明确标注，从而使所有其他的后续异文（Spätvariante）得以被辨识，另一方面对异文的作者作了标注，从而使读者能够看出主要是由恩格斯书写的手稿中哪些内容源自马克思。[4] 最后，以左右双栏的形式呈现文本。就《德意志意识形态》手稿来说，马克思恩格斯是按照左右双栏的形式进行写作的。其中，左栏是文本的基础层，右栏则是对基础层的补充、修改或边注等。正是依据手稿自身的写作样态，试编卷首次以左右双栏的形式来呈现"费尔巴哈"章，只有在作者明确指出插入的地方，才会

1　Ebenda, S. 29*.

2　Ebenda, S. 400–403, 403–406, 406–415, 415–417, 417–502, 502–503, 503–507.

3　Ebenda, S. 417.

4　Ebenda, S. 32*.

把右栏的相应内容补充到左栏的文本基础层中。[1]可以说，双栏呈现是试编卷的一大创举，它在尽可能忠实地呈现手稿原始样态的同时，亦避免了以往版本在合并左右两栏文本时所产生的诸多问题，从而使"费尔巴哈"章的写作样态和文本结构首次清晰地呈现在世人面前。

第二，MEGA^{2}试编卷版"费尔巴哈"章的隐性端倪。

尽管试编卷版"费尔巴哈"章采取了逻辑编排方式，但是其中所阐述的某些编辑考量却为陶伯特后来提出时间顺序编排方式埋下了伏笔、奠定了基础。

首先，试编卷编者指出，"费尔巴哈"章"文本编辑的起点和基础是马克思和恩格斯写作'费尔巴哈'章所达到的阶段。呈现形式应该使得片断性特征为人所见，应该使得关于已然开始但并未完成的手稿修改过程的所有现存的或实际或可能的说明为人所知。它应该使人们认识到，手稿的写作中止于哪一阶段"。[2]这就意味着，在陶伯特看来，"费尔巴哈"章所应展现的是一份份手稿现存的样态，即它们为马克思恩格斯遗留下来时所达到的写作程度、所具有的基本面貌和所表现的特征性质，而不是展现马克思恩格斯所为之构想的、最终应该达到的完成样态。可见，就文本编排的出发点而言，陶伯特所依循的是现存手稿的既定样态，而非马克思恩格斯预计完成的逻辑形态。这恰恰是后来时间顺序版的一个基本主张。

其次，"导言"指出，试编卷版"费尔巴哈"章之所以不同于迄今各版，并非源于它对马克思和恩格斯"可能的意图"作出了"另外一种阐释"，而是源于编者基于对现有资料的明确认识而作出的判定。[3]这就意味着，在编者陶伯特看来，与其揣测难以通达的马克思恩格斯本人的手稿写作意图，不如对实实在在的现有资料进行深入考察。这就隐含着她后来在提出时间顺序版时所坚

---

1 Ebenda, S. 31*–32*.

2 Ebenda, S. 416.

3 Ebenda, S. 32*.

持的观点：编者不可能完成马克思恩格斯所未完成的工作；各种逻辑编排版之
所以可能，恰恰就在于其编者替马克思恩格斯完成了他们所未完成的任务。

最后，"导言"指出，"《德意志意识形态》第一章并不是在一个统一的
写作过程中诞生的。毋宁说，它是由诞生于不同时间点的……不同部分构
成的"。[1] 这就意味着，当按照逻辑顺序编排这些产生于不同时期的手稿时，
就会出现文本的时间错乱特别是具有不同写作成熟度的文本的错乱，这就
潜在地为时间顺序编排找到了合理性。因此，尽管试编卷以逻辑顺序编排
完成了 MEGA[2] 版《德意志意识形态》"费尔巴哈"章的第一场预演，但是
它同时显现出了陶伯特后来放弃逻辑顺序编排、转向时间顺序编排的隐性
端倪。

第二节　20 世纪 80—90 年代：《德意志意识形态》文献学研究的推进

1975 年，MEGA[2] 第 I/1 卷出版，它标志着 MEGA[2] 的正式问世。作为该
卷的总主编，陶伯特在完成了这一极具开创性意义的工作后，接下来的任务便
是带领团队聚焦于青年马克思恩格斯著作的编辑工作，特别是《德意志意识形
态》的编辑准备工作。

一、对《德意志意识形态》的深入文献学研究

20 世纪 70 年代，在 MEGA[2] 试编卷版"费尔巴哈"章问世之后，《德意志
意识形态》又出现了新的版本。1974 年，日本学者广松涉（Hiromatsu Wataru）
出版了日文与德文对照的"费尔巴哈"章新版本；[2] 1976 年，英文版《马克思
恩格斯全集》第 5 卷出版了《德意志意识形态》完整版，其中备受关注的"费

---

1 Ebenda, S. 31*.
2 [日] 广松涉编注：《文献学语境中的〈德意志意识形态〉》，彭曦译，南京大学出版社 2005 年版。

尔巴哈"章以俄文新版为翻译底本。[1] 随着 MEGA[2] 编辑出版工程在 1975 年的正式启动，《德意志意识形态》文献学研究出现了新的进展。1975 年和 1979 年，MEGA[2] 第 III/1 卷和第 III/2 卷相继出版，其中首次完整、系统地收录了 1848 年前他人致马克思恩格斯的书信，从而为马克思恩格斯的生平传记特别是《德意志意识形态》的写作和出版史研究提供了大量珍贵材料。正是以这些珍贵材料为基础，1980 年，MEGA[2] 第 III/2 卷的编者加里娜·格洛维娜（Galina Golowina）在《马克思恩格斯年鉴》发表文章《1845—1846 年的季刊项目——关于〈德意志意识形态〉手稿最初的出版计划》。在文中，格洛维娜首次提出，1845—1846 年马克思恩格斯从事的《德意志意识形态》写作活动源于一个季刊项目，《德意志意识形态》本应作为这部季刊的前两卷出版。为此，马克思恩格斯不仅为之撰写了大量的手稿，而且还向维尔特、贝尔奈斯、丹尼尔斯甚至魏特林约了稿。[2] 可以说，这篇文章的发表标志着"季刊说"的诞生，它使《德意志意识形态》的著作性质甚至作者归属都遭到严重质疑。

面对格洛维娜这一关于《德意志意识形态》"季刊说"的新兴论断，陶伯特并没有予以迎合，而是依然恪守"著作说"的主流观点。1987 年，陶伯特在一篇关于 MEGA[2] 已出版卷次对《德意志意识形态》编辑工作之影响的文章中指出，"与《经济学哲学手稿》相反，在《德意志意识形态》这里，我们涉及的是一部著作（Werk），而不是若干文章或松散的手稿"。[3] 话到此处，陶伯特专门以注释的形式标注了上述格洛维娜的文章，其观点指向不言而喻。陶伯特认为，通信确实包含关于《德意志意识形态》诞生过程和出版历史的丰富说

---

1 *Marx/Engels Collected Works*, Vol. 5, Moscow: Progress Publishers, 1976, p. XXV.

2 Galina Golowina: Das Projekt der Vierteljahrsschrift von 1845/1846. Zu den ursprünglichen Publikationsplänen der Manuskripte der „Deutschen Ideologie", in: *Marx-Engels-Jahrbuch*, Band 3, 1980, S. 260–274. 关于格洛维娜文章的具体内容以及"季刊说"的确立历程，我们将在第八章第二节中进行详细论述。

3 Inge Taubert: Neue Erkenntnisse der MEGA-Bände I/2 und I/3 und ihre Bedeutung für die Bestimmung von Forschungs- und Editionsaufgaben der Arbeit an dem MEGA-Band I/5 (Marx/Engels: Die deutsche Ideologie), in: *Beiträge zur Marx-Engels-Forschung*, Heft 22, 1987, S. 25.

明，但是，流传下来的手稿一方面表明，最终的稿本具有马克思恩格斯所给出的章节划分——它证明这部著作是一个完整的整体，另一方面表明，大部分手稿是付印稿。而这一流传状况也为其他材料所佐证，陶伯特列举了两个证据：在 1846 年 8 月 1 日致列斯凯的信中，马克思提到了"反对德国哲学和迄今的德国社会主义的论战性著作"[1]；在 1847 年 4 月 6 日所写的声明《驳卡尔·格律恩》中，马克思还提到了这部著作的标题："'德意志思想体系'[2]（对以费尔巴哈、布·鲍威尔和施蒂纳为代表的现代德国哲学和以各式各样的预言家为代表的德国社会主义的批判）。"[3] 可见，陶伯特此时对格洛维娜的观点完全持拒斥态度。在她看来，《德意志意识形态》之为著作的判定决不能因为他人致马克思恩格斯书信所提供的新材料就予以根本否定。相反，在她看来，手稿本身的文献学状况，特别是它所包含的马克思恩格斯章节划分的逻辑线索以及各份手稿之为付印稿的完成程度更能反映出《德意志意识形态》本身之为著作的性质。

事实上，正是基于"著作说"的判定，陶伯特对《德意志意识形态》的总体编排并不存在疑虑，逻辑编排仍旧是她的编辑思路。因此，她更为关注的是《德意志意识形态》的收录内容或卷次构成。于是，在 1987 年的这篇文章中，陶伯特提出了如下有待进一步研究和解决的问题：第一，赫斯批判卢格的手稿应以何种形式收入；第二，赫斯所写的《德意志意识形态》第二卷第五章即"'霍尔施坦的格奥尔格·库尔曼博士'或真正的社会主义的预言"是收入正文还是附录之中；第三，《德意志意识形态》第二卷缺失的第二、三章手稿内容应如何说明；第四，恩格斯在 1847 年发表于《德意志—布鲁塞尔报》的文章《卡

---

1 《马克思恩格斯全集》第 47 卷，人民出版社 2004 年版，第 383 页。

2 即《德意志意识形态》。

3 Inge Taubert: Neue Erkenntnisse der MEGA-Bände I/2 und I/3 und ihre Bedeutung für die Bestimmung von Forschungs- und Editionsaufgaben der Arbeit an dem MEGA-Band I/5 (Marx/Engels: Die deutsche Ideologie), S. 25; 中文版参见《马克思恩格斯全集》第 4 卷，人民出版社 1958 年版，第 43 页。

尔·倍克：〈穷人之歌〉或真正的社会主义的诗歌》[1]是否是《德意志意识形态》
第二卷的一章；第五，赫斯文献遗产中有一份迄今未发表的手稿，只流传下来
15—24 页，涉及赫斯同奥古斯特·贝克尔（August Becker）所主编的杂志《宗
教运动和社会运动的快乐信使》的论争，而缺失的前 14 页则很可能被赫斯用
于《德意志意识形态》第二卷第五章的写作。因此，这份手稿的内容、状况及
其与《德意志意识形态》的关系也有待考察。[2]可以说，在20世纪80年代后半段，
陶伯特所主持的《德意志意识形态》编辑和研究工作已经进展到相对深入的程
度，上述几个问题都是《德意志意识形态》文本收录中的关键问题，对它们的
处理将决定《德意志意识形态》的整体面貌。

　　在接下来的工作中，陶伯特与其团队果然围绕着上述几个问题不断深入研
究。1988 年，民主德国马列主义研究院的《德意志意识形态》编辑工作启动。
1989 年，研究院的配套刊物《马克思恩格斯研究论丛》第 26 期推出了陶伯特
及其团队关于 MEGA[2] 版《德意志意识形态》编辑与研究的五篇最新成果[3]，它
们涉及与《德意志意识形态》关系密切的五份文本——主要由恩格斯完成的关
于费尔巴哈著作的摘录、恩格斯所写的《诗歌和散文中的德国社会主义》中的

---

　　1 Friedrich Engels: Karl Beck: "Lieder vom armen Mann", oder die Prosie des wahren Sozialismus, in: *Deutsche-Brüsseler-Zeitung*, Nr. 73, 12. September 1847, S. 1/3; Nr. 74, 16. September 1847, S. 1/2; 中文版参见《马克思恩格斯全集》第 4 卷，人民出版社 1958 年版，第 223—243 页。

　　2 Inge Taubert: Neue Erkenntnisse der MEGA-Bände I/2 und I/3 und ihre Bedeutung für die Bestimmung von Forschungs- und Editionsaufgaben der Arbeit an dem MEGA-Band I/5 (Marx/Engels: Die deutsche Ideologie), S. 25–27.

　　3 参见 Inge Taubert: Zur Entstehungsgeschichte des Manuskripts „Feuerbach" und dessen Einordnung in den Band I/5 der MEGA[2], in: *Beiträge zur Marx-Engels-Forschung*, Heft 26, 1989, S. 101–109; Elke Röllig: „Deutscher Sozialismus in Versen und Prosa. 1) Karl Beck: ‚Lieder vom armen Mann, oder die Poesie des wahren Sozialismus‘" - ein weißer Fleck in der Marx-Engels-Forschung, in: *Beiträge zur Marx-Engels-Forschung*, Heft 26, 1989, S. 110–125; Dieter Deichsel: „Deutscher Sozialismus in Versen und in Prosa. 2) Karl Grün: ‚Ueber Göthe vom menschlichen Standpunkte‘. Darmstadt, 1846", in: *Beiträge zur Marx-Engels-Forschung*, Heft 26, 1989, S. 126–145; Inge Taubert: Zur Mitarbeit von Moses Heß an der „Deutschen Ideologie" - die Auseinandersetzung mit Arnold Ruges Werk „Zwei Jahre in Paris. Studien und Erinnerungen", Leipzig 1846, in: *Beiträge zur Marx-Engels-Forschung*, Heft 26, 1989, S. 146–170; Christine Ikker: Zur Mitarbeit von Moses Heß an der „Deutschen Ideologie" - das Kapitel V des zweiten Bandes, in: *Beiträge zur Marx-Engels-Forschung*, Heft 26, 1989, S. 171–193。

两篇文章即《卡尔·倍克:〈穷人之歌〉或真正的社会主义的诗歌》和《卡尔·格律恩:〈从人的观点论歌德〉》、赫斯批判卢格的手稿以及赫斯撰写的《德意志意识形态》第二卷第五章手稿——的诞生与流传过程以及同《德意志意识形态》的内在渊源关系。可以说,这五篇文章既反映了苏东剧变前以陶伯特为首的民主德国马列主义研究院在《德意志意识形态》编辑工作方面的文本考察重点,也反映了他们当时所达到的考证水平和研究高度。值得一提的是,陶伯特在其为五篇成果撰写的简明导语中特别指出:"伯尔特·安德烈亚斯和沃尔弗冈·蒙克在《社会历史文库》第 8 卷(1968 年)的《〈德意志意识形态〉的新材料》中发表的迄今为止不为人知的书信,特别是 MEGA^2(1975 年出版的第 III/1 卷和 1979 年出版的第 III/2 卷)中完整出版的马克思恩格斯书信为研究提供了新的资料基础。与之相联系,这两卷的编者得出了重要的结论和假说(加里娜·格洛维娜:《1845—1846 年的季刊项目——关于〈德意志意识形态〉手稿最初的出版计划》,载《马克思恩格斯年鉴》第 3 辑,柏林,1980 年)。"[1] 看来,随着《德意志意识形态》编辑工作的推进,陶伯特必须直面格洛维娜所得出的研究成果,并对之予以全面回应。而她此时显然仍未接纳这一观点,因而称其为"假说"(Hypothesen),并强调,"在编辑第 I/5 卷时,还要解决一系列研究任务,谨慎地检验现有的假说"。[2] 这突出地反映了陶伯特对"季刊说"所持的保留态度。

　　1990 年 10 月,在经历了民主德国解体的政治动荡后,国际马克思恩格斯基金会成立并接手了 MEGA^2 的编辑出版活动。由此,MEGA^2 编辑出版工程从苏联和民主德国两国的国家合作项目转变为由国际马克思恩格斯基金会主导、各国学者联合完成的国际项目。

---

　　1 Inge Taubert: Aus der Arbeit an der Vorbereitung des Bandes 5 der Ersten Abteilung der MEGA² (Die deutsche Ideologie), in: *Beiträge zur Marx-Engels-Forschung*, Heft 26, 1989, S. 100.

　　2 Ebenda.

正是在这一历史转折期,《卡尔·马克思故居文集》第 43 辑于 1990 年年底出版,其中收录了陶伯特撰写的长达 80 页的论文《卡尔·马克思和弗里德里希·恩格斯的〈德意志意识形态〉是如何诞生的? ——新观点、问题和争议》。在写于当年 11 月的"前言"(Vorwort)中,编者指出,特利尔的卡尔·马克思故居研究中心在 1990 年 2 月举办了一场主题为"马克思的首次巴黎居留和《德意志意识形态》的诞生"的国际会议,来自瑞士、法国、联邦德国以及当时仍然存在的民主德国的专家学者参加了这场会议。而这一文集所收录的正是此次会议的成果。编者特别指出:"在此次会议上所作的报告都为了出版而作了彻底的修改……英格·陶伯特通过对《德意志意识形态》第一卷诞生史的研究——它同样是在为这部著作的新版所进行的工作中诞生的,对她的报告《在卡尔·马克思和弗里德里希·恩格斯同麦克斯·施蒂纳的论战中折射出的法国大革命》以富有价值的方式作了补充。"[1] 可以看出,这部文集所收录的文章在时间上恰恰经历了民主德国解体的历史转折期:成稿于解体前,定稿于解体后。而就陶伯特的这篇文章来说,作为历史转折期的重要成果,它是否也存在观点的调整或转折呢?

事实上,在《卡尔·马克思和弗里德里希·恩格斯的〈德意志意识形态〉是如何诞生的? ——新观点、问题和争议》这一总标题下,其实包含了陶伯特撰写的两篇文章:其一题为《对黑格尔以后哲学的批判——关于马克思和恩格斯的〈德意志意识形态〉第一卷的诞生史》[2],其二题为《在卡尔·马克思和弗里德里希·恩格斯同麦克斯·施蒂纳的论战中折射出的法国大革命》[3]。如果说第二篇是陶伯特首次着眼于"圣麦克斯"章,特别是以其中的"自由者"一节

1 Marion Barzen: Vorwort, in: *Schriften aus dem Karl-Marx-Haus*, Nr. 43, Trier, 1990, S. 7.

2 Inge Taubert: Die Kritik der nachhegelschen Philosophie. Zur Entstehungsgeschichte des ersten Bandes der *Deutschen Ideologie* von Marx und Engels, in: *Schriften aus dem Karl-Marx-Haus*, Nr. 43, Trier, 1990, S. 10–50.

3 Inge Taubert: Die Französische Revolution im Prisma der Polemik von Karl Marx und Friedrich Engels mit Max Stirner, in: *Schriften aus dem Karl-Marx-Haus*, Nr. 43, Trier, 1990, S. 51–87.

为主要背景来考察马克思恩格斯同施蒂纳在法国大革命上的对立观点，从而既对这一章的出版史、诞生过程和编排问题作出新的论述，又对马克思恩格斯的资产阶级观、市民社会观、人道主义观和共产主义观等进行深入分析，那么第一篇则是陶伯特首次基于19世纪40年代黑格尔以后的德国哲学领域内部错综复杂的思想论争，特别是基于鲍威尔、施蒂纳、赫斯、费尔巴哈以及马克思和恩格斯在不同的文章、小册子、著作中进行的反复而又交错的观点论战，建构出《德意志意识形态》第一卷的写作背景和诞生历程，这可谓是陶伯特对《德意志意识形态》第一卷所作的最为全面、最为细致的诞生史考察。她此后亦没有就该问题突破这篇文章的广度和深度。

值得一提的是，正是在关于《德意志意识形态》第一卷诞生史的研究中，陶伯特再次表明了自己对"著作说"的支持态度：在提及《德意志意识形态》时，她依然反复使用"著作"（Werk）[1]一词进行指代，并把"圣布鲁诺""圣麦克斯""费尔巴哈"等部分明确地称为"章"（Kapitel）[2]。更值得注意的是，陶伯特在文中还多次引用了上述格洛维娜的文章。例如，陶伯特在开篇不久指出，MEGA[2]第I/4卷和第I/5卷的研究任务是尽可能具体地把握马克思恩格斯从《神圣家族》到开始写作《德意志意识形态》的发展历程，尤其是要进一步阐明具体的历史环境和当时的理论论争。就此而言，对书信和摘录的汲取利用有助于找到新的起点。因此，她强调，"对通信中的许多表述进行重新评估的尝试是令人欢迎的"。[3]此处，她特别在注释中标注了格洛维娜的文章。不仅如此，在介绍"费尔巴哈"章的最早写作部分即针对鲍威尔的批判文本时，陶伯特还专门提及了1845年11月赫斯从威斯特伐利亚带回了迈耶尔和雷姆佩尔同

1　参见 Inge Taubert: Wie entstand die *Deutsche Ideologie* von Karl Marx und Friedrich Engels? Neue Einsichten, Probleme und Streitpunkte, in: *Schriften aus dem Karl-Marx-Haus*, Nr. 43, Trier, 1990, S. 9, 29。

2　Ebenda, S. 9, 19, 49.

3　Ebenda, S. 12.

意资助出版"季刊"的消息。此处，她同样引用了格洛维娜的文章作为佐证。[1]那么，这是否意味着陶伯特改变了自己的观点，转而认可格洛维娜的"季刊说"呢？并非如此。就在关于《德意志意识形态》第一卷诞生史的文章结尾处，陶伯特指出："在与布鲁诺·鲍威尔论争的过程中诞生了'莱比锡宗教会议'计划。这一计划通过'圣布鲁诺''圣麦克斯''格拉齐安诺博士'和导论'莱比锡宗教会议'得以实现。"[2]尽管马克思恩格斯此时还没有写作独立的"费尔巴哈"章的设想，但是陶伯特认为，"莱比锡宗教会议"的计划已经排除了如下观点，即"这里所涉及的是发表在一份刊物（Zeitschrift）中的论战性文集的三篇独立文章"[3]。陶伯特此处所针对的显然是格洛维娜的观点，而她亦在注释中标注了这篇文章。接下来，陶伯特更加明确地表达了自己的态度："毋宁说，所设想的很可能是一个小册子……'莱比锡宗教会议'自然也能够在刊物中发表，但它是作为一部著作（Werk），而不是作为三篇独立的文章来发表。"[4]由此可见，尽管经历了 1990 年的历史转折期，但陶伯特的观点并没有发生变化或转折。正是基于对第一卷诞生历程的细致考察，她延续了一直以来对"著作说"的肯定立场，因而仍然对"季刊说"持否定态度。

二、对《德意志意识形态》完整版的编排构想

1992 年，以特利尔卡尔·马克思故居为基地的 MEGA^2 德法工作组宣告成立，其主要成员为陶伯特、汉斯·佩尔格（Hans Pelger）、雅克·格朗荣（Jacques Grandjonc）、伊丽莎白·诺伊（Elisabeth Neu）和玛格丽特·狄岑（Margret Dietzen）。受国际马克思恩格斯基金会委托，该工作组的主要任务是完成 MEGA^2 第 I/4、I/5 和 I/6 卷的编辑工作。而 MEGA^2 第 I/5 卷即《德意志

1　Ebenda, S. 41.

2　Ebenda, S. 48.

3　Ebenda.

4　Ebenda, S. 48–49.

意识形态》专题卷显然是其中的重中之重。

　　尽管陶伯特在 1990 年仍然坚持"著作说"而否定"季刊说",但是随着研究工作的不断深入,她的观点逐渐发生了变化。在 1993 年的一份关于 MEGA² 第 I/5 卷的工作材料中,一方面,陶伯特仍然反对格洛维娜的"季刊说",坚持《德意志意识形态》的著作性质;但是另一方面,她首次阐述了要把"费尔巴哈"章作为七份独立的文本单元予以呈现和评注的想法。在她看来,以往版本的"费尔巴哈"章通过一种内在的逻辑和编者补充的小标题而被伪装出一种同质性。[1] 显然,陶伯特此时对"费尔巴哈"章的编排设想已经跳出了逻辑编排的框架,这既为她后来首倡的时间顺序版"费尔巴哈"章埋下了伏笔,更表明"著作说"对她而言已经不再是坚不可摧的了。1996 年 10 月 24—26 日,MEGA² 德法工作组在特利尔召开专题会议,就《德意志意识形态》的整体编辑架构进行集中研讨,巴加图利亚、郑文吉(Chung Moon-Gil)、尤根·罗扬(Jürgen Rojahn)、涩谷正(Shibuya Tadashi)等马克思恩格斯文本文献研究专家和《德意志意识形态》研究专家应邀参加了此次研讨。[2] 正是在此次专题会议的基础上,以陶伯特为首的德法工作组在《MEGA 研究》1997 年第 2 期发表了一组专栏文章[3],并首次提出了 MEGA² 版《德意志意识形态》完整版的编排构想。

　　按照陶伯特及其团队的设定,MEGA² 第 I/5 卷是一部专题卷,主要收录

---

　　1 Gerald Hubmann: Zur Entstehung der materialistischen Geschichtsauffassung aus dem Geiste der Philosophiekritik, in: *Marx-Engels-Jahrbuch 2017/18*, Berlin-Boston: Walter de Gruyter GmbH, 2018, S. 127, Anm. 10.

　　2 关于此次会议的详情,参见 Jürgen Rojahn: Spezialkonferenz "Die Konstitution der 'Deutschen Ideologie'". 24.–26. October 1996. Trier, in: *MEGA-Studien*, 1997/1, S. 147–157。

　　3 这组专栏文章依次为: Inge Taubert: Manuskripte und Drucke der "Deutschen Ideologie" (November 1845 bis Juni 1846). Probleme und Ergebnisse, in: *MEGA-Studien*, 1997/2, S. 5–31; Inge Taubert: Die Überlieferungsgeschichte der Manuskripte der "Deutschen Ideologie" und die Erstveröffentlichungen in der Originalsprache, in: *MEGA-Studien*, 1997/2, S. 32–48; Inge Taubert, Hans Pelger, Jacques Grandjonc: Die Konstitution von MEGA² I/5 "Karl Marx, Friedrich Engels, Moses Heß: Die deutsche Ideologie. Manuskripte und Drucke (November 1845 bis Juni 1846)", in: *MEGA-Studien*, 1997/2, S. 49–102。

马克思恩格斯在 1845 年 11 月至 1846 年 5 月底或 6 月初期间撰写的批判"德意志意识形态"的手稿和刊印稿；该卷还收录赫斯写的两份文稿，它们都是在马克思和恩格斯的参与下写就的；该卷的标题是：卡尔·马克思，弗里德里希·恩格斯，莫泽斯·赫斯：德意志意识形态。手稿和刊印稿（1845 年 11 月至 1846 年 6 月）。[1] 可以看出，"季刊说"的影响在此已经显现无遗。一方面，1845 年 11 月至 1846 年 6 月正是季刊项目实施期[2]，因此，把收录文稿限定于这一时期，恰恰表明陶伯特对《德意志意识形态》的季刊定位；另一方面，赫斯文章的收录及其名字列入作者之列，亦表明陶伯特力图按照季刊的多作者、多文稿特征来重构《德意志意识形态》。不仅如此，陶伯特本人亦提出了一个重要问题：马克思当年与魏德迈的通信多次使用了"两卷本出版物"（zweibändige Publikation）一词，那么它所意指的"是否确实是一部两卷本著作（Werk），而不是一部书丛（Serie）或者文集（Sammlung）"。[3] 尽管陶伯特没有对此作出明确回答，但是该问题的提出表明，她已经对"著作说"产生了怀疑。事实上，在发表于《MEGA 研究》1997 年第 2 期的三篇文章中，陶伯特在谈及《德意志意识形态》时已不再习惯性地称之为"两卷本著作"，而是更多地按照马克思和恩格斯的原文，谨慎地称之为"两卷本出版物"[4]。这就意味着，陶伯特已经放弃了曾经坚持的"著作说"，转而主张一度排斥的"季刊说"。正是以"季刊说"为基础，陶伯特提出了 MEGA[2] 第 I/5 卷即《德意志意识形态》卷的整

---

1 Inge Taubert, Hans Pelger, Jacques Grandjonc: Die Konstitution von MEGA[2] I/5 "Karl Marx, Friedrich Engels, Moses Heß: Die deutsche Ideologie. Manuskripte und Drucke (November 1845 bis Juni 1846)", S. 49.

2 1846 年 7 月，季刊项目因马克思恩格斯与威斯特伐利亚的出资人迈耶尔和雷姆佩尔决裂而失败。参见 *Marx-Engels-Gesamtausgabe (MEGA²)*, Band III/2, S. 243–245。

3 Inge Taubert: Manuskripte und Drucke der "Deutschen Ideologie" (November 1845 bis Juni 1846). Probleme und Ergebnisse, S. 12.

4 例如参见 Inge Taubert: Manuskripte und Drucke der "Deutschen Ideologie" (November 1845 bis Juni 1846). Probleme und Ergebnisse, S. 11, 16; Inge Taubert: Die Überlieferungsgeschichte der Manuskripte der "Deutschen Ideologie" und die Erstveröffentlichungen in der Originalsprache, S. 32; Inge Taubert, Hans Pelger, Jacques Grandjonc: Die Konstitution von MEGA[2] I/5 "Karl Marx, Friedrich Engels, Moses Heß: Die deutsche Ideologie. Manuskripte und Drucke (November 1845 bis Juni 1846)", S. 50, 51, 52, 53, 54, 55.

体编排架构[1]：

　　I/5—1［马克思：][2] 驳布鲁诺·鲍威尔

　　I/5—2 马克思：序言

　　I/5—3 马克思，恩格斯：一、费尔巴哈。草稿和札记

　　I/5—4 恩格斯，马克思：费尔巴哈

　　I/5—5 马克思，恩格斯：一、费尔巴哈。A.一般意识形态，特别是德意志意识形态

　　I/5—6 马克思，恩格斯：一、费尔巴哈。正如我们的德意志意识形态家们所保证的……1.一般意识形态，特别是德国哲学

　　I/5—7 马克思，恩格斯：一、费尔巴哈。正如德意志意识形态家们所宣告的……

　　I/5—8 马克思，恩格斯：各民族之间的相互关系……

　　I/5—9 马克思，恩格斯：由此可见，事情是这样的……

　　I/5—10 马克思，恩格斯：莱比锡宗教会议

　　I/5—11 马克思，恩格斯：二、圣布鲁诺

　　I/5—12 马克思，恩格斯：三、圣麦克斯

　　I/5—13 马克思，恩格斯：莱比锡宗教会议闭幕

　　I/5—14 赫斯（在马克思的参与下）：格拉齐安诺博士的著作。阿·卢格的《巴黎二载。文稿和回忆录》

　　I/5—15 马克思，恩格斯：真正的社会主义

　　I/5—16 马克思，恩格斯：一、《莱茵年鉴》或真正的社会主义的哲学

　　I/5—17 ［恩格斯：]卡尔·倍克：《穷人之歌》或真正的社会主义的

---

　　1 Inge Taubert, Hans Pelger, Jacques Grandjonc: Die Konstitution von MEGA² I/5 "Karl Marx, Friedrich Engels, Moses Heß: Die deutsche Ideologie. Manuskripte und Drucke (November 1845 bis Juni 1846)", S. 57.

　　2 由于《驳布鲁诺·鲍威尔》是马克思匿名发表的文章，因此，陶伯特在此处用代表编者标注的方括号形式来说明作者。后面的恩格斯所写的关于卡尔·倍克的文章（I/5–17）也是类似情况。

诗歌

I/5—18 马克思：四、卡尔·格律恩：《法兰西和比利时的社会运动》（1845 年达姆施塔特版）或真正的社会主义的历史编纂学

I/5—19 赫斯（在恩格斯的参与下）：五、"霍尔施坦的格奥尔格·库尔曼博士"或真正的社会主义的预言。《新世界或人间的精神王国。通告》

除了正文收录的这 19 份文本实例（Textzeuge）外，陶伯特还计划收录两份异文文本：其一为《驳布鲁诺·鲍威尔》的另一个发表版（收录于赫斯主编的文集《文明世界的社会状况》）[1]，其二为发表于《威斯特伐利亚汽船》杂志的《卡尔·格律恩：〈法兰西和比利时的社会运动〉（1845 年达姆施塔特版）或真正的社会主义的历史编纂学》[2]。它们不会被完整收录，而是在资料卷中以异文的形式出现。此外，在资料卷中还将收录赫斯写的四篇文章，分别是《晚近的哲学家》《阿尔诺德·卢格》《共产主义预言家的密谋活动》和《奥古斯特·贝克尔的月刊：〈宗教运动和社会运动的快乐信使〉》。[3]

总的来说，较之于此前仅有的一个《德意志意识形态》完整版本即MEGA[1] 版《德意志意识形态》，陶伯特的《德意志意识形态》完整版的编排设想具有以下特点：

第一，就收录内容来说，完整版在正文中新增了四份文本实例。

首先，《驳布鲁诺·鲍威尔》（I/5—1）。这篇文章于 1846 年 1 月匿名发表

---

1 《驳布鲁诺·鲍威尔》除了在 1846 年 1 月发表于赫斯主编的《社会明镜》外，还在 1847 年发表于赫斯主编的文集《文明世界的社会状况》[参见 Inge Taubert, Hans Pelger, Jacques Grandjonc: Die Konstitution von MEGA[2] I/5 "Karl Marx, Friedrich Engels, Moses Heß: Die deutsche Ideologie. Manuskripte und Drucke (November 1845 bis Juni 1846)", S. 60, 62.]。因此，在陶伯特的《德意志意识形态》完整版构想中，前者被收入正文，而后者被收入异文文本中。

2 《德意志意识形态》第二卷第四章的手稿"四、卡尔·格律恩：《法兰西和比利时的社会运动》（1845 年达姆施塔特版）或真正的社会主义的历史编纂学"流传了下来，而马克思生前亦将其发表于《威斯特伐利亚汽船》杂志。因此，在陶伯特的《德意志意识形态》完整版构想中，手稿被收入正文，而发表版则被收入异文文本中。

3 Inge Taubert, Hans Pelger, Jacques Grandjonc: Die Konstitution von MEGA[2] I/5 "Karl Marx, Friedrich Engels, Moses Heß: Die deutsche Ideologie. Manuskripte und Drucke (November 1845 bis Juni 1846)", S. 58.

于《社会明镜》。在 MEGA¹ 第 I/5 卷即《德意志意识形态》中，它被收录于附录，标题为《圣布鲁诺反对〈神圣家族〉的作者》¹。阿多拉茨基在"导言"中指出，这篇文章在个别地方几乎逐字逐句重复了《德意志意识形态》"圣布鲁诺"章第三节结尾的内容。另外，他根据 1847 年 5 月 15 日马克思致恩格斯的信认为，这篇文章应该是马克思和埃德加·冯·威斯特华伦合写的。² 显然，对于 MEGA¹ 编者来说，《驳布鲁诺·鲍威尔》并不是《德意志意识形态》主体的组成部分，因此不宜收入正文；但是考虑到它与"圣布鲁诺"章的密切联系，便将其收入附录之中。而陶伯特之所以把这篇文章收入《德意志意识形态》正文之中，并将其置于开篇，不仅是因为它的作者经考证后证实为马克思本人，而且是因为从诞生史的角度看，这篇文章实际上是《德意志意识形态》作为两卷本出版物的写作起点。正如她指出的，"1845 年 11 月 20 日，马克思写下了文章《驳布鲁诺·鲍威尔》"，接下来，"最早在 1845 年 11 月底或 12 月初，马克思和恩格斯写下了针对布鲁诺·鲍威尔的文章《评路德维希·费尔巴哈》的论战文章，它很可能是作为计划中的季刊的文稿"。陶伯特认为，"正是这两份文本实例开启了批判黑格尔以后哲学的那些手稿的诞生史"。³

其次，主要由恩格斯完成的题为"费尔巴哈"的摘录（I/5—4）。在 MEGA¹ 中，这份摘录被以"恩格斯论费尔巴哈"为题收录在附录中。阿多拉茨基在"导言"中指出，这份摘录是恩格斯对费尔巴哈的《未来哲学原理》一书的摘录。它尽管是在《德意志意识形态》主体手稿写作工作结束之后产生的，但应该被马克思用于了"费尔巴哈"章的写作。⁴ 而陶伯特指出，之所以把这

1　参见 *Marx-Engels-Gesamtausgabe (MEGA¹)*, Band I/5, S. 541–544. 该文中文版标题为《对布·鲍威尔反批评的回答》，参见《马克思恩格斯全集》第 42 卷，人民出版社 1979 年版，第 364—367 页。

2　*Marx-Engels-Gesamtausgabe (MEGA¹)*, Band I/5, S. XVIII.

3　Inge Taubert, Hans Pelger, Jacques Grandjonc: Die Konstitution von MEGA² I/5 "Karl Marx, Friedrich Engels, Moses Heß: Die deutsche Ideologie. Manuskripte und Drucke (November 1845 bis Juni 1846)", S. 49.

4　*Marx-Engels-Gesamtausgabe (MEGA¹)*, Band I/5, S. XVIII.

份文本收入《德意志意识形态》"费尔巴哈"章，是基于它同"费尔巴哈"章主手稿（I/5—3）的第一部分即批判鲍威尔的文本（马克思编号的第 1—29 页）的密切关系。因为这份摘录恰恰是在该文本的左栏写作之后、右栏写作之前写下的。因此，在陶伯特看来，这份摘录可谓推动了该文本的写作。[1]

再次，赫斯批判卢格的文章《格拉齐安诺博士的著作》（I/5—14）。这篇文章在 1847 年 8 月发表于《德意志—布鲁塞尔报》第 62 和 63 号。而在 MEGA[1] 中，这份文本既未收录于正文，也未收录于附录。不过，在资料部分谈及赫斯与《德意志意识形态》的写作关系时，编者指出，"赫斯事实上为《德意志意识形态》提交了一篇文章，题目是《格拉齐安诺博士，德国哲学界的小丑》"。[2] 在此处的注释中，编者进一步指出，在与马克思恩格斯反目、《德意志意识形态》出版计划失败之后，赫斯从马克思那里要回了这份批判卢格的手稿。[3] 那么，这份手稿在《德意志意识形态》中处于什么位置呢？ MEGA[1] 编者指出，"在下文被删除的地方可以看出，卢格最初应该在《德意志意识形态》中遭到了批判"。[4] 而这里所谓的"被删除的地方"，正是"莱比锡宗教会议"手稿的最后一段。马克思恩格斯原本在这里写道，"在舞台深处出现了 Dottore Graziano（格拉齐安诺博士）或称作'非常机智而有政治头脑的人'的阿尔诺德·卢格（《维干德》第 192 页）"，[5] 但他们后来把这句话删掉了。陶伯特也继承了 MEGA[1] 编者的观点。在她看来，按照《德意志意识形态》两卷本的计划，对卢格的批判应该构成第一卷的第四部分。[6] 因此，她把赫斯写的这篇文章收录到了《德意

---

1 Inge Taubert, Hans Pelger, Jacques Grandjonc: Die Konstitution von MEGA[2] I/5 "Karl Marx, Friedrich Engels, Moses Heß: Die deutsche Ideologie. Manuskripte und Drucke (November 1845 bis Juni 1846)", S. 52.

2 参见 *Marx-Engels-Gesamtausgabe (MEGA¹)*, Band I/5, S. 564。

3 Ebenda, S. 564, Anm. 2.

4 Ebenda, S. 564–565.

5 Ebenda, S. 583; 中文版参见《马克思恩格斯全集》第 3 卷，人民出版社 1960 年版，第 90 页。

6 Inge Taubert, Hans Pelger, Jacques Grandjonc: Die Konstitution von MEGA[2] I/5 "Karl Marx, Friedrich Engels, Moses Heß: Die deutsche Ideologie. Manuskripte und Drucke (November 1845 bis Juni 1846)", S. 53.

志意识形态》的正文之中。需要强调的是，陶伯特所收录的《格拉齐安诺博士的著作》并不是曾经作为《德意志意识形态》的一部分而被送往威斯特伐利亚付印的原始手稿。因为在出版计划失败一年之后，赫斯将手稿寄给马克思以便发表。而在这篇文章于《德意志—布鲁塞尔报》发表之后，原稿便不知所踪。[1]因此，陶伯特采用了发表版。

最后，恩格斯所写的《卡尔·倍克：〈穷人之歌〉或真正的社会主义的诗歌》（I/5—17）。这篇文章在 1847 年 9 月发表于《德意志—布鲁塞尔报》的第73 和 74 号。MEGA[1] 编者在谈及《德意志意识形态》第二卷缺失的手稿时猜测，第二、三章的手稿被恩格斯在 1847 年挑了出来，用于"真正的社会主义者"[2] 和《德国的现状》[3] 两篇文章的写作。[4] 陶伯特也沿袭了 MEGA[1] 编者的思路，认为缺失的第二卷第二、三章被挪用于其他文章的写作。但是，与 MEGA[1] 编者不同，她认为，恩格斯发表于《德意志—布鲁塞尔报》的《卡尔·倍克：〈穷人之歌〉或真正的社会主义的诗歌》才是第二卷的第二章，也可能是第三章。[5]因此，她把该文收入到《德意意识形态》的正文之中。与前述赫斯的《格拉齐安诺博士的著作》类似，这篇文章的原始手稿同样没有流传下来。因此，陶伯特收录的是发表版。

可以看出，在《德意志意识形态》完整版的框架结构下，陶伯特已经解决了早在 1987 年就已提出的文本收录问题：赫斯所写的关于卢格的文稿和第二卷第五章均被收入正文，相应地，赫斯亦成为《德意志意识形态》的作者之一；

1　Inge Taubert: Die Überlieferungsgeschichte der Manuskripte der "Deutschen Ideologie" und die Erstveröffentlichungen in der Originalsprache, S. 33.

2　参见《马克思恩格斯全集》第 3 卷，人民出版社 1960 年版，第 641—692 页。

3　该文在《马克思恩格斯全集》中文第一版中题为《德国的制宪问题》，参见《马克思恩格斯全集》第 4 卷，人民出版社 1958 年版，第 46—65 页。

4　*Marx-Engels-Gesamtausgabe (MEGA¹)*, Band I/5, S. 563.

5　Inge Taubert, Hans Pelger, Jacques Grandjonc: Die Konstitution von MEGA² I/5 "Karl Marx, Friedrich Engels, Moses Heß: Die deutsche Ideologie. Manuskripte und Drucke (November 1845 bis Juni 1846)", S. 53.

恩格斯的《卡尔·倍克：〈穷人之歌〉或真正的社会主义的诗歌》作为第二卷的第二或三章收入正文。至于赫斯关于第二卷第五章的残余手稿，由于其主题涉及的只是同贝克尔的《宗教运动和社会运动的快乐信使》的论争，同《德意志意识形态》并没有直接关系，而且也没有马克思恩格斯的参与，因此同赫斯的其他几篇文章一并收入附录。可以说，诞生历程即写作史是陶伯特确定《德意志意识形态》文本收录的重要标尺。在她看来，在 1845 年 11 月至 1846 年6 月期间诞生的、与两卷本出版物相关的手稿都应纳入正文之中。而这在事实上也使得她所设想的《德意志意识形态》完整版实现了对季刊项目的重构。

第二，就编排方式来说，完整版实现了逻辑顺序与时间顺序的有机结合。

首先，从整体上讲，陶伯特按照逻辑顺序编排了《德意志意识形态》。

陶伯特认为，时间顺序编排存在三大问题：其一，大部分手稿都被马克思和恩格斯以最终稿本的形式作了系统的编排，因此，时间顺序编排将否定马克思和恩格斯所设定的系统结构；其二，各份文本实例各自构成了文本整体，例如手稿有马克思恩格斯所编的页码或印张号，而刊印稿则作为独立的文章而出版，因此，按照时间顺序编排就会肢解文本本身；其三，时间顺序编排的前提是能够确定各份文本的写作时间或者相对的写作顺序，而这对于现存的各份手稿和刊印稿来说是难以实现的。[1] 因此，就《德意志意识形态》整体来说，陶伯特否定了时间顺序编排方式，继续沿袭传统的逻辑顺序编排方式。正如她指出的，"文本实例的编排遵循马克思和恩格斯所流传下来的、提交出版时的两卷本出版物的系统性"。[2] 由此，我们看到，整部《德意志意识形态》从其逻辑起点——《驳布鲁诺·鲍威尔》和"序言"开始，经由第一卷的"一、费尔巴哈""莱比锡宗教会议""二、圣布鲁诺""三、圣麦克斯""莱比锡宗教会议闭幕"

---

1 Inge Taubert: Manuskripte und Drucke der "Deutschen Ideologie" (November 1845 bis Juni 1846). Probleme und Ergebnisse, S. 13–14.

2 Inge Taubert, Hans Pelger, Jacques Grandjonc: Die Konstitution von MEGA² I/5 "Karl Marx, Friedrich Engels, Moses Heß: Die deutsche Ideologie. Manuskripte und Drucke (November 1845 bis Juni 1846)", S. 50.

和批判卢格的手稿，进入到第二卷的导言"真正的社会主义"和接下来的一至五章。可以说，正是基于对两卷本出版物之逻辑结构的考量，陶伯特对现存的全部《德意志意识形态》手稿做了逻辑的、系统的编排，从而使《德意志意识形态》的整体面貌似乎同我们所熟悉的、MEGA[1] 版所代表的传统样态[1] 别无二致。但是，如果考虑到陶伯特在正文中所收录的四份新文本，那么她的逻辑编排与 MEGA[1] 版还是不尽相同的。进一步讲，陶伯特的《德意志意识形态》完整版实质上重构了 1846 年 6 月时提交到威斯特伐利亚的两卷本出版物即季刊，而这是她的整个编排方案的出发点和最终归宿。

其次，就"一、费尔巴哈"来说，陶伯特采取了时间顺序编排方式。

尽管陶伯特从整体上对《德意志意识形态》进行了逻辑编排，但这种编排方式只适用于以付印稿形式流传下来的、因而包含马克思恩格斯的章节划分的绝大部分手稿，而对于以草稿和片断形式流传下来的"一、费尔巴哈"的相关手稿，它却并不适用。陶伯特认为，关于"一、费尔巴哈"的 7 份手稿（I/5—3 至 I/5—9）"既不是一章，也不是完整的一部分"，"把这些异质的部分逻辑地、系统地拼接成为一章'一、费尔巴哈'，仍然是假想性的"。因此，对于MEGA[2] 第 I/5 卷来说，这种编排方式"不在考虑之列"，这些文本将作为"独立的文本实例予以收录并按照时间顺序进行编排"。[2] 尽管陶伯特对"一、费尔巴哈"的时间顺序编排通过《马克思恩格斯年鉴（2003）》而广为世人所知，但是从此处可以看出，她的这一编排构想其实早在 1997 年就已经确立，并且准备在《德意志意识形态》完整版中与整体的逻辑编排方式并行使用。那么，是否可以认为，虽然陶伯特对"一、费尔巴哈"采取了时间顺序编排方式，但由于她在整体上采用了逻辑编排方式，所以她依然力求把《德意志意识形态》

1　参见 *Marx-Engels-Gesamtausgabe (MEGA¹)*, Band I/5, S. 703–705。

2　Inge Taubert, Hans Pelger, Jacques Grandjonc: Die Konstitution von MEGA² I/5 "Karl Marx, Friedrich Engels, Moses Heß: Die deutsche Ideologie. Manuskripte und Drucke (November 1845 bis Juni 1846)", S. 51.

建构成一部著作呢？答案是否定的。正如陶伯特指出的，把《德意志意识形态》相关的手稿和刊印稿"拼接成一部著作《德意志意识形态》，意味着要去完成马克思和恩格斯所未完成的事情。鉴于缺乏足够的线索和证据，其结果将是一种武断的建构"[1]。这就意味着，尽管坚持整体上的逻辑编排，但陶伯特所力求构建的与其说是一部著作，毋宁说是她反复谈及的"两卷本出版物"，也就是季刊。可见，在放弃了"著作说"后，"季刊说"是陶伯特编排《德意志意识形态》完整版的根本出发点。

第三，就具体文本来说，完整版设定了独立的文本实例编排方式。

如果说逻辑或时间顺序编排方式是就各份文本实例之间的关系而言的，那么独立的文本实例编排方式则是就文本自身来说的。所谓"文本实例"，其德文原文为"Textzeuge"，"Text"即"文本"之意，而"Zeuge"则是"证人"之意。由此可知，"文本实例"即以文本形态流传下来的证物，或者说作为证物的文本，它表征着作者遗留下来的可以作为其写作证物的文本。从上述陶伯特的编排框架可知，《德意志意识形态》完整版包含19份文本证物或文本实例。陶伯特指出，"它们将作为独立的文本实例予以收录"。[2] 这可谓是陶伯特确立的基本编排原则。它意味着，不管是采取整体上的逻辑顺序编排还是部分的时间顺序编排，都应保证流传下来的各份文本实例的独立性和完整性。也就是说，在进行编排时，每一份文本实例本身不容拆解、分割，不容遭到内部的篡改和介入。显然，陶伯特的这一强调是针对 MEGA[1] 所肇始的对"费尔巴哈"章的拆分、拼接和挪移，针对这种内部介入的编排方式的。对陶伯特而言，保证每份文本实例的独立性和完整性就意味着保证其原始样态不受侵犯，从而实现对原始文本的忠实再现。

1 Inge Taubert: Manuskripte und Drucke der "Deutschen Ideologie" (November 1845 bis Juni 1846). Probleme und Ergebnisse, S. 6.

2 Inge Taubert, Hans Pelger, Jacques Grandjonc: Die Konstitution von MEGA² I/5 "Karl Marx, Friedrich Engels, Moses Heß: Die deutsche Ideologie. Manuskripte und Drucke (November 1845 bis Juni 1846)", S. 50.

第三节　21 世纪初：时间顺序版"费尔巴哈"章的确立

2004 年，《马克思恩格斯年鉴（2003）》出版，其中专题收录了由陶伯特主编的《德意志意识形态》第一卷的前两部分："一、费尔巴哈"和"二、圣布鲁诺"。作为备受期待的 MEGA² 版《德意志意识形态》的先行版（Vorabpublikation），该版的问世引起了极大关注。

一、MEGA² 先行版"费尔巴哈"章的编排结构

如果说，"二、圣布鲁诺"的原始手稿本身就是马克思恩格斯完成的付印稿，因而在编排方式上没有太大争议，那么作为草稿、片断流传下来的"一、费尔巴哈"显然就成为关注的焦点。而陶伯特在 MEGA² 先行版中的编排确实不同于以往的各种逻辑编排版本，因为她在这里首次对"一、费尔巴哈"采用了时间顺序编排方式。具体来说，陶伯特的编排如下[1]：

I/5—1 [马克思：] 驳布鲁诺·鲍威尔

I/5—3 马克思 / 恩格斯：费尔巴哈和历史。草稿和札记

I/5—4 马克思 / 恩格斯：费尔巴哈

I/5—5 马克思 / 恩格斯：一、费尔巴哈。A. 一般意识形态，特别是德意志意识形态

I/5—6 马克思 / 恩格斯：一、费尔巴哈。1. 一般意识形态，特别是德国哲学

I/5—7 马克思 / 恩格斯：一、费尔巴哈。导论（正如德意志意识形态家们所宣告的……）

---

1 Inge Taubert und Hans Pelger (Hrsg.): Karl Marx, Friedrich Engels, Joseph Weydemeyer: Die Deutsche Ideologie, in: *Marx-Engels-Jahrbuch 2003*, Berlin: Akademie Verlag, 2004, S. 5*.

I/5—8 马克思／恩格斯：一、费尔巴哈。片断 1（各民族之间的相互关系……）

I/5—9 马克思／恩格斯：一、费尔巴哈。片断 2（由此可见，事情是这样的……）

如前所述，早在 1997 年《德意志意识形态》的完整版构想中，陶伯特就提出按照时间顺序编排"费尔巴哈"章。那么，2004 年 MEGA^2 先行版中首次实现的时间顺序版"费尔巴哈"章同《德意志意识形态》完整版构想中的"费尔巴哈"章是否一致呢？答案是：二者完全一致。正如陶伯特在"导言"（Einführung）开篇指出的，先行版的编排源于已经在《MEGA 研究》中发表的《德意志意识形态》完整版构想。[1]换言之，陶伯特在先行版中其实局部实现了《德意志意识形态》的完整版构想，这一"局部"就体现在"费尔巴哈"章上。可以看出，陶伯特的时间顺序版"费尔巴哈"章的确与以往的逻辑顺序版"费尔巴哈"章不同。这一方面体现在被陶伯特判定为《德意志意识形态》写作起点的《驳布鲁诺·鲍威尔》的正式引入并被置于开头，另一方面更体现在传统的三份章开篇即 I/5—5、I/5—6、I/5—7 的位置变化上。就后者来说，它们作为马克思恩格斯为《德意志意识形态》所撰写的导论或开头，通常都作为"费尔巴哈"章的逻辑起点而被置于首位，而在陶伯特的时间顺序版"费尔巴哈"章中，它们却被按照写作时间而大幅后置。相应地，作为"费尔巴哈"章早期写作成果的主手稿，即此处的 I/5—3"费尔巴哈和历史。草稿和札记"，在逻辑顺序版中本来都是作为"费尔巴哈"章的主体内容而被后置，而在陶伯特的时间顺序版中却被大幅前移，仅次于新引入的《驳布鲁诺·鲍威尔》。由此，陶伯特的时间顺序版使"费尔巴哈"章呈现出了一种全新的面貌。

---

1 Ebenda, S. 5*. 先行版的编排框架中缺少的 I/5—2 是马克思写的"序言"，它不属于"费尔巴哈"章，因此未予收录。

二、MEGA^2 先行版"费尔巴哈"章的编排特点

作为 1997 年《德意志意识形态》完整版构想的局部实现，MEGA^2 先行版"费尔巴哈"章在编排上亦沿袭了完整版构想的某些特点。

第一，按照时间顺序编排文本。

这显然是 MEGA^2 先行版"费尔巴哈"章的最大特点。编者在"导言"中指出："七个文本实例按照时间顺序进行编排，文本实例 I/5—3 划分为四个独立的单元[1]也主要考虑了时间顺序，以便使人认识到，这些个别单元以及文本实例 I/5—4 至 I/5—9 是在不同的时间、不同的背景（相对的时间顺序）下产生的。由此也可以明白，'三、圣麦克斯'的写作对于计划中的、但未完成的新稿本'一、费尔巴哈'的各个文本实例的整个写作过程具有哪些意义。"[2] 这段话充分反映了陶伯特采用时间顺序编排的根本考量。显然，在她看来，时间顺序可以体现不同文本在不同背景下的诞生过程，从而把逻辑编排下均质的、平面的文本整体还原为异质的、立体的文本系列，由此既可以把握不同文本之间的写作联系，又可以把握马克思恩格斯的思想发展轨迹。而逻辑编排所掩盖的各个文本在写作阶段包括写作成熟度上的差异亦可得以体现。另外，陶伯特对"三、圣麦克斯"的提及既源于 I/5—3 即主手稿的基本组成部分同"圣麦克斯"章的显性渊源，又源于"圣麦克斯"章之为"费尔巴哈"章中间环节的隐性判定，这其中依然蕴含着时间线索。毫无疑问，时间顺序编排有其重要优势，但是正如陶伯特在《德意志意识形态》完整版构想中指出的，若就整部《德意志意识形态》来说，时间顺序编排就存在重大问题，根本不宜采用。

---

1 这四个单元分别是马克思编号的第 1—29 页、30—35 页、40—72 页以及 72 页及其背面的札记。参见 Inge Taubert und Hans Pelger (Hrsg.): Karl Marx, Friedrich Engels, Joseph Weydemeyer: Die Deutsche Ideologie, S. 6-39, 40-46, 47-98, 99-100。

2 Ebenda, S. 8*.

第二，以独立的文本实例展现文本。

早在 1997 年陶伯特就指出："流传状况不允许 MEGA^2 第 I/5 卷在一部著作《德意志意识形态》的框架内对'一、费尔巴哈'章作出一种新的——同样是假想的——逻辑的、系统的建构，而是只能把手稿作为独立的文本实例予以呈现。"[1] 同样，在 MEGA^2 先行版中，"费尔巴哈"章的所有草稿、笔记和誊清稿片断均按照独立的文本实例进行编排，并按照马克思恩格斯留下它们时的状态予以出版。于是，"费尔巴哈"章呈现为一份一份前后排列的文本，而不是一个逻辑性的、系统编排的整体。因此，在 MEGA^2 先行版中，"并不会建构'一、费尔巴哈'章"，而"这些未完成的章节的流传下来的七个部分（I/5—3 至 I/5—9）并不会被概括为一个单独的文本实例，即计划的但未写下的新稿本'一、费尔巴哈'的准备材料"。[2] 由此，MEGA^2 先行版已然在很大程度上解构了作为逻辑整体的"费尔巴哈"章乃至一直被视为著作的《德意志意识形态》。进一步讲，陶伯特在"导言"中强调："这组文本实例将证明，马克思和恩格斯从 1845 年 11 月底或 12 月初起并没有开始写作一部在 1845 年春就已计划的两卷本著作《德意志意识形态》，而是写作了一份与布鲁诺·鲍威尔的《评路德维希·费尔巴哈》进行论战的文章草稿。"[3] 这就意味着，单从《德意志意识形态》的写作起点上讲，陶伯特已然否定了"著作说"。不仅如此，同 1997 年类似，陶伯特再次强调先行版中的这些文本实例源自一部计划中的"两卷本出版物"的第一卷。[4] 不言而喻，这里的"两卷本出版物"其实就是指季刊。因此，陶伯特在 MEGA^2 先行版中可谓明确否定了"著作说"。

---

1 Inge Taubert: Manuskripte und Drucke der "Deutschen Ideologie" (November 1845 bis Juni 1846). Probleme und Ergebnisse, S. 7.

2 Inge Taubert und Hans Pelger (Hrsg.): Karl Marx, Friedrich Engels, Joseph Weydemeyer: Die Deutsche Ideologie, S. 7*–8*.

3 Ebenda, S. 6*.

4 Ebenda, S. 7*.

第三，收录了两篇新文稿。

MEGA^{2}先行版收录了两篇与《德意志意识形态》写作关系密切的文稿，一是马克思的《驳布鲁诺·鲍威尔》，二是魏德迈的《布鲁诺·鲍威尔及其辩护士》。正如"编者说明"（Editorial）指出的："不论是在1845年的春天还是秋天，都不存在关于一部两卷本著作《德意志意识形态》的计划。毋宁说，马克思和恩格斯是以一篇批驳布鲁诺·鲍威尔的文章开启对黑格尔以后哲学的批判的，这篇文章的草稿能够从流传下来的原始手稿中被部分地重构。"[1]于是，编者按照时间顺序把这篇文章编排在了开篇，即位于整个"费尔巴哈"章之前。至于魏德迈的文章，它首次被收录在了附录中。编者认为，这篇文章的诞生受到了马克思的影响，而且它很可能源于只流传下几行字的"二、圣布鲁诺，5.圣布鲁诺乘坐在自己的'凯旋车'上"一节[2]。正是由于收录了魏德迈的这篇文章，陶伯特把魏德迈与马克思恩格斯并列为"费尔巴哈"章的作者之一，这可谓是MEGA^{2}先行版的重大编辑举措。

第四，以左右双栏的形式呈现文本。

MEGA^{2}先行版"费尔巴哈"章沿袭了MEGA^{2}试编卷所开创的传统，按照左右双栏的形式来呈现文本，从而非常直观地展现了左栏主要由恩格斯完成的基础层以及右栏主要由马克思所作的修改和札记。这不仅避免了以往版本借助大量即时脚注来说明手稿情况，又避免了把右栏内容插入左栏文本时产生的困难与问题，从而既减轻了编者在编辑上的负担，又有利于读者更直观地把握手稿、理解手稿。

总之，陶伯特的时间顺序版"费尔巴哈"章在《德意志意识形态》特别是"费尔巴哈"章的编辑史上可谓特立独行、独树一帜，但是这一版并非突如其来的新鲜事物，它其实早在1997年《德意志意识形态》完整版构想中就已然出现了。

1　Ebenda, S. 3*.

2　Ebenda, S. 21*; 中文版参见《马克思恩格斯全集》第3卷，人民出版社1960年版，第115页。

2004 年的 MEGA² 先行版 "费尔巴哈" 章不过是对 1997 年《德意志意识形态》完整版构想中 "费尔巴哈" 章编排思路的完全继承。就此而言，决不能孤立地看待 MEGA² 先行版 "费尔巴哈" 章，而是要将其同 1997 年《德意志意识形态》完整版构想结合起来进行考察。

第六章
MEGA^2 版《德意志意识形态》的编辑与出版

《马克思恩格斯年鉴（2003）》的"编者说明"曾指出，MEGA^2 第 I/5 卷即《德意志意识形态》的原文完整版预计在 2008 年正式出版[1]，这令国际学界充满了期待。然而计划赶不上变化。2009 年，陶伯特去世；2010 年，陶伯特所在的特利尔卡尔·马克思故居研究中心关闭，MEGA^2 德法工作组所负责的《德意志意识形态》卷的编辑工作也被移交给柏林—勃兰登堡科学院。此后，MEGA^2 版《德意志意识形态》便完全沉寂、杳无音讯了。2017 年底，就在学人几乎望眼欲穿时，由乌尔里希·帕格尔（Ulrich Pagel）、格哈尔特·胡布曼（Gerald Hubmann）和克里斯蒂娜·维克维尔特（Christine Weckwerth）主编的 MEGA^2 第 I/5 卷即《德意志意识形态》终于姗姗而来了。

对于国际马克思主义学界来说，MEGA^2 版《德意志意识形态》的出版无疑是一件大事、喜事。同时，我们也需要深入考察，相较于 1932 年的 MEGA^1 首个原文完整版和 2004 年的先行版，MEGA^2 版《德意志意识形态》在内容、结构、编排、考证等方面有哪些新特点、新论断？其背后的原因是什么？

---

1 Inge Taubert und Hans Pelger (Hrsg.): Karl Marx, Friedrich Engels, Joseph Weydemeyer: Die Deutsche Ideologie, S. 3*.

第一节 MEGA² 版《德意志意识形态》展现的编辑新特点

从表面上看，MEGA² 版《德意志意识形态》在整体结构、收录内容上似乎同影响深远的 MEGA¹ 版《德意志意识形态》别无二致，它们都包含两大部分：第一部分是"对青年黑格尔派哲学的批判"，主要包括"序言""一、费尔巴哈""莱比锡宗教会议""二、圣布鲁诺""三、圣麦克斯"和"莱比锡宗教会议闭幕"等内容；第二部分是"对真正的社会主义的批判"，主要包括"真正的社会主义""一、《莱茵年鉴》或真正的社会主义的哲学""四、卡尔·格律恩：《法兰西和比利时的社会运动》（1845 年达姆施塔特版）或真正的社会主义的历史编纂学""五、'霍尔施坦的格奥尔格·库尔曼博士'或真正的社会主义的预言"等内容。然而，如果深入考察，我们会发现，MEGA² 版《德意志意识形态》在标题设定、收录内容、作者标注和编排原则等方面都出现了新情况，呈现出新特点。

一、MEGA² 版《德意志意识形态》的标题设定

就标题来说，MEGA¹ 版《德意志意识形态》的标题是"德意志意识形态。对费尔巴哈、布·鲍威尔和施蒂纳所代表的现代德国哲学以及各式各样先知所代表的德国社会主义的批判"，[1] 而 MEGA² 版《德意志意识形态》的标题则非常简洁："德意志意识形态。手稿和刊印稿"。[2] 历史地来看，MEGA¹ 版《德意志意识形态》的标题是有其文献依据的，那就是 1847 年马克思在《德意志—布鲁塞尔报》（4 月 8 日，第 28 号）和《特利尔日报》（4 月 9 日，第 99 号）发表的声明《驳卡尔·格律恩》。他在其中写到："我没有兴趣'向德国公众介

---

1 *Marx-Engels-Gesamtausgabe (MEGA¹)*, Band I/5, S. 703.
2 *Marx-Engels-Gesamtausgabe (MEGA²)*, Band I/5, S. V.

绍'我在研究格律恩先生的'法兰西和比利时的社会运动'当中所取得的'成就'，因此我倒乐于把我一年以前写的详细评论格律恩先生的大作的手稿放到一边；现在只是由于这位柏林朋友的逼迫，才不能不把它交给'威斯特伐里亚汽船'杂志发表。这篇评论是对弗·恩格斯和我合写的'德意志思想体系'[1]（对以费尔巴哈、布·鲍威尔和施蒂纳为代表的现代德国哲学和以各式各样的预言家为代表的德国社会主义的批判）一书的补充。"[2] 正是以马克思的这一表述为依据，MEGA¹ 编者不仅把"德意志意识形态"确立为正标题，而且把上述引文括号中的内容确立为副标题。显然，它们看起来是非常明确的著作性标题，并不会使读者联想起这部作品的存在样态，更不会使读者对此展开深入探究。而 MEGA² 版《德意志意识形态》的标题"德意志意识形态。手稿和刊印稿"一方面抛弃了《驳卡尔·格律恩》中提及的冗长的副标题，另一方面又简单直接地向我们表明了整部作品的存在样态，即完成程度、篇幅和保存状况均不尽相同的一份份手稿和刊印稿。进一步讲，在我们所熟悉的《马克思恩格斯全集》德文版和中文第一版中，《德意志意识形态》的副标题均被拆分为两个子标题，即"第一卷　对费尔巴哈、布·鲍威尔和施蒂纳所代表的现代德国哲学的批判"和"第二卷　对各式各样先知所代表的德国社会主义的批判"，[3] 而 MEGA² 编者既没有使用"第一卷""第二卷"的字样，也没有把《驳卡尔·格律恩》中提及的冗长的副标题拆分为两个子标题，而是径直使用了两个简化的标题："对青年黑格尔派哲学的批判"和"对真正的社会主义的批判"。[4] MEGA² 版《德意志意识形态》的标题调整并非没有根据。事实上，陶伯特于 1997 年在《MEGA 研究》第 2 期上发表的《〈德意志意识形态〉的手

---

　　1 即《德意志意识形态》。

　　2《马克思恩格斯全集》第 4 卷，人民出版社 1958 年版，第 43 页。

　　3 *Marx-Engels-Werke*, Band 3, S. 607, 609;《马克思恩格斯全集》第 3 卷，人民出版社 1960 年版，第 I、IV 页。

　　4 *Marx-Engels-Gesamtausgabe (MEGA²)*, Band I/5, S. V, VIII.

稿和刊印稿（1845 年 11 月至 1846 年 6 月）。问题和成果》[1]一文就已经在标题上显现了这一端倪。而在 2004 年出版的 MEGA[2] 版《德意志意识形态》先行版中，陶伯特和佩尔格确立的标题"德意志意识形态。《一、费尔巴哈》和《二、圣布鲁诺》的文章、付印稿、草稿、誊清稿片断和札记"，[2] 则更为具体地表明了《德意志意识形态》诸手稿的多种存在样态。显然，较之于 MEGA[1] 版《德意志意识形态》，MEGA[2] 版《德意志意识形态》的编者完全继承了前主编陶伯特的编辑思路，即充分展现《德意志意识形态》手稿本身的原始样貌。如果说我们对于 MEGA[2] 版《德意志意识形态》的两个简化的子标题多少还能接受，那么使我们产生疑问的是，它为什么没有使用"第一卷"和"第二卷"的称谓？毕竟，马克思在《〈政治经济学批判〉序言》中曾明确提及"两厚册八开本"[3]。MEGA[2] 编者这样做是出于何种考虑呢？

二、MEGA[2] 版《德意志意识形态》的收录内容

正是基于《德意志意识形态》作为手稿和刊印稿的存在样态，与先行版类似，MEGA[2] 版《德意志意识形态》亦采取了按照独立的文本实例逐一编排的方式。于是，就内容来说，整部 MEGA[2] 版《德意志意识形态》收录了 18 份文本实例，其中 15 份收录在正文中，3 份收录在附录中。就正文而言，第一部分涉及 11 份文本实例：首先是"序言"；其次是"费尔巴哈"章的三份章开篇、一份"关于费尔巴哈的卷帙"（Konvolut, 即通常所谓的"主手稿"），一份题为"费尔巴哈"的笔记（Notizen）以及两份片断；最后是三份独立的文本实例，即"莱比锡宗教会议""圣布鲁诺"章以及"圣麦克斯"章。值得一提的是，"圣麦克

---

1 Inge Taubert: Manuskripte und Drucke der "Deutschen Ideologie" (November 1845 bis Juni 1846). Probleme und Ergebnisse, S. 5.

2 Inge Taubert und Hans Pelger (Hrsg.): Karl Marx, Friedrich Engels, Joseph Weydemeyer: Die Deutsche Ideologie, S. 1.

3《马克思恩格斯文集》第 2 卷，人民出版社 2009 年版，第 593 页。

斯"章包含 430 个手稿页，是《德意志意识形态》手稿中篇幅最大的一章[1]。第二部分涉及四份文本实例，其中，作为导言的"真正的社会主义"和"一、《莱茵年鉴》或真正的社会主义的哲学"构成一份文本实例，另外还有"四、卡尔·格律恩：《法兰西和比利时的社会运动》（1845 年达姆施塔特版）或真正的社会主义的历史编纂学""五、'霍尔施坦的格奥尔格·库尔曼博士'或真正的社会主义的预言"和恩格斯的"关于真正的社会主义者的手稿"等三份独立的文本实例。[2]如果说，从正文收录的文本实例来看，MEGA² 版和 MEGA¹ 版似乎没有太大的区别，那么附录所收录的文本实例却表现出了二者的重大差异。MEGA² 版《德意志意识形态》附录共收录了三份文本实例，其中两份是赫斯写的，即《格拉齐安诺博士的著作》和"关于格奥尔格·库尔曼和奥古斯特·贝克尔的手稿片断（摘录）"，另外一份是丹尼尔斯的"瓦·汉森博士《1844 年特利尔圣衣展览期间发生的治疗奇迹实录》（特利尔 1845 年版）"。[3]这三份文本实例均经马克思或恩格斯或二人共同修改，均首次刊发在原文版《德意志意识形态》中。尤其是后两份文本，它们在 MEGA² 版《德意志意识形态》中是首次出版。[4]如果考虑到赫斯直接参与了《德意志意识形态》的写作和出版事宜，因此我们对附录中出现他的名字和文本尚能接受的话，那么面对丹尼尔斯的文本，我们不免产生这样的疑问：为什么会有赫斯之外的其他作者的文本出现在附录中，它和赫斯的文稿同正文中的文本实例是什么关系？如果再考虑到陶伯特在 MEGA² 先行版"费尔巴哈"章附录中收录的魏德迈的《布鲁诺·鲍威尔及其辩护士》一文，那么我们不禁要进一步追问，为何曾被陶伯特收录的魏德迈的文稿没有出现在 MEGA² 版《德意志意识形态》附录中？附录的收录标准究竟是什么？

1　*Marx-Engels-Gesamtausgabe (MEGA²)*, Band I/5, S. 726.

2　Ebenda.

3　Ebenda, S. IX.

4　Ebenda, S. 727.

三、MEGA² 版《德意志意识形态》的作者标注

随着马克思恩格斯之外的其他作者的文本进入研究视域，我们就不可避免地碰到一个看似形式上的、实则根本性的棘手问题——作者标注问题。在一部题为"马克思恩格斯全集"的著作中，收录其他作者的文章当然显得名不正、言不顺，但是如果它们与马克思恩格斯的相关文本存在密切联系，那么将其收录似乎也不为过，即使是收在附录之中。但是接踵而来的问题是，这些作者的名字要不要上扉页，进而与马克思恩格斯并列为作者呢？

众所周知，就《德意志意识形态》的写作和出版来说，除了马克思恩格斯之外，我们知道至少还有一位重要的参与人——赫斯，那么是否要把赫斯列入《德意志意识形态》的作者之列？这个问题虽然被 MEGA¹ 编者所忽略，但却是 MEGA² 编者所着重考虑的问题。早在 1997 年《MEGA 研究》发表的关于 MEGA² 第 I/5 卷即《德意志意识形态》卷完整版构想的文章中，作者陶伯特、佩尔格和格朗荣就指出："MEGA² 第 I/5 卷是一部专题卷，其中收录卡尔·马克思和弗里德里希·恩格斯在 1845 年 11 月至 1846 年 5 月底 6 月初期间为批判'德意志意识形态'而撰写的、流传下来的手稿和刊印稿，以及在马克思和恩格斯的参与下写成的莫泽斯·赫斯的两个文本。本卷的标题为：卡尔·马克思，弗里德里希·恩格斯，莫泽斯·赫斯：德意志意识形态。手稿和刊印稿（1845 年 11 月至 1846 年 6 月）。"[1] 显然，正是由于该卷收录了赫斯的两个文本[2]，因此编者把赫斯排在马克思恩格斯之后，列为《德意志意识形态》的第

---

　　1 Inge Taubert, Hans Pelger, Jacques Grandjonc: Die Konstitution von MEGA² I/5 "Karl Marx, Friedrich Engels, Moses Heß: Die deutsche Ideologie. Manuskripte und Drucke (November 1845 bis Juni 1846)", S. 49.

　　2 即《德意志意识形态》第二卷第五章"'霍尔施坦的格奥尔格·库尔曼博士'或真正的社会主义的预言"和《格拉齐安诺博士的著作》，参见 Inge Taubert, Hans Pelger, Jacques Grandjonc: Die Konstitution von MEGA² I/5 "Karl Marx, Friedrich Engels, Moses Heß: Die deutsche Ideologie. Manuskripte und Drucke (November 1845 bis Juni 1846)", S. 57。

三作者。与此类似，在 2004 年出版的 MEGA² 先行版"费尔巴哈"章中，由于附录收录了魏德迈的文稿《布鲁诺·鲍威尔及其辩护士》，因此，编者把魏德迈同马克思恩格斯并列为作者。按照这一逻辑，不仅收录赫斯文稿，而且收录丹尼尔斯文稿的 MEGA² 版《德意志意识形态》，自然也应该把赫斯和丹尼尔斯纳入作者之列。然而，我们看到，这一版并没有这么做，其作者仍然只是马克思和恩格斯。那么，MEGA² 这种收录他人文稿却不标注其为作者的做法出于何种考虑呢？

四、MEGA² 版《德意志意识形态》的编排原则

MEGA² 版《德意志意识形态》明确地表明了自己与先前版本特别是先行版的本质区别，即秉持逻辑顺序优先、兼顾时间顺序的编排原则。这并不是说，它也会像 MEGA¹ 版那样基于逻辑考量而对手稿进行介入和干涉。相反，MEGA² 编者指出："由于《德意志意识形态》手稿实质部分的未能完成，以及不断变化的出版计划和出版形式，我们不能重建作为一部著作的《德意志意识形态》。在过去这种情况可以发生的地方，总是涉及到文本的种种汇编，这是同大量的介入和位置调整联系在一起的。"[1] 正是出于对 MEGA¹ 版以及之后各种"费尔巴哈"章版本编排方式的反思，MEGA² 版《德意志意识形态》完全按照现存的文本实例的真实样貌逐个进行编排。单从这一点上看，MEGA² 版和先行版可谓是一致的。因为在先行版中，陶伯特也是按照现存的独立的文本实例来编排《德意志意识形态》特别是"费尔巴哈"章的。然而，这两个版本的相似之处仅仅到此为止，因为进一步讲，陶伯特的先行版是完全按照时间顺序来编排的，[2] 而 MEGA² 版则坚持逻辑优先的原则，即只要有可能，就按照马

---

[1] *Marx-Engels-Gesamtausgabe (MEGA²)*, Band I/5, S. 727.

[2] Inge Taubert und Hans Pelger (Hrsg.): Karl Marx, Friedrich Engels, Joseph Weydemeyer: Die Deutsche Ide-ologie, S. 21*.

克思恩格斯当初所计划的章节结构来编排文本实例。只有当这一点不可行时，才会按照文本实例相对的写作时间顺序进行编排。[1]MEGA² 版同先行版在编排原则上的根本差异，亦成为两个版本之间的主要差异。那么，MEGA² 版为什么要放弃陶伯特所主张的纯粹的时间顺序原则，背后的原因是什么呢？

第二节　MEGA² 版《德意志意识形态》取得的考证新成果

从上文可知，MEGA² 版《德意志意识形态》在标题设定、收录内容、作者标注和编排原则等方面都出现了新变化，具有了新特点，而这些新情况使我们产生了种种疑问：是什么原因造成了 MEGA² 版《德意志意识形态》的新变化？其背后的理论依据是什么？这就需要我们联系 MEGA² 版《德意志意识形态》的考证新成果进行考察。

一、《德意志意识形态》的季刊计划与著述形式

MEGA² 版《德意志意识形态》的一大考证成果是，《德意志意识形态》并不是马克思恩格斯经过深思熟虑而计划撰写的一部著作，而是他们在同青年黑格尔派的激烈论战中应运而生的一部季刊。在"导言"（Einführung）中，编者用长达 50 页的篇幅详细考证了《德意志意识形态》作为季刊的出版计划的来龙去脉。简言之，它包含三个阶段：第一，1844 年巴黎时期至 1845 年 11 月的季刊计划酝酿期。MEGA² 编者指出，早在巴黎时期，马克思就计划创办一份超过 20 个印张的刊物，从而可以不受审查地发表精短文章，这尤其体现在他试图把《前进报》改造为一份月刊的尝试上。然而，这一尝试后来由于该报的夭折而失败。1845 年 2 月到达布鲁塞尔后，马克思原本有机会参与到皮特

1　*Marx-Engels-Gesamtausgabe (MEGA²)*, Band I/5, S. 727–728.

曼主编的《莱茵年鉴》杂志，但是随着该刊遭到政府压制，他失去了这一机会。第二阶段是 1845 年 11 月至 1846 年 7 月的季刊计划实施期。1845 年 11 月，身在德国的赫斯与威斯特伐利亚企业主迈耶尔和雷姆佩尔达成口头协议，后者出资支持马克思、恩格斯和赫斯出版一份每卷超过 20 印张的季刊，赫斯还因此获得了预付的稿酬。消息传到布鲁塞尔后，马克思和恩格斯便开始大规模地写稿和约稿，以便为季刊的出版作准备。1846 年 4 月，魏德迈抵达威斯特伐利亚，接替赫斯成为马克思恩格斯与迈耶尔和雷姆佩尔的中间人。然而，形势很快急转直下，魏德迈不断传来两位出资人经济紧张、无力出资的消息。1846 年 7 月，马克思恩格斯绕过魏德迈直接同迈耶尔和雷姆佩尔联系，交涉出版事宜。最终，双方关系破裂，季刊出版计划失败。第三阶段是从 1846 年 7 月底至 1847 年底的后季刊计划时期。在同威斯特伐利亚人关系破裂后，马克思特别是恩格斯开始想方设法寻找新的出版人。起初，马克思恩格斯计划在独立的两卷本中出版《德意志意识形态》手稿，为此他们决定放弃其他撰稿人的文稿，后来，他们甚至计划在压缩的一卷书中出版《德意志意识形态》手稿，但是所有这些努力都失败了。[1] 正是基于对《德意志意识形态》作为季刊之出版历程的重构，MEGA² 版《德意志意识形态》才在收录内容、作者标注等方面呈现出新特点。

　　第一，正是由于季刊计划在 1845 年底得到威斯特伐利亚企业主口头上的资金支持，马克思和恩格斯才进行了大规模的《德意志意识形态》手稿的写作以及组稿工作。他们不仅写下了批判青年黑格尔派和真正的社会主义的大量手稿，特别是篇幅浩大且细致详尽的"圣麦克斯"章，而且也努力争取其他友人的文稿。根据 MEGA² 编者的考证，在《德意志意识形态》第二卷中，除了马

---

[1] 特别参见"导言"的"创办一份自己的季刊的较早尝试""1845 年 11 月的出版谈判""'一、费尔巴哈'的写作和季刊的失败"和"1846 年夏后的出版尝试"等部分，即 *Marx-Engels-Gesamtausgabe (MEGA²)*, Band I/5, S. 735–737, 740–744, 771–780.

克思恩格斯写下的第一、四和五章，以及可能以"真正的社会主义的经济学"和"真正的社会主义的诗歌和散文"为主题的第二、三章之外，其余内容应该是其他作者所撰写的文稿。这既包括附录中收录的赫斯的两份文稿——《格拉齐安诺博士的著作》和"关于格奥尔格·库尔曼和奥古斯特·贝克尔的手稿片断（摘录）"，又包括附录中收录的丹尼尔斯所写的"瓦·汉森博士《1844年特利尔圣衣展览期间发生的治疗奇迹实录》（特利尔1845年版）"。此外，第二卷还应包括维尔特、魏特林以及贝尔奈斯等人的文稿，而这些文稿之所以未予收录，主要是因为它们"并没有以与《德意志意识形态》手稿共同出版的形式流传下来"[1]。可以说，正是出于季刊的判定，MEGA^{2}版《德意志意识形态》才既在正文中收录了马克思恩格斯所写的15份文本实例，又在附录中收录了他人所写的3份文本实例。顺便说一句，被先行版收录的马克思的《驳布鲁诺·鲍威尔》和魏德迈的《布鲁诺·鲍威尔及其辩护士》这两篇文稿之所以未被MEGA^{2}版《德意志意识形态》收录，是因为在MEGA^{2}编者看来，《驳布鲁诺·鲍威尔》是马克思单独发表的文章，马克思恩格斯从未计划把它与《德意志意识形态》一起出版，而魏德迈的文章虽然是在布鲁塞尔时期写下的，但它并不是《德意志意识形态》的组成部分。进一步讲，魏德迈并不是《德意志意识形态》的作者。[2]

第二，在季刊的解释框架下，MEGA^{2}版《德意志意识形态》的作者标注方式也可以得到说明。在MEGA^{2}编者看来，作为一部以"马克思恩格斯全集"为总标题的文集的组成部分，《德意志意识形态》自然应该只收录出自马克思和恩格斯之手的文稿，而赫斯和丹尼尔斯的文稿之所以被收入附录，并不仅仅是因为它们与季刊计划密切相关，而且是因为它们被马克思或恩格斯所修改，

1　Ebenda, S. 727.

2　参见赵玉兰：《MEGA^{2}版〈德意志意识形态〉的编辑情况分析——访德国柏林—勃兰登堡科学院 MEGA工作站格哈尔特·胡布曼博士和乌尔里希·帕格尔博士》，《马克思主义理论学科研究》2018年第5期。

马克思和恩格斯是这些作为季刊之组成部分的文稿的审校者和编辑者。因此，与其说这些文稿是由于与最初的季刊出版计划相关而获得了进入 MEGA² 版《德意志意识形态》的入场券，不如说它们是由于烙上了马克思恩格斯的编辑印迹才被纳入这一经典文本的。[1] 因此，它们的作者未能与马克思恩格斯并列为《德意志意识形态》的作者。与先行版相比，MEGA² 版《德意志意识形态》对作者标注的处理方式乍看似乎不很合理，但细思起来亦有令人信服之处。毕竟，正如编者指出的，MEGA² 版《德意志意识形态》的目的是再现马克思恩格斯写作的《德意志意识形态》相关文本，而不是重构那个本应涉及多个作者、多篇文稿的季刊。[2]

二、《德意志意识形态》的写作过程与编排原则

MEGA² 版《德意志意识形态》的另一大考证成果是，它首次细致地、完整地重构了《德意志意识形态》特别是"费尔巴哈"章的写作过程。这为其采取逻辑优先的编排原则提供了重要的理论依据。

按照 MEGA² 编者的考证，在整部《德意志意识形态》手稿中，最早问世的是"关于费尔巴哈的卷帙"中批判鲍威尔的早期稿本（即通常所谓的"主手稿"中马克思编号为 1—29 页的文本）。1845 年 10 月中旬，《维干德季刊》第 3 卷刊发了鲍威尔的《评路德维希·费尔巴哈》。在这篇文章中，鲍威尔首次对马克思恩格斯在《神圣家族》中对他所做的批判进行了回应。然而，鲍威尔在其回应中并未真正援引《神圣家族》，而是援引了一篇关于《神圣家族》的书评，而这篇书评对《神圣家族》的理解并不准确。另外，鲍威尔在其回应文章中仍然把马克思恩格斯当作费尔巴哈的追随者看待。殊不知，早在 1845 年

1　赵玉兰：《MEGA² 版〈德意志意识形态〉的编辑情况分析——访德国柏林—勃兰登堡科学院 MEGA 工作站格哈尔特·胡布曼博士和乌尔里希·帕格尔博士》，《马克思主义理论学科研究》2018 年第 5 期。

2　赵玉兰：《MEGA² 版〈德意志意识形态〉的编辑情况分析——访德国柏林—勃兰登堡科学院 MEGA 工作站格哈尔特·胡布曼博士和乌尔里希·帕格尔博士》，《马克思主义理论学科研究》2018 年第 5 期。

春的《关于费尔巴哈的提纲》中，马克思就已然表现出对费尔巴哈思想的根本超越。所有这些因素都促使马克思恩格斯首先对鲍威尔作出回应。[1]就在马克思恩格斯写作对鲍威尔的回应文章的过程中，威斯特伐利亚企业主资助出版季刊的消息传来。面对光明的出版前景，马克思和恩格斯放开手脚，开始大规模地写稿和组稿。批判施蒂纳的篇幅浩大的"圣麦克斯"章就是在这一背景下自1845年11月至1846年2—3月应运而生。在对鲍威尔和施蒂纳进行批判的过程中，马克思恩格斯逐渐产生了正面阐述自己观点的想法。于是，他们从"圣麦克斯"章抽取了两部分手稿，同之前写就的批判鲍威尔的那部分早期手稿结合起来，从而组成了作为"费尔巴哈"章主体的"关于费尔巴哈的卷帙"。之后，他们又完成了"莱比锡宗教会议"，并再次写作了批判鲍威尔的新稿本——"圣布鲁诺"章。由此，季刊第一卷的材料基本完备。[2]与此同时，在1846年2—3月，马克思恩格斯与赫斯以及其他德国社会主义者之间的差异已经清楚地表现出来，因此他们决定把对德国的真正的社会主义的批判也纳入到季刊之中。不过，这部分内容显然已经不可能与篇幅日益庞大的"圣麦克斯"章共同放在第一卷中，因此，关于真正的社会主义部分便被设定为季刊的第二卷。[3]正是基于对《德意志意识形态》主体内容写作过程的历史重构，MEGA² 版《德意志意识形态》才在编排原则上呈现出新特点。

　　在"导言"结尾的"文本编排阐述和编者说明"中，MEGA² 编者特别指出，如果以写作时间顺序为准，《德意志意识形态》手稿将被划分为七个时间段：第一阶段，"关于费尔巴哈的卷帙"中批判鲍威尔的早期稿本（"主手稿"第1—29页）；第二阶段，"圣麦克斯"章、"关于费尔巴哈的卷帙"中抽取自"圣麦克斯"章的两个部分（"主手稿"第30—35页、40—［73］页）、赫斯的

1　*Marx-Engels-Gesamtausgabe (MEGA²)*, Band I/5, S. 737–739.

2　Ebenda, S. 747–756.

3　Ebenda, S. 756–759.

《格拉齐安诺博士的著作》草稿和"费尔巴哈"（笔记）；第三阶段，"莱比锡宗教会议""圣布鲁诺""真正的社会主义""一、《莱茵年鉴》或真正的社会主义的哲学""四、卡尔·格律恩：《法兰西和比利时的社会运动》（1845 年达姆施塔特版）或真正的社会主义的历史编纂学""五、'霍尔施坦的格奥尔格·库尔曼博士'或真正的社会主义的预言"以及赫斯写作并由恩格斯修订的"关于格奥尔格·库尔曼和奥古斯特·贝克尔的手稿片断（摘录）"和丹尼尔斯的"瓦·汉森博士《1844 年特利尔圣衣展览期间发生的治疗奇迹实录》（特利尔 1845 年版）"；第四阶段，关于费尔巴哈的卷帙、"费尔巴哈"章的两个片断；第五阶段，"费尔巴哈"章的三个章开篇；第六阶段，马克思写的"序言"；第七阶段，恩格斯的"关于真正的社会主义者的手稿"。[1] MEGA² 编者认为，如果纯粹按照时间顺序编排文本实例，作为单独整体流传下来的手稿就要被割裂成若干部分。另外，现有的文献资料并不能保证每一份文本实例的写作时间都能被精准地确定。最重要的是，纯粹的时间顺序会与马克思恩格斯为手稿整体所设定的逻辑框架发生矛盾。[2] 例如，马克思恩格斯为各章编制了罗马数字，"费尔巴哈"章虽然是在较晚阶段写作的，但它却被设定为第一章。此外，如果按照时间顺序编排，那么源于"圣麦克斯"章、但被马克思恩格斯移至"费尔巴哈"章的两部分手稿又要被移回"圣麦克斯"章，这显然违背了作者的意图。正因如此，MEGA² 版《德意志意识形态》采取了逻辑顺序为主、兼顾时间顺序的编排原则。顺便说一句，陶伯特之所以能够在先行版中采取时间顺序编排文本，只是因为这一编排只涉及"费尔巴哈"章和"圣布鲁诺"章，而当面对《德意志意识形态》的整部庞大手稿、特别是"圣麦克斯"章时，纯粹按照时间顺序编排将完全不可行。正如胡布曼指出的："陶伯特对手稿所作的时间顺序的编排并不符合 MEGA 编辑准则，而她之所以能够很好地实现这一编

---

1 Ebenda, S. 795, Anm. 264.

2 Ebenda.

排，就是因为她只编辑了一小部分手稿。如果要制作一个完整版本，就必须考虑到其他因素……人们可以实现时间顺序的编排，但如此一来就会同时否定其他标准。我们在 MEGA^2 第 I/5 卷中考虑到了所有相关因素，而不仅仅是写作时间。"[1]

三、《德意志意识形态》的标题设定与卷次安排

通过对季刊出版计划以及《德意志意识形态》手稿写作过程的历史性重构，MEGA^2 版《德意志意识形态》亦在 1845 年底到 1846 年夏实施的季刊出版计划与 1847 年 4 月《驳卡尔·格律恩》中提及的合著《德意志意识形态》这两者之间架起了一座桥梁，从而使我们有可能对 MEGA^2 版《德意志意识形态》的标题问题有更深入的研究。正如 MEGA^2 编者在介绍《德意志意识形态》的流传史时谈到的，传统的《德意志意识形态》编辑工作面临着两个似乎互补的环节：一个环节是季刊出版计划，我们只知道它的前两卷的结构、内容和相关作者，却不知道它的总标题；另一个环节是马克思恩格斯打算出版的一部合著，我们只知道其标题为"德意志意识形态"，却不知其具体结构和相应的内容。[2] 因此，长期以来，关于这两个互补环节的关系，学界始终未能得出确切结论。MEGA^2 编者通过对季刊出版计划失败后马克思恩格斯的写作活动和出版努力的深入考证，才首次真正确立了这两个环节之间的内在联系。如前所述，在季刊出版计划失败后，为了更便捷地出版手稿，马克思恩格斯不仅决定放弃其他作者的文稿，而且计划以一卷而不是两卷的形式出版自己的手稿。MEGA^2 编者特别以《驳卡尔·格律恩》为佐证指出，马克思在这份声明中并没有提及两个卷次，而是只用单数谈到了一本书，一本由"弗·恩格斯和我

---

1 参见赵玉兰：《MEGA^2 版〈德意志意识形态〉的编辑情况分析——访德国柏林—勃兰登堡科学院 MEGA 工作站格哈尔特·胡布曼博士和乌尔里希·帕格尔博士》，《马克思主义理论学科研究》2018 年第 5 期。
2 *Marx-Engels-Gesamtausgabe (MEGA^2)*, Band I/5, S. 780.

合写"的"书"（Schrift）[1]。这就意味着，马克思恩格斯此时很可能已经打算用一个卷次而不是两个卷次来出版他们所写的手稿，而这卷出版物的标题——正如马克思在《驳卡尔·格律恩》中谈及的——就是《德意志意识形态》。由此可知，"德意志意识形态"并不是马克思恩格斯最初为季刊所计划的标题，它是在季刊出版计划失败之后马克思恩格斯为自己的文稿作为一卷本出版物而设定的标题。自然，对于 MEGA² 编者的"一卷本"推定，我们是可以提出反驳的，其依据就是马克思在《〈政治经济学批判〉序言》中所作的著名自述，特别是他在涉及《德意志意识形态》手稿时所明确提及的"两厚册八开本"[2]。然而，在 MEGA² 编者看来，这篇序言并不足以为据。因为，一方面，马克思在其中的表述极具误导性——手稿仿佛是已然写好、完整齐备的，他与恩格斯的出版意愿似乎也不强烈，而事实并非如此；另一方面，马克思在其中把整部《德意志意识形态》手稿的内容简单化为对"黑格尔以后的哲学"的批判，而没有提及对真正的社会主义的批判。[3]这就使得"两厚册八开本"的表述同样令人生疑，因为并不存在两册或两卷对黑格尔以后的哲学的批判。[4]所以，MEGA² 编者认为，《〈政治经济学批判〉序言》中的含混表述并不能够反驳从《驳卡尔·格律恩》中推断出的马克思恩格斯在季刊出版计划失败后所谋求的一卷本出版方案。很可能正是基于这一推断，MEGA² 版《德意志意识形态》才没有在子标题中采用"第一卷""第二卷"的字样，而只是用"对青年黑格尔派哲学的批判"和"对真正的社会主义的批判"两个简化标题对相应内容作了概述。

---

1 《马克思恩格斯全集》第 4 卷，人民出版社 1958 年版，第 43 页；德文版参见 *Marx-Engels-Werke*, Band 4, S. 38。

2 《马克思恩格斯文集》第 2 卷，人民出版社 2009 年版，第 593 页。

3 参见 *Marx-Engels-Gesamtausgabe (MEGA²)*, Band I/5, S. 781。

4 赵玉兰：《MEGA 视野下的马克思主义文本学研究》，人民出版社 2019 年版，第 196—197 页。

第三节 MEGA² 版《德意志意识形态》提出的研究新问题

MEGA² 版《德意志意识形态》不仅克服了 MEGA¹ 版对手稿的干涉和介入，消除了先行版在编排原则和收录内容上的一些缺陷，而且通过深入细致的考证研究历史地重构了《德意志意识形态》的写作史和出版史。这可谓是该版本的重大成果和重要功绩。但是，所有这些并不意味着 MEGA² 版《德意志意识形态》为百年来的《德意志意识形态》文献学研究划上了完满的句号。相反，它为我们开启了更为广阔的研究视域，一系列问题仍然需要我们深入探究。

一、关于两卷季刊的重构

既然《德意志意识形态》手稿源于马克思恩格斯设想的一份季刊出版计划，那么我们是否有可能重构这份季刊？如果重构，它应该包含哪些内容？尽管 MEGA² 版《德意志意识形态》只收录了马克思恩格斯所写的手稿（正文）以及他人撰写的、经马克思恩格斯编辑审校的文稿（附录），但是它仍然为我们重构季刊提供了重要的线索。

第一，关于季刊的第一卷。

由于第一卷现存的手稿相对完整，需要补充的内容并不多，仅限于赫斯的《格拉齐安诺博士的著作》。早在 MEGA¹ 中，编者就注意到了《德意志意识形态》所隐含的卢格问题。他们在提及赫斯对《德意志意识形态》的参与活动时就谈到，赫斯曾经提交了一篇题为《格拉齐安诺博士，德国哲学界的小丑》的文章，其中对卢格进行了批判。而在与马克思恩格斯反目特别是《德意志意识形态》出版计划失败之后，赫斯向马克思索要回了这篇文章。因此，

MEGA¹ 编者推测，卢格应该也曾是《德意志意识形态》的批判对象。¹ 而在准备 MEGA² 版《德意志意识形态》时，前任主编陶伯特亦将赫斯的《格拉齐安诺博士的著作》作为第一卷的收尾部分纳入到其完整版构想中。在 1997 年发表于《MEGA 研究》第 2 期的《〈德意志意识形态〉手稿的流传史和首次原文发表》中，陶伯特在第 II 部分专门介绍了这篇文章。《格拉齐安诺博士的著作》本是《德意志意识形态》第一卷的组成部分，在季刊出版计划失败之后，丹尼尔斯于 1846 年 7 月 28 日将这份手稿寄给了赫斯。一年之后，赫斯又将手稿寄给马克思以便发表。1847 年 8 月，《德意志—布鲁塞尔报》第 62 和 63 号发表了这篇文章。随着文章的发表，原来的手稿看来也被随之销毁了。² 因此，在重构季刊的第一卷时，《格拉齐安诺博士的著作》一文显然只能使用《德意志—布鲁塞尔报》的发表版。

第二，关于季刊的第二卷。

就第二卷来说，鉴于其开篇"真正的社会主义"以及第一、四、五章的手稿流传了下来，因此，重构工作主要涉及以下两个方面：

首先，第二、三章的重构。如前所述，MEGA² 编者认为，第二、三章的主题很可能涉及"真正的社会主义的经济学"和"真正的社会主义的诗歌和散文"。这里，他们特别对第三章即"真正的社会主义的诗歌和散文"的文本内容作了分析。一方面，1847 年 9 月，恩格斯在《德意志—布鲁塞尔报》中以"诗歌和散文中的德国社会主义"为总标题发表了《卡尔·倍克：〈穷人之歌〉或真正的社会主义的诗歌》一文，这篇文章的标题同第二卷流传下来的第一、四、五章的标题非常相似。这表明，它是第二卷未流传下来的章节的组成部分，主题涉及德国社会主义的诗歌。³ 另一方面，恩格斯在 1847 年 1 月 15

1　*Marx-Engels-Gesamtausgabe (MEGA¹)*, Band I/5, S. 564–565.

2　Inge Taubert: Die Überlieferungsgeschichte der Manuskripte der "Deutschen Ideologie" und die Erst-veröffentlichungen in der Originalsprache, S. 33.

3　*Marx-Engels-Gesamtausgabe (MEGA²)*, Band I/5, S. 757.

日致马克思的信中谈到，他"想改写关于格律恩论歌德的文章，要把它缩减到二分之一至四分之三印张，并且准备把它用在我们的书中"。[1] 恩格斯此处谈到的"我们的书"正是《德意志意识形态》。可见，"关于格律恩论歌德的文章"涉及的正是第二卷未流传下来的章节的内容，其主题为德国社会主义的散文。1847 年底，恩格斯的文章《卡尔·格律恩：〈从人的观点论歌德〉》发表于《德意志—布鲁塞尔报》，它和关于卡尔·倍克的文章共同列于"诗歌和散文中的德国社会主义"的总标题之下。[2] 因此，这两篇文章应该构成季刊第二卷未流传下来的第三章即"真正的社会主义的诗歌和散文"的内容。

其次，他人所写文稿的重构。早在 1980 年首次提出"季刊说"时，格洛维娜就指出，维尔特、贝尔奈斯、魏特林、丹尼尔斯等人都应马克思恩格斯的邀请向季刊提供了文稿。MEGA[2] 编者亦完全坚持这一观点。只不过，由于 MEGA[2] 版要重构的是马克思恩格斯的《德意志意识形态》文稿，而不是季刊，因此，他们并没有专门收录他人所写的文稿。但是在重建季刊的框架下，维尔特的《德国商业生活的幽默速写》、贝尔奈斯关于刑事和刑法的文稿、魏特林关于其 1843—1844 年苏黎世的牢狱经历的文稿摘录，[3] 包括 MEGA[2] 版《德意志意识形态》附录收录的赫斯的"关于格奥尔格·库尔曼和奥古斯特·贝克尔的手稿片断（摘录）"以及丹尼尔斯的"瓦·汉森博士《1844 年特利尔圣衣展览期间发生的治疗奇迹实录》（特利尔 1845 年版）"等，都能够以不同的文本为底本予以再现，从而被纳入到季刊的第二卷中。就此而言，MEGA[2] 版《德意志意识形态》给我们提供了丰富的线索。

总之，在现有的文献资料和考证成果的基础上，季刊的重构是完全可能的。它有助于我们更好地把握马克思恩格斯当年在激烈的理论交锋中所力图实

---

1 《马克思恩格斯全集》第 47 卷，人民出版社 2004 年版，第 455 页。

2 *Marx-Engels-Gesamtausgabe (MEGA²)*, Band I/5, S. 757–758; 中文版参见《马克思恩格斯全集》第 4 卷，人民出版社 1958 年版，第 244—275 页。

3 关于这三份文稿的情况，参见 *Marx-Engels-Gesamtausgabe (MEGA²)*, Band I/5, S. 759–761。

现的斗争目标以及由此所体现的他们的思想进程。

二、关于"费尔巴哈"章的编排

与《德意志意识形态》其他章节的付印稿样态不同，"费尔巴哈"章是由写作成熟度各异的准备材料、草稿以及誊清稿等构成的。因此，"费尔巴哈"章其实是《德意志意识形态》编排的核心，它决定着整部《德意志意识形态》的面貌。

在 MEGA^2 版《德意志意识形态》中，编者按照逻辑顺序优先、兼顾时间顺序的原则对"费尔巴哈"章手稿进行了编排：三份章开篇置于开头，其后是作为准备材料的"关于费尔巴哈的卷帙"和"费尔巴哈"（笔记），最后是两份誊清稿片断。由此，MEGA^2 版《德意志意识形态》在德文新版和试编卷版之后，又给出了一个新的逻辑顺序版"费尔巴哈"章。需要注意的是，在坚持"季刊说"的前提下，MEGA^2 编者显然没有把"一、费尔巴哈"建构成"章"的意图，他们按照独立的文本实例逐一编排的方式所呈现的不过是分散、孤立的文本片断的集合，这就在很大程度上消解了我们对此部分所固有的"章"的印象。尤其值得一提的是，在多多少少存在连贯阐述因而具有文稿样态的各文本实例中间，MEGA^2 编者插入了恩格斯和马克思所作的"费尔巴哈"（笔记）。要知道，它并不是一份连贯或有逻辑性的文稿，而是一段段简短的札记。事实上，早在 MEGA^1 中，编者就基于其札记性质而将其收入到附录之中，而 MEGA^2 编者却基于其作为马克思恩格斯写下的文本实例，而将其收入到"费尔巴哈"章的正文之中。可以想象，文稿与笔记混合而成的"费尔巴哈"章显然不可能是逻辑性的文稿。就此而言，MEGA^2 版《德意志意识形态》的编排方式存在重大缺陷。正因如此，在关于《马克思恩格斯全集》中文第二版第 5 卷即《德意志意识形态》卷的编辑设想中，柴方国指出，"费尔巴哈"（笔记）不宜编入"费尔巴哈"章，也不能编入附录，"应将其作为一篇单独的文献编辑，可以考虑编到《关于费尔巴哈的提纲》后面,《德意志意识形态》正文之前"。[1] 这显然是对 MEGA[2] 版的有力纠正。

由此可见,MEGA[2] 版《德意志意识形态》绝不是百年来有关"费尔巴哈"章乃至《德意志意识形态》编排尝试的历史终点。恰恰相反,以之为基础进行分析和反思,有助于进一步推进《德意志意识形态》的编辑和研究。与此同时,MEGA[2] 编者作为语文学家所提供的《德意志意识形态》各个文本实例又为《德意志意识形态》新的编排提供了坚实的文本基础。正如 MEGA[2] 编者指出的:"我们出版《德意志意识形态》的目标……是要让尽可能多的阐释者能够运用我们的版本来进行起点尽可能多样的工作。"[2] 事实上,甚至连 MEGA[2] 编者自己对"费尔巴哈"章的编排都感到意犹未尽,因而在 2018 年出版了新的时间顺序版"费尔巴哈"章。[3] 这就提醒我们,MEGA[2] 版"费尔巴哈"章乃至《德意志意识形态》只是 MEGA[2] 编辑出版工程框架内的成果,是 MEGA[2] 编辑准则作用下的产物。而在 MEGA[2] 之外,我们仍然有非常广大的空间来重构"费尔巴哈"章。就此而言,我们不仅仍需梳理和总结自 1926 年梁赞诺夫原文版"费尔巴哈"章以来的各个版本,而且还要深入研究 MEGA[2] 版"费尔巴哈"章乃至整部《德意志意识形态》。这是构建新的、更为合理的"费尔巴哈"章的前提和基础。

三、关于季刊与著作的判定

尽管《德意志意识形态》是以手稿形式流传下来的,但它长期以来一直被视为马克思恩格斯写下的一部著作,这对于《德意志意识形态》的编辑和研究

---

1 柴方国:《关于〈德意志意识形态〉编排方式的考虑》,《马克思主义与现实》2020 年第 3 期。

2 赵玉兰:《MEGA[2] 版〈德意志意识形态〉的编辑情况分析——访德国柏林—勃兰登堡科学院 MEGA 工作站格哈尔特·胡布曼博士和乌尔里希·帕格尔博士》,《马克思主义理论学科研究》2018 年第 5 期。

3 Gerald Hubmann und Ulrich Pagel (Hrsg.): *Karl Marx, Friedrich Engels. Deutsche Ideologie. Zur Kritik der Philosophie. Manuskripte in chronologischer Anordnung*, Berlin-Boston: Walter de Gruyter GmbH, 2018.

来说是一个不言自明的前提。因此，不论是在德国社会民主党理论家如梅林、伯恩施坦、迈尔等的马克思恩格斯编著、传记乃至《德意志意识形态》手稿的节录刊印中，还是在梁赞诺夫、阿多拉茨基以及第二次世界大战后苏联编辑专家的相关版本中，《德意志意识形态》一直被当作一部著作。1980 年，格洛维娜撰文指出《德意志意识形态》最初源于一部季刊，从而首次提出了"季刊说"。尽管如此，"著作说"并未受到任何影响，它仍然是关于《德意志意识形态》著述形式的主流观点。MEGA² 版《德意志意识形态》前主编陶伯特起初亦对"季刊说"持拒斥态度，并在 20 世纪 80 年代末 90 年代初的一系列文章中对之进行了驳斥。而在 20 世纪 90 年代后期，陶伯特的观点发生了根本变化，这明显地体现在 1997 年她发表于《MEGA 研究》的三篇文章中。而 2004 年出版的 MEGA² 版《德意志意识形态》先行版在按照时间顺序以独立的文本实例编排"费尔巴哈"章时，"著作说"已然遭到了明确的否定，"季刊说"得到实质性的确立。

正是在"季刊说"日渐扩大影响力的背景下，MEGA² 版《德意志意识形态》正式确立了"季刊说"。"导言"开篇明确指出："一部完整的或者仅仅是片断性的出自马克思恩格斯之笔的著作（Werk）《德意志意识形态》并不存在。毋宁说，此处所编辑的文本起初本应以季刊的形式出版，这份季刊最初应由马克思、恩格斯和赫斯主编，后来则只由马克思主编。"[1] 可以说，"季刊说"既是 MEGA² 版《德意志意识形态》的重大考证成果，又是其文本编排与研究的重要理论前提。问题是，"季刊说"是否可以作为《德意志意识形态》著述形式的根本判定？它是否可以涵盖具有多种出版方案、多种出版形式的《德意志意识形态》手稿的整个出版历程？

首先，我们注意到，MEGA² 编者在上述引文中指出，《德意志意识形态》"起初"应以季刊形式出版，而 1980 年格洛维娜的文章标题亦表明，季刊是《德

1　*Marx-Engels-Gesamtausgabe (MEGA²)*, Band I/5, S. 725–726.

意志意识形态》"最初的"出版计划。确实，大量的材料包括书信证明了《德意志意识形态》前期的季刊出版计划，它作为 MEGA² 版《德意志意识形态》的重要成果应当为我们所接受。不过需要追问的是，在季刊出版计划失败之后，马克思恩格斯是否对这些文稿有了新的定位？正如 MEGA² 编者指出的，马克思恩格斯当时决定抽出其他人的文稿，只把自己的文稿作为两卷本甚至一卷本出版。就此而言，在后季刊出版计划时期，季刊显然不再是这些文稿将采用的出版形式。

其次，尽管 MEGA² 编者以大量的文献材料为据证明了《德意志意识形态》最初之为季刊的存在，但是我们仍然需要强调，"著作说"之所以一直以来都是关于《德意志意识形态》著述形式的主流观点，就是因为马克思恩格斯本人的论述亦在很大程度上支持了这一观点。且不说《〈政治经济学批判〉序言》中的"两厚册八开本"的著名表述，马克思在 1846 年 8 月 1 日致列斯凯的信中提及的"一部反对德国哲学和迄今的德国社会主义的论战性著作"[1]，在 1846 年 12 月致安年科夫的信中提及的"对德国的哲学家和社会主义者的那篇批判"[2]等等，看起来都是一部著作，而不是一份季刊。显然，在著作还是季刊的判定上，马克思恩格斯的表述是我们的首要依据。因此，我们仍然有必要深入考察马克思恩格斯就《德意志意识形态》著述形式所作的种种表述，并特别就其用词进行细致辨析，从而得出最终的结论。

总之，就《德意志意识形态》的著述形式来说，以"季刊说"取代"著作说"还为时尚早。我们仍然需要对这一事关《德意志意识形态》文献学研究的基本问题进行深入的考证与探析。

---

1 《马克思恩格斯全集》第 47 卷，人民出版社 2004 年版，第 383 页。
2 《马克思恩格斯全集》第 47 卷，人民出版社 2004 年版，第 450 页。

第三篇 《德意志意识形态》文献学研究的新视域

第七章
《德意志意识形态》文献学研究的新资料

2017 年，MEGA² 第 I/5 卷即《德意志意识形态》卷正式出版。在这一卷中，编者深入系统地阐述了《德意志意识形态》的写作和出版历程，从而首次历史地重构了《德意志意识形态》的诞生史。那么为什么在这一标志唯物史观创立的重要著作问世 170 余年后，其复杂、曲折的诞生历程才为人所知？这背后的原因是什么？在 MEGA² 第 I/5 卷"导言"的结尾，我们找到了重要线索。编者在此指出，MEGA² 工作的启动及随后出版的卷次为"《德意志意识形态》手稿的出版赋予了全新的基础"，而"前两部书信卷，即 1975 年出版的 MEGA² 第 III/1 卷和 1979 年出版的 MEGA² 第 III/2 卷，在这里具有特殊的意义。随着出自手稿写作和修改时期的马克思恩格斯所写以及他人写给他们的书信的完整出版，马克思恩格斯为发表《德意志意识形态》手稿所尝试的种种出版筹措得以为人所见"。[1] 由此，书信尤其是他人致马克思恩格斯的书信在《德意志意识形态》研究中的重要地位充分凸显。

历史地来看，书信是马克思恩格斯文献遗产的重要组成部分。它作为马克思恩格斯亲笔所写文献，对于研究他们的生平、著作、思想和理论具有极为重要的意义。就《德意志意识形态》来说，二人仅留下三处公开自述，而作为其

---

1 *Marx-Engels-Gesamtausgabe (MEGA²)*, Band I/5, S. 792.

一手表述的书信，我们在很长时间里亦只能接触到二人所写的书信，而不能通达他人写给马克思恩格斯的书信。更重要的是，就《德意志意识形态》写作时期来说，由于马克思恩格斯共同居住在布鲁塞尔，根本无须写信，因此，他人致马克思恩格斯书信的价值就尤为重要。从最早的 MEGA[1] 版到《马克思恩格斯全集》俄文第一版，经由《马克思恩格斯全集》俄文第二版再到 MEGA[2] 版，马克思恩格斯书信的出版状况特别是他人致马克思恩格斯书信的出版状况也根本影响到《德意志意识形态》的文献学研究状况。

第一节　MEGA[1] 书信部分留下的《德意志意识形态》出版之谜

关于《德意志意识形态》，马克思恩格斯留给后人的公开自述仅有三处。

第一处存在于 1847 年 4 月发表的《驳卡尔·格律恩》中，马克思在其中提到了一年前"弗·恩格斯和我合写的'德意志思想体系'[1]（对以费尔巴哈、布·鲍威尔和施蒂纳为代表的现代德国哲学和以各式各样的预言家为代表的德国社会主义的批判）一书"[2]，这是马克思首次且唯一一次公开谈及这部著作的标题。第二处存在于 1859 年的《〈政治经济学批判〉序言》中，马克思指出，当 1845 年春恩格斯也住在布鲁塞尔时："我们决定共同阐明我们的见解与德国哲学的意识形态的见解的对立，实际上是把我们从前的哲学信仰清算一下。这个心愿是以批判黑格尔以后的哲学的形式来实现的。两厚册八开本的原稿早已送到威斯特伐利亚的出版所，后来我们才接到通知说，由于情况改变，不能付印。既然我们已经达到了我们的主要目的——自己弄清问题，我们就情愿让原稿留给老鼠的牙齿去批判了。"[3] 这可谓是马克思留下的关于《德意志意识形态》出版过

---

1 即《德意志意识形态》。

2 《马克思恩格斯全集》第 4 卷，人民出版社 1958 年版，第 43 页。

3 《马克思恩格斯文集》第 2 卷，人民出版社 2009 年版，第 593 页。

程与失败结局的最著名论述。第三处存在于《路德维希·费尔巴哈和德国古典哲学的终结》的"1888 年单行本序言"中，恩格斯在其中指出："在这篇稿子送去付印以前，我又把 1845—1846 年的旧稿找出来看了一遍。其中关于费尔巴哈的一章没有写完。已写好的部分是阐述唯物主义历史观的；这种阐述只是表明当时我们在经济史方面的知识还多么不够。旧稿中缺少对费尔巴哈学说本身的批判……"[1] 恩格斯这里所谓的"1845—1846 年的旧稿"正是指《德意志意识形态》，而他这段话尤其为我们提供了关于"费尔巴哈"章写作情况的重要线索。

鉴于马克思恩格斯在世时留下的公开说明极为有限，后人若想获得关于《德意志意识形态》诞生史的一手资料，必须关注的一个重要资料源就是书信，因为书信包含着马克思恩格斯关于其生平、思想和理论所做的最直接、最生动和最具体的说明。1913 年，倍倍尔和伯恩施坦共同主编的《马克思恩格斯通信集（1844—1883）》问世。作为世界历史上第一部马克思恩格斯书信集，这部编著的意义自不待言。然而，由于承担实际编辑工作的伯恩施坦采取了"在提及完全无关紧要的人的无关紧要的事情的地方"[2] 进行删节的编辑原则，该编著未能完整地呈现书信的原始面貌，因而并不能对马克思恩格斯生平和事业研究，特别是《德意志意识形态》研究提供全面的一手资料。1927 年，MEGA[1] 正式出版。在其四部分构成中，第 III 部分正是书信，其中收录了马克思恩格斯之间的通信以及他们写给友人的书信。从 1929 年至 1931 年，MEGA[1] 出版了第 III/1—4 卷，其中不仅完整收录了马克思和恩格斯之间的通信，而且对伯恩施坦版《马克思恩格斯通信集（1844—1883）》所作的删除、修改等做了充

---

1 《马克思恩格斯文集》第 4 卷，人民出版社 2009 年版，第 266 页。
2 August Bebel und Eduard Bernstein (Hrsg.): *Der Briefwechsel zwischen Friedrich Engels und Karl Marx. 1844 bis 1883*, Band 1, S. VI.

分说明。遗憾的是，这四卷是 MEGA¹ 书信部分的仅有成果。¹ 因此，在这一
历史时期，若想考察 1845—1847 年《德意志意识形态》的诞生史，所能依据
的新材料只能是 MEGA¹ 书信部分特别是第 III/1 卷（1844—1853 年）收录的
马克思恩格斯通信。

　　具体来说，在该卷中，1845 年份包含恩格斯致马克思的 3 封信，它们分
别写于 1845 年 1、2 和 3 月，此时《德意志意识形态》的写作工作尚未启动，
因而可不予关注。1846 年份包含恩格斯致马克思以及布鲁塞尔共产主义通讯
委员会的 11 封信，其中 5 封涉及《德意志意识形态》，分别是恩格斯在 8 月
19 日、9 月 18 日、10 月中旬、11 月 2 日和 12 月底致马克思的信。² 考虑到恩
格斯在 8 月 15 日已经离开布鲁塞尔、抵达巴黎，因此这些书信显然不可能涉
及《德意志意识形态》的核心写作阶段。1847 年份包含恩格斯致马克思的 7
封信和马克思致恩格斯的 1 封信，其中只有恩格斯在 1 月 15 日和 3 月 9 日致
马克思的两封信涉及《德意志意识形态》。因此，在 MEGA¹ 第 III/1 卷中，真
正涉及《德意志意识形态》的书信仅为 7 封，而由于它们均写于 1846 年 7 月《德
意志意识形态》出版计划失败之后，因而其内容主要涉及这一出版物的修改完
善及后续出版等事宜。

一、关于《德意志意识形态》手稿的后续处理

　　首先，推进"费尔巴哈"章的写作。1846 年 8 月 19 日，身在巴黎的恩格
斯致信马克思："我浏览了一遍费尔巴哈发表在《模仿者》上的《宗教的本质》。
这篇东西，除了有几处写得不错外，完全是老一套……我要仔细地读一遍，如
果其中一些重要的段落有意思，我就尽快把它摘录给你，使你能够用在有关费

---

　　1 MEGA¹ 第 I/1 卷和第 I/2 卷亦收录了马克思和恩格斯的书信，其中甚至包含他人所写的书信，但它们
涉及的是 1844 年初以前的时期。

　　2 其中，"10 月中旬"和"12 月底"的两封信在 MEGA² 和《马克思恩格斯全集》中文第二版中被判定
为写于"大约 10 月 18 日"和"11 月中—12 月"。

尔巴哈的地方。"[1]看来，恩格斯想通过摘录费尔巴哈的论著助力马克思推进"费尔巴哈"章的写作。在接下来的日子里，他又提过两次有关此书的摘录情况。在一个月后即 9 月 18 日致马克思的信中，恩格斯谈到："出于某种畏惧，我直到今天还没有能下决心去摘录费尔巴哈的著作。"[2]在 10 月中旬致马克思的信中，恩格斯得出了结论："我终于强迫自己把费尔巴哈的破烂货读了一遍，我觉得，在我们的批判中无法涉及这篇东西。"[3]尽管《宗教的本质》最终被判定为无益于《德意志意识形态》的写作，但从这一摘录工作的背后可以看出，在《德意志意识形态》出版计划失败后，马克思恩格斯仍然在积极推进"费尔巴哈"章的写作，以期尽快将其完成。

其次，完善"真正的社会主义"部分。1847 年 1 月 15 日，恩格斯致信马克思："现在，当真正的社会主义在四面八方发展起来，除皮特曼之流这些孤独的星群之外又成立了威斯特伐利亚学派、萨克森学派、柏林学派等等的时候，如果我们能够把'真正的社会主义'这一章再写一遍，那该多好啊！可以根据天空的星座把他们分类。皮特曼是大熊座，泽米希是小熊座，或者皮特曼是金牛座，昴星团是他的 8 个孩子。……格律恩是宝瓶座等等。"[4]这封信表明，即使在《德意志意识形态》出版计划失败半年之后，恩格斯仍然没有忘记对真正的社会主义的批判，而这正是他和马克思在《德意志意识形态》中阐述的一大主题。更重要的是，正是以此处的修改构想为基础，恩格斯写下了"真正的社会主义者"[5]这一手稿，其中对真正的社会主义的上述德国支派做了逐一批判。此外，恩格斯在这封信中还告诉马克思，他"想改写关于格律恩论歌德

---

1 *Marx-Engels-Gesamtausgabe (MEGA¹)*, Band III/1, S. 27; 中文版参见《马克思恩格斯全集》第 47 卷，人民出版社 2004 年版，第 387—388 页。

2 Ebenda, S. 39; 中文版参见《马克思恩格斯全集》第 47 卷，人民出版社 2004 年版，第 405 页。

3 Ebenda, S. 44; 中文版参见《马克思恩格斯全集》第 47 卷，人民出版社 2004 年版，第 415 页。

4 Ebenda, S. 65; 中文版参见《马克思恩格斯全集》第 47 卷，人民出版社 2004 年版，第 454—455 页。

5 参见《马克思恩格斯全集》第 3 卷，人民出版社 1960 年版，第 641—692 页。

的文章，要把它缩减到二分之一至四分之三印张，并且准备把它用在我们的书中"。[1] 恩格斯此处谈到的是他的《诗歌和散文中的德国社会主义》的第二篇文章《卡尔·格律恩：〈从人的观点论歌德〉》，看来他曾有意将其纳入《德意志意识形态》第二卷关于"真正的社会主义"的部分中。遗憾的是，他并没有实现这一计划，而这篇文章亦于 1847 年底发表于《德意志—布鲁塞尔报》。

最后，退还贝尔奈斯的手稿。在 1846 年 9 月 18 日致马克思的信中，恩格斯问道："威斯特伐利亚人把手稿寄给丹尼尔斯了吗？"[2] 这表明了《德意志意识形态》手稿在出版计划失败之后的去向：它离开威斯特伐利亚，被寄给了身在科隆的丹尼尔斯。值得一提的是，在 1846 年 11 月 2 日致马克思的信中，恩格斯让马克思把贝尔奈斯的手稿寄给作者本人。[3] 这里所谓的贝尔奈斯的手稿其实正是他提交给《德意志意识形态》的一份关于刑事和刑法的文稿。在 12 月底的一封信中，恩格斯通知马克思，贝尔奈斯"已经顺利地收到了他的手稿"。[4]看来，马克思已经按照恩格斯的要求把手稿寄还给了贝尔奈斯。

二、关于《德意志意识形态》出版失败的间接说明

在 MEGA[1] 收录的 1846 年下半年至 1847 年的马克思恩格斯通信中，涉及《德意志意识形态》出版失败内容的只有 2 封，而且表述比较含糊。

首先，在 1846 年 8 月 19 日致马克思的信中，恩格斯提到："为了威斯特伐利亚人的事，我狠狠地责备了他。魏德迈这个无赖给贝尔奈斯写了一封威斯特伐利亚式的诉苦信，把高尚的迈耶尔和雷姆佩尔描绘成美好事业的蒙难者，说他们甘愿为这一事业而牺牲了一切，而我们却以蔑视的态度把他们赶走

---

1 *Marx-Engels-Gesamtausgabe (MEGA¹)*, Band III/1, S. 65；中文版参见《马克思恩格斯全集》第 47 卷，人民出版社 2004 年版，第 455 页。

2 Ebenda, S. 39；中文版参见《马克思恩格斯全集》第 47 卷，人民出版社 2004 年版，第 406 页。

3 Ebenda, S. 57；中文版参见《马克思恩格斯全集》第 47 卷，人民出版社 2004 年版，第 430—431 页。

4 Ebenda, S. 58；中文版参见《马克思恩格斯全集》第 47 卷，人民出版社 2004 年版，第 433 页。

了，云云。艾韦贝克和贝尔奈斯这两个轻信的日耳曼人，也就异口同声地抱怨我们冷酷无情，爱争吵，而对那个少尉的话却句句当真。如此迷信盲从实在少见。"[1] 其次，在 9 月 18 日致马克思的信中，恩格斯再次谈到："魏德迈甜蜜的胡说真是动人。这家伙先是声称要写一个宣言，宣称我们是无赖，接着又希望这不致引起私人之间的不和。这样的事，甚至在德国也只是在汉诺威—普鲁士边境才可能发生。"[2]

这里，恩格斯讲述的内容显然同《德意志意识形态》出版计划的失败过程有关。但是，我们从中只能看出他对魏德迈的讽刺，对奥古斯特·艾韦贝克（August Ewerbeck）、贝尔奈斯的恼火，以及对威斯特伐利亚企业主迈耶尔和雷姆佩尔的批判，却无法得知这中间究竟发生了什么。为什么贝尔奈斯等人会轻信、盲从，他们为什么说马克思恩格斯冷酷无情、爱争吵？而马克思恩格斯又为何如此愤怒，对威斯特伐利亚人如此不满？一件事情为何引发两种迥然不同的态度与观点？所有这些谜团都有待解开。

值得一提的是，恩格斯对魏德迈的这两处批评在伯恩施坦版《马克思恩格斯通信集（1844—1883）》中被完全删掉了。[3] 这一关于《德意志意识形态》出版计划失败原因的重要线索亦在很长时间内不为人知。

三、关于《德意志意识形态》的后续出版方案

在《德意志意识形态》出版计划失败后，马克思恩格斯并没有放弃它的出版方案，仍然在努力寻找出版商，这反映在 1846 年下半年至 1847 年上半年两人的通信中。

在 1846 年 9 月 18 日的信中，恩格斯向马克思提到："我不知道除了列斯

---

1 Ebenda, S. 26; 中文版参见《马克思恩格斯全集》第 47 卷，人民出版社 2004 年版，第 386—387 页。

2 Ebenda, S. 39; 中文版参见《马克思恩格斯全集》第 47 卷，人民出版社 2004 年版，第 405 页。

3 Ebenda, S. 26, 39.

凯外，还有哪个出版商愿意接受我们的手稿，……勒文塔尔显然是不会接受
的。"[1] 在 10 月中旬致马克思的信中，恩格斯说他打算"同瑞士的书商接洽一
下"，还会联系不来梅的屈特曼。[2] 显然，恩格斯此时已经展开了全面联系，以
便为《德意志意识形态》寻找到出版机会。也正是在这封信中，恩格斯向马克
思提出了新建议："把手稿分开，把第一卷交给一个人，把第二卷交给另外一
个人。"[3] 在 11 月 2 日致马克思的信中，恩格斯再次谈到："我们在当前的困境下，
显然不能把两卷一起出版，最多也只能把两卷分给两个完全不同的出版商。"[4]
在此后直至 1847 年初，恩格斯在与马克思的通信中反复商谈出版商事宜，其
中涉及瑞士人、不来梅人，还有康斯坦茨的贝尔维尤的出版商、黑里绍的出版
商，等等。[5] 看来，即使在《德意志意识形态》出版计划失败半年之后，马克
思恩格斯仍然在竭尽全力寻觅出版商。

　　1847 年 1 月 15 日，恩格斯告诉马克思："宁可要不来梅人，也不要瑞士
人。"[6] 3 月 9 日，恩格斯仍在提醒马克思："不能放过不来梅人。他不答复，就
再给他写封信，万不得已时，最低的条件也得同意。"[7] 恩格斯进一步说："如果
我们手稿的出版与你那本书的出版发生冲突，那么就把手稿搁一旁算了，因
为出版你的书重要得多。我们两人从我们的著作中得到的好处不多。"[8] 恩格斯
此处谈到的"那本书"正是马克思准备出版的批判皮埃尔·约瑟夫·蒲鲁东
（Pierre-Joseph Proudhon）的著作《哲学的贫困》。看来，为了保证《哲学的贫
困》的顺利出版，恩格斯已经打算放弃《德意志意识形态》的出版了。

---

1 Ebenda, S. 39; 中文版参见《马克思恩格斯全集》第 47 卷，人民出版社 2004 年版，第 405 页。

2 Ebenda, S. 47; 中文版参见《马克思恩格斯全集》第 47 卷，人民出版社 2004 年版，第 420 页。

3 Ebenda, S. 48; 中文版参见《马克思恩格斯全集》第 47 卷，人民出版社 2004 年版，第 420 页。

4 Ebenda, S. 57; 中文版参见《马克思恩格斯全集》第 47 卷，人民出版社 2004 年版，第 431 页。

5 Ebenda, S. 60; 中文版参见《马克思恩格斯全集》第 47 卷，人民出版社 2004 年版，第 436 页。

6 Ebenda, S. 64; 中文版参见《马克思恩格斯全集》第 47 卷，人民出版社 2004 年版，第 453 页。

7 Ebenda, S. 67; 中文版参见《马克思恩格斯全集》第 47 卷，人民出版社 2004 年版，第 458 页。

8 Ebenda, S. 68; 中文版参见《马克思恩格斯全集》第 47 卷，人民出版社 2004 年版，第 460 页。

总之，MEGA¹ 收录的马克思恩格斯的通信主要为我们提供了《德意志意识形态》出版计划失败之后两人的各种筹划，既包括对手稿的完善，又包括与不同出版商的联系。所有这些都表明，在出版计划失败之后，他们并未轻易放弃《德意志意识形态》手稿，更不想将其束之高阁。这与马克思在《〈政治经济学批判〉序言》中所谓"既然我们已经达到了我们的主要目的——自己弄清问题，我们就情愿让原稿留给老鼠的牙齿去批判了"的达观态度并不完全一致。但是，关于《德意志意识形态》在威斯特伐利亚的出版计划的酝酿、实施和失败过程，我们基本看不出任何细节：这部马克思恩格斯的著作为何会收录贝尔奈斯的手稿？它为何没能在威斯特伐利亚人那里出版？它的出版失败为何引起了一边为魏德迈和威斯特伐利亚人的抱怨、另一边为马克思恩格斯的愤怒这两种截然不同的态度？所有这些都是马克思恩格斯通信留给我们的谜团。

第二节 《马克思恩格斯全集》俄文第一版和第二版书信部分提供的新信息和新线索

在 MEGA¹ 之后，《马克思恩格斯全集》俄文第一版和第二版亦相继出版。如果说俄文第一版首次系统收录了马克思恩格斯致友人的书信，因而从这一角度为我们提供了关于《德意志意识形态》的新信息，那么作为《马克思恩格斯全集》中文第一版翻译底本的俄文第二版，则在正卷对以往版本中的马克思恩格斯书信完整收录的情况下，在补卷中提供了此前未曾收录的个别新书信，从而为《德意志意识形态》研究提供了新线索。

一、《马克思恩格斯全集》俄文第一版收录的马克思恩格斯致他人的书信

《马克思恩格斯全集》俄文第一版本是与 MEGA¹ 并行的项目，它于 1928 年开始出版，1947 年宣告完成。不同于 MEGA¹ 出版的 4 卷马克思恩格斯之间

的通信，《马克思恩格斯全集》俄文第一版书信卷次达 9 卷（第 21—29 卷），它不仅收录了马克思恩格斯之间的通信（第 21—24 卷），而且收录了马克思恩格斯写给他人的书信（第 25—29 卷）。其中，第 21 卷收录了 1844—1853 年的马克思与恩格斯的通信，第 25 卷收录了 1844—1868 年马克思恩格斯致他人的书信，它们正好涵盖了 1845—1847 年《德意志意识形态》的写作时期。而就第 21 卷来说，由于它与 MEGA¹ 第 III/1 卷均出版于 1929 年，因此，两者收录的马克思恩格斯通信完全一致。如此一来，我们的关注点就可以聚焦于第 25 卷。具体来说，关于 1845 年份，该卷共收录了马克思致海涅（2 月 1 日 [1]，3 月 24 日）、马克思致察哈里亚斯·勒文塔尔（Zacharias Löwenthal，5 月 9 日）、恩格斯致妹妹玛丽亚·恩格斯（Marie Engels，5 月 31 日）和康培（10 月 14 日）等 5 封信，它们均写于《德意志意识形态》之前，同该著作没有直接关系。关于 1846 年份，该卷收录了恩格斯致埃米尔·布兰克（Emil Blank，4 月 3 日）、马克思致海涅（约 4 月 5 日）、马克思致蒲鲁东（5 月 5 日）、马克思恩格斯等致古斯塔夫·克特根（Gustav Köttgen，6 月 15 日）、恩格斯和马克思致赫斯（7 月 27 日）、马克思致列斯凯（8 月 1 日）和马克思致安年科夫（12 月 28 日）等 7 封信。[2] 其中，后 3 封信同《德意志意识形态》有直接联系。关于 1847 年份，该卷收录了马克思或恩格斯致丹尼尔斯（3 月 7 日）、海尔维格（7 月 27 日，8 月 8 日，10 月 26 日）、赫斯（9 月 2 日）、吕西安·莱奥波德·若特兰（Lucien-Léopold Jottrand，9 月 30 日）、安年科夫（12 月 9 日）等人的 7 封信。[3] 它们均不涉及《德意志意识形态》。因此，与 MEGA¹ 相比，《马克思恩格斯全集》俄文第一版提供的有关《德意志意识形态》的新书信主要涉及 1846 年马克思恩格斯致他人的 3 封信。

---

1 这封信在 MEGA² 和《马克思恩格斯全集》中文第二版中被判定为写于"1月底—2月1日"。

2 其中，马克思致海涅的信以及恩格斯和马克思致赫斯的信在 MEGA² 和《马克思恩格斯全集》中文第二版中分别被判定为写于"4月初"和"7月27—29日"。

3 К. Маркс и Ф. Энгельс, *Сочинения*, том 25, М.: Партиздат ЦК ВКП (б), 1936, C. 585.

首先，退还赫斯的手稿。在 1846 年 7 月 27 日致赫斯的信中，马克思写道："因为我们的著作的出版可能还要拖延很长时间，所以我劝你把你评卢格的那篇文章抽回去。"他还告诉赫斯："我已经写信给两位威斯特伐利亚人，让他们把手稿寄给丹尼尔斯。如果手稿还没有寄给丹尼尔斯，那就让他们把评卢格的那篇文章直接寄给你。"[1]此时，马克思恩格斯刚刚同威斯特伐利亚人决裂，《德意志意识形态》出版计划失败。因此，这里所涉及的"我们的著作"正是指《德意志意识形态》。值得一提的是，马克思退还赫斯的手稿，不免使人联想起前文提到的退还贝尔奈斯的手稿。看来，《德意志意识形态》出版计划不仅涉及马克思恩格斯，还涉及他们的友人赫斯、贝尔奈斯等。

其次，说明《德意志意识形态》出版失败的原因。在致列斯凯和安年科夫的信中，马克思均谈及了《德意志意识形态》，并间接说明了其出版失败的原因。一方面，在 1846 年 8 月 1 日致列斯凯的信中，马克思写道："德国的几个资本家愿意出版我、恩格斯和赫斯的一些著作……通过这些先生的一个朋友的帮助，他们差不多已答应出版我的《经济学批判》等著作。为了把我编辑的和恩格斯等人合写的著作的第一卷手稿安全地带过边界，这个朋友在布鲁塞尔一直待到 5 月份。随后，他本应该从德国来信确切地告诉我，同意或不同意出版《国民经济学》。但是我没有得到任何消息，或者说得到了一些含糊其词的消息，只是在那部著作的第二卷手稿绝大部分已经寄往德国以后，不久前那些先生才终于来信说，他们的资金另作他用，所以这件事一无所成。"[2]若把马克思这段关于《德意志意识形态》写作和出版过程的大致勾勒同《〈政治经济学批判〉序言》中的表述结合起来，那么《德意志意识形态》的大致诞生过程已然基本呈现，而马克思恩格斯同赫斯等友人在《德意志意识形态》写作过程中的合作关系也已显现。不过，关于《德意志意识形态》出版过程的细节，特别是失败

---

1 Там Же, C. 16; 中文版参见《马克思恩格斯全集》第 47 卷，人民出版社 2004 年版，第 380 页。

2 Там Же, C. 17—18; 中文版参见《马克思恩格斯全集》第 47 卷，人民出版社 2004 年版，第 382—383 页。

的原因，还是不很清晰。另一方面，在 1846 年 12 月 28 日致安年科夫的信中，马克思指出："直到现在，我……也未能出版我曾在布鲁塞尔向您说过的对德国的哲学家和社会主义者的那篇批判。您很难想象，在德国出版这种书要碰到怎样的困难，这困难一方面来自警察，一方面来自与我所抨击的一切流派利益攸关的出版商。"[1] 这里，马克思的说明已经触及到了《德意志意识形态》诞生史的核心问题——出版失败的原因。然而，由于他在此处的论述较为概括，因此，关于出版失败的相关细节——究竟是由于警察的书报检查还是由于出版商的推诿不力——仍然不得而知。

二、《马克思恩格斯全集》俄文第二版收录的新书信

《马克思恩格斯全集》俄文第二版于 1955 年开始出版，至 1966 年完成正卷 39 卷。此后，又出版了 11 卷补卷，最终于 1981 年完成了共计 50 卷的出版规模。其中，第 27 卷收录了 1851 年之前马克思恩格斯之间的通信以及他们致友人的书信。就 1845—1847 年的《德意志意识形态》写作时期来说，该卷收录的马克思恩格斯通信较之前版本并没有新增，而同一时段他们致友人的书信只新增了 1 封，即 1845 年 1 月马克思致卢格的信，但它同《德意志意识形态》没有关系。[2] 值得一提的是，在 1981 年出版的最后一本补卷——第 50 卷中，增补了 1842—1895 年马克思恩格斯所写的 103 封信。其中，就《德意志意识形态》写作时期来说，新增了 4 封书信。它们均写于 1846 年，包括恩格斯致妹妹玛丽亚（3 月 7 日）以及马克思致贝尔奈斯（5 月 7 日）、魏德迈（5 月 14—16 日）和贝尔奈斯（8 月）的书信。从内容上看，恩格斯致妹妹玛丽

---

1 Там Же, С. 31; 中文版参见《马克思恩格斯全集》第 47 卷，人民出版社 2004 年版，第 450 页。

2 К. Маркс и Ф. Энгельс, *Сочинения*, том 27, М.: Государственное Издательство Политической Литературы, 1962, С. 685–686, 691–692.

亚的信主要是祝贺她生子，与《德意志意识形态》无关[1]；马克思致贝尔奈斯的前一封信涉及后者稿件的稿酬事宜，与《德意志意识形态》无关[2]；后一封信只有一句话，它引自贝尔奈斯给马克思的复信："只有事先通过批判把现存这些（为了简短起见，我们可以称为'坏的'）流派克服掉，才能有把握进行自己的正面阐述。"[3]这一简洁内容很难使人推定其与《德意志意识形态》的关联。相比之下，马克思致魏德迈的书信则同《德意志意识形态的》具有极为密切的联系，而这封信正是由安德烈亚斯和蒙克首次发现，并于1968年以《〈德意志意识形态〉的新材料。附一封不为人知的卡尔·马克思书信以及其他文献》为题首次发表于《社会历史文库》[4]。我们不妨深入考察一下它的内容。

首先，关于《德意志意识形态》手稿。马克思在信中告诉魏德迈："手稿你不久也会收到。第二卷差不多已经完成。第一卷的手稿一到（最好用两个邮包寄这些东西），殷切希望马上开始付印。"[5]看来，在1846年5月中旬，马克思尚未彻底完成第二卷手稿。而按照他写给列斯凯的信所述，魏德迈已经在5月把第一卷的部分手稿带到了威斯特伐利亚，以便等待时机印刷。这是关于《德意志意识形态》写作史的重要线索。

其次，关于福格勒的方案。马克思在信中与魏德迈讨论了在荷兰林堡成立出版社的可行性，他认为这对于出版小册子来说或许合适，但是20印张以上的书籍最好在德国本土印刷。马克思之所以有这一想法，是因为他已经"找到了一条门路"："住在这里的福格勒可以承担全部的书籍发行业务，他在莱

---

1 К. Маркс и Ф. Энгельс, *Сочинения*, том 50, М.: Издательство Политической Литературы, 1981, С. 403–404; 中文版参见《马克思恩格斯全集》第47卷，人民出版社2004年版，第361—363页。

2 Там же, С. 404–405; 中文版参见《马克思恩格斯全集》第47卷，人民出版社2004年版，第368页。

3 Там же, С. 408; 中文版参见《马克思恩格斯全集》第47卷，人民出版社2004年版，第395—396页。

4 参见 Bert Andréas und Wolfgang Mönke: Neue Daten zur "Deutschen Ideologie". Mit einem unbekannten Brief von Karl Marx und anderen Dokumenten, S. 67–72.

5 К. Маркс и Ф. Энгельс, *Сочинения*, том 50, С. 405; 中文版参见《马克思恩格斯全集》第47卷，人民出版社2004年版，第369页。

比锡有个经理人，这个人主要是推销禁书。书本身要在德国印刷。编者每次都作为出版者，就是说，'作者自费出版'。"[1]马克思在此处特别引证了福格勒的书信内容："我愿按集市收入的百分之十，作为寄送、转运、交货、兑现、代销等等费用，承担全部委托业务，条件是，把书给我寄到莱比锡，邮资付讫。"[2]马克思认为，福格勒提出的方案是出版20个印张以上的书籍的最好办法。"如果迈耶尔同意福格勒的建议，那就可以马上开印——只要在普鲁士以外随便找个印刷地点。"[3]这是关于《德意志意识形态》手稿印刷及出版的重要信息。

最后，关于马克思提到的"相当不快"。马克思在信中谈到，就在他给魏德迈写回信的时候又收到了魏德迈的一封来信，信中传来的消息使他"相当不快"[4]。接下来，他向魏德迈历数了自己手头的种种拮据。除了家庭的财政困难，他还谈到，"至于那部著作的稿费，你知道，我只拿第一卷的一半"，同时，"这部著作的编者"，特别是贝尔奈斯也遇到了经济困难。[5]另外，马克思还补充说："赫斯从我现在正在出版的两卷书当中，不应再得到什么了，相反，他还应该交还给我们一些。"[6]尽管我们不能从马克思的信中确切得知魏德迈"信中传来的消息"究竟是什么，但是从他的回信可以猜测，这一坏消息可能涉及财务方面。我们不禁要问，这一坏消息是否会对《德意志意识形态》的出版产生影响？另外，马克思在这里对贝尔奈斯以及赫斯的提及，再次表明了他们同《德意志意识形态》的密切联系。那么，《德意志意识形态》究竟是一个怎样的合作项目呢？

---

1 Там Же, С. 405; 中文版参见《马克思恩格斯全集》第47卷，人民出版社2004年版，第369—370页。
2 Там Же, С. 406; 中文版参见《马克思恩格斯全集》第47卷，人民出版社2004年版，第370页。
3 Там Же, С. 406; 中文版参见《马克思恩格斯全集》第47卷，人民出版社2004年版，第370页。
4 Там Же, С. 406; 中文版参见《马克思恩格斯全集》第47卷，人民出版社2004年版，第370页。
5 Там Же, С. 406—407; 中文版参见《马克思恩格斯全集》第47卷，人民出版社2004年版，第371页。
6 Там Же, С. 407; 中文版参见《马克思恩格斯全集》第47卷，人民出版社2004年版，第372页。

第三节 MEGA^2 中他人致马克思恩格斯的书信对《德意志意识形态》诞生史的揭秘

尽管 MEGA^1 和《马克思恩格斯全集》俄文版提供了尽可能完整的马克思恩格斯书信，但是这些书信的绝大部分只构成了马克思恩格斯通信的半环，因为它们均为马克思恩格斯所写，而不包含马克思恩格斯所收到的书信。1975 年，MEGA^2 正式出版。在它的四部分构成中，第 III 部分正是书信，其中不仅收录了马克思恩格斯所写的书信，而且首次系统收录了他人致马克思恩格斯的大量书信，从而使马克思恩格斯书信形成了相对完整的闭环。1975 年和 1979 年，MEGA^2 第 III/1 卷和第 III/2 卷出版，其中收录了截至 1848 年马克思恩格斯的书信，从而为《德意志意识形态》诞生史提供了最为翔实、最为可靠和最为丰富的一手材料。具体来说，关于 1845—1847 年上半年时段，MEGA^2 收录的马克思恩格斯所写的书信较之于先前版本新增了 3 封，它们均收录在第 III/1 卷中，包括马克思致比利时国王莱奥波德一世（Leopold I.）的居留申请信（1845 年 2 月 7 日）和马克思致特利尔市市长弗兰茨·达米安·格尔茨（Franz Damian Görtz）关于移民申请的 2 封信（1845 年 10 月 17 日和 11 月 10 日），它们显然同《德意志意识形态》无关。而就他人致马克思恩格斯的书信来说，在 1845 年 10 月至 1847 年上半年这一时间段，MEGA^2 第 III/1 卷和第 III/2 卷共收录了整整 100 封书信，其中包括魏德迈、赫斯、贝尔奈斯、丹尼尔斯、维尔特、福格勒以及威斯特伐利亚企业主迈耶尔和雷姆佩尔等人致马克思恩格斯的重要书信。由此，关于《德意志意识形态》的出版过程、失败原因以及他人参与情况等均清晰地呈现了出来。

一、关于 1846 年马克思致魏德迈的唯一一封信的前因后果

正如马克思在致列斯凯的信中所大致勾勒的，1845 年秋，马克思、恩格斯和赫斯打算出版一份出版物，而赫斯在当年 11 月就同威斯特伐利亚企业主迈耶尔和雷姆佩尔达成协定，由后者出资支持他们的出版活动。次年 4 月，魏德迈前往威斯特伐利亚的希尔德舍，从而成为马克思恩格斯同威斯特伐利亚人之间的中间人。因此，在找寻相关线索的过程中，魏德迈与马克思恩格斯之间的通信就显得尤为重要。上文我们提到，在 1846 年 5 月 14—16 日致魏德迈的信中，马克思在前半部分兴奋地讲述了他从福格勒那里得到的出版条件，因而暂时否定了魏德迈在林堡成立出版社的建议，然而在后半部分，马克思就因刚刚收到的魏德迈来信而大为不快。考虑到这封信是 1846 年唯一一封流传下来的马克思致魏德迈的信，因此，关于这封信的前因后果就显得特别关键，它对于我们把握《德意志意识形态》的出版计划、失败过程及其原因均非常重要。

事实上，早在 1846 年 4 月 30 日，已经到达希尔德舍的魏德迈就致信马克思，一方面让马克思把"尚缺的手稿"尽快寄来，另一方面提出了在林堡成立出版社的计划。魏德迈指出："我想建议迈耶尔在林堡成立一家出版社，投资成本无论如何不会太大。如果我身边有一个精通书业的伙计，那么我就有可能把周报的事情一并承担起来。关于商业簿记等类似之事，我用几个月的时间在迈耶尔那里足可以熟悉，这些并不是什么大事。如果这样一项事业对于迈耶尔的实力来说太过宏大，或许应该再争取其他一些资本家，你意下如何？"[1] 不仅如此，魏德迈在这封信中还对《德意志意识形态》的内容做了评价。他说："我在这里和路易莎通读了唯一者——即你的唯一者——的一大部分，她非常喜欢。"[2] 看来，如马克思在致列斯凯的信中所提到的，正是魏德迈把《德意志意

---

1 *Marx-Engels-Gesamtausgabe (MEGA²)*, Band III/1, S. 532.
2 Ebenda, S. 533.

识形态》第一卷的大部分手稿带到威斯特伐利亚，因此，他才有机会读到"圣麦克斯"部分。正是基于魏德迈的来信，马克思在 5 月 14—16 日的回信中专门谈及了福格勒提供给他的条件，而这一条件的具体内容就来自 5 月 9 日福格勒致马克思的信。在这封信中，福格勒向马克思提供了两个方案：要么按照收益的一定比例总体收费，要么按照业务项目分门别类收费。[1] 看来，马克思更倾向于前一个方案。

由此，马克思 5 月 14—16 日回信的前半部分的来龙去脉已经非常清楚。接下来的问题是，魏德迈在 14 日寄来的书信究竟提及了什么内容，令马克思"相当不快"？原来，魏德迈在信中写道："非常糟糕的是，雷姆佩尔和迈耶尔本人眼下也处于某种钱荒之中，前者因为其在科隆的新企业而尤为如此。迈耶尔住在奥斯纳布吕克，他用他父亲的遗产收购了那里一家重要的炼铁厂，同样必须往里面投很多钱，以使它恢复生产。但愿一切可以很快变好。"[2] 正是这个坏消息浇灭了马克思的欢欣鼓舞之情，它也为《德意志意识形态》出版的失败投下了阴影。由于威斯特伐利亚企业主陷入钱荒，魏德迈便把福格勒当成了一个重要的替代性选择。他在 6 月 11 日致马克思的信中谈到："福格勒的建议看起来非常不错；我们在普鲁士之外有一个印刷地点。因此，一旦你把手稿的开头寄过来，印刷的启动就不再有任何障碍了。但是，在目前的情况下，非常希望福格勒会在对他更有利的条件下承担更大部分的费用。迈耶尔愿意为他的一切损失做担保。与此相反，一半的盈利应该归他所有，而另一半则留给你们。福格勒承担的费用越多，事情就越有利。"[3] 魏德迈的这封信意味着，如果福格勒能够承担出版商的工作，那么原有出资人迈耶尔便可以退居后台，只充当担保人即可。这里已然显露出威斯特伐利亚人试图退出这一出版活动的征兆。遗

---

1 参见 *Marx-Engels-Gesamtausgabe (MEGA²)*, Band III/2, S. 188。

2 Ebenda, S. 193.

3 Ebenda, S. 225.

憾的是，福格勒根本不能承担任何费用[1]，因此，由他来完成出版印刷事宜的设想也就破灭了。

二、关于《德意志意识形态》出版计划的失败及其原因

马克思在《〈政治经济学批判〉序言》中提到，《德意志意识形态》手稿"早已送到威斯特伐利亚的出版所"，后来由于"情况改变"才"不能付印"。那么，究竟发生了什么情况，导致《德意志意识形态》未能付印呢？MEGA^2 第 III/2 卷收录的迈耶尔和雷姆佩尔致马克思的书信为我们提供了答案。1846 年 6 月 29 日，雷姆佩尔致信马克思说："手稿的印刷应该如何进行，我真的不知道，因为从四面八方来的都是坏消息。在我看来，最好还是让在达姆施塔特的列斯凯完成印刷……请您自己给他写信。"[2] 这一完全置身事外的回信令仍然抱有出版希望的马克思颇为吃惊。于是，7 月 2 日，马克思恩格斯未经中间人魏德迈，直接致信迈耶尔，要求他即刻答复《德意志意识形态》的出版事宜。7 月 9 日，他们收到了迈耶尔的决裂信。迈耶尔在信中认为，自己和雷姆佩尔并没有与赫斯"缔结交易"，他们只是"出于帮忙"才答应参与此事。鉴于马克思恩格斯把这一帮忙解读成为一项"扩大的责任"，他决定"与这整件事情再无任何瓜葛"。[3]7 月 11 日，雷姆佩尔在致马克思的信中同样声明：自己和迈耶尔并没有与赫斯就出版事宜达成任何约束性协议，自己参与这件事只是为了"帮忙"；他请马克思直接联系迈耶尔，自己不再参与此事。[4] 由此，《德意志意识形态》出版计划由于两位出资人的彻底退出而告失败。

显然，这里的关键问题在于如何认定马克思恩格斯与威斯特伐利亚人的合作性质。一方面，在威斯特伐利亚人看来，并不存在什么协议，他们只是为了

1 Ebenda, S. 289.
2 Ebenda, S. 238.
3 Ebenda, S. 243.
4 Ebenda, S. 245.

帮忙而介入了《德意志意识形态》的出版事宜；另一方面，在马克思恩格斯看来，事实绝非如此。于是，在收到威斯特伐利亚人的决裂信后，马克思恩格斯转而致信最初的中间人赫斯，询问他究竟是如何与威斯特伐利亚人进行谈判的。1846 年 7 月 17 日，赫斯给马克思恩格斯回信，详细地说明了 1845 年 11 月的谈判情况。他在信中指出，自己当时是与迈耶尔进行谈判的，雷姆佩尔也在场。他们二人表示愿意承担出版工作。在罗列了具体谈判条件之后，赫斯强调："这是人们坚定地跟我说的，当然只是口头上的，不是书面上的。……我对他说，第一份手稿将在 4—6 周内到达。现在，即在这一交易达成之后，迈耶尔提供给我一笔预付款，它对于我以及我们来说自然'来得正是时候'，于是我就接受了。"[1]在赫斯看来，尽管迈耶尔和雷姆佩尔做出的是口头承诺，但是他们提供给自己的预付款本身意味着协议的缔结和交易的完成。然而，另一位中间人魏德迈却持相反的观点。在 1846 年 8 月 19 日致马克思的信中，魏德迈完全站在迈耶尔和雷姆佩尔的立场上，认为赫斯和威斯特伐利亚人之间从未有过真正的书商交易，迈耶尔和雷姆佩尔只是出于帮忙才参与了此事，他们根本没有任何责任。而正是马克思恩格斯在 7 月 2 日的催问信中把他们当作单纯的书商并要求他们承担本不应承担的责任，才导致了决裂事件的发生。[2]可以说，赫斯和魏德迈恰恰代表了当时关于威斯特伐利亚决裂事件的两种不同态度和立场，而这种态度亦反映在马克思恩格斯与其他友人如艾韦贝克和贝尔奈斯身上，正如恩格斯在 1846 年 8 月 19 日致马克思的信中所表明的。

需要深思的是，《德意志意识形态》出版计划的失败难道仅仅归咎于马克思恩格斯写的一封催问信吗？事情显然没有那么简单。事实上，《德意志意识形态》出版计划失败的端倪早就显现了出来。

如前所述，早在 1846 年 5 月 14 日的信中，魏德迈就告诉马克思，威斯

---

1 Ebenda, S. 248.

2 Ebenda, S. 289–290.

特伐利亚人出现了钱荒。而在 6 月 11 日致马克思的信中，魏德迈再次强调了迈耶尔的财务困境："迈耶尔眼下完全不可能支付这样一笔数目。他自己常常要如此艰难地维系他的新企业，以至于我都能非常确定地对此予以说明。请一定相信我，亲爱的马克思，如果迈耶尔能够做到，他会毫不犹豫地帮助你。"[1] 甚至在 6 月 28 日，魏德迈通过雷姆佩尔为生活窘迫的马克思筹措到资金而引起马克思的强烈不满时，他仍然在强调，迈耶尔"眼下不能如此广泛地处理自己的资金，以便提供给你必要的预付款，要是在其他情况下，他一定很乐意这么做"[2]。资金不足固然是《德意志意识形态》出版失败的一个重要因素，但是如果我们联想起马克思在《驳卡尔·格律恩》中谈到的《德意志意识形态》"一直未能发表的原因"同"德国出版界的现状"有关[3]，在致安年科夫的信中又谈到"在德国出版这种书要碰到怎样的困难，这困难一方面来自警察，一方面来自与我所抨击的一切流派利益攸关的出版商"，[4] 那么威斯特伐利亚人的财务困境显然不能被归结为《德意志意识形态》出版失败的根本原因。

毋宁说，"德国出版界"、与马克思"抨击的一切流派利益攸关的出版商"才是分析这一问题的关键点。通过考察他人致马克思恩格斯的书信，我们发现，就在 1846 年 5 月 14 日的那封令马克思"相当不快"的信中，魏德迈于无意中表明了威斯特伐利亚人的真正态度和立场。他指出："我在迈耶尔那里只逗留了几天……我给他读了你们的手稿中的'政治自由主义'，他非常喜欢。否则，一般来说，你们再次从事这样一场论战是很令人遗憾的。在这里，即使在最能干的小伙子们那里，实际上也存在着这样一种对所有群众——它曾随便获得诸如鲍威尔、施蒂纳、卢格等名字——的同情，以至于这让人感到相当不

---

1 Ebenda, S. 225.

2 Ebenda, S. 233.

3 《马克思恩格斯全集》第 4 卷，人民出版社 1958 年版，第 44 页。

4 《马克思恩格斯全集》第 47 卷，人民出版社 2004 年版，第 450 页。

舒服。他们想把手伸到所有那些人的背上，以保护其免受殴打。如果这一保护显得毫无助益，那么他们就会对施暴者做出非常愤怒的神情。正因如此，几天前在一次踏青远足中，我还和几个人——其中也包括雷姆佩尔——发生了激烈的争论，这尤其涉及上述三位学术权威。"[1]魏德迈的这段话已经充分表明了威斯特伐利亚人与马克思恩格斯在观点和立场上的根本对立。如果说，魏德迈在信中直接提及了他与雷姆佩尔因为《德意志意识形态》的三大批判对象——鲍威尔、施蒂纳和卢格而发生的分歧和争论，那么他谈到的对这些人抱同情态度的"最能干的小伙子们"亦包含迈耶尔，因为在这段话之后，魏德迈就把迈耶尔称为他所认识的当地所有共产主义者中"最能干的一位"[2]。

由此可见，一方面，威斯特伐利亚人对《德意志意识形态》的论战性写作风格并不喜欢，因而对此表示"遗憾"；另一方面，他们对于《德意志意识形态》的批判对象鲍威尔、施蒂纳和卢格等人抱有好感，因而并不认同马克思恩格斯的理论立场。在这一背景下，我们再回想马克思在谈及《德意志意识形态》出版困难时所提到的"与我所抨击的一切流派利益攸关的出版商"，其隐含之意就不言而喻了。可见，观点和立场上的根本对立才是威斯特伐利亚人同马克思恩格斯决裂的深层原因。

三、关于《德意志意识形态》的其他编者

从马克思致列斯凯、魏德迈等人的书信中，我们已经看到，除了马克思和恩格斯，赫斯、贝尔奈斯等人作为《德意志意识形态》的编者也参与到了这一项目中。此外，魏特林也收到了马克思恩格斯的撰稿邀约。在现存的唯一一封写于《德意志意识形态》项目实施期间（1846年5月24日）的信中，魏特林

---

1 *Marx-Engels-Gesamtausgabe (MEGA²)*, Band III/2, S. 193.
2 Ebenda, S. 194.

向马克思提出，由于他没有从迈耶尔那里得到有关手稿的任何说明[1]，因此，他不允许出版这部手稿的节录。于是，他请马克思把手稿退还给他。[2] 可以看出，与贝尔奈斯和赫斯不同，魏特林并不是在《德意志意识形态》出版计划失败之后，而是尚在其进行之时就已经退出了。

当然，就《德意志意识形态》的其他编者来说，丹尼尔斯更值得我们关注，因为在 MEGA[2] 第 I/5 卷的附录中，编者专门收录了丹尼尔斯所写、马克思恩格斯参与的"瓦·汉森博士《1844 年特利尔圣衣展览期间发生的治疗奇迹实录》（特利尔 1845 年版）"，因为这篇文章正是丹尼尔斯为《德意志意识形态》所提供的文稿。事实上，丹尼尔斯与《德意志意识形态》出版计划的密切联系也反映在他致马克思恩格斯的书信中。1846 年 6 月 24 日，身在科隆的丹尼尔斯致信询问马克思："你们有来自威斯特伐利亚的消息吗？在我看来，威斯特伐利亚的先生们就是蠢驴。"[3] 看来，丹尼尔斯对于《德意志意识形态》的出版计划是非常了解的，而他对于威斯特伐利亚人的拖延耽搁亦颇为反感。7 月初，丹尼尔斯再次致信询问马克思："两卷书的出版情况如何？"[4] 同时，他在信中提到，莱比锡的一位叫威廉·尤拉尼（Wilhelm Jurany）的人出版了泰奥多尔·德萨米（Théodore Dézamy）的著作《社会主义对耶稣会教义的胜利》的译本，该书超过 20 印张，很可能因此躲过了书报检查。于是，丹尼尔斯建议马克思："如果你同威斯特伐利亚的先生们相处不够融洽，联系上述书商或许是有利的。"[5]7 月 15 日，马克思给丹尼尔斯寄了一封信，他显然在信中讲述了同威斯特伐利亚人决裂的事情。于是，在 7 月 17 日的回信中，丹尼尔斯作出

---

1 魏特林的这部书稿主要讲述他在瑞士苏黎世的一年牢狱生活。迈耶尔试图帮助其找到出版商，但没有成功。这部著作最终在魏特林身后出版，题为《正义：500 日的文稿》。参见 *Marx-Engels-Gesamtausgabe (MEGA²)*, Band III/2, S. 802。

2 Ebenda, S. 210.

3 Ebenda, S. 232.

4 Ebenda, S. 240.

5 Ebenda.

了如下评论："威斯特伐利亚先生们的行径远远超出了我们的预期。我们之前不过认为他们谨小慎微、蠢笨无知，但还不会认为他们卑鄙无耻。"[1] 在此情况下，丹尼尔斯再次请马克思考虑他在前一封信中提出的建议——联系莱比锡的尤拉尼。他指出："是时候出版这几卷了。你们拖得越久，就必定越失去对某些事情的好处。"[2] 另外，从上述马克思与恩格斯的通信亦可以得知，在《德意志意识形态》出版计划失败之后，威斯特伐利亚人把手稿寄给了丹尼尔斯，而这正是出于马克思的要求。丹尼尔斯同《德意志意识形态》出版计划的密切关系可见一斑。

四、关于《德意志意识形态》最终的出版筹措

在《德意志意识形态》出版计划失败后，马克思恩格斯在 1846 年下半年至 1847 年上半年的通信中围绕后续的出版方案进行了反复商讨，恩格斯还展开了全方位的出版商寻觅活动。如前所述，在 1847 年 3 月 9 日致马克思的信中，恩格斯提出，如果《德意志意识形态》的出版同《哲学的贫困》的出版发生冲突，那么宁可放弃前者。而在此后的马克思恩格斯通信中，我们确实没再看到有关出版联络的下文，《德意志意识形态》的出版筹措似乎就此终结。然而，在 MEGA^2 第 III/2 卷中，我们发现了一封写于 1847 年 8 月 6 日的关于《德意志意识形态》出版事宜的复信。这封复信是不来梅出版商弗兰茨·施洛特曼写给马克思恩格斯的。施洛特曼在信中写道，他不得不遗憾地拒绝马克思恩格斯的提议，这部分是因为他这家新成立的出版社已经有足够多的业务，但更主要的原因是："我觉得，你们的书在我这里应该不是托给了可靠的人。在我看来，一本社会主义倾向的书——你们是这样形容你们的书的——不允许交给任意某个书商来出版。要全力以赴地为这样一部著作而工作，出版商要把他全部

---

1 Ebenda, S. 246.

2 Ebenda.

或者绝大部分的业务影响力奉献给上述方向，并且是出于最内在的信念，在这点上他本人有必要至少是党的人。因为只有这样，他才有可能沉着忍受……出版属于社会主义方向和较新哲学方向的书籍所带来的各种麻烦。"[1] 因此，施洛特曼建议马克思恩格斯联系其他出版商，如奥托·维干德（Otto Wigand）、尤拉尼、卢格等，在他看来，这些人"适合于"出版马克思恩格斯的书。[2] 施洛特曼在此提及的马克思恩格斯的"社会主义倾向的书"正是指《德意志意识形态》。从这封信的开头可知，马克思恩格斯给施洛特曼的去信写于 8 月 2 日。[3] 这就意味着，直至 1847 年 8 月，马克思恩格斯仍在为《德意志意识形态》的出版而四处联络。不过，这次与施洛特曼的联系似乎是他们所做的最后尝试。此后，他们彻底放弃了《德意志意识形态》的出版计划，这部重要手稿也就被束之高阁了。

总之，从《德意志意识形态》诞生史的首次系统揭秘可以看出，他人致马克思恩格斯的书信具有非常重要的文献价值。在未来的《德意志意识形态》文本文献学研究中，我们仍然需要对这批丰富资料进行深入细致的研究。进一步讲，MEGA^2 目前已出版了 17 部书信卷次（第 III/1—16，III/30 卷），其中收录的马克思恩格斯所写书信有 2000 余封，而他人致马克思恩格斯的书信则近 4000 封。可以想象，数量远超马克思恩格斯书信的他人所写书信将为马克思恩格斯研究提供何等丰富且重要的线索与材料。对于这笔重要的文献遗产，我们要投入更多的精力加以全面的研究，从而更好地推动马克思主义在新时代焕发出新的生机与活力。

---

1 Ebenda, S. 349.

2 Ebenda.

3 Ebenda.

第八章
《德意志意识形态》文献学研究的新问题

长期以来，我们都把《德意志意识形态》视为马克思恩格斯的一部重要著作（Werk），从而把它同《共产党宣言》《资本论》等并列为马克思主义经典著作。然而，随着一些新文献、新资料的发现和问世，特别是随着完整收录马克思恩格斯 1848 年 12 月之前通信的 MEGA² 第 III/1 卷（1975 年）和第 III/2 卷（1979 年）的相继出版，从 20 世纪 80 年代开始，国际学界在关于《德意志意识形态》著述形式的判定上出现了不同的声音。

1980 年，MEGA² 第 III/2 卷编者、苏联学者加里娜·格洛维娜在《马克思恩格斯年鉴》发表文章《1845—1846 年的季刊项目——关于〈德意志意识形态〉手稿最初的出版计划》。该文通过对 MEGA² 第 III/1 卷和第 III/2 卷收录的 1845—1847 年马克思恩格斯书信特别是他人致马克思恩格斯书信的深入分析，得出结论：《德意志意识形态》最初并不是被计划为一部著作，它实际上源于马克思早在巴黎萌发、并在布鲁塞尔实施的季刊（Vierteljahrsschrift）出版方案。[1] 尽管 MEGA² 第 I/5 卷即《德意志意识形态》卷前任主编陶伯特一度对格洛维娜的"季刊说"持严厉的拒斥态度，但是在 1997 年《MEGA 研究》发表

---

[1] 参见 Galina Golowina: Das Projekt der Vierteljahrsschrift von 1845/1846. Zu den ursprünglichen Publikationsplänen der Manuskripte der „Deutschen Ideologie", S. 260–274。

的系列文章中，她已经不再把《德意志意识形态》称为"两卷本著作"，而是称为"两卷本出版物"，此时她显然已经对"著作说"产生了怀疑。而在2004年出版的MEGA²先行版"费尔巴哈"章中，陶伯特则明确否定了"著作说"，并首次确立了时间顺序版"费尔巴哈"章。2017年底，MEGA²版《德意志意识形态》正式问世，编者在"导言"开篇鲜明地亮出观点，"一部完整的或者仅仅是片断性的出自马克思恩格斯之笔的著作（Werk）《德意志意识形态》并不存在。毋宁说，此处所编辑的文本起初本应以季刊的形式出版"，[1]从而正式否定了"著作说"，确立了"季刊说"。由此，著作还是季刊这一关于《德意志意识形态》著述形式的问题成为《德意志意识形态》文献学研究不可回避的重大课题。我们不禁要问，"著作说"是如何源起的？它如何成为关于《德意志意识形态》著述形式的常识判定？而所谓"季刊说"又是如何产生的，它的依据是什么？我们应该如何回应"著作说"与"季刊说"之争呢？

第一节　《德意志意识形态》"著作说"之源起考辨

《德意志意识形态》"著作说"的确立过程是《德意志意识形态》手稿流传与研究史的重要构成。对这一问题的考察不仅需要追溯马克思恩格斯本人所作的公开自述，探析以梅林为代表的德国社会民主党理论家所作的相关说明，而且要研究梁赞诺夫和阿多拉茨基分别主编的世界历史上首个原文版"费尔巴哈"章和首个原文完整版《德意志意识形态》所给出的正式判定。这一链条构成了《德意志意识形态》"著作说"得以确立的清晰脉络。

---

[1] *Marx-Engels-Gesamtausgabe (MEGA²)*, Band I/5, S. 725–726.

一、"著作说"的文献依据：马克思恩格斯的公开自述

对《德意志意识形态》"著作说"的考察首先要追溯其源头，即马克思恩格斯本人所作的论述。尽管马克思恩格斯在世时写下了大量的草稿、书信和摘录笔记等，其中包含了一定数量的有关《德意志意识形态》的说明，然而在他们去世之后，这些文献遗产一度为历史所尘封，未能被编辑出版，更不用说为公众所熟知了。因此，对于第一代马克思主义研究者、马克思恩格斯文献编纂者以及 20 世纪 20 年代苏联的马克思恩格斯著作集的编者来说，具有重要参考价值的必然是马克思恩格斯在世时在其出版物中所作的公开自述。如前所述，马克思恩格斯就《德意志意识形态》共作过三次公开自述。其中，前两次是马克思在 19 世纪 40 年代后期和 50 年代末所作的说明，第三次是马克思去世后恩格斯所作的简要说明。根据这些论述，我们不仅能够大致了解《德意志意识形态》手稿的写作情况和基本内容，而且可以对"著作说"的源起获得一定的认识。

马克思就《德意志意识形态》所作的第一次公开自述出现在 1847 年 4 月。当时，为了驳斥柏林记者对自己的误解和污蔑，马克思在《德意志—布鲁塞尔报》（4 月 8 日，第 28 号）和《特利尔日报》（4 月 9 日，第 99 号）发表了声明《驳卡尔·格律恩》。正是在这份声明中，他首次公开提及了《德意志意识形态》手稿："我没有兴趣'向德国公众介绍'我在研究格律恩先生的'法兰西和比利时的社会运动'当中所取得的'成就'，因此我倒乐于把我一年以前写的详细评论格律恩先生的大作的手稿放到一边；现在只是由于这位柏林朋友的逼迫，才不能不把它交给'威斯特伐里亚汽船'杂志发表。这篇评论是对弗·恩格斯和我合写的'德意志思想体系'[1]（对以费尔巴哈、布·鲍威尔和施蒂纳为代表的现代德国哲学和以各式各样的预言家为代表的德国社会主义的批

---

1 即《德意志意识形态》。

判）一书的补充。"[1]在这段说明中，我们发现了一句涉及"著作说"的重要论述，即这篇评论是对"弗·恩格斯和我合写的'德意志思想体系'……一书的补充"（ein Anhängsel zu der von *Fr[iedrich] Engels* und mir gemeinschaftlich verfaßten Schrift über „*Die deutsche Ideologie*"）[2]。这里，马克思一方面声称，《德意志意识形态》是一部"书"（Schrift）；另一方面指出，这部书是恩格斯与他"合写的"（gemeinschaftlich verfaßten）。自然，如果我们细究起来，"Schrift"虽然可以意指"书"或"著作"，但它与"Werk"（著作）并不完全等同。尽管如此，从这段公开自述可以得出，《德意志意识形态》是马克思恩格斯共同完成的一部写作成果，而不是像季刊那样的编辑成果。

　　马克思就《德意志意识形态》所作的第二次公开自述出现在 1859 年。在这一年出版的《〈政治经济学批判〉序言》中，他写下了关于《德意志意识形态》的那段最著名的话："自从弗里德里希·恩格斯批判经济学范畴的天才大纲（在《德法年鉴》上）发表以后，我同他不断通信交换意见，他从另一条道路（参看他的《英国工人阶级状况》）得出同我一样的结果。当 1845 年春他也住在布鲁塞尔时，我们决定共同阐明我们的见解与德国哲学的意识形态的见解的对立，实际上是把我们从前的哲学信仰清算一下。这个心愿是以批判黑格尔以后的哲学的形式来实现的。两厚册八开本的原稿早已送到威斯特伐利亚的出版所，后来我们才接到通知说，由于情况改变，不能付印。既然我们已经达到了我们的主要目的——自己弄清问题，我们就情愿让原稿留给老鼠的牙齿去批判了。"[3]可以看出，马克思的这段表述包含了《德意志意识形态》的基本内容以及有关其写作和出版情况的重要信息。但是，它并不涉及其著述形式本身。也就是说，它并没有明确指出，《德意志意识形态》是一部著作，还是其他形

1《马克思恩格斯全集》第 4 卷，人民出版社 1958 年版，第 43 页。

2 *Marx-Engels-Werke*, Band 4, S. 38.

3《马克思恩格斯文集》第 2 卷，人民出版社 2009 年版，第 592—593 页。

式的出版物。因此，我们很难对这一文本作出清晰、断然的判定。不过，马克思提及的"两厚册八开本的原稿"，与恩格斯"共同阐明……见解"，清算"从前的哲学信仰"等内容，不免让人隐隐约约感觉到，这里涉及的应该是马克思恩格斯的一部合著。

三十年后，恩格斯本人首次也是唯一一次公开谈论了《德意志意识形态》。在《路德维希·费尔巴哈和德国古典哲学的终结》的"1888 年单行本序言"中，恩格斯指出："在这篇稿子送去付印以前，我又把 1845—1846 年的旧稿找出来看了一遍。其中关于费尔巴哈的一章没有写完。已写好的部分是阐述唯物主义历史观的；这种阐述只是表明当时我们在经济史方面的知识还多么不够。旧稿中缺少对费尔巴哈学说本身的批判；所以，旧稿对现在这一目的是不适用的。"[1]恩格斯这里提到的"1845—1846 年的旧稿"正是《德意志意识形态》手稿。这段话一方面说明了这份手稿的重要构成——"费尔巴哈"章的完成情况，另一方面表明了恩格斯对其所持的态度。至于著述形式，恩格斯并未提及。不过，他的表述以及采用的"我们"的称谓不免再次使人认为，这部手稿是马克思恩格斯的一部合著。

虽然马克思恩格斯在上述三次公开自述中提供了有关《德意志意识形态》的重要信息，但是这些信息并不直接涉及这部手稿的著述形式本身。而他们身后的第一代马克思主义研究者和文献编纂者却正是以这三次论述为基础，非常明确地得出了《德意志意识形态》是一部著作。这一观点的最初提出者正是以梅林为代表的德国社会民主党理论家。

二、"著作说"的首次提出：梅林等德国社会民主党理论家的说明

如前所述，20 世纪初，世界历史上最早一批马克思恩格斯编著和科学传

---

[1]《马克思恩格斯文集》第 4 卷，人民出版社 2009 年版，第 266 页。

记相继出版，它们基本上是由德国社会民主党理论家完成的。这批重要文献包括梅林在 1902 年出版的《遗著选》、倍倍尔与伯恩施坦在 1913 年出版的《通信集》、梅林在 1918 年出版的《马克思传》、迈尔在 1920 年出版的《恩格斯传》（第一卷），等等。在这些文献中，我们找到了《德意志意识形态》"著作说"的最早判定。其中，梅林的《遗著选》可谓是"著作说"的肇始之作。

《遗著选》是马克思恩格斯逝世后诞生的首部关于其文献遗产的汇编。由于梅林在其中只收录 1841—1850 年马克思恩格斯发表的著作和文章，因此，以手稿形态存在的《德意志意识形态》并不在收录之列。尽管如此，在收录布鲁塞尔时期文本的《遗著选》第七部分"源自德国社会主义杂志"中，梅林仍然在"编者导言"的第一、二节中对《德意志意识形态》手稿作了不同程度的介绍。

在"编者导言"的第一节"亡命布鲁塞尔"中，梅林只是简单谈及了《德意志意识形态》的基本情况。他指出，1845 年春，恩格斯来到布鲁塞尔与马克思会合。之后，两人一同前往英国进行了为期六周的旅行。[1] 接下来，梅林写道，在返回布鲁塞尔后，马克思恩格斯便着手"共同阐明他们的见解与德国哲学的意识形态的见解的对立，实际上是把他们从前的哲学信仰清算一下。由此产生了两厚册八开本，其标题为：德意志意识形态，对费尔巴哈、布鲁诺·鲍威尔和施蒂纳所代表的黑格尔以后的哲学以及各式各样先知所代表的德国社会主义的批判"[2]。这里，梅林首次把马克思恩格斯在 1845—1846 年所完成的巨幅手稿命名为"德意志意识形态"，并且给出了其副标题。可以看出，他的这段论述其实是对马克思关于《德意志意识形态》的两次公开自述——1847 年的《驳卡尔·格律恩》和 1859 年的《〈政治经济学批判〉序言》——的综合。

---

1 Franz Mehring (Hrsg.): *Aus dem literarischen Nachlass von Karl Marx, Friedrich Engels und Ferdinand Lassalle*, Band 2, S. 332.

2 Ebenda, S. 333.

尽管梅林此时还没有明确指出《德意志意识形态》是一部著作，但是这一结论已经呼之欲出了。

在"编者导言"的第二节中，梅林进一步对《德意志意识形态》手稿的未收录原因、写作状况以及卷次内容作了细致说明，而这节的标题亦被他直接命名为"《德意志意识形态》"。这里，梅林明确使用"著作"（Werk）一词来指称《德意志意识形态》手稿。我们给出两个例证。首先，在介绍第七部分文本的收录情况及其原因时，梅林指出，就马克思恩格斯在布鲁塞尔时期所写下的那些著述来说，《英国工人阶级状况》《哲学的贫困》《雇佣劳动与资本》《关于自由贸易的演说》以及《共产党宣言》等由于广为人知而不收录在《遗著选》中；《外国杰出的社会主义者文丛》由于仍处于马克思恩格斯的计划之中也不予收录。[1]于是，梅林谈到，"如此一来，还剩下关于德意志意识形态的著作（Werk）以及为宪章派刊物和巴黎《改革报》以及德国社会主义杂志所写的文章"[2]。这里，梅林首次把《德意志意识形态》指称为一部著作。其次，在阐述不收录《德意志意识形态》手稿的原因时，梅林指出："关于德意志意识形态的著作（Werk）——就其总体上完成的部分来说——存在于两位作者的手稿遗产中，因此也被排除在本文集之外。它的出版必须留给未来的著作全集（Gesamtausgabe），因为它首先是出于自己弄清问题的目的而被撰写的。一旦它不能与公众见面，马克思和恩格斯就将其交由'老鼠的牙齿去批判了'。"[3]此处，梅林再次把《德意志意识形态》称为一部著作，并强调它的出版属于未来的马克思恩格斯著作全集的范畴。此后，在第二节的剩余部分，尽管梅林没有再直接使用"著作"一词，但是他对《德意志意识形态》第一卷的介绍，特别是对"费尔巴哈"章、"圣布鲁诺"章、"圣麦克斯"章的意义和价值的阐述，

---

1 Ebenda, S. 345.

2 Ebenda.

3 Ebenda, S. 346.

以及对第二卷的说明和对真正的社会主义的评价，都清楚地表明他把《德意志意识形态》视为一部著作。

在 1918 年出版的《马克思传》中，梅林延续了他在《遗著选》中对《德意志意识形态》所作的判定。事实上，如果仔细比较《马克思传》涉及《德意志意识形态》的相应章节和《遗著选》的相关编者导言，我们会发现，梅林的论述在很多方面都是非常相似的，个别地方的表达甚至完全相同。马克思的布鲁塞尔时期属于《马克思传》的第五章。这里，梅林为该章确立的标题同《遗著选》第七部分"编者导言"的第一节标题完全相同，即"亡命布鲁塞尔"。而这一章第一节的标题与《遗著选》第七部分"编者导言"的第二节标题亦完全相同，即"《德意志意识形态》"。具体来说，在《马克思传》第五章的第一节中，梅林同样在叙述了 1845 年的英国之旅后谈到，"在这次旅行以后，马克思和恩格斯重新开始合写一部著作（Arbeit）。"[1] 尽管中译本把"Arbeit"译成了"著作"，但它并不完全等同于"Werk"一词。不过，在复述了马克思在 1859 年《〈政治经济学批判〉序言》中所作的那段有关《德意志意识形态》的著名自述后，梅林再次推出了"著作说"的相关判定："如果说他们过去清算鲍威尔兄弟的那部过于详尽的著作对读者说来已经是一个够坚硬的胡桃，那末这个篇幅达五十印张的两厚册巨著就是更加坚硬的胡桃了。这部著作的标题（Der Titel des Werkes）是：《德意志意识形态。对费尔巴哈、布·鲍威尔和施蒂纳所代表的现代德国哲学以及各式各样先知所代表的德国社会主义的批判》。"[2] 这里，梅林再次明确地把马克思恩格斯在 1845—1846 年完成的巨幅手稿称为"《德意志意识形态》"，并且指出它是一部著作（Werk）。在这段论述之后，与《遗著选》类似，梅林详细地介绍了《德意志意识形态》两卷本的内容。从字里行间我们

1　[德] 弗·梅林：《马克思传》，樊集译，持平校，人民出版社 1965 年版，第 143 页；德文版参见 Franz Mehring: *Gesammelte Schriften*, Band 3, Berlin: Dietz Verlag, 1960, S. 117.

2　[德] 弗·梅林：《马克思传》，樊集译，持平校，人民出版社 1965 年版，第 143—144 页；德文版参见 Ebenda, S. 117.

可以看出，梅林非常确定地把这部手稿视为马克思恩格斯的一部合著。

以梅林为肇始，此后的马克思恩格斯文献著作家均把《德意志意识形态》称为一部著作。首先，就倍倍尔和伯恩施坦主编的四卷本《通信集》来说，这部文集并没有像《遗著选》那样在每一部分或章节设置独立的编者导言来详细说明文本的情况，阐发编者的观点。不过，在其篇幅仅有十页的"导言"中，我们发现了编者在不经意中对《德意志意识形态》著述形式所作的判定。当谈及恩格斯在 1846 年 9 月底 10 月初写给马克思的一封论及费尔巴哈的《宗教的本质》的书信时，编者指出："它所涉及的是这样一个问题，这篇文章是否还必须在马克思和恩格斯于布鲁塞尔共同写作的、关于黑格尔以后的德国哲学的著作（Werk）中予以考虑……"[1] 毫无疑问，这里所谓的"关于黑格尔以后的德国哲学的著作"正是指《德意志意识形态》。显然，就《德意志意识形态》的著述形式来说，倍倍尔和伯恩施坦是持"著作说"的。其次，在《恩格斯传》中，迈尔以"对德意志意识形态的清算"为题在第九章中对《德意志意识形态》作了专门阐述。其中，在谈及《德意志意识形态》的写作过程时，迈尔写道："从英国返回后不久，马克思和恩格斯便开始写作一部著作（Werk），它试图以清算青年黑格尔派哲学的形式来全面地阐发他们的新唯物主义的、经济的历史观。……这样一份估计有 50 印张、两厚册八开本的手稿的标题是：'德意志意识形态（对费尔巴哈、布·鲍威尔和施蒂纳所代表的黑格尔以后的哲学和各式各样先知所代表的德国社会主义的批判）'。"[2] 显然，迈尔在这里完全沿循梅林的阐述对《德意志意识形态》的写作内容和著述形式作了判定。

可以说，在《德意志意识形态》"著作说"的形成过程中，德国社会民主党理论家特别是梅林的阐述起到了重要的奠基作用。梅林既是把马克思和恩格

---

1 August Bebel und Eduard Bernstein (Hrsg.): *Der Briefwechsel zwischen Friedrich Engels und Karl Marx. 1844 bis 1883*, Band 1, S. XV–XVI.

2 Gustav Mayer: *Friedrich Engels. Eine Biographie*, Band 1, S. 239–240.

斯在 1845—1846 年所写作的巨幅手稿命名为"德意志意识形态"的第一人，
又是"著作说"的首倡者。进一步讲，在梅林那里，《德意志意识形态》的著
述形式是完全不成其为问题的，因为对他而言，《德意志意识形态》之为著作
是不言自明、显而易见的。从某种程度上讲，他这一判定的得出完全出于自发
或下意识，而不是出于自觉或深入的研究。当然，梅林的这种自发或下意识实
际上源于对马克思本人在《驳卡尔·格律恩》中所作说明的充分认可。这里，
我们不免联想起卡弗对梅林所作的一个评价。卡弗指出，梅林是把马克思恩格
斯遗留下来的那堆杂乱手稿命名为"德意志意识形态"的第一人。不过他强调，
梅林在《马克思传》中并没有把"德意志意识形态"手稿视为一部著作，尽
管"从 1918 年的这一时刻起，'德意志意识形态'确实开始看似一部著作了"。[1]
根据上文的分析可知，卡弗的观点并不准确。梅林不仅首次把马克思恩格斯在
1845—1846 年写作的庞大手稿命名为"德意志意识形态"，而且在《遗著选》
和《马克思传》中均非常明确地把这部手稿称为一部著作，而不是对之含糊其
辞。与梅林类似，伯恩施坦、迈尔等人在考察《德意志意识形态》时，完全没
有把"著作说"视为需要探究的重要课题，而是把它视为不言自明的事实。因
此，他们非常自然地沿袭了梅林的判定，《德意志意识形态》之为著作的观点
由此形成。

三、"著作说"的正式确立：《德意志意识形态》的最早版本

如果说在梅林、伯恩施坦和迈尔那里，"著作说"只是他们在论述马克思
恩格斯的生平、通信和著述的过程中涉及《德意志意识形态》这部手稿时顺势
提出的论断，那么在 20 世纪 20、30 年代，这一论断则在《德意志意识形态》
的最早版本——梁赞诺夫主编的原文版"费尔巴哈"章和阿多拉茨基主编的

---

1 赵玉兰：《关于〈德意志意识形态〉的最新研究成果——特雷尔·卡弗教授访谈录》，《国外理论动态》
2018 年第 2 期。

MEGA[1] 版《德意志意识形态》——中得到正式确立。

1926 年，梁赞诺夫主编的"马克思恩格斯论费尔巴哈（《德意志意识形态》第一部分）"在德文版《马克思恩格斯文库》第一卷出版。这是《德意志意识形态》"费尔巴哈"章首次以原文问世。在"编者导言"中，梁赞诺夫开门见山地指出："由我们首次出版的手稿构成了《德意志意识形态》——即马克思和恩格斯在其中对费尔巴哈、布鲁诺·鲍威尔和施蒂纳所代表的黑格尔以后的哲学和'各式各样先知所代表的'德国社会主义进行批判的那部作品（Arbeit）——的一部分。自马克思和恩格斯写下他们的伟大著作（Werk）以来，已经过去了近八十年。"[1]这里，梁赞诺夫明确地指出，《德意志意识形态》是马克思和恩格斯合写的一部著作。在接下来追溯这一文本的诞生过程以及其中涉及的唯物史观问题时，他亦多次使用"Werk"一词来指称这部手稿。[2]可以说，在梅林、伯恩施坦、迈尔等人均把《德意志意识形态》定性为著作的背景下，对于梁赞诺夫而言，"著作说"已经是关于《德意志意识形态》的既定结论。这一结论非但不是有待他考察、研究的问题，反倒是需要他考虑、顾及的前提。梁赞诺夫认为，《德意志意识形态》这部著作具有极其重要的意义，它可谓是"唯物主义历史观的最早论述"[3]。如果要考察唯物史观在何种程度上是马克思和恩格斯的原创产物，就必须研究"费尔巴哈"章，因为它"首次为这样一项考察提供了精准确定的起点"[4]。

既然《德意志意识形态》被判定为一部著作，那么在《马克思恩格斯文库》所率先出版的原文版"费尔巴哈"章中，梁赞诺夫必然要把这一判定纳入考量，进而彰显手稿的逻辑性。于是，他按照逻辑顺序对"费尔巴哈"章进行了编排。首先，梁赞诺夫以马克思所作的 72 页编号为线索，对主手稿进行了编排，它

1 D. Rjazanov (Hrsg.): Marx und Engels über Feuerbach (Erster Teil der „Deutschen Ideologie"), S. 205.

2 Ebenda, S. 205, 215.

3 Ebenda, S. 210.

4 Ebenda, S. 211.

构成了"费尔巴哈"章的主体。其次，梁赞诺夫按照内容上的逻辑联系把小手稿或第二手稿所包含的三个相对独立的部分穿插到了主手稿中。其一，就主手稿导论的誊清稿来说，梁赞诺夫除了把其中有所增补的最后一段收入主手稿导论的相应脚注之外，其余内容均未收录；其二，就章开篇的新稿本"A. 一般意识形态，特别是德意志意识形态"来说，梁赞诺夫直接把它编排在导论和主手稿开头之间；其三，就"分工和所有制形式"的片断来说，由于其主题与主手稿结尾关于所有制的论述相一致，因此，梁赞诺夫把它置于主手稿之后。[1]最后，梁赞诺夫把"序言"手稿编排在了整个"费尔巴哈"章之前，从而使之名副其实。正是通过这样的编排，"费尔巴哈"章在逻辑上前后相续，连贯完整，看起来也更符合一部著作所应有的样态。不言而喻，"著作说"在这里产生了重要的影响。

如果说在梁赞诺夫那里，"著作说"是其编排"费尔巴哈"章的既定理论前提，那么在其继任者阿多拉茨基这里，该前提依然存在，继续有效。在1932 年出版的 MEGA[1] 第 I/5 卷即《德意志意识形态》卷中，我们发现，阿多拉茨基亦多次把《德意志意识形态》称为著作。首先，在"导言"开篇介绍这部首次原文完整出版的巨幅手稿时，他指出，"除了论战性的阐述外"，马克思和恩格斯还"阐发了自己关于一系列科学领域（认识论、逻辑学、历史、艺术、语言学等等）的正面观点。在他们的其他早期著作中，我们找不到一部著作如此多方面地、详尽地阐明辩证唯物主义的基本问题。令人遗憾地未完成的、最终没有写就的手稿'一、费尔巴哈'包含了他们对人类经济发展史的历史的、哲学的观点的首次系统阐述。所有这些赋予本部著作（Werk）以重大的意义"[2]。对阿多拉茨基而言，《德意志意识形态》手稿所包含的正面阐述，特别是"费尔巴哈"章蕴含的有关唯物史观的论述，是这部著作的重大价值所在。这

---

1 Ebenda, S. 217–220.

2 *Marx-Engels-Gesamtausgabe (MEGA¹)*, Band I/5, S. IX–X.

里，"著作说"作为理论背景、理论前提已然是个不言自明的既定事实。其次，阿多拉茨基在"导言"结尾指出，要按照 1846 年 7 月出版失败前马克思恩格斯所计划的形式再现《德意志意识形态》，"这部著作（Werk）本应分两卷出版"[1]。于是，按照著作性质的判定以及现存手稿的状况，阿多拉茨基给出了《德意志意识形态》的编排思路：第一卷包含六份手稿："序言""一、费尔巴哈""莱比锡宗教会议""二、圣布鲁诺""三、圣麦克斯"和"莱比锡宗教会议闭幕"；第二卷本应包含六份手稿，但只流传下来四份，即作为导言的"真正的社会主义""一、《莱茵年鉴》或真正的社会主义的哲学""四、卡尔·格律恩：《法兰西和比利时的社会运动》（1845 年达姆施塔特版）或真正的社会主义的历史编纂学"和"五、'霍尔施坦的格奥尔格·库尔曼博士'或真正的社会主义的预言"。[2] 自然，各份手稿本身带有的编号构成逻辑编排的主要依据，但是"著作说"的判定也是促使 MEGA[1] 版《德意志意识形态》采取逻辑编排的重要因素。

值得一提的是，《德意志意识形态》手稿的绝大部分是马克思恩格斯寄往威斯特伐利亚的付印稿或誊清稿，因此，它们在编辑出版时并不需要编者进行过多的干预或介入。只有未完成的"费尔巴哈"章是个例外。因此，在 MEGA[1] 版《德意志意识形态》"费尔巴哈"章的先行说明中，阿多拉茨基指出："我们按照其中包含的马克思所作的札记对手稿的个别部分作了调整。'三、圣麦克斯'等手稿中与之相关的说明被纳入了考量，从这些说明可以得出，'一、费尔巴哈'构成了《德意志意识形态》的两个部分即'莱比锡宗教会议'和'真正的社会主义'的导言。"[3] 虽然阿多拉茨基的说明只有寥寥数语，似乎他对"一、费尔巴哈"的"调整"微乎其微，但是实际上，他通过逻辑编排而对该章所作

1　Ebenda, S. XVII.

2　Ebenda, S. XVII–XVIII.

3　Ebenda, S. 6.

的介入已经远远超出了编者所允许的范围。这里，我们有必要对阿多拉茨基的编排同梁赞诺夫原文版"费尔巴哈"章的编排作一简单比较。乍一看，这一比较似乎有些多余，因为二者均为逻辑编排，就此而言，阿多拉茨基似乎延续了梁赞诺夫的编排方式，然而实质上，这两种逻辑编排、这两个版本是存在根本差异的。就梁赞诺夫原文版"费尔巴哈"章来说，其逻辑编排原则是一种外在弱逻辑，主要运用于各份手稿之间，而没有运用于单个手稿内部。也就是说，梁赞诺夫不会在马克思恩格斯编号的手稿中按照某种逻辑线索拆分原本前后相续的手稿段落，即使它们没有任何内容上的关联。正因如此，我们看到，尤其在编辑主手稿时，梁赞诺夫完全按照马克思设定的页码编号进行编排，而没有在这些手稿内部作出任何次序调换或位置颠倒。然而，就阿多拉茨基主编的MEGA[1] 版《德意志意识形态》来说，其逻辑编排原则是一种内在强逻辑，它不仅运用于各份手稿之间，而且运用于各份手稿的内部。于是，在他主编的"一、费尔巴哈"中，我们常常会看到某一页的内容是由来自于不同手稿页的不同段落拼合而成的，而且这些手稿页的编号亦断续不定，时而来自文首，时而来自文尾。[1] 如此一来，MEGA[1] 版"费尔巴哈"章展现的只是编者的编排逻辑，而不是作为作者的马克思恩格斯的原初书写逻辑。阿多拉茨基的这一编排之所以可能，逻辑原则之所以深度贯彻，"著作说"的判定显然在背后起到了根本的推动作用。进一步讲，在苏联的马克思恩格斯文献编者这里，逻辑编排实际上是作为前提的"著作说"的必然结果。

　　综上，我们发现，"著作说"的确立源于三个因素。首先，马克思恩格斯公开发表的论述。这里，马克思的两次自述尤其重要，它是后世判定《德意志意识形态》手稿的标题、内容和著述形式的核心文献依据。其次，相关文献资料的匮乏。如果说马克思恩格斯关于《德意志意识形态》的公开说明相当有限，

1　在 MEGA[1] 版《德意志意识形态》的"费尔巴哈"章中，所有段落所源于的手稿页编号都被标示了出来。由此可以清楚地看出，哪些部分是前后相继的，哪些部分是穿插拼合的。

那么第三方所给出的说明，特别是为今天的 MEGA² 编者确立"季刊说"提供重要文献依据的他人在 1845—1847 年写给马克思恩格斯的书信，在 20 世纪初还远远没有得到全面的开掘和研究，这使得当时学界很难对《德意志意识形态》的写作与出版过程有全面的了解和深入的认识，更不必说提出有别于"著作说"的新观点了。最后，对《德意志意识形态》著述形式问题的无意识。正是由于缺乏相关的文献资料，后世学者以马克思恩格斯的公开自述为基础，非常自然地把《德意志意识形态》定性为著作，并把这视为不言自明、显而易见的事实，从而导致学界对该问题长达半个世纪的忽视或无意识。直到 MEGA² 第 III/1 卷和第 III/2 卷在 20 世纪 70 年代的出版以及由此引发的"季刊说"的出现，《德意志意识形态》的著述形式问题才引起国际学界的关注。如今，对于日益流行的"季刊说"，我们既不应急于接受，也不宜全盘否定，而是应该首先对这一观点的源起进行历史的追溯与深入的考察，进而在对"著作说"与"季刊说"的细致辨析中得出中国学人独立的分析和回答。

第二节 《德意志意识形态》"季刊说"之源起考辨

在 2017 年底出版的 MEGA² 第 I/5 卷即《德意志意识形态》卷的"导言"中，编者开门见山地指出："一部完整的或者仅仅是片断性的出自马克思恩格斯之笔的著作（Werk）《德意志意识形态》并不存在。毋宁说，此处所编辑的文本起初本应以季刊的形式出版，这份季刊最初应由马克思、恩格斯和赫斯主编，后来则只由马克思主编。"[1] 由此，以 MEGA² 版《德意志意识形态》的出版为标志，关于《德意志意识形态》著述形式的"季刊说"得到正式确立。可以说，"季刊说"的出炉在学界引起了不小的震动，许多中国学者对这个新事物、新

---

1 *Marx-Engels-Gesamtausgabe (MEGA²)*, Band I/5, S. 725–726.

判定充满了困惑和不解。然而，如果对西方学界特别是德语学界的马克思主义研究史进行一番梳理，我们会发现，"季刊说"在 MEGA² 中的确立其实并不是偶然的、毫无征兆的，它实质上是对近半个世纪以来德国学界关于《德意志意识形态》著述形式所作研究结论的正式肯定与确认。接下来，我们不妨对这一历史过程作一番深入的考察。

一、20 世纪初期："季刊说"之为背景性存在

要追溯"季刊说"的源起，自然必须追溯马克思恩格斯在世时就《德意志意识形态》所作的论述以及他们身后相关理论家所作的说明。如前所述，就马克思恩格斯的论述来说，对后人的研究具有重要影响的是他们所作的三处公开自述，即马克思于 1847 年 4 月在声明《驳卡尔·格律恩》中对《德意志意识形态》的标题和内容的说明、马克思在 1859 年《〈政治经济学批判〉序言》中对《德意志意识形态》出版遭遇的概述以及恩格斯在《路德维希·费尔巴哈和德国古典哲学的终结》的"1888 年单行本序言"中对"费尔巴哈"章写作状况的回顾。不过，这三处论述并没有提供关于"季刊说"的任何线索。相反，它们却为"著作说"的确立提供了最初的、根本的依据。马克思恩格斯身后的学者，特别是以梅林、伯恩施坦为代表的德国社会民主党理论家，尤其基于马克思在《驳卡尔·格律恩》中所作的表述——"弗·恩格斯和我合写的'德意志思想体系'[1]（对以费尔巴哈、布·鲍威尔和施蒂纳为代表的现代德国哲学和以各式各样的预言家为代表的德国社会主义的批判）一书"[2]，基于马克思在《〈政治经济学批判〉序言》中谈到的"两厚册八开本的原稿"[3]，确定了这部写于 1845—1846 年的庞大手稿的标题、内容特别是其著作性质。而随着 1932 年《德意志意识形

1　即《德意志意识形态》。
2　《马克思恩格斯全集》第 4 卷，人民出版社 1958 年版，第 43 页。
3　《马克思恩格斯文集》第 2 卷，人民出版社 2009 年版，第 593 页。

态》在 MEGA¹ 第 I/5 卷中首次原文完整出版,"著作说"的判定得到正式确立。然而,值得一提的是,就在 20 世纪初期"著作说"逐步确立的过程中,"季刊说"的观点也已如影随形,在个别地方若隐若现了。

第一,就德国社会民主党理论家梅林来说,他早在 1902 年就出版了第一部马克思恩格斯文献遗产汇编《遗著选》。正是在这部文集中,梅林首次明确地把《德意志意识形态》称为一部著作(Werk),¹ 而"季刊说"在这里毫无踪迹可寻。1918 年,梅林出版了《马克思传》,这是世界历史上第一部关于马克思生平、著作、事业的传记作品。在这部著作中,梅林依然秉持《遗著选》的论述,把《德意志意识形态》定性为一部著作。² 然而,有一处细节值得我们特别关注。在《马克思传》第五章第二节"真正的社会主义"的结尾处,梅林不经意地谈到了《德意志意识形态》在威斯特伐利亚企业主迈耶尔和雷姆佩尔那里的出版际遇。他指出,当马克思和恩格斯起初得知威斯特伐利亚人愿意提供出版资金时,"他们打算马上至少出版三种书刊:《德意志意识形态》,社会主义作家丛书,以及马克思、恩格斯和赫斯合编的季刊(Vierteljahrsschrift)"³。此处,我们意外地发现了"季刊"一词,发现了《德意志意识形态》"季刊说"的重要依据——马克思、恩格斯和赫斯曾经计划实施的季刊出版计划。可以看出,早在 20 世纪初写作《马克思传》的时候,梅林已然对马克思恩格斯在1845—1846 年所致力于的季刊出版计划有了一定的了解。只不过,梅林非常明确地把季刊出版计划同《德意志意识形态》以及《外国杰出的社会主义者文丛》这一翻译项目区别了开来。看来,与 MEGA² 编者所持的观点——《德意

---

1 Franz Mehring (Hrsg.): *Aus dem literarischen Nachlass von Karl Marx, Friedrich Engels und Ferdinand Lassalle*, Band 2, S. 345, 346.

2 参见 [德] 弗·梅林:《马克思传》,樊集译,持平校,人民出版社 1965 年版,第 143 页;德文版参见 Franz Mehring: *Gesammelte Schriften*, Band 3, S. 117.

3 [德] 弗·梅林:《马克思传》,樊集译,持平校,人民出版社 1965 年版,第 152 页;德文版参见 Ebenda, S. 123.

志意识形态》与季刊出版计划是同一的——不同，梅林认为，季刊和《德意志意识形态》是两个相互独立、平行并列的出版项目。尽管我们对梅林作出这一判定的依据不得而知，但是他的这一立场对于我们今天辨析"季刊说"或"著作说"是具有重要参考意义的。

第二，就德国社会民主党的另一位重要理论家伯恩施坦来说，他于1903—1904 年在《社会主义文献》杂志刊印了《德意志意识形态》"圣麦克斯"章的部分手稿，这是"圣麦克斯"章在世界历史上的首次集中亮相。值得一提的是，伯恩施坦此时似乎对这部作品的整体情况并不非常了解。他指出："手稿顶端写着罗马数字 III，由此可以得出，它曾被设想为一部文集（Sammelwerk）的一部分。"[1] 这里，伯恩施坦似乎并没有完全把《德意志意识形态》定性为一部著作，所谓"文集"的称谓不免让人联想，他是否借此意指马克思恩格斯在 1845—1846 年所从事的季刊出版计划呢？在十年后的 1913 年，伯恩施坦和倍倍尔共同出版了《通信集》。值得一提的是，由于忙于政治活动，倍倍尔并没有实质性地参与到该文集的编辑工作中，因此，这部通信汇编可谓是伯恩施坦个人的编辑产物。在"导言"中，作为编者的伯恩施坦亦涉及了与季刊出版计划相关的材料。他指出，恩格斯在 1846 年 11 月 2 日写给马克思的一封信是与贝尔奈斯写给马克思的信一起寄出的，其中涉及两份不同的手稿，"一份看来是贝尔奈斯某篇文章的手稿，马克思可能通读过它，另一份是指批判黑格尔派的手稿"。[2] 伯恩施坦认为，根本没有理由把贝尔奈斯致马克思的信附带出版，因为它的内容是"完全无趣的"，而读者从中亦只能看出恩格斯后来所描述的"多愁善感和精打细算的混合物"。[3] 于是，按照《通信集》所设定

---

1 Eduard Bernstein (Hrsg.): *Dokumente des Sozialismus*, Band III, Heft 1, S. 19.
2 August Bebel und Eduard Bernstein (Hrsg.): *Der Briefwechsel zwischen Friedrich Engels und Karl Marx. 1844 bis 1883*, Band 1, S. XVI.
3 Ebenda, S. XVI.

的"在提及完全无关紧要的人的无关紧要的事情的地方"[1]进行删除的编辑原则，伯恩施坦没有收录这封信。然而需要注意的是，此处谈及的贝尔奈斯所写的文章，恰恰是为马克思恩格斯所计划的季刊准备的。也就是说，后者准备把贝尔奈斯的这篇文章收录在季刊之中。只是后来由于季刊出版计划失败，马克思恩格斯才把这部文稿退还给了贝尔奈斯。[2]因此，恩格斯的这封信以及贝尔奈斯致马克思的信，均为涉及 1845—1846 年的季刊出版计划的重要材料。然而，由于伯恩施坦对这一问题毫无意识，因此他才非常武断地把贝尔奈斯的信定性为"无趣的"，而其中所关涉的《德意志意识形态》与季刊出版计划的密切联系亦不可能进入他的研究视域。此外，单从上述的表述亦可以看出，伯恩施坦并没有把贝尔奈斯的文章手稿和马克思恩格斯批判黑格尔派的手稿联系起来，因此，即使他对季刊计划有所了解，他也很可能和梅林一样，把季刊和《德意志意识形态》视为两个完全不同、各自独立的出版项目。

第三，20 世纪 20 年代，《德意志意识形态》之为著作的判定已经在学界成为毋庸置疑的既定事实。于是，在梁赞诺夫原文版"费尔巴哈"章特别是阿多拉茨基主编的 MEGA[1] 第 I/5 卷即《德意志意识形态》的首个原文完整版本中，《德意志意识形态》均被称为"著作"[3]，"著作说"由此得到正式确立。然而，尽管"著作说"此时已经在学界取得统治地位，但"季刊说"并非完全无迹可寻，它的相关线索恰恰隐藏在"著作说"的学术背景之中。在 MEGA[1] 版《德意志意识形态》"导言"的结尾处，阿多拉茨基在阐述其编排原则时指出，将"按照 1846 年 7 月出版失败前马克思恩格斯所计划的形式再现《德意志意识形态》"。[4]他是如何确定这一时间点的呢？我们发现，在此前论述《德意志意识

---

1 Ebenda, S. VI.

2 参见《马克思恩格斯全集》第 47 卷，人民出版社 2004 年版，第 430—431 页及第 652 页注释 159。

3 参见 D. Rjazanov (Hrsg.): Marx und Engels über Feuerbach (Erster Teil der „Deutschen Ideologie"), S. 205, 215; *Marx-Engels-Gesamtausgabe (MEGA¹)*, Band I/5, S. X, XVII.

4 *Marx-Engels-Gesamtausgabe (MEGA¹)*, Band I/5, S. XVII.

形态》失败的出版遭遇时，阿多拉茨基引用了 1846 年 7 月 31 日马克思致出版商列斯凯的信："只是在（《德意志意识形态》）第二卷手稿绝大部分已经寄往德国以后，不久前那些先生才终于来信说，他们的资金另作他用，所以这件事一无所成。"[1] 这里，阿多拉茨基特地在"不久前"处作了一个注释，标明其具体时间为"1846 年 7 月 9 日"。[2] 这一注释虽然简明扼要，但它却清楚地表明，阿多拉茨基对 1846 年 7 月 9 日威斯特伐利亚人迈耶尔写给马克思恩格斯的决裂信[3] 是有所了解的。要知道，在这封信中，迈耶尔通篇谈论的并不是一部著作，而是一份季刊的出版事宜。因此，即使阿多拉茨基并未对《德意志意识形态》与季刊这两个出版项目的关系特别关注，他对季刊出版计划也必定是较为熟悉的。他很可能和梅林一样认为，这是同《德意志意识形态》出版计划毫不相干、完全独立的出版项目。

如此一来，尽管梅林知晓季刊计划，但他将其与《德意志意识形态》区别了开来；尽管伯恩施坦涉及与"季刊说"相关的书信材料，但他由于对这一问题毫无意识而将其弃置一边；尽管阿多拉茨基了解季刊出版计划失败的详情，但他很可能像梅林一样把季刊与《德意志意识形态》视为各自独立的项目，从而对《德意志意识形态》的著述形式问题毫不关注。于是，在 20 世纪初，"季刊说"完全没有进入学界视域，更没有得到深入的研究。在这种情况下，《德意志意识形态》"著作说"相对得到进一步强化，它成为关于《德意志意识形态》著述形式的基本判定。

二、20 世纪 80 年代："季刊说"的首次提出

在 1932 年 MEGA[1] 第 I/5 卷正式确立《德意志意识形态》之为著作的判定之后，

1　Ebenda, S. X; 中文版参见《马克思恩格斯全集》第 47 卷，人民出版社 2004 年版，第 383 页。需要说明的是，《马克思恩格斯全集》中文第二版把这封信的写作时间判定为 1846 年 8 月 1 日。

2　Ebenda, S. X, Anm. 2).

3　参见 *Marx-Engels-Gesamtausgabe (MEGA²)*, Band III/2, S. 243–244。

在近半个世纪的时间里，关于这一庞大手稿的著述形式问题在学界基本没有产生异议，"著作说"成为关于《德意志意识形态》的一般判断，亦是学界中人的基本常识。然而，到了20世纪80年代，随着MEGA² 书信卷的编辑出版，《德意志意识形态》"季刊说"开始出场并搅动学界，"著作说"逐步受到质疑。

1975年和1979年，MEGA² 第 III/1 卷和第 III/2 卷相继出版。就前者来说，它收录了截至1846年4月的马克思恩格斯书信，其中不仅包括马克思恩格斯所写的书信，而且包括122封他人写给马克思恩格斯的书信。[1] 就后者来说，它收录了1846年5月至1848年12月的马克思恩格斯书信，其中除了马克思恩格斯所写的书信外，还包括227封他人写给马克思恩格斯的书信。[2] 如果说MEGA² 书信卷收录的马克思恩格斯所写的书信早已通过《马克思恩格斯全集》俄文第二版的出版与译介而为国际学界所熟知，那么它首次收录的他人致马克思恩格斯的书信则是一笔全新的文献财富。特别是 MEGA² 第 III/1 卷和第 III/2 卷所收录的1848年前他人致马克思恩格斯的书信，恰好为《德意志意识形态》研究提供了新的资料，注入了新的内容，开启了新的视域。1980年，MEGA² 第 III/2 卷编者格洛维娜在《马克思恩格斯年鉴》发表文章《1845—1846年的季刊项目——关于〈德意志意识形态〉手稿最初的出版计划》，首次通过详细的资料考证重磅推出了"季刊说"，从而对传统的"著作说"提出了质疑。

在文章的开篇，格洛维娜从总体上概括了自己的观点。她指出，从MEGA² 第 III/1 卷和第 III/2 卷收录的马克思恩格斯所写书信以及他人写给二人的书信可以得出：1845年秋，马克思所一直构想的出版一份定期机关刊物的计划得以实施，这份计划中的刊物被设定为季刊，篇幅超过20印张。"除了其他作者的文章之外，在计划中的机关刊物中最初也应刊印1845—1846年在布鲁塞尔诞生的、作为马克思恩格斯的合著（gemeinsames Werk）而以概括性的

---

1 参见 *Marx-Engels-Gesamtausgabe (MEGA²)*, Band III/1, S. 8*–11*.

2 *Marx-Engels-Gesamtausgabe (MEGA²)*, Band III/2, S. 7*–14*.

标题'德意志意识形态'于 1932 年在苏联由马克思恩格斯列宁研究院用原文在 MEGA¹ 中首次出版的马克思恩格斯的那些手稿。"¹ 由此,格洛维娜便把《德意志意识形态》与季刊出版计划联系了起来,即前者本是后者所收录的内容,前者从属于后者。而就近半个世纪以来学界对这两个出版项目关系所持的看法,她做出了如下总结:"迄今为止,有关马克思恩格斯出版《德意志意识形态》手稿的种种努力大致表述如下:他们打算在德国出版两卷本的《德意志意识形态》。在那里,威斯特伐利亚企业主尤利乌斯·迈耶尔和鲁道夫·雷姆佩尔——他们属于'真正的'社会主义者的圈子——愿意帮助寻找一名出版商,并筹措必要的资金。可以确定的是,马克思和恩格斯在计划出版两卷本《德意志意识形态》的同时,还要和他们的志同道合者一起,并且同样是在迈耶尔和雷姆佩尔的帮助下出版一份季刊、一套外国社会主义者译文集以及马克思的两卷本著作《政治和国民经济学批判》。换句话说,在迄今关于《德意志意识形态》诞生史和出版史的大部分研究中,杂志作为马克思和恩格斯的一项出版事业是与计划出版的《德意志意识形态》并列存在的。"² 然而,格洛维娜指出,对 MEGA² 第 III/1 卷和第 III/2 卷中首次完整出版的 1845—1846 年的马克思恩格斯书信的研究表明,必须对上述观点作出"重大修正"³。由此,格洛维娜在否定传统观点的同时,给出了"季刊说"的有力证据。

格洛维娜指出,马克思和恩格斯起初通过赫斯、之后通过魏德迈而与威斯特伐利亚企业主迈耶尔和雷姆佩尔所进行的谈判实际上只涉及出版一份季刊,这里根本不涉及单独出版两卷本《德意志意识形态》的计划。⁴

第一,就中间人赫斯来说,格洛维娜援引了恩格斯晚年致倍倍尔的一封

---

1 Galina Golowina: Das Projekt der Vierteljahrsschrift von 1845/1846. Zu den ursprünglichen Publikations-splänen der Manuskripte der „Deutschen Ideologie", S. 261.

2 Ebenda.

3 Ebenda.

4 Ebenda, S. 261–263.

信。其中写道:"赫斯曾在威斯特伐里亚(比雷菲尔德等地)呆过,他告诉我们说,那里的人(吕宁、雷姆佩尔等人)想筹集资金出版我们的作品。"[1] 格洛维娜指出,由于恩格斯并没有明确说明这里涉及的是什么作品,因此学界一直都认为,赫斯在威斯特伐利亚同迈耶尔、雷姆佩尔等人谈判所涉及的正是《德意志意识形态》。然而,MEGA[2] 第 III/2 卷出版的通信却表明,赫斯同威斯特伐利亚人所商谈的并不是两卷本的《德意志意识形态》,而是一份季刊。格洛维娜给出了两个证据。首先,在 1846 年 7 月 9 日寄给马克思恩格斯的决裂信中,迈耶尔谈道:"雷姆佩尔和我都不是书商。只是出于帮忙,我们才许诺说,如果相关的谈判将使我们能够做这件事,那我们就尽力把一份季刊的第一卷付诸印刷。"[2] 其次,在 1846 年 7 月 17 日致马克思恩格斯的信中,赫斯详细说明了他与迈耶尔和雷姆佩尔进行协商的细节,迈耶尔"想和雷姆佩尔以如下方式承担一份每卷超过 20 印张的季刊的出版工作:1. 提供资金;2. 在德国的一个邦——那里 20 印张以上的书籍免受审查——招募一个印刷工(不是出版商);3. 这份季刊将以'作者自费出版'的形式面向公众和政府出版……"[3] 可见,谈判双方——迈耶尔与赫斯——各自的论述清楚地表明,他们所商谈的只是一份季刊,而不涉及我们通常所认为的两卷本《德意志意识形态》。

第二,就另一位中间人魏德迈来说,格洛维娜指出,迄今为止学界一直认为,1846 年 4 月底魏德迈带着马克思恩格斯手稿前往威斯特伐利亚,主要是从事《德意志意识形态》手稿的出版谈判事宜。但是 MEGA[2] 新出版的书信却表明,魏德迈在威斯特伐利亚所进行的仍然是赫斯所开启的有关季刊的出版商谈事宜。[4] 她引用了两封书信作为证明。首先,魏德迈在 1846 年 5 月 13 日致

---

1 《马克思恩格斯全集》第 37 卷,人民出版社 1971 年版,第 110 页。

2 *Marx-Engels-Gesamtausgabe (MEGA²)*, Band III/2, S. 243.

3 Ebenda, S. 248.

4 Galina Golowina: Das Projekt der Vierteljahrsschrift von 1845/1846. Zu den ursprünglichen Publikationsplänen der Manuskripte der „Deutschen Ideologie", S. 262–263.

恩格斯和日果的信中谈到："这里将以每印张三个金路易支付稿费。书商以自己出版或者作者自费出版的《维干德季刊》形式来承担出版工作。"[1] 这些正是上文赫斯向马克思恩格斯所说明的内容，可见魏德迈是接续了赫斯的工作。其次，在 1846 年 8 月致马克思的信中，魏德迈在回顾与威斯特伐利亚人谈判的完整过程时谈到："只是在赫斯保证说没有其他机会出版季刊的情况下，迈耶尔和雷姆佩尔才向他许诺说可以在这里试试这件事情，而且是先从第一卷开始。"[2] 这里，他再次明确地提到了季刊。格洛维娜认为，由此可见，中间人魏德迈在威斯特伐利亚所开展的商谈工作涉及的对象仍然是季刊，而不是《德意志意识形态》手稿。

第三，格洛维娜指出，正是因为由赫斯开启、魏德迈接续的出版谈判事宜涉及的是一份超过 20 印张的季刊，因此，在 1845 年 11 月收到赫斯从威斯特伐利亚传来的季刊获得资助的消息后，马克思和恩格斯便着手准备季刊的文稿。格洛维娜引用大量的书信材料证明，在 1845 年底至 1846 年上半年季刊出版计划实施期间，马克思恩格斯向众多友人征集了稿件。于是，维尔特在 1845 年 12 月向马克思恩格斯寄去了文稿——他的著作《德国商业生活的幽默速写》的第一章；丹尼尔斯在 1846 年亦向马克思恩格斯提供了一份文稿，马克思不仅为这份文稿起了标题，而且还在其中作了编辑说明；贝尔奈斯在 1846 年 2 月寄去了他的书稿《论刑事和刑法》，供马克思恩格斯从中择要刊印；魏特林亦为计划中的季刊提供了文稿，只是可能由于与马克思恩格斯关系的恶化，才在 1846 年 5 月致信马克思索回了文稿，等等。[3] 自然，由于季刊出版计划最终失败，这些文稿未能以季刊的形式结集出版，它们后来或者被退还给作者，或者不知所踪。尽管如此，格洛维娜指出，季刊事实上应该是一项集体出

---

1 *Marx-Engels-Gesamtausgabe (MEGA²)*, Band III/2, S. 189.

2 Ebenda, S. 289.

3 参见 Galina Golowina: Das Projekt der Vierteljahrsschrift von 1845/1846. Zu den ursprünglichen Publikationsplänen der Manuskripte der „Deutschen Ideologie", S. 263–268.

版计划，其作者除了马克思、恩格斯之外，不仅有赫斯，还有维尔特、丹尼尔斯、贝尔奈斯等。这些人的文稿本应与后来构成《德意志意识形态》各章的马克思恩格斯手稿共同组成两卷本的季刊出版物。[1]由此，格洛维娜再次强调了《德意志意识形态》手稿其实源于季刊的立场。

尽管比"著作说"的正式确立晚了近半个世纪，但是格洛维娜提出的"季刊说"却是极具震撼力的。这种震撼力一方面源于这一观点本身，另一方面则源于其依据，即 MEGA^2 第 III/1 卷和第 III/2 卷收录的马克思恩格斯书信，特别是他人写给马克思恩格斯的原始书信。毋庸置疑，这些"他人"在 19 世纪40 年代不仅与马克思恩格斯关系密切，而且同《德意志意识形态》手稿的诞生和出版有着直接的联系。因此，由这些首次问世的全新一手文献所佐证的"季刊说"自然具有高度的合理性和可靠性。由此，"季刊说"正式诞生并成为与"著作说"分庭抗礼的观点，而关于《德意志意识形态》的著述形式——季刊还是著作——问题亦真正进入学界的视域，它成为《德意志意识形态》研究必须面对并予以回答的问题。

三、20 世纪末至 21 世纪初："季刊说"从逐步接受到正式确立

尽管 1980 年问世的"季刊说"在《德意志意识形态》研究史上具有近乎划时代的意义，但需要注意的是，作为其首倡者的格洛维娜本人却并不试图借此来根本颠覆传统的观点，更不试图彻底推翻"著作说"。可以说，她的立场远为温和与开放。正如她在《1845—1846 年的季刊项目——关于〈德意志意识形态〉手稿最初的出版计划》一文结尾处指出的："不管怎样，从事《德意志意识形态》诞生史研究的大部分学者认为，最初种种出版尝试的历史和手稿的特点均证明了这部著作（Werk）的动态发展过程。本文的目的并不在于

---

1 Ebenda, S. 267.

揭示这一发展过程，但是我们认为，MEGA 书信部分第 1 卷和第 2 卷的材料
表明，有必要进一步研究这一有趣的、复杂的问题领域。同时，它们能够成为
这一研究的全新起点。"[1] 可以看出，尽管格洛维娜全面论证了"季刊说"，但是
她的目标所向并不在于"著作说"。作为 MEGA^2 书信卷的编者，她对书信卷
特别是第 III/1 卷和第 III/2 卷的价值更为重视，因而更强调这批一手文献资料
对于《德意志意识形态》研究所具有的全新奠基作用。正因如此，对于格洛维
娜来说，"季刊说"在某种程度上亦是表明 MEGA^2 书信卷之重大价值的绝佳
例证。至于"季刊说"与"著作说"的孰是孰非、孰对孰错，这显然还不是格
洛维娜想要解决的问题，它恰恰有待学界基于格洛维娜的主张——以 MEGA^2
书信卷所奠定的全新研究基础为起点——进行深入考察。因此，格洛维娜这种
开放且长远的观点亦保证了她所提出的"季刊说"相对于"著作说"的温和态
度。进一步讲，在格洛维娜这里似乎还隐含着一种观点，即她所首倡的"季刊
说"同传统的"著作说"并不根本矛盾。从其文章标题就可以看出，格洛维娜
更强调"季刊"只是《德意志意识形态》"最初的"出版计划。而她在上述引
文中使用的"著作"一词亦表明，在对"季刊说"作出详细论证之后，她仍然
肯定《德意志意识形态》是一部著作。因此，尽管"季刊说"在格洛维娜这里
首倡，但它并没有立刻同"著作说"形成激烈对峙的局面。

　　或许正是由于格洛维娜的立场在总体上较为温和，因此，在她的文章发表
后的较长时间里，"季刊说"并没有产生它所应有的强大冲击力，"著作说"依
然是学界的主流观点。

　　1987 年，时任 MEGA^2 版《德意志意识形态》主编的陶伯特在民主德国马
列主义研究院刊物《马克思恩格斯研究论丛》发文指出，"与《经济学哲学手稿》
相反，在《德意志意识形态》这里，我们涉及的是一部著作（Werk），而不是

1　Ebenda, S. 271.

若干文章或松散的手稿"。[1] 话到此处，陶伯特专门以注释的形式标注了格洛维娜的文章。看来，陶伯特已经注意到了格洛维娜提出的"季刊说"，但她显然对之不以为然。1989 年，《马克思恩格斯研究论丛》刊发了陶伯特团队关于《德意志意识形态》的五篇文章，它们可谓是当时 MEGA² 版《德意志意识形态》编辑和研究的最新成果。在不足两页的导语中，陶伯特简单勾勒了《德意志意识形态》从 20 世纪初期直至 70 年代的出版历程，其中特别谈道："MEGA²（1975 年出版的第 III/1 卷和 1979 年出版的第 III/2 卷）中完整出版的马克思恩格斯书信为研究提供了新的资料基础。与之相联系，这两卷的编者得出了重要的结论和假说（加里娜·格洛维娜：《1845—1846 年的季刊项目——关于〈德意志意识形态〉手稿最初的出版计划》，载《马克思恩格斯年鉴》第 3 辑，柏林，1980 年）。"[2] 显然，陶伯特此时还是没有接受格洛维娜的观点，因而称之为"假说"，并指出："在编辑第 I/5 卷时，还要解决一系列研究任务，谨慎地检验现有的假说。"[3] 与之相应，在谈及《德意志意识形态》时，陶伯特仍然称之为"著作"或"两卷本著作"。例如，她指出，"这部著作（Werk）的诞生史以及在恩格斯去世后的流传史，尤其是与新版本和新假说相联系的马克思恩格斯研究的新认识，要求对诞生史以及由此得出的第 I/5 卷的结构和编排进行深入讨论"[4]，"开创性的工作随着《德意志意识形态》在 MEGA¹ 中的首次出版（1932）以及第一章通过梁赞诺夫在《马克思恩格斯文库》中的首次出版（1926——俄文首版在 1924 年就已实现）而得到完成。这部两卷本著作（das zweibändige Werk）首次得到了重构"。[5] 1990 年年底，陶伯特在《卡尔·马克思故居文集》

1 Inge Taubert: Neue Erkenntnisse der MEGA-Bände I/2 und I/3 und ihre Bedeutung für die Bestimmung von Forschungs- und Editionsaufgaben der Arbeit an dem MEGA-Band I/5 (Marx/Engels: Die deutsche Ideologie), S. 25.

2 Inge Taubert: Aus der Arbeit an der Vorbereitung des Bandes 5 der Ersten Abteilung der MEGA² (Die deutsche Ideologie), S. 100.

3 Ebenda.

4 Ebenda, S. 99.

5 Ebenda.

第 43 辑发表长文《卡尔·马克思和弗里德里希·恩格斯的〈德意志意识形态〉是如何诞生的?——新观点、问题和争议》,继续明确支持"著作说"。例如,在提及《德意志意识形态》时,她仍然使用"著作"(Werk)[1]一词进行指代;而在提及"圣布鲁诺""圣麦克斯""费尔巴哈"等部分时,她亦将其称为"章"(Kapitel)[2]。看来,在"季刊说"提出十年之后,陶伯特对于这一观点仍是慎之又慎的。在没有进行彻底且全面的研究之前,她是不能抛弃确立已久的"著作说"而采信"季刊说"的。不过,陶伯特的观点还是逐渐发生了变化。

1997 年,《MEGA 研究》第 2 期发表了一组关于《德意志意识形态》的文章,这是以陶伯特为首的 $MEGA^2$ 德法工作组在准备 $MEGA^2$ 第 I/5 卷过程中诞生的新的阶段性成果。其中,陶伯特的文章有三篇,内容涉及《德意志意识形态》的手稿和刊印稿、《德意志意识形态》手稿的流传史以及首次原语言出版、$MEGA^2$ 版《德意志意识形态》的整体编排结构等。我们发现,陶伯特在其中对《德意志意识形态》著述形式问题所持的立场已经发生了明显变化。在《〈德意志意识形态〉的手稿和刊印稿(1845 年 11 月至 1846 年 6 月)。问题和成果》一文的开篇,陶伯特指出,自从梁赞诺夫在 1926 年重构了《德意志意识形态》整部著作的结构以来,流传下来的手稿均作为一部著作(Werk)而被编辑和解读。但是根据新的研究成果和编辑准则,$MEGA^2$ 第 I/5 卷将不再继续这一传统。为什么呢?陶伯特认为,如果把流传下来的手稿和刊印稿拼接成一部作为著作的《德意志意识形态》,就相当于完成了马克思和恩格斯本人所未能完成的事情。由于缺乏足够的线索和依据,如此编排的产物必定是一种武断的建构。[3]因此,陶伯特放弃了"著作说",而流传下来的手稿亦作为独立的文本实

---

1 参见 Inge Taubert: Wie entstand die *Deutsche Ideologie* von Karl Marx und Friedrich Engels? Neue Einsichten, Probleme und Streitpunkte, S. 9, 29。

2 Ebenda, S. 9, 19, 49.

3 参见 Inge Taubert: Manuskripte und Drucke der "Deutschen Ideologie" (November 1845 bis Juni 1846). Probleme und Ergebnisse, S. 5–6。

例予以收录。如果说陶伯特在这里只是从编排方式角度否定了"著作说",那么在接下来的行文中,她便提出了一个关键问题:马克思恩格斯当年与魏德迈的通信多次使用了"两卷本出版物"(zweibändige Publikation)一词,那么它所意指的"是否确实是一部两卷本著作(Werk),而不是一部书丛(Serie)或者文集(Sammlung)"[1]。由此,陶伯特便触及到了《德意志意识形态》著述形式这一核心问题,从而使"著作说"与"季刊说"直接对峙,针锋相向。尽管陶伯特没有给出自己的明确判定,但是这一问题的提出表明,她已经对"著作说"产生了动摇。因此,陶伯特在谈及《德意志意识形态》时表述更为精确。在发表于《MEGA 研究》的三篇文章中,她不再习惯性地把《德意志意识形态》称为"两卷本著作",而是更多地依据马克思恩格斯的原文称之为"两卷本出版物"。[2] 看来,曾经作为主流观点而在学界占据统治地位的"著作说"已经被陶伯特隐隐抛弃,而曾经被她称为"假说"的"季刊说"此时已经得到她的一定认可,而被隐隐采纳了。

陶伯特的上述观点最终在《马克思恩格斯年鉴(2003)》所收录的 MEGA^2 版《德意志意识形态》先行版中完全延续并进一步深化。在"导言"中,陶伯特指出,先行版收录了一组相互联系的文本实例,"这组文本实例将证明,马克思和恩格斯从 1845 年 11 月底或 12 月初起并没有开始写作一部在 1845 年春就已计划的两卷本著作《德意志意识形态》,而是写作了一份与布鲁诺·鲍威尔的《评路德维希·费尔巴哈》进行论战的文章草稿"[3]。这里,陶伯特不再是

---

1 Ebenda, S. 12.

2 例如参见 Inge Taubert: Manuskripte und Drucke der "Deutschen Ideologie" (November 1845 bis Juni 1846). Probleme und Ergebnisse, S. 11; Inge Taubert: Die Überlieferungsgeschichte der Manuskripte der "Deutschen Ideologie" und die Erstveröffentlichungen in der Originalsprache, S. 32; Inge Taubert, Hans Pelger, Jacques Grandjonc: Die Konstitution von MEGA^2 I/5 "Karl Marx, Friedrich Engels, Moses Heß: Die deutsche Ideologie. Manuskripte und Drucke (November 1845 bis Juni 1846)", S. 50。

3 Inge Taubert und Hans Pelger (Hrsg.): Karl Marx, Friedrich Engels, Joseph Weydemeyer: Die Deutsche Ideologie, S. 6*.

质疑"著作说",而是根本否定了"著作说"。当然,如果说陶伯特在这里的表述略显含糊,那么赫尔弗里德·明克勒(Herfried Münkler)和胡布曼在卷首的"编者说明"中作出的概括则非常明确:"这里出版的文本实例证明,不论是在 1845 年的春天还是秋天,都不存在关于一部两卷本著作《德意志意识形态》的计划。"[1] 既然不是源于著作《德意志意识形态》,那么先行版所收录的文本实例源于什么呢? 陶伯特沿用 1997 年所谨慎使用的表述指出,除了题为《驳布鲁诺·鲍威尔》的文章之外,先行版所收录的文本实例均源于一部计划中的"两卷本出版物"的第一卷。[2] 尽管陶伯特在这里没有明确使用"季刊"一词,但是在否定"著作说"之后,她显然已经把"季刊说"纳入自己的编辑考量。以此为前提,她指出,与迄今出版的关于"费尔巴哈"章的种种逻辑的、系统的编排不同,流传下来的手稿将作为独立的文本实例按照时间顺序进行编排。[3] 由此,所谓的"费尔巴哈"章亦将不再予以建构。可以说,《德意志意识形态》先行版是对"著作说"的首次明确否定,这既体现在陶伯特对"著作"一词的避讳上,又体现在对"两卷本出版物"的反复使用上。另外,尽管陶伯特没有对"季刊说"进行明确的说明和探讨,但是她显然已经隐性地接受了这一观点。不管怎样,"著作说"在《德意志意识形态》先行版中的明确否定为"季刊说"未来的正式确立扫清了道路。于是,在 2017 年底出版的 MEGA² 版《德意志意识形态》中,我们看到,编者一方面详尽追溯了马克思恩格斯写作《德意志意识形态》的具体过程,另一方面完整重构了他们对这一文本的出版历程,其中出现的一个个关于季刊的小标题,如"创办一份自己的季刊的较早尝试""致力于一份自己的季刊的工作之始""季刊的失败"等,[4] 已然使"季刊说"的出场与确立不言自明。于是,沿循自 20 世纪 80 年代以来的考证结论,MEGA²

---

1 Ebenda, S. 3*.

2 Ebenda, S. 7*.

3 Ebenda, S. 6*.

4 *Marx-Engels-Gesamtausgabe (MEGA²)*, Band I/5, S. 725.

版《德意志意识形态》正式否定了"著作说",确立了"季刊说"。

通过对"季刊说"的全面梳理,我们可以看出,"季刊说"的提出和确立是近半个世纪以来《德意志意识形态》文献学研究的重大成果,而这一成果的实现从根本上得益于 MEGA² 第 III/1 卷和第 III/2 卷所提供的大量一手新资料,它们为我们今天的《德意志意识形态》研究奠定了新基础,亦是我们未来研究必须由以出发的新起点。

第三节 《德意志意识形态》"著作说"与"季刊说"之辨

在"季刊说"提出和确立之后,学界面临的一个焦点问题就是如何处理"季刊说"与"著作说"的关系。换言之,"季刊说"能否取代"著作说"而成为《德意志意识形态》著述形式的根本判定。对于这一问题,我们必须基于原始文献特别是马克思恩格斯的论述来进行深入的研究和细致的辨析。

一、马克思恩格斯使用的多种称谓[1]

长期以来,我们关于《德意志意识形态》诞生历程特别是其著述形式的判定,主要是以马克思恩格斯在其著作尤其是书信中的论述为依据的。在 1859 年《〈政治经济学批判〉序言》中,马克思曾就《德意志意识形态》的出版际遇作出过著名的概括:当 1845 年春恩格斯也住在布鲁塞尔时,"我们决定共同阐明我们的见解与德国哲学的意识形态的见解的对立,实际上是把我们从前的哲学信仰清算一下。这个心愿是以批判黑格尔以后的哲学的形式来实现的。两厚册八开本的原稿早已送到威斯特伐利亚的出版所,后来我们才接到通知说,

---

1 当在书信中谈及《德意志意识形态》的著述形式时,马克思使用了"Publication""Schrift"以及"Arbeiten"等表述,它们并不完全等同于"Werk"(著作),而《马克思恩格斯全集》中文第二版将这些表述译成了"著作"。为了更好地进行术语考证和辨析,本小节中的书信引文在涉及这些表述时均按照其基本涵义译出,或与中文版译法不一致。以下不再逐一说明。

由于情况改变，不能付印。既然我们已经达到了我们的主要目的——自己弄清问题，我们就情愿让原稿留给老鼠的牙齿去批判了"[1]。尽管马克思在这里并没有明确指明《德意志意识形态》的著述形式，但我们已然可以对这两卷文稿的写作主旨特别是失败的出版过程有基本的了解。事实上，关于《德意志意识形态》的出版过程，我们通常有一个大致认识，即早在 1845 年 11 月，赫斯就同威斯特伐利亚的社会主义者、企业主迈耶尔和雷姆佩尔达成初步协议，由后者出资支持《德意志意识形态》的出版活动。此后，魏德迈接手了谈判协商工作。他在 1846 年 4 月从比利时的布鲁塞尔来到德国的威斯特伐利亚，作为中间人在马克思恩格斯与迈耶尔、雷姆佩尔之间沟通、联系，直至 7 月双方决裂，出版计划失败。

在现存的马克思恩格斯写于 1845—1847 年的书信中，直接涉及《德意志意识形态》内容及出版过程的并不多，因此，我们从中只能得到关于这份手稿著述形式的有限线索。

在 1846 年 5 月 14—16 日致魏德迈的书信中，马克思谈到："手稿（Manuscripte）你不久也会收到。第二卷差不多已经完成。第一卷的手稿一到（最好用两个邮包寄这些东西），殷切希望马上开始付印。"[2] 马克思在这里谈到的正是两卷本的《德意志意识形态》手稿。由于在写这封信时刚好收到了魏德迈关于迈耶尔和雷姆佩尔经济方面存在困难，不能再对《德意志意识形态》的出版提供有力支持的来信，因此，马克思在下文中非常不快地告诉魏德迈，自己的经济状况同样非常糟糕，"至于那部出版物（Publication）的稿费，你知道，我只拿第一卷的一半。我自己的倒霉事不算，火急的信件等等还从四面八方向我这部出版物的编者（Herausgeber der Publication）涌来。特别是贝尔奈斯发

---

1 《马克思恩格斯文集》第 2 卷，人民出版社 2009 年版，第 593 页。
2 *Marx-Engels-Gesamtausgabe (MEGA²)*, Band III/2, S. 9; 中文版参见《马克思恩格斯全集》第 47 卷，人民出版社 2004 年版，第 369 页。

生了一件不愉快的事"[1]。此外，马克思在这封信的结尾顺便指出："赫斯从我现在正在出版的两卷书（den beiden Bänden）当中，不应再得到什么了，相反，他还应该交还给我们一些。"[2] 马克思的这些说明为我们提供了关于《德意志意识形态》的重要写作信息。可以发现，这份待出版的手稿不只有马克思、恩格斯作为作者，而且还有贝尔奈斯和赫斯参与其中，马克思把他们称为"编者"（Herausgeber）。相应地，关于这一待出版的"两卷书"，马克思并没有把它称为我们通常认为的"著作"（Werk），而是称为"出版物"（Publication）。这一称谓显然是比较宽泛的，我们很难据此对其著述形式作出具体判定。

1846 年 7 月底，在同威斯特伐利亚出资人迈耶尔和雷姆佩尔决裂后，马克思在致赫斯的信中谈道："因为我们的作品（Schrift）的出版可能还要拖延很长时间，所以我劝你把你评卢格的那篇文章（Aufsatz）抽回去。"[3] 这句话确证了马克思在上文提到的赫斯作为《德意志意识形态》编者的身份。确实，赫斯原本为《德意志意识形态》写了一篇评卢格的文章《格拉齐安诺博士的著作》。但是，由于出版计划受挫，当马克思看到赫斯在《科隆日报》上宣布要发表评论卢格的文章之后，便建议赫斯抽回他为《德意志意识形态》所写的那篇相同主题的文章。这里，我们基本可以确定，《德意志意识形态》是一部由多名作者完成的作品。另外，马克思在谈到《德意志意识形态》时，使用的是"Schrift"一词。与"Publication"相比，这个德文词的内涵相对明确，它一般指比较短小的出版物，通常在篇幅和规模上小于著作（Werk）。由于马克思建议赫斯把自己的文章从中抽出，这似乎意味着，这里的"Schrift"可能是由一些文章（Aufsatz）组成的合集。

在 1846 年 8 月 1 日马克思致列斯凯的信中，我们又获得了关于《德意志

---

1 Ebenda, S. 10; 中文版参见《马克思恩格斯全集》第 47 卷，人民出版社 2004 年版，第 371 页。

2 Ebenda, S. 11; 中文版参见《马克思恩格斯全集》第 47 卷，人民出版社 2004 年版，第 372 页。

3 Ebenda, S. 20; 中文版参见《马克思恩格斯全集》第 47 卷，人民出版社 2004 年版，第 380 页。

意识形态》的重要说明。列斯凯是一名出版商，他在 1845 年 2 月 1 日同马克思签订了一份关于两卷本著作《政治和国民经济学批判》的出版合同。在回复对方关于该书的写作进展的询问时，马克思顺便谈到："德国的几个资本家愿意出版我、恩格斯和赫斯的一些作品（mehrerer Schriften）。当时甚至有希望成立一家不受警方任何监督的、像样子的大出版社。此外，通过这些先生的一个朋友的帮助，他们差不多已答应出版我的《经济学批判》等著作。为了把我编辑的和恩格斯等人合写的出版物（Publication）的第一卷手稿安全地带过边界，这个朋友在布鲁塞尔一直待到 5 月份。随后，他本应该从德国来信确切地告诉我，同意或不同意出版《国民经济学》。但是我没有得到任何消息，或者说得到了一些含糊其词的消息，只是在那部出版物（Publication）的第二卷手稿绝大部分已经寄往德国以后，不久前那些先生才终于来信说，他们的资金另作他用，所以这件事一无所成。"[1] 马克思这里提到的由他、恩格斯和赫斯完成，并由他的朋友（即魏德迈）带去德国的两卷出版物，应该就是《德意志意识形态》。可以看出，它的作者有马克思、恩格斯、赫斯等人，而马克思同时还担任编辑一职。另外，就其著述形式来说，马克思使用的术语依然是"作品"（Schrift）和"出版物"（Publication）。值得一提的是，马克思在这段引文后还补充道："同德国资本家商定要出版那部出版物（Publication）以后，我就把《经济学》的写作搁置下来了。因为我认为，在发表我的正面阐述以前，先发表一部反对德国哲学和迄今的德国社会主义的论战性作品（Schrift），是很重要的。为了使德国读者对于我的同迄今为止的德国科学根本对立的经济学观点有所准备，这是必要的。顺便说一句，这就是我在一封信中告诉过您的在《经济学》出版以前必须完成的那部论战性作品（Schrift）。"[2] 如果说，对于马克思在上一段引文中谈到的出版物，我们还不敢绝对肯定它就是《德意志意识形态》的话，那么

---

1 Ebenda, S. 23; 中文版参见《马克思恩格斯全集》第 47 卷，人民出版社 2004 年版，第 382—383 页。

2 Ebenda, S. 23—24; 中文版参见《马克思恩格斯全集》第 47 卷，人民出版社 2004 年版，第 383 页。

这段引文根本证实了我们的判定。因为马克思在其中谈到，这一"出版物"是一部"反对德国哲学和迄今的德国社会主义的论战性作品"，这无疑正是《德意志意识形态》。

　　由此，通过上述几封信我们可以确定，《德意志意识形态》是一部由多人完成的作品，而马克思在其中扮演着核心角色：他既是主要作者，又是主要编者。此后，马克思恩格斯围绕《德意志意识形态》的出版事宜还进行过多次沟通。他们在书信中把它或者直接称为"手稿"（Manuskripte）[1]，或者称为"出版物"（Publication）[2] 和"作品"（Schrift）[3]。在 1847 年 3 月 9 日致马克思的信中，恩格斯在简略谈及《德意志意识形态》可能的出版商后指出："如果我们手稿的出版与你那本书的出版发生冲突，那么就把手稿搁一旁算了，因为出版你的书重要得多。我们两人从我们的作品（Arbeiten）中得到的好处不多。"[4] 恩格斯所谓的"那本书"正是马克思准备出版的批判蒲鲁东的著作《哲学的贫困》，而他所谓的手稿正是《德意志意识形态》。尽管恩格斯在此使用的德文词"Arbeit"指文本性的作品，但它同"Publication"一样是一个比较宽泛的称谓，既可以指文章，也可以指著作。不过从上下文看，这里的复数形式"Arbeiten"似乎更宜理解为文章。

　　总之，在 1845—1847 年马克思恩格斯所写的书信中，我们能够获取的信息非常有限。一方面，马克思恩格斯通常只用"Publication""Schrift""Arbeiten"指代《德意志意识形态》手稿，并没有明确地将其指称为著作（"Werk"）；另一方面，在一些具体的上下文中，马克思的某些表述似乎让我们隐约看到了作为编著或者文章的合集即文集形式存在的《德意志意识形态》，它以马克思为

---

　　1 Ebenda, S. 40, 51, 63; 中文版参见《马克思恩格斯全集》第 47 卷，人民出版社 2004 年版，第 405、420、431 页。

　　2 Ebenda, S. 82, 83; 中文版参见《马克思恩格斯全集》第 47 卷，人民出版社 2004 年版，第 454、455 页。

　　3 Ebenda, S. 86; 中文版参见《马克思恩格斯全集》第 47 卷，人民出版社 2004 年版，第 459 页。

　　4 Ebenda, S. 87; 中文版参见《马克思恩格斯全集》第 47 卷，人民出版社 2004 年版，第 460 页。

主编，以马克思、恩格斯、赫斯、贝尔奈斯为作者。那么，这是否意味着《德意志意识形态》是一部季刊呢？

二、同时代人使用的"季刊"称谓

尽管马克思恩格斯在 1845—1847 年间的书信涉及《德意志意识形态》的内容非常少，因而我们从中得到的关于《德意志意识形态》著述形式的信息也特别有限。然而，通过考察同时代的友人写给他们的书信，我们获得了大量的补充性线索。由此，一个关于两卷本季刊的出版计划浮出了水面。

如前所述，魏德迈于 1846 年 4 月来到威斯特伐利亚，充当马克思恩格斯和企业主迈耶尔和雷姆佩尔的中间人，力求尽快实现《德意志意识形态》的出版计划。正如马克思在致列斯凯的信中提到的，同魏德迈一起抵达威斯特伐利亚的，还有《德意志意识形态》的一部分手稿。魏德迈一方面同迈耶尔和雷姆佩尔积极协商，另一方面也不断催促马克思尽快寄来剩余手稿。在 1846 年 5 月 14 日致马克思的信中，魏德迈谈到："关于出版事宜进展如何，日果会告诉你。我希望，这件事很快有个好结果。承担这两卷本出版事宜的人，一定也适于出版你的《国民经济学》。"[1] 看来，魏德迈希望找到一位能够建立长期合作关系的出版商，从而不仅可以出版两卷本的《德意志意识形态》，而且可以出版马克思打算写作的《政治和国民经济学批判》。接下来，魏德迈谈到："关于季刊（Vierteljahrsschrift）的稿酬，在短时间内还按 72 塔勒实行。非常糟糕的是，雷姆佩尔和迈耶尔本人眼下也处于某种钱荒之中，前者因为其在科隆的新企业而尤为如此。迈耶尔住在奥斯纳布吕克，他用他父亲的遗产收购了那里一家重要的炼铁厂，同样必须往里面投很多钱……"[2] 我们发现，魏德迈在这里谈到《德意志意识形态》两卷本的出版事宜时，同时又谈到了一份季刊。由于处于连贯

1　*Marx-Engels-Gesamtausgabe (MEGA²)*, Band III/2, S. 193.
2　Ebenda.

的上下文中，这份季刊显然同《德意志意识形态》有密切联系，而马克思和恩格斯看来也对此事非常了解。那么，这二者究竟具有什么联系？在此后不久发生的马克思恩格斯与威斯特伐利亚出资人的决裂事件中，我们发现了重要线索。

1846年7月2日，在不见迈耶尔和雷姆佩尔为《德意志意识形态》的出版事宜做出任何说明、采取任何行动的情况下，马克思恩格斯越过中间人魏德迈，直接写信向迈耶尔提出严厉质问。而后者在7月9日的回信中亦做出强硬答复，进而同马克思恩格斯彻底决裂。值得注意的是，在这封解释加决裂的回信中，迈耶尔通篇谈论的并不是一部著作，而只是一份季刊。"你们认为，雷姆佩尔和我同赫斯缔结了一项交易。事实并非如此。雷姆佩尔和我都不是书商。只是出于帮忙，我们才许诺说，如果相关的谈判将使我们能够作这件事，那我们就尽力把一份季刊（Vierteljahrsschrift）的第一卷付诸印刷。但是，我们在没有保证我们将自己出版这一著作的情况下，特别提供了赫斯所期望的预付款。我们不能做别的事情。由于我们对书业的状况一无所知，所以我们也不能承担丝毫责任。"[1] 从迈耶尔的回信可以看出，他同赫斯所讨论出版的是一份季刊，而且首先要努力出版这份季刊的第一卷，他们甚至为此给赫斯支付了预付款。我们的疑惑进一步增加，这是一份什么样的季刊？它和《德意志意识形态》是什么关系呢？

马克思恩格斯在收到迈耶尔的回信后，马上写信询问身在科隆的赫斯。1846年7月17日，赫斯给马克思和恩格斯写了回信，详细说明了他和迈耶尔等人最初协商的具体内容。他谈到，迈耶尔和雷姆佩尔愿意以如下方式承担一份每卷超过20印张的季刊（Quartalschrift）的出版工作：1. 提供资金；2. 在德国的一个邦——那里20印张以上的书籍免受审查——招募一个印刷工（不是出版商）；3. 这份季刊（Quartalschrift）将以"作者自费出版"的形式面向公众

---

1 Ebenda, S. 243.

和政府出版；4. 书商海尔米希承担寄送和核算事宜。另外，就稿费和利润的分配来说，季刊（Quartalschrift）的出版人、作者或主编，也就是马克思、恩格斯和赫斯，将固定按照每印张三个金路易收取稿费，此外还可以获得三分之一的纯利润；纯利润的另三分之一归迈耶尔等人所有，最后三分之一用作业务资金。[1] 赫斯的这封信使一份季刊的出版计划彻底浮出水面。可以看出，这份待出版的季刊每卷将超过 20 印张，这显然是出于免受书报检查的考虑；它的编者不只有马克思、恩格斯，还有赫斯，他们三人将参与利润的分配；这份季刊将不在马克思当时所在的比利时，而是在德国出版。按照我们通常的认识，赫斯在 1845 年 11 月同威斯特伐利亚人所协商的是《德意志意识形态》的出版事宜，而迈耶尔和赫斯的书信都表明这一出版事宜涉及的只是一部季刊。这是怎么回事呢？

赫斯在 1846 年 7 月 28 日致马克思的信中进一步确证了关于季刊的出版事宜。在这封信中他谈到，他在科隆发起了一个出版社计划，"它不仅可以取代并不是因为我的错误而失败的威斯特伐利亚的计划，而且能够为这件事提供更加坚实、更加广泛的基础"；如果这个项目能够实现，那么"除了季刊（Quartalschrift）之外，计划中的译丛 [2] 也能出版"。[3] 看来，在与威斯特伐利亚人商谈的季刊出版计划失败后，尽管赫斯声称自己无责无咎，但还是在积极谋求建立一家出版社，以弥补季刊计划未能实现的遗憾。由此可知，在 1845—1846 年，马克思恩格斯确实有过出版一份季刊的计划，而且这一计划正是先由赫斯、后由魏德迈作为中间人同威斯特伐利亚人进行协商的。联想到马克思在其书信中的说明，结论似乎已经呼之欲出：这份季刊就是马克思恩格斯计划出版的《德意志意识形态》。然而，我们还是要再追问一下，两卷本著作和一

---

1 Ebenda, S. 248.

2 即马克思、恩格斯、赫斯等人当时计划出版的《外国杰出的社会主义者文丛》。

3 *Marx-Engels-Gesamtausgabe (MEGA²)*, Band III/2, S. 269.

份季刊的出版计划有没有可能同时并存？换句话说，是否有内容上的直接联系可以证明季刊和《德意志意识形态》的同一性呢？

在 1846 年 4 月 30 日致马克思的信中，魏德迈一方面敦促马克思尽快把剩余手稿寄给他，另一方面谈到："你所谈到的关于批判'施蒂纳'是多余的这一论断，我已经在一些人那里碰到了。我为此尤其同毕尔格尔斯长时间地争吵不休。与之相反，在我看来，这一批判的必要性比之前更加清晰明了。……我在这里和路易莎通读了唯一者——即你的唯一者——的一大部分，她非常喜欢。"[1]如前所述，魏德迈在 1846 年 4 月底携带马克思恩格斯的手稿来到了威斯特伐利亚，同迈耶尔和雷姆佩尔进行协商。而他在这封信中谈到的马克思的"唯一者"，显然正是《德意志意识形态》中批判施蒂纳的"圣麦克斯"章。这就意味着，他接续赫斯进行的关于季刊的谈判就是关于《德意志意识形态》的谈判。类似地，在 1846 年 5 月 14 日致马克思的信中，魏德迈在谈及迈耶尔和雷姆佩尔的钱荒之后说："我在迈耶尔那里只逗留了几天……我给他读了你们的手稿中的'政治自由主义'，他非常喜欢。"[2]"政治自由主义"是《德意志意识形态》"圣麦克斯"章的一小节。这再次证明，魏德迈在威斯特伐利亚同迈耶尔等人进行的有关季刊的协商，涉及的正是《德意志意识形态》手稿。由此，我们确实可以得出结论，由赫斯开启、魏德迈接续的与威斯特伐利亚人进行的关于季刊的谈判就是关于《德意志意识形态》的谈判。那么，这是否意味着《德意志意识形态》是一部季刊，而我们多年以来关于其为著作的判定是完全错误的呢？

三、"著作说"的根本合理性

从上面的分析可知，一方面，马克思恩格斯委托魏德迈捎去《德意志意识

---

1 *Marx-Engels-Gesamtausgabe (MEGA²)*, Band III/1, S. 532–533.

2 *Marx-Engels-Gesamtausgabe (MEGA²)*, Band III/2, S. 193.

形态》手稿，同威斯特伐利亚人就其出版进行协商；另一方面，赫斯、魏德迈同威斯特伐利亚人所协商的是一部季刊的出版事宜。由此似乎必然得出结论，《德意志意识形态》并不是我们通常所认为的一部著作，而是一份季刊，而这正是 20 世纪 80 年代以来国际学界包括 MEGA² 编者所提出的新观点。然而，我们并不能仓促接受该结论，因为这里仍然需要作进一步的区分，即所谓《德意志意识形态》到底是这份季刊的称谓，还是这份季刊的前两卷所收录作品的称谓。

第一，我们需要追溯长期以来为我们所熟知的"德意志意识形态"这一标题的来源。众所周知，这个标题并不是这部"两厚册八开本"的巨幅手稿所固有的，而是由后人增补的，因为马克思恩格斯并没有为这份手稿留下标题。在"费尔巴哈"章中，我们看到过"一般意识形态，特别是德意志意识形态"这样的小标题，但它还不是"德意志意识形态"这一标题的真正来源。如前所述，"德意志意识形态"的标题其实源于马克思于 1847 年 4 月发表的声明《驳卡尔·格律恩》。马克思在其中谈到："我没有兴趣'向德国公众介绍'我在研究格律恩先生的'法兰西和比利时的社会运动'当中所取得的'成就'，因此我倒乐于把我一年以前写的详细评论格律恩先生的大作的手稿放到一边；现在只是由于这位柏林朋友的逼迫，才不能不把它交给'威斯特伐里亚汽船'杂志发表。这篇评论是对弗·恩格斯和我合写的'德意志思想体系'[1]（von *Fr[iedrich] Engels* und mir gemeinschaftlich verfaßten Schrift über „Die deutsche Ideologie"）（对以费尔巴哈、布·鲍威尔和施蒂纳为代表的现代德国哲学和以各式各样的预言家为代表的德国社会主义的批判）一书的补充。"[2] 正是基于马克思此处的说明，苏共中央马克思恩格斯列宁研究院的编者才在首次完整出版这部巨幅手

1　即《德意志意识形态》。

2　《马克思恩格斯全集》第 4 卷，人民出版社 1958 年版，第 43 页；德文版参见 *Marx-Engels-Werke*, Band 4, S. 38.

稿时加上了"德意志意识形态"的标题。我们认为，马克思的这段自述极为重要，因为他在这里已然把《德意志意识形态》明确称为他和恩格斯"合写"（verfaßten）的作品（"Schrift"）。显然，马克思和恩格斯只能写作一部题为"德意志意识形态"的作品，而不能写作一部题为"德意志意识形态"的季刊。所以，这段引文毫无歧义地表明，所谓的《德意志意识形态》是马克思和恩格斯自己的写作成果，它作为两卷本构成了计划中的季刊的前两卷，但不是季刊本身。这也正是《马克思恩格斯全集》中文第二版作出的判定：马克思恩格斯计划在这份季刊的前两卷中出版《德意志意识形态》。[1]因此，季刊与《德意志意识形态》并不完全等同。

第二，持《德意志意识形态》"季刊说"的学者，其根本理由在于，这部作品不仅有马克思、恩格斯两位作者，而且还有赫斯、贝尔奈斯等其他作者，因此，它显然是一部编著或者文集。格洛维娜在其文章中就指出，在赫斯于1845年11月同威斯特伐利亚人初步协商之后，为了尽快出版每卷超过20印张的季刊，马克思恩格斯开展了大规模的组稿工作，邀请友人如维尔特、丹尼尔斯、贝尔奈斯甚至魏特林等提供文稿。[2]考虑到马克思曾谈到想继续《德法年鉴》的工作[3]，被视为季刊的《德意志意识形态》亦被设想为一部类似《德法年鉴》的文集。我们认为，上述观点是不能令人信服的。单从《德意志意识形态》的写作分工来看，尽管有赫斯等人参与其中，但马克思恩格斯显然完成了这两卷的大部分文稿，他们是绝对的主要作者。更重要的是，这部作品在内容上并不像《德法年鉴》那样是零散的、不同主题的文章的汇编，而是围绕核心主题的系统的、整体性的阐述，从马克思所设定的第一卷的结构——"一、费尔巴哈""莱比锡宗教会议""二、圣布鲁诺""三、圣麦克斯""莱比锡宗教会

---

1 参见《马克思恩格斯全集》第47卷，人民出版社2004年版，第653页注释160。

2 Galina Golowina: Das Projekt der Vierteljahrsschrift von 1845/1846. Zu den ursprünglichen Publikationsplänen der Manuskripte der „Deutschen Ideologie", S. 263–268.

3 Ebenda, S. 264.

议闭幕"——就能清楚地看出这一点。因此，尽管有个别人参与其中，但鉴于其写作内容较为有限，《德意志意识形态》仍然应该归结为马克思和恩格斯的合著。此外，我们还要注意，若就《德意志意识形态》最初的出版计划来说，"季刊说"确实有其充分依据，上文列举的同时代人如迈耶尔、赫斯、魏德迈等人致马克思恩格斯的书信已经令人信服地证明了这一点。就此而言，《德意志意识形态》的确"源于季刊"。但问题是，在 1846 年 7 月与威斯特伐利亚出资人迈耶尔和雷姆佩尔决裂之后，也就是说，在季刊出版计划失败之后，我们还能把"德意志意识形态"视为一部季刊吗？正如 MEGA² 编者指出的，在季刊出版计划失败之后，马克思恩格斯退回了其他作者的文稿，试图以两卷甚至一卷的形式出版自己的文稿。[1] 就此时而言，"德意志意识形态"显然已经不可能是季刊，而是一部著作了。因此，在判定"德意志意识形态"的著述形式时，不能仅仅局限于季刊出版计划时期，而是要把"季刊前"与"季刊后"综合起来加以考察。《德意志意识形态》"源于季刊"却没有"终于季刊"，它从根本上讲是一部著作。

第三，在 1845—1847 年的书信中，我们确实没有找到马克思恩格斯把《德意志意识形态》明确界定为著作（Werk）的线索。但是，这并不意味着这一线索不存在。事实上，通过对马克思后来所作自述的研究，我们发现了一个重要说明。1860 年 3 月，马克思在致法律顾问尤利乌斯·韦伯（Julius Weber）的信中详细介绍了自己 1842—1860 年的生活、工作情况，其中谈到："在布鲁塞尔我除了为各家激进的巴黎报纸和布鲁塞尔报纸无偿撰稿以外，还同弗·恩格斯合写了《对批判的批判所做的批判》（哲学著作，1845 年在美因河畔法兰克福的吕滕出版社出版）、《哲学的贫困》（经济学著作，1847 年由福格勒在布鲁塞尔出版，并由弗兰克在巴黎出版）……两卷关于现代德国哲学和社会主义

---

1 *Marx-Engels-Gesamtausgabe (MEGA²)*, Band I/5, S. 726.

的著作（没有出版，见我的《政治经济学批判》一书的序言，1859 年由弗·敦克尔在柏林出版）……"[1] 马克思在这里提及的"两卷"著作自然就是《德意志意识形态》。他不仅指出这是自己的写作成果，而且强调这是"一部两卷本著作"（ein zweibändiges Werk）。因此，马克思本人对《德意志意识形态》著述形式的判定已经一目了然。值得一提的是，马克思在这段话中还有意凸显了《德意志意识形态》的著作样态。因为在提及《对批判的批判所做的批判》（即《神圣家族》）和《哲学的贫困》时，尽管它们都是马克思的著作，但他所使用的词均为"Schrift"：前者为一部哲学著作（eine Schrift über Philosophie），后者为"经济学著作"（ökonomische Schrift）。但是，在谈及后来的著作《德意志意识形态》时，马克思却没有沿用"Schrift"，而是改用了"Werk"一词。显然，在马克思看来，对于在篇幅和内容上都比《神圣家族》和《哲学的贫困》更庞大更丰富的《德意志意识形态》来说，应该使用比"Schrift"更表明著作样态的"Werk"一词。通过这一对比，我们既能看出马克思对《德意志意识形态》著述形式的判定，更能看出他对这部著作的格外重视。

综上所述，对《德意志意识形态》著述形式这一重大问题的考察，不仅要依据马克思恩格斯及其他当事人在彼时的所言所述，而且要考察马克思恩格斯本人后来对此书所作的说明，同时还要结合《德意志意识形态》自身的内容、结构和写作特点等来做出综合判定。以上述考察分析为依据，我们认为，尽管《德意志意识形态》的产生同一部季刊计划有着千丝万缕的联系，但它依然应该被判定为马克思恩格斯的一部著作。就此而言，尽管"季刊说"的确立对《德意志意识形态》的著作判定构成了一定挑战，但它从根本上拓展了《德意志意识形态》的研究视域，从而深化了我们对《德意志意识形态》著作样态的认识。

1《马克思恩格斯全集》第 51 卷，人民出版社 2024 年版，第 128 页；德文版参见 *Marx-Engels-Werke*, Band 30, Berlin: Dietz Verlag, 1964, S. 509。

第四篇 《德意志意识形态》百年文献学研究的
历史重估与现实启示

第九章
《德意志意识形态》诸版本的历史重估

从 20 世纪 20 年代至今，《德意志意识形态》包括"费尔巴哈"章的出版经历了百年的风雨历程。其中，我们可以找到如下重要的关节点：1924 年，梁赞诺夫主编的首个俄文版《德意志意识形态》"费尔巴哈"章在俄文版《马克思恩格斯文库》第一卷出版；1926 年，梁赞诺夫主编的首个原文版《德意志意识形态》"费尔巴哈"章在德文版《马克思恩格斯文库》第一卷出版；1932 年 2 月，朗兹胡特和迈尔主编的《德意志意识形态》近乎完整版问世；5 个月后，阿多拉茨基主编的 MEGA^1 第 I/5 卷即世界历史上首个《德意志意识形态》原文完整版出版；1933 年，《马克思恩格斯全集》俄文第一版第 4 卷即《德意志意识形态》卷出版，其编译底本为 MEGA^1 版《德意志意识形态》；1955 年，《马克思恩格斯全集》俄文第二版第 3 卷即《德意志意识形态》卷出版，其编译底本仍然为 MEGA^1 版《德意志意识形态》；1958 年，《马克思恩格斯全集》德文版第 3 卷以俄文第二版为底本出版了《德意志意识形态》；1962 年，巴纳在国际社会史研究所发现了《德意志意识形态》三个纸面的手稿，从而开启了"费尔巴哈"章的编辑出版新时代；1965 年，巴加图利亚主编的俄文新版"费尔巴哈"章问世；1966 年，《德国哲学杂志》以俄文新版为底本发表德文新版"费尔巴哈"章；1972 年，MEGA^2 试编卷刊发了"费尔巴哈"章的试编版；1974 年，广松涉出版了日文和德文对照的新版"费尔巴哈"章；1976 年，英文版《马克思恩格斯全集》第 5 卷即《德意志意识形态》卷出版，其中的"费尔巴哈"章采用了俄文新版的编排方式；1997 年，以陶伯特为首的特利尔德法工作组确立的 MEGA² 版《德意志意识形态》完整版框架发表于《MEGA 研究》；2004 年，陶伯特等人编辑的 MEGA² 版《德意志意识形态》先行版在《马克思恩格斯年鉴（2003）》出版；2017 年，由帕格尔、胡布曼、维克维尔特主编的 MEGA² 版《德意志意识形态》正式出版；2018 年，胡布曼和帕格尔在 MEGA² 框架之外主编的又一个时间顺序版"费尔巴哈"章问世；2019 年，由日本和中国学者联合完成的"费尔巴哈"章在线版正式上线推出。

可以说，《德意志意识形态》百年文献学研究历程悠远而漫长，而在此期间出现的各个版本，尤其是梁赞诺夫主编的首个原文版"费尔巴哈"章、阿多拉茨基主编的《德意志意识形态》首个原文完整版以及陶伯特设定的 MEGA² 版《德意志意识形态》完整版构想（"先行版"是其局部再现），都由于其独有的历史背景和特殊的编辑考量而既富时代性，又有局限性。在新的历史时期，我们如何重估这些版本的地位、价值和意义，就显得分外必要且重要。

第一节　对梁赞诺夫原文版"费尔巴哈"章的历史重估

在百年的发展脉络中，梁赞诺夫主编的首个原文版"费尔巴哈"章既是整个《德意志意识形态》原文出版历程的起点，又是通过其编辑原则和编排方式对后世诸版本产生深刻影响的初始版本。而今，在新的时代特别是 MEGA² 版《德意志意识形态》的视域下，我们又该如何看待梁赞诺夫原文版"费尔巴哈"章，如何对之作一番历史的重估呢？

一、梁赞诺夫原文版"费尔巴哈"章的历史局限性

尽管梁赞诺夫原文版"费尔巴哈"章是世界历史上首个关于《德意志意识

形态》的原文版本，因而在马克思主义文献编辑出版史上具有重要的地位和价值，但是作为一个百年前诞生的版本，它不可避免地带有历史和时代所造成的局限性。具体说来，这一局限性涉及三个方面：

第一，原始手稿方面的局限性。如前所述，梁赞诺夫在《德意志意识形态》手稿的搜集和整理方面做出了巨大的贡献。正是他凭借自己掌握的有关《德意志意识形态》手稿的文献学信息，经过不懈努力，打通层层环节，最终从德国社会民主党档案馆特别是伯恩施坦家中搜集到了《德意志意识形态》手稿。正如他后来所说的："我最终通过巨大的努力，成功地使整个《德意志意识形态》重见天日。现在，我拥有这份手稿的一套照相复制件。"[1] 正是以《德意志意识形态》手稿的复制件为基础，梁赞诺夫出版了首个原文版"费尔巴哈"章。然而，不可否认的是，以复制件而非手稿为底本，不可避免地会产生辨识错误。前文提到的梁赞诺夫原文版"费尔巴哈"章把著名的"晚饭后从事批判"（nach dem Essen zu kritisieren）辨识成为"甚至批判食物"（auch das Essen zu kritisieren），就是一个典型例子。就此而言，未能以原始手稿为编辑底本，这是梁赞诺夫原文版"费尔巴哈"章的一大缺陷。此外，就手稿的完整性而言，梁赞诺夫时代亦存在历史的局限。正如梁赞诺夫在介绍"费尔巴哈"章手稿情况时谈到的，单是马克思编了72页的手稿即"关于费尔巴哈的卷帙"，就缺了第1—7、29、36—39页，这些页面在当时看来显然已经永远地佚失了。然而，1962年，巴纳在国际社会史研究所发现了三个纸面的《德意志意识形态》手稿，其中的两个纸面就属于"费尔巴哈"章，上面有马克思标记的页码1、2和29。巴纳的这一发现在很大程度上完善了"费尔巴哈"章手稿，进而更新了人们对"费尔巴哈"章的整体认识。由此，"费尔巴哈"章的编辑出版进入了新的时代，新的版本不断出现。然而，对于四十年前的梁赞诺夫来说，巴纳

---

1 D. Rjasanoff: Neueste Mitteilungen über den literarischen Nachlaß von Karl Marx und Friedrich Engels, S. 389.

的这一发现却是既不可望更不可及的。梁赞诺夫在自己主编的原文版"费尔巴哈"章中根本不可能收录这几页手稿，这不能不说是历史的遗憾。

第二，文献资料方面的局限性。当梁赞诺夫在 1926 年出版原文版"费尔巴哈"章时，国际学界关于马克思恩格斯生平、思想、著作等方面的研究还处于初级阶段，当时所能利用的原始文献资料只有梅林的《遗著选》、伯恩施坦的《通信集》以及马克思恩格斯已发表的著作和文章。要想在马克思恩格斯研究方面取得新的认识和发现，就必须对其文献遗产进行深入开掘。就此而言，尽管梁赞诺夫在 1923 年秋就从柏林带回了 7000 纸面的马克思恩格斯文献遗产复制件，从而使苏联学界在马克思恩格斯研究上占得巨大先机，然而在当时，对这笔珍贵文献资料的辨识和研究才刚刚起步，还远远谈不上吸收和利用。在这种情况下，梁赞诺夫的原文版"费尔巴哈"章就很难在关于这部著作的诞生与流传等历史考证研究方面取得实质性进展和突破。相较之下，20 世纪 50 年代《马克思恩格斯全集》俄文第二版和德文版的出版不仅为国际学界的马克思主义研究，而且为《德意志意识形态》研究提供了丰富的文献资料。在此基础上，1975 年开始出版的 MEGA^2 进一步提升了文献资料的丰富性。特别是其书信卷所收录的马克思恩格斯通信尤其是他人写给马克思恩格斯的书信，为研究《德意志意识形态》的创作和出版过程提供了大量一手的材料。而这些材料尽管梁赞诺夫当年已然拥有，但却尚未开掘。我们知道，在 MEGA^1 第 III 部分即书信卷中，首先出版的是马克思恩格斯之间的通信即第 III 部分第 1—4 卷，之后的第 5—10 卷则是他们与他人之间的通信。梁赞诺夫在任时仅出版了第 III/1 卷（1929）、第 III/2 卷（1930）和第 III/3 卷（1930），第 III/4 卷是在 1931 年下半年即阿多拉茨基上任后才出版的。至于马克思恩格斯与他人的通信卷次，最终也未能在 MEGA^1 中出版。因此，在 1926 年出版"费尔巴哈"章时，梁赞诺夫甚至连自己已然掌握的马克思恩格斯之间的书信材料都未能充分利用，就更谈不上马克思恩格斯与他人之间的通信了。进一步讲，MEGA^2

编者以第 III/1 卷和第 III/2 卷收录的 1848 年前马克思恩格斯与他人的通信为依据，对《德意志意识形态》前期的季刊出版计划所作的考证研究，亦完全超出了梁赞诺夫的认识域。对于梁赞诺夫来说，《德意志意识形态》之为马克思恩格斯的著作项目是不言自明的，它根本无须论证。因此，所谓"著作"与"季刊"之争还远远没有进入梁赞诺夫的视野。因此，文献资料的缺乏不可避免地使得梁赞诺夫原文版"费尔巴哈"章在历史考证方面逊色一筹。

第三，呈现样式方面的局限性。在梁赞诺夫原文版"费尔巴哈"章中，尽管我们可以通过大量丰富即时的脚注来了解有关手稿的原始信息，但是，它毕竟未能直观地呈现手稿基本样态，特别是其左右分栏的模式。这不能不说是梁赞诺夫原文版的美中不足或基本局限。但是，这一不足在后来的版本中已经被逐渐地克服。在 1972 年 MEGA^2 试编卷版"费尔巴哈"章中，左右分栏的编辑方式得到了初步使用，手稿的原始面貌得以直观地呈现出来。2004 年，MEGA^2 先行版亦采用了左右分栏的编辑方式，从而完整展现了手稿页面的样貌。相应地，编者既不必再为何处安放右栏中马克思的札记和说明而苦恼，又不用像梁赞诺夫原文版和 MEGA^1 版那样频繁地运用脚注来描述右栏的情况。而 2017 年的 MEGA^2 版《德意志意识形态》不仅使用了左右分栏形式呈现"费尔巴哈"章，而且还运用复杂的排版方式来展现复杂的异文资料特别是不同文本层次的不同内容。正如主编帕格尔指出的："我们为关于文本产生过程的语句性说明所使用的各行并列展示（Zeilenparallelisierung）方式在排版技术上是极其艰辛费力的，每一处都必须手工设定。我们的技术科学人员罕里特·尼措尔特女士（Frau Henriette Nötzoldt）在排版系统中亲自设定了并列的每一行……"[1]可以说，在 MEGA^2 版《德意志意识形态》中，各种排版技术的运用已经使手稿包括考证资料如异文的呈现愈发清楚明晰。如果再考虑到日本学者大村泉

---

[1] 参见赵玉兰：《MEGA^2 版〈德意志意识形态〉的编辑情况分析——访德国柏林—勃兰登堡科学院 MEGA 工作站格哈尔特·胡布曼博士和乌尔里希·帕格尔博士》，《马克思主义理论学科研究》2018 年第 5 期。

（Omura Izumi）等开展的《德意志意识形态》"费尔巴哈"章在线版[1]的编辑工作，那么很显然，时代的进步所带来的科学技术上的飞跃亦使《德意志意识形态》手稿的编辑出版受益，这份手稿在文本的整体呈现上愈发直观明了，愈发贴合手稿的原貌，而这是梁赞诺夫原文版"费尔巴哈"章所不可能享有的便利条件。

二、梁赞诺夫原文版"费尔巴哈"章的当代现实性

尽管由于历史局限，梁赞诺夫原文版"费尔巴哈"章存在一些难以克服的不足和缺陷，但是这一版本仍然具有穿透历史的重要现实价值。它主要体现在以下两个方面：

第一，忠实于原文的编辑理念。梁赞诺夫原文版"费尔巴哈"章作为 $MEGA^1$ 版《德意志意识形态》在一定意义上的先行版，是以 $MEGA^1$ 的编辑理念为原则的。在这之中，首当其冲的就是对手稿、对原文的忠实。这种忠实既表现在手稿的呈现上，又体现在脚注的说明上。就此而言，梁赞诺夫原文版一方面运用各种标记、符号以及编辑排版方式，从多个角度、多个方面展现手稿的原始样态；另一方面则运用大量丰富的脚注，对手稿的信息、马克思恩格斯的写作情况、编者的编辑状况等作了充分的说明。如果说，在手稿的掌握上，梁赞诺夫原文版未能占有巴纳所发现的那几页手稿；在手稿的呈现上，梁赞诺夫原文版也未能采取左右分栏模式，但是这些并不影响该版本在其所处时代尽可能地忠实于手稿原文。而此后的多个版本，如德文新版、$MEGA^2$ 试编卷版乃至 $MEGA^2$ 版《德意志意识形态》，从根本上讲都继承了梁赞诺夫原文版"费尔巴哈"章的这一理念。也正是基于其忠实于原文的编辑理念，$MEGA^2$ 编者认为，梁赞诺夫原文版是一个"严肃的版本""不错的版本"，它远远优于对手稿加以介入和干涉的 $MEGA^1$ 版，以及以之为底本的俄文第二版

---

1 关于《德意志意识形态》"费尔巴哈"章在线版，可参见 www.online-dif.com。

以及德文版《德意志意识形态》。[1]

第二，逻辑优先的编辑原则。梁赞诺夫在编辑"费尔巴哈"章的过程中把逻辑线索置于优先地位，这一逻辑自然不是作为编者的他本人的逻辑，而是作为作者的马克思恩格斯的逻辑。正是基于这一考量，梁赞诺夫在编排"费尔巴哈"章的过程中，首先把"序言"置于首位，然后接续导论，之后按照马克思的编号编排主手稿，最后以关于"分工和所有制形式"的片断收尾。可以看出，梁赞诺夫的逻辑编排是一种外在弱逻辑，它仅限于各份手稿之间的外在次序，而绝不会介入到单份手稿的内部。这意味着，各份手稿的文本内容是绝对不可触碰和侵犯的编辑底线。在坚持逻辑编排的前提下，手稿的写作时间自然在梁赞诺夫这里处于次要地位。就此而言，梁赞诺夫原文版"费尔巴哈"章的逻辑编排同 MEGA[2] 版的逻辑编排在本质上是一致的。在批评陶伯特的纯粹时间顺序编辑原则时，MEGA[2] 编者胡布曼指出："如果要制作一个完整版本，就必须考虑到其他因素。例如，陶伯特把章开篇（Kapitel-Anfänge）置于后面，这从时间上讲是正确的。但是，如果我们这样来制作整本书的话，那它就不会成为一部可以为读者所阅读的书。因为章开篇也有标题，标题表明了它们所在的特定位置，这也是标准。同样，尽管序言在时间上讲诞生得很晚，但是标题'序言'已表明了它在手稿中应被排放的位置。此外，手稿中还有作者的预先说明（Vorverweise）以及回顾说明（Rückverweise），从中亦可以得出关于各个部分的编排次序的结论。我们也不能轻易地忽略这些标准。反对时间顺序编排的另外一个原因是，它必将否定马克思对费尔巴哈卷帙所作的连续的页码编号。总而言之，人们可以实现时间顺序的编排，但如此一来就会同时否定其他标准。我们在 MEGA[2] 第 I/5 卷中考虑到了所有相关因素，而不仅仅是写作时间。"[2] 尽

---

1 参见赵玉兰：《MEGA 视野下的马克思主义文本学研究》，人民出版社 2019 年版，第 207—208 页。

2 参见赵玉兰：《MEGA[2] 版〈德意志意识形态〉的编辑情况分析——访德国柏林—勃兰登堡科学院 MEGA 工作站格哈尔特·胡布曼博士和乌尔里希·帕格尔博士》，《马克思主义理论学科研究》2018 年第 5 期。

管 MEGA² 第 I/5 卷是按照文本实例的形式一份一份地罗列《德意志意识形态》手稿，而梁赞诺夫则旨在编辑作为一部著作的一章的"费尔巴哈"章，但二者对逻辑编排的考量却是根本一致的，即尽可能忠实于可以确证的、作为作者的马克思和恩格斯的逻辑和意图。

总之，作为历史的产物，梁赞诺夫原文版"费尔巴哈"章有其不可避免的局限性。但是这种局限性在很大程度上是由时代决定的，而非缘于它自身。就此而言，我们决不能用现代的眼光要求属于历史、属于过去的梁赞诺夫原文版"费尔巴哈"章，就像胡布曼指出的，我们不能按照今天的认识水平来衡量梁赞诺夫原文版"费尔巴哈"章。[1] 相反，我们更应看到梁赞诺夫原文版"费尔巴哈"章所具有的根本价值，即它所遵循的编辑原则和它所追求的编辑理念，这是时至今日这一版本依然熠熠生辉、并在马克思主义文献史上占据重要地位的根本原因。

第二节 对 MEGA¹ 版《德意志意识形态》的历史重估

由于对"费尔巴哈"章的深度介入，MEGA¹ 版《德意志意识形态》受到了后世学者的广泛批评。自 20 世纪 60 年代起，以巴纳发现"费尔巴哈"章的新手稿为契机，国际学界先后出现了多个"费尔巴哈"章新版本，它们以不同编排方式对 MEGA¹ 版"费尔巴哈"章予以了矫正和纠偏。

一、后续版本对 MEGA¹ 版的矫正与纠偏

1965 年，巴加图利亚主编的俄文新版"费尔巴哈"章在苏联《哲学问题》杂志发表。这是 MEGA¹ 版《德意志意识形态》之后诞生的首个《德意志意识形态》版本。该版不仅收录了巴纳发现的"费尔巴哈"章新手稿，从而成为当

---

1 参见赵玉兰：《MEGA 视野下的马克思主义文本学研究》，人民出版社 2019 年版，第 208 页。

时收录内容最为完整的"费尔巴哈"章版本，而且从根本上否定了 MEGA¹ 版
"费尔巴哈"章的编排方式，重新恢复了梁赞诺夫原文版"费尔巴哈"章所首
倡的按照手稿原始样态进行编排的编辑理念。1966 年，俄文新版"费尔巴哈"
章的单行本出版。编者在其中明确指出："对于莫斯科研究院 1932 年版中所作
的文本调整，不存在任何必要性和足够的证据，正如对这种调整的正当性所作
的严谨核查以及对手稿及其内容的进一步研究所表明的。"[1] 同年，德文新版"费
尔巴哈"章问世，它以俄文新版为底本编排了"费尔巴哈"章，从而成为首
个否定 MEGA¹ 版编排方式的原文版本。就具体编排来说，俄文新版和德文新
版均采取了三份章开篇（导论、"A. 一般意识形态，特别是德意志意识形态"
和"1. 一般意识形态，特别是德国哲学"）在前，中间为关于"分工和所有制
形式"和"意识和存在的关系"的两个片断，之后为马克思编号的 72 页手稿
的总体架构。可以看出，尽管两个新版本采取了逻辑编排方式，但是这种逻辑
不过是一种外在逻辑，它远远弱于 MEGA¹ 版的内在逻辑，甚至弱于梁赞诺夫
的原文版"费尔巴哈"章。这是因为，梁赞诺夫的原文版多少还按照内容对各
份手稿的外在次序进行了编排，而两个新版本则几乎完全按照手稿的页面编号
作了编排，这不仅体现在马克思编号的"关于费尔巴哈的卷帙"，而且体现在
三份章开篇和两份片断中。就此而言，俄文新版和德文新版可谓是在逻辑编排
的框架内实现了对 MEGA¹ 版《德意志意识形态》的否定。此后的其他版本如
MEGA² 试编卷版、广松涉版等亦以不同的逻辑编排方式否定了 MEGA¹ 版。

相较之下，2004 年问世的《德意志意识形态》先行版则进一步跳出逻辑
编排的框架对 MEGA¹ 版作了彻底否定。如前所述，先行版主编陶伯特对"费
尔巴哈"章采取了时间顺序编排方式，从而彻底打破了以往流行的逻辑顺序编

---

1 Institut für Marxismus-Leninismus beim ZK der SED (Hrsg.): Neuveröffentlichung des Kapitels I des I. Bandes der „Deutschen Ideologie" von Karl Marx und Friedrich Engels, S. 1198; 中文版参见 [俄] 巴加图利亚主编：《巴加图利亚版〈德意志意识形态·费尔巴哈〉》，张俊翔编译，南京大学出版社 2011 年版，"序言"第 8 页。

排方式。她之所以逆潮流而动，就是为了根本规避 MEGA¹ 版的重大缺陷。正如陶伯特在先行版"导言"中指出的，MEGA¹ 版《德意志意识形态》"编者以对流传状况的巨大介入建构出一部费尔巴哈章，也就是说，他们在没有充分证据的情况下完成了马克思恩格斯的工作"¹。正是在这种情况下，陶伯特决定，将未完成的"费尔巴哈"章流传下来的 7 份手稿以独立的文本实例予以展现，并按照它们在马克思恩格斯文献遗产中的保存样态进行编辑。由此，陶伯特既没有建构一个"费尔巴哈"章，也没有通过编辑活动来完成马克思恩格斯所未完成的工作。² 于是，在先行版"费尔巴哈"章中，我们看到的是一份份按照时间顺序编排下来的手稿，它们均自成一体，相互独立，没有任何内在的或外在的编辑手段将其联系起来。可以说，先行版"费尔巴哈"章是对 MEGA¹ 版"费尔巴哈"章的编排方式的根本颠覆。正是出于对原始手稿的忠实，出于避免介入手稿的考虑，陶伯特不惜彻底放弃原本存在于"费尔巴哈"章各份手稿中的逻辑联系，而使手稿以完全没有关联的纯粹自然罗列的方式呈现。这在"费尔巴哈"章的编辑史上不啻为一个重大转折。

不过，2017 年问世的 MEGA² 版《德意志意识形态》并没有照搬陶伯特的编辑思路，而是采取了一种相对折衷的出版方案。一方面，它放弃了陶伯特主张的时间顺序编排方式，恢复了 MEGA¹ 以来的逻辑顺序编排方式；另一方面，它保留了陶伯特倡导的独立的文本实例的呈现方式，确保每一份手稿按照其流传下来的样态完整地、如实地出版。于是，在 MEGA² 版《德意志意识形态》中，尽管我们看到的依然是一份份单独呈现的手稿，但是在它们之间是存在明显的逻辑联系的。由此可见，MEGA² 编者与陶伯特的编辑理念非常不同。在前者看来，时间顺序编排方式虽然能够避免对手稿的调整和介入，但是它消

---

1 Inge Taubert und Hans Pelger (Hrsg.): Karl Marx, Friedrich Engels, Joseph Weydemeyer: Die Deutsche Ideologie, S. 12*.

2 Ebenda, S. 7*–8*.

解了手稿之间本身存在的逻辑联系，而对于《德意志意识形态》这样一部存在明确结构体系的理论著述来说，这显然是不可取的。就此而言，MEGA² 版其实同 MEGA¹ 版是站在同一立场上的。不过，二者的逻辑编排存在根本区别：MEGA² 版的逻辑性主要体现在一份份的手稿之间，其背后的主导观点是"季刊说"；而 MEGA¹ 版的逻辑性则根本介入到了一份份的手稿内部，其背后起作用的是"著作说"。

二、对 MEGA¹ 版《德意志意识形态》的综合评价

尽管 MEGA¹ 版《德意志意识形态》存在对"费尔巴哈"章根本介入的情况，但是就整个《德意志意识形态》百年文献学研究历程乃至马克思主义发展史来说，MEGA¹ 版《德意志意识形态》具有极其重要的历史地位和学术价值。

首先，MEGA¹ 版《德意志意识形态》以对现存 10 份手稿的细致辨识、整理和编辑为基础，把《德意志意识形态》这部为历史迷雾遮蔽 80 余年的马克思恩格斯的重要著作首次完整地呈现在世人面前，并在接下来的半个世纪中成为世界各语种《德意志意识形态》的原始底本，这可谓是其最重大的、最不可磨灭的历史功绩；其次，MEGA¹ 版《德意志意识形态》对《德意志意识形态》的写作和出版史所作的考证分析，对各份手稿的写作时间、相互关系和文本异文所作的辨析研究，对魏德迈、赫斯等人与《德意志意识形态》的关系所作的理论判定等，都在《德意志意识形态》研究史上具有重大的开创意义，极富价值。

当然，由于历史条件的限制，MEGA¹ 版《德意志意识形态》亦有其难以克服的时代局限。

一方面，MEGA¹ 编者对文献资料的掌握和开掘相对有限。且不说后来发现的"费尔巴哈"章第 1、2、29 页手稿，单就 1845—1847 年他人写给马克思恩格斯的书信来说，MEGA¹ 编者就未能对其作深入研究。要知道，在马克思恩格斯同住布鲁塞尔因而通信很少的情况下，这些他人所写的书信可谓是关于

《德意志意识形态》的最直接、最关键的一手材料。MEGA² 编者正是基于对这些收录在 MEGA² 第 III/1 卷和第 III/2 卷中的重要文献的考察，才对《德意志意识形态》复杂的写作和出版历程，赫斯、贝尔奈斯、丹尼尔斯甚至魏特林对《德意志意识形态》写作活动的参与，"费尔巴哈"章主手稿的形成过程以及缺失的第二卷第二、三章的主要内容等作了深入的阐述和分析。

另一方面，如前所述，MEGA¹ 对"费尔巴哈"章的逻辑编排根本侵犯和介入了手稿，这成为该版《德意志意识形态》的致命缺陷。但是，需要说明的是，MEGA¹ 的做法或许并非完全不可原谅。首先，它所确立的标题毕竟源于马克思恩格斯本人的说明，它所调整的段落毕竟前后均有马克思恩格斯所写的分隔线，而这些分隔线亦表明了马克思恩格斯思想的跳跃以及这些段落与前后文本的相对松散的联系。其次，MEGA¹ 并没有对其介入行为避而不谈或秘而不宣。相反，它不仅在导言注释、先行说明和编辑准则中对此作了清晰说明，而且在正文文本中详尽标出了手稿的编号，从而为"费尔巴哈"章的重构提供了丰富的线索。显然，MEGA¹ 编者在进行逻辑编排时，并没有忽视提供给读者了解"费尔巴哈"章原始样态的可能性。因此，他们的这种公开性与透明度是值得肯定的。最后，如果说"费尔巴哈"章由于文本的特殊性而遭到了根本的介入，那么我们不能忘记的是，在《德意志意识形态》的其他章节中，编者总是通过丰富的页底脚注对手稿的写作、编辑情况等作出即时、充分的说明，而卷末资料亦对整部手稿的文献信息、文本异文等作了详尽深入的介绍。这恰恰说明，全面、充分地展现《德意志意识形态》手稿的原始面貌仍是 MEGA¹ 编者的根本编辑理念。

因此，就 MEGA¹ 版《德意志意识形态》来说，我们不能片面抓住"费尔巴哈"章的逻辑编排缺陷而将其全盘否定，而是要全面地、辩证地考察其历史意义与时代局限，特别是肯定其久为学界所忽略的、在马克思主义发展史上所具有的重要地位和做出的开创性贡献。

第三节　对陶伯特《德意志意识形态》完整版构想的历史重估

2004 年，陶伯特主持的 MEGA^2 先行版"费尔巴哈"章问世。这一版的最大特点在于，它对"费尔巴哈"章采取了时间顺序编排方式。而由于先行版"费尔巴哈"章不过是陶伯特 1997 年提出的《德意志意识形态》完整版构想的局部再现，因此，我们在对陶伯特的《德意志意识形态》编辑与出版工作进行重估时，就必须超越先行版"费尔巴哈"章这一局部文本，把重估视域扩展到 1997 年的《德意志意识形态》完整版构想。历史地来看，1997 年的《德意志意识形态》完整版构想在陶伯特心中是极具分量的，作为她和团队经过细致研究、深思熟虑所确立的编辑方案，它可谓是陶伯特为《德意志意识形态》设定的终极方案。在这一背景下，我们就有可能基于陶伯特的《德意志意识形态》完整版构想来考察其与 MEGA^2 版《德意志意识形态》的区别与联系，而这恰恰是对陶伯特的《德意志意识形态》编辑与研究工作进行历史重估的最佳方式。

一、MEGA^2 版对陶伯特时间顺序编排方式的部分吸收

从整体上讲，MEGA^2 版《德意志意识形态》对其收录内容采取了逻辑编排方式：首先是第一部分"对青年黑格尔派哲学的批判"，包括"序言""一、费尔巴哈""莱比锡宗教会议""二、圣布鲁诺""三、圣麦克斯"和"莱比锡宗教会议闭幕"；其次是第二部分"对真正的社会主义的批判"，包括作为导言的"真正的社会主义""一、《莱茵年鉴》或真正的社会主义的哲学""四、卡尔·格律恩：《法兰西和比利时的社会运动》（1845 年达姆施塔特版）或真正的社会主义的历史编纂学""五、'霍尔施坦的格奥尔格·库尔曼博士'或真正的社会主义的预言。《新世界或人间的精神王国。通告》"以及"关于真正的社会

主义者的手稿"。[1]但是，就备受关注的"费尔巴哈"章来说，MEGA[2]版则采取了逻辑顺序与时间顺序相结合的编排方式。一方面，它按照逻辑顺序依次收录了三份章开篇、编号为1—72页的"关于费尔巴哈的卷帙""费尔巴哈"（笔记）以及两份片断，从而展现"费尔巴哈"章现存文本的总体逻辑；另一方面，它在个别地方亦兼顾了时间顺序。例如，对三份章开篇的编排就是以写作时间为序的；对"关于费尔巴哈的卷帙"和"费尔巴哈"（笔记）亦是按照其"写作开始的次序"进行编排的；两份片断由于写作时间不明，所以是以手稿上的编号为序进行编排的。[2]可见，MEGA[2]版并未采用纯粹的逻辑顺序编排方式，在必要时它也会采用时间顺序编排方式。就此而言，陶伯特的影响还是非常明显的。

值得一提的是，MEGA[2]编者在"导言"中对严格的或纯粹的时间顺序编排方式进行了批判。他们指出，如果按照纯粹的时间顺序进行编排，那么作为独立整体流传下来的那些手稿就要被割裂成若干部分。同时，时间顺序也并不是处处都能精准确定的。另外，纯粹的时间顺序会同手稿的章节划分、页码编号等表现出的作者意志发生矛盾。[3]显然，MEGA[2]编者此处所针对的正是陶伯特的时间顺序编排方式。然而，需要追问的是，他们的这一批判是否适用于陶伯特？换言之，对"费尔巴哈"章采取纯粹时间顺序编排方式的陶伯特是否会对整部《德意志意识形态》采取同样的时间顺序编排方式？答案显然是否定的。且不说，早在1997年陶伯特就提出了拒绝时间顺序编排而采用逻辑顺序编排的三点理由[4]——它们同MEGA[2]编者批判时间顺序编排的理由如出一辙，单就她所提出的完整版构想就可以得出，如果她有可能最终完成MEGA[2]版

1 *Marx-Engels-Gesamtausgabe (MEGA²)*, Band I/5, S. V–VIII.

2 Ebenda, S. 794.

3 Ebenda, S. 795.

4 Inge Taubert: Manuskripte und Drucke der "Deutschen Ideologie" (November 1845 bis Juni 1846). Probleme und Ergebnisse, S. 13–14.

《德意志意识形态》的编辑工作，那么她绝不会采取纯粹的时间顺序编排方式，1997 年的逻辑编排完整版才最可能是她所采取的编排方式。就此而言，我们决不能把陶伯特的时间顺序版"费尔巴哈"章扩大化为时间顺序版《德意志意识形态》，这将是对她的极大误解。

二、MEGA[2] 版对陶伯特独立文本实例编排方式的继承

在 1997 年的完整版构想中，陶伯特反复使用"两卷本出版物"来指代《德意志意识形态》，以避免对之作出著作的判定，从而强调不能在编排中拼合出一部著作形态的《德意志意识形态》。

MEGA[2] 版《德意志意识形态》亦秉承了陶伯特的这一原则，正如编者指出的："一部完整的或者仅仅是片断性的出自马克思恩格斯之笔的著作《德意志意识形态》并不存在。"[1] 因此，MEGA[2] 版《德意志意识形态》并不会重建一部著作[2]。以这一界定为前提，MEGA[2] 编者沿循陶伯特的思路，采取了独立的文本实例的编排方式。正如"导言"所指出的："在本卷中，所有的手稿按照其真实的形式作为独立的文本实例出版。"[3] 于是，MEGA[2] 版《德意志意识形态》在正文中收录了 15 份文本实例，在附录中收录了 3 份文本实例，由此构建出了世界历史上第二个《德意志意识形态》原文完整版本。

在拒斥著作建构的视域下，独立的文本实例编排方式更显得意味深长。它表明，尽管 MEGA[2] 版《德意志意识形态》从整体上为我们展现出马克思恩格斯遗留手稿的逻辑性，甚至它们看起来跟 MEGA[1] 所建构的著作几乎别无二致，但是这些手稿本身并不构成逻辑的、系统的著作，它们只是若干份独立的、分散的文本实例。体现 MEGA[2] 编者这种拒斥著作建构态度的典型例子就是对"费

---

1 *Marx-Engels-Gesamtausgabe (MEGA²)*, Band I/5, S. 725–726.

2 Ebenda, S. 727.

3 Ebenda.

尔巴哈"（笔记）的收录。如前所述，在 MEGA^2 版《德意志意识形态》"费尔巴哈"章中，绝大部分被收录手稿都是论述性的、连贯的文本，它们或者是章开篇，或者是文本片断，或者是马克思恩格斯连续编号的手稿。然而，就在这些具有行文特征的文本中，突兀地出现了一份"费尔巴哈"（笔记），这份笔记完全不是一篇前后连贯、具有行文样态的文稿，而只是若干段没有逻辑联系的札记。于是，"费尔巴哈"（笔记）的引入使得"费尔巴哈"章在逻辑上看似具有的整体性遭到彻底瓦解。

事实上，MEGA^1 当年之所以把这份笔记收入附录而未收入正文，就是考虑到其对"费尔巴哈"章逻辑体系的解构，而 MEGA^2 之所以毫无顾忌地将其收入，恰恰是要表明，"费尔巴哈"章不过是由几份独立的、零散的文本实例构成的，以避免读者妄自施加的逻辑联系。就此而言，MEGA^2 编者完全沿袭了陶伯特的主张。

三、MEGA^2 版对陶伯特"季刊说"判定的沿袭

尽管陶伯特起初对格洛维娜的"季刊说"持拒斥态度，但是在 1997 年，"季刊说"已经成为其编排《德意志意识形态》完整版的基础。因此，她才在传统的 MEGA^1 版《德意志意识形态》的文本构成基础上增补了《驳布鲁诺·鲍威尔》《格拉齐安诺博士的著作》和《卡尔·倍克：〈穷人之歌〉或真正的社会主义的诗歌》等文本，以便在结构上重现截至 1846 年 6 月的两卷本出版物的基本样态，而这一增补的实质就是季刊的重构。也正是由于这一原因，赫斯才会同马克思恩格斯一起出现在作者之列。

MEGA^2 版《德意志意识形态》虽然没有在正文中收录上述几份文本，但是它在附录中亦收录了同季刊项目相关的三份重要文本，即赫斯的《格拉齐安诺博士的著作》和"关于格奥尔格·库尔曼和奥古斯特·贝克尔的手稿片断（摘录）"，以及丹尼尔斯的"瓦·汉森博士《1844 年特利尔圣衣展览期间

发生的治疗奇迹实录》（特利尔 1845 年版）"。按照 MEGA² 编者的说明，之所以收录这几份文本，是因为它们原本是计划中的季刊第二卷的内容。进一步讲，季刊的第二卷本来还会收录维尔特、魏特林、贝尔奈斯等人的文稿。[1] 可见，MEGA² 编者对《德意志意识形态》诞生史的考察与陶伯特是根本一致的，而"季刊说"亦成为其收录文本的基础。就此而言，MEGA² 承袭了陶伯特的"季刊说"思路。

　　不过，需要强调的是，尽管坚持"季刊说"的视域，但是 MEGA² 版《德意志意识形态》并不像陶伯特那样以重构多作者、多文稿的季刊为目标，而是力求呈现 1845 年 10 月至 1847 年 4—5 月——这一时间段远远长于陶伯特所设定的 1845 年 11 月至 1846 年 6 月的季刊项目时期——马克思恩格斯所写的文本，它涉及的更是季刊项目失败后马克思恩格斯构想的以两卷本甚至一卷本的形式出版自己所写文稿的计划。[2] 因此，一方面，MEGA² 版的编辑视野并不限于季刊，而是扩展到季刊之后，另一方面它所关注的不是各位作者的文稿，而只是马克思恩格斯的文稿。在这一背景下，赫斯和丹尼尔斯的文稿就不宜收入正文之中，因为它们并非马克思恩格斯所写，但是由于它们都包含马克思恩格斯参与写作的痕迹，因此被收录到了附录中。换言之，附录收录的文本不仅要与《德意志意识形态》的诞生史有关，更需要与马克思和恩格斯有关，要带有二者的写作痕迹。对于 MEGA² 编者来说，一部题为"马克思恩格斯全集"的著作集是不可能收录其他人所写而没有马克思恩格斯参与印迹的文本的。正因如此，MEGA² 版亦没有把赫斯纳入作者范围，而是只以马克思恩格斯作为《德意志意识形态》的作者。这里恰恰反映出陶伯特与 MEGA² 版在以"季刊说"为共同基础的同时仍然存在的根本差异。

　　综上所述，陶伯特所构想的《德意志意识形态》完整版不仅是时间顺序版

---

1 Ebenda.
2 Ebenda, S. 725–726.

"费尔巴哈"章的真正源头，更是理解 MEGA^2 版《德意志意识形态》的重要中介。不仅如此，它还是我们未来在比较视域下编排中文新版《德意志意识形态》的有益参考。就此而言，该版的重要地位与时代价值不言而喻。

第十章
《德意志意识形态》百年文献学研究的
总体图景与现实启示

　　《德意志意识形态》在马克思主义发展史上具有非常独特的地位。一方面，它作为两大发现之一——唯物史观的诞生地，与《共产党宣言》《资本论》等并列为马克思主义经典著作；另一方面，作为一部未完成的庞大手稿，它的重要构成——"费尔巴哈"章成为马克思恩格斯文献遗产中编辑版本最多的文本。在百年来的《德意志意识形态》文献学研究历程中，大致出现了三组分属于不同历史阶段的版本系列：第一系列属于 20 世纪 20—30 年代《德意志意识形态》的问世时期，主要包括 1924 年和 1926 年梁赞诺夫主编的世界历史上首版"费尔巴哈"章（俄文版和原文版），以及 1932 年阿多拉茨基主编的首个原文完整版即 MEGA¹ 版《德意志意识形态》；第二系列属于 20 世纪 60—70 年代直至 21 世纪初的"费尔巴哈"章深入考证时期，包括俄文新版（1965）、德文新版（1966）、MEGA² 试编卷版（1972）、广松涉版（1974）以及 MEGA² 先行版（2004）"费尔巴哈"章等；第三系列属于 MEGA² 开启的《德意志意识形态》研究新时期，既包括 2017 年帕格尔和胡布曼等主编的世界历史上第二个原文完整版即 MEGA² 版《德意志意识形态》，又包括 2018 年胡布曼和帕格尔独立出版的时间顺序版"费尔巴哈"章，还包括 2019 年日本和中国学者联合推出的"费尔巴哈"章在线版。这些关于"费尔巴哈"章和《德意志意识形态》的版本系列不仅串联出百年《德意志意识形态》的编辑、出版和研究脉络，而且展现出《德意志意识形态》文献学研究的演进逻辑和理论主题，进而为中国的《德意志意识形态》研究提供了深刻的启示。

第一节　演进逻辑：建构—解构—重构

在《德意志意识形态》的百年出版历程中，未完成的"费尔巴哈"章始终是学界关注的焦点。伴随着它的不同编排，《德意志意识形态》经历了一场"建构—解构—重构"的辩证发展历程。

一、MEGA[1]对"费尔巴哈"章的建构

《德意志意识形态》巨幅手稿的首次确立源于梁赞诺夫领导的MEGA[1]编辑出版工程。1924年，梁赞诺夫在俄文版《马克思恩格斯文库》第一卷中出版了俄文版《德意志意识形态》"费尔巴哈"章，这是"费尔巴哈"章的首次问世；1926年，梁赞诺夫又在德文版《马克思恩格斯文库》第一卷中首次原文出版了《德意志意识形态》"费尔巴哈"章，这就是梁赞诺夫原文版"费尔巴哈"章。

梁赞诺夫原文版"费尔巴哈"章的最大特点是以手稿内容为基础进行了逻辑编排。首先，就"费尔巴哈"章的主体部分即主手稿来说，虽然它包含马克思和恩格斯的两个编号系列，但是由于马克思所作的页码编号（8—28，30—35，40—72）比恩格斯所作的印张编号（1，5—11，20—21，84—92）远为连贯完整，再考虑到《德意志意识形态》的其他部分均自成一体，少有缺损，因此，梁赞诺夫便以马克思的页码编号为线索，把主手稿确定为"费尔巴哈"章的核心内容。[1]

1　D. Rjazanov (Hrsg.): Marx und Engels über Feuerbach (Erster Teil der „Deutschen Ideologie"), S. 219–220.

其次，就"费尔巴哈"章的另一部分即小手稿或第二手稿来说，它包含三份独立文稿：第一份是主手稿导论的誊清稿（即"正如德意志意识形态家们所宣告的……"），由于它只有最后一段作了些许补充，因此梁赞诺夫并未收录它，而只是把修改过的最后一段纳入导论的相应脚注；第二份是关于主手稿开篇的新稿本（"A. 一般意识形态，特别是德意志意识形态"），梁赞诺夫把它收录于导论和主手稿开篇之间；第三份是关于"分工和所有制形式"的片断，由于它在内容上同主手稿的结尾相关，因此被梁赞诺夫置于主手稿之后，从而构成整章结尾。[1] 由此，梁赞诺夫原文版"费尔巴哈"章正式确立。可以看出，梁赞诺夫原文版"费尔巴哈"章坚持的是一种外在逻辑编排，即它的逻辑性主要体现在主手稿以及第二手稿所包含的三个组成部分之间，至于手稿的内部及其固有样态，这种逻辑编排则完全不介入。因此，梁赞诺夫原文版"费尔巴哈"章在很大程度上实现了"忠实于原文"的历史考证原则。

历史地来看，梁赞诺夫原文版"费尔巴哈"章可谓是 MEGA[1] 版《德意志意识形态》的先行版，它不仅预告了后者的未来可期，更表明了其应具有的编辑样态。1932 年，由阿多拉茨基主编的 MEGA[1] 版《德意志意识形态》正式出版，这是世界历史上首个原文完整版《德意志意识形态》，具有重大的开创意义。然而，MEGA[1] 版却并未得到学界认可，反而备受诟病。原因就在于，它彻底抛弃了梁赞诺夫原文版"费尔巴哈"章的编辑原则，对未完成的"费尔巴哈"章手稿作了根本的介入和侵犯。MEGA[1] 版对"费尔巴哈"章的编辑方式可以概括为"先立框架""后填内容"，其步骤依次为：首先，对"费尔巴哈"章手稿中既有的标题进行筛选，从而确定"一、费尔巴哈"这个总标题以及"A. 一般意识形态，特别是德意志意识形态"和"国家和法同所有制的关系"这两个小标题；其次，对"费尔巴哈"章手稿右栏的边注进行筛选，确立"历

1　Ebenda, S. 220.

史""交往和生产力""关于意识的生产"和"交往形式本身的生产"等四个小标题,并补充标题"B.意识形态的现实基础"和"3.自然产生的和由文明创造的生产工具与所有制形式",从而确立"费尔巴哈"章的整体框架;最后,以手稿中大量的分隔线和括号为标志,挪移文本段落,填充既定框架。[1] 如果说,MEGA[1] 版对"费尔巴哈"章的编排仍属于逻辑编排的范畴,那么这种编排已然远远超出梁赞诺夫原文版"费尔巴哈"章的外在逻辑的限度,进而成为一种深入文本内部的侵犯了。由此确立的"费尔巴哈"章不免令人怀疑,它究竟源于马克思恩格斯的写作逻辑,还是源于 MEGA[1] 编者的编辑逻辑。

正是出于对 MEGA[1] 版《德意志意识形态》编排方式的根本反对,陶伯特在 2004 年出版的《德意志意识形态》先行版中,一方面把梁赞诺夫原文版"费尔巴哈"章誉为"重大的科学成就和出版成就,时至今日依然如此"[2],另一方面则把 MEGA[1] 版《德意志意识形态》称为对"费尔巴哈"章的"建构"(Konstruktion)[3],即"编者以对流传状况的巨大介入建构(konstruieren)出一部费尔巴哈章"[4]。在陶伯特看来,MEGA[1] 版编者在毫无依据的情况下越俎代庖,替马克思恩格斯完成了他们未完成的工作。因此,MEGA[1] 版《德意志意识形态》并非是对手稿的忠实再现,而是超出编辑层面的一种建构。

二、先行版对"费尔巴哈"章的解构

1962 年,巴纳在国际社会史研究所的伯恩施坦文献遗产中发现了三个纸面的《德意志意识形态》手稿,其中就包含"费尔巴哈"章中马克思编号的第 1、2 和 29 页。这一重大发现旋即引发国际学界重新编排"费尔巴哈"章的

1 *Marx-Engels-Gesamtausgabe (MEGA¹)*, Band I/5, S. 561–563.

2 Inge Taubert und Hans Pelger (Hrsg.): Karl Marx, Friedrich Engels, Joseph Weydemeyer: Die Deutsche Ideologie, S. 9*.

3 Ebenda, S. 11*.

4 Ebenda, S. 12*.

热潮。一时间，各种"费尔巴哈"章版本如俄文新版、德文新版、MEGA^{2}试编卷版、广松涉版等像雨后春笋般涌现出来。这些版本的共同特点在于，它们对"费尔巴哈"章均采取了逻辑顺序的编排方式。正是在逻辑编排"费尔巴哈"章的宏大背景下，2004年，陶伯特在《马克思恩格斯年鉴（2003）》中出版了MEGA^{2}版《德意志意识形态》的先行版，预先发布了"费尔巴哈"章和"圣布鲁诺"章的编辑样态。令人意外的是，该版一反潮流，对"费尔巴哈"章采取了纯粹时间顺序的编排方式。

首先，陶伯特对"费尔巴哈"章手稿的构成作了深度分析。一方面，就马克思编号为1至72页的主手稿来说，它其实包含三份更早的稿本：第1—29页源于对鲍威尔的文章《评路德维希·费尔巴哈》的批判；第30—35页源于"圣麦克斯·旧约"部分的"教阶制"；第40—[73]页源于"圣麦克斯·新约"部分的"作为资产阶级社会的社会"和马克思的札记。另一方面，就誊清稿来说，它主要包括三份章开篇和两份片断：前者即导论、"A. 一般意识形态，特别是德意志意识形态"和"1. 一般意识形态，特别是德国哲学"等三份文稿；后者即关于"分工和所有制形式"的"片断1"和关于"意识和存在的关系"的"片断2"[1]。

其次，陶伯特梳理了"费尔巴哈"章乃至《德意志意识形态》第一卷的写作过程。她指出，就批判青年黑格尔派的整部手稿来说，它包含三个文本层次：第一层次为上述的主手稿的三个较早稿本或文本单元（Einheit）；第二层次为三个文本单元的主题划分以及基于相同主题的整合过程，由此产生了马克思编号为1至72页的主手稿、关于"圣布鲁诺"章的一份草稿以及关于"圣麦克斯"章的"教阶制"的一份草稿；第三层次为"费尔巴哈"章的片断性誊清稿以及"圣布鲁诺"章和"圣麦克斯·旧约"部分的付印稿。[2]

---

1 Ebenda, S. 20*.

2 Ebenda.

正是基于对手稿状况和文本层次的文献学考察，先行版为"费尔巴哈"章确立了主手稿在前、章开篇居中、两片断收尾的整体架构。同时，在它的章首以及主手稿与章开篇之间还分别收入了《驳布鲁诺·鲍威尔》及"费尔巴哈"（笔记）两份文稿。[1] 于是，同之前的版本相比，先行版"费尔巴哈"章具有了两个重要特点：其一，它按照纯粹的时间顺序把各份手稿逐一罗列出来，从而以主手稿在前、章开篇在后的写作时间线索取代了传统的章开篇在前、主手稿在后的写作逻辑线索。其二，各份手稿不再被"建构"成一部"费尔巴哈"章[2]，而是作为单个的文本实例具有独立的存在，这就根本避免了文本的任意拆解、穿插以及对文本内部的侵犯。因此，陶伯特的先行版既是对 MEGA[1] 版《德意志意识形态》的内在逻辑编排的根本否定，亦是对 MEGA[1] 之后通过逻辑编排而进行文本"建构"的"费尔巴哈"章诸版本的彻底解构。正如明克勒和胡布曼指出的，先行版的"纲领性意义"在于，它在通过对马克思进行"语文学解构"而发现新内容方面先行了一步。[3]

三、MEGA[2] 对"费尔巴哈"章的重构

先行版为原计划在 2008 年出版的 MEGA[2] 版《德意志意识形态》作了先期预告。然而，由于陶伯特的去世，MEGA[2] 版《德意志意识形态》直到 2017 年年底才由帕格尔和胡布曼领衔的柏林—勃兰登堡科学院的编辑团队正式推出。值得一提的是，该版本并没有完全沿袭先行版的编排方式，毋宁说，前者对后者作了批判的扬弃。

首先，就"费尔巴哈"章的手稿构成来说，MEGA[2] 编者指出，它涉及 7 份写作程度较低的文稿。其中，5 份是片断，分别是"章开篇 1"（"A. 一般意

---

1 Ebenda, S. 3–5, 101–103.

2 Ebenda, S. 7*.

3 Ebenda, S. 4*.

识形态，特别是德意志意识形态")、"章开篇 2"（"1. 一般意识形态，特别是德国哲学"）、"章开篇 3"（导论）、"片断 3)"（关于"分工和所有制形式"）和"片断 5."（关于"意识和存在的关系"）。[1] 另外两份是准备材料，分别是"关于费尔巴哈的卷帙"和"费尔巴哈"（笔记）。[2] 其次，就具体编排来说，MEGA² 编者一方面沿袭了先行版的方式，按照独立的文本实例对 7 份手稿作了逐一编排；[3] 另一方面，他们取消了先行版的纯粹时间顺序线索，确立了逻辑顺序为主、时间顺序为辅的编排方式：首先是三份章开篇（其内部次序依写作时间而定），然后是"关于费尔巴哈的卷帙"和"费尔巴哈"（笔记），最后是两份片断。

MEGA² 编者之所以放弃纯粹时间顺序的编排方式，是因为它存在一系列问题：其一，作为一份份文本单元流传下来的手稿将不得不分成几个部分；其二，各份手稿的写作次序并不总能精准地确定，例如"片断 3)"与"片断 5."的次序就很难判定；其三，时间顺序编排有违作者的本意。毕竟，《德意志意识形态》手稿中有马克思恩格斯留下的太多逻辑线索，例如他们为各章所写的序号，马克思在主手稿中编的 1—72 的页码等。[4] 因此，如果说陶伯特以先行版否定了 MEGA¹ 以来的各种逻辑编排版本，用纯粹的时间顺序编排对各种逻辑建构进行了解构，那么 MEGA² 版《德意志意识形态》则通过对先行版的否定之否定，实现了逻辑编排方式的重构。

第二节 理论主题：编排—形式—定位

伴随着《德意志意识形态》的百年编辑出版历程，其文献学研究的主题亦日益聚焦。大致来说，它涉及由表及里、由浅入深的三个方面：编排方式、著

---

1 "片断 3)"和"片断 5."的标题源于这两份片断上恩格斯所写的编号"3)"和"5."。

2 *Marx-Engels-Gesamtausgabe (MEGA²)*, Band I/5, S. 726.

3 Ebenda, S. 727.

4 Ebenda, S. 795, Anm. 264.

述形式与历史定位。

一、编排方式——逻辑顺序还是时间顺序？

"费尔巴哈"章所经历的建构、解构与重构的辩证发展历程突出地表明，编排方式是《德意志意识形态》文献学研究的首要主题，而对不同编排方式的理论考量则是学理分析的重中之重。

第一，就 MEGA¹ 版《德意志意识形态》来说，它对"费尔巴哈"章的内在强逻辑编排根本违反了"忠实于原文"的历史考证原则，这是该版最大、最致命的缺陷。尽管如此，我们却不能将 MEGA¹ 版全盘否定。原因有二：首先，就"费尔巴哈"章的编排而言，MEGA¹ 编者并未对其介入行为秘而不宣，而是反复通过导言、编辑准则等提醒读者注意各种调整和变动。编者在异文说明中亦强调，在再现被删除的文本时，将坚持原文的顺序而不是编辑文本的顺序，而这种不一致有助于读者回想起原初手稿各部分的次序[1]。它意味着，MEGA¹ 编者并未彻底忽略"费尔巴哈"章的原始顺序，而他们所采取的种种编辑手段特别是文中标注的手稿页码亦为重建"费尔巴哈"章提供了线索。就此而言，MEGA¹ 版《德意志意识形态》并未完全遮蔽"费尔巴哈"章的原始样态。其次，就历史影响来看，作为世界历史上第一部原文完整版本，MEGA¹ 版《德意志意识形态》后来成为《马克思恩格斯全集》俄文第一、二版和德文版所收录的《德意志意识形态》的编辑底本，因而亦是以《马克思恩格斯全集》俄文第二版为底本的各国译本包括中文译本的编辑底本。此外，它关于《德意志意识形态》的文本构成、附属材料及相关文献学研究的考证结论，在今天看来仍然非常有价值。就此而言，MEGA¹ 版《德意志意识形态》可谓奠定了国际学界关于《德意志意识形态》研究的文本与文献基础，这是它的重

---

1 *Marx-Engels-Gesamtausgabe (MEGA¹)*, Band I/5, S. 565.

大历史功绩。

第二，就MEGA²先行版来说，陶伯特之所以借时间顺序编排逆潮流而动，主要基于两点原因：首先，对逻辑编排方式的深刻反思。我们要注意到，虽然陶伯特对MEGA¹版《德意志意识形态》根本拒斥，但她对梁赞诺夫原文版、广松涉版"费尔巴哈"章还是称许有加的。这意味着，她并不是盲目地排斥逻辑编排方式。但是，陶伯特显然意识到了这种编排方式背后隐藏的重大问题，即纷繁多样的逻辑编排背后是编者的纷繁多样的认识，而编者的编辑逻辑会根本遮蔽作为作者的马克思恩格斯的写作逻辑。因此，她坚决主张，要按照文本流传下来的样态进行编排，而不是进一步完成作者所未完成的工作。[1] 其次，对时间顺序编排的文献学优势的认可。陶伯特认为，时间顺序编排不仅可以表明主手稿、章开篇、片断等源于不同时间、不同背景，而且尤其可以表明"圣麦克斯"章对于"费尔巴哈"章的整体写作所具有的重大意义。[2] 此外，在展现手稿的写作发展历程的同时，时间顺序编排还能避免逻辑编排所导致的不同思想成熟度的文本的次序错乱，这尤其适用于较晚写作的章开篇与较早写作的主手稿之间的关系。[3] 可见，陶伯特抛弃逻辑编排看似独断，但其背后是有文献与理论层面的充分考虑的。

第三，就MEGA²版《德意志意识形态》来说，它之所以通过对先行版的否定之否定而重新肯定逻辑编排，亦是有其特定理由的。首先，对《德意志意识形态》的整体把握。MEGA²编者一再强调，陶伯特的时间顺序版之所以能够实现，在很大程度上是因为它所涉及的只是"费尔巴哈"章这一未完成部分。但是如果考虑整部《德意志意识形态》的逻辑关联，那么时间顺序编排就

---

1 Inge Taubert und Hans Pelger (Hrsg.): Karl Marx, Friedrich Engels, Joseph Weydemeyer: Die Deutsche Ideologie, S. 3*.

2 Ebenda, S. 8*.

3 Ebenda, S. 21*.

完全不适用了。毕竟，《德意志意识形态》是一个系统的、连贯的理论整体。[1]
其次，对各种编排方式的综合评估。MEGA[2] 编者指出，手稿的编排在原则上
确实亦应实现对其他的标准——如写作的纯粹时间顺序——的遵循。但是，每
种编排方式均有其利弊，而他们所采用的编排方式是对各种编排可能性的利
弊加以权衡的结果。[2] 值得一提的是，MEGA[2] 编者重新采用逻辑编排方式，完
全是基于 MEGA[2] 的整体框架与编辑准则，而他们在 2018 年独立出版的时间
顺序版"费尔巴哈"章 [3] 之所以可能，就是因为这一版本在 MEGA[2] 的框架之
外、独立于 MEGA[2]。它亦表明，MEGA[2] 编者对于时间顺序版的特定价值还是
认同的。

二、著述形式——著作还是季刊？

随着对表层的编排方式的不断反思，《德意志意识形态》文献学研究亦发
展到更深的层次，即对著述形式——著作还是季刊——的考证辨析。

在早期的梁赞诺夫原文版"费尔巴哈"章和 MEGA[1] 版《德意志意识形态》中，
关于《德意志意识形态》的著述形式问题尚未进入研究视域，梁赞诺夫和阿多
拉茨基均非常自然地把这个文本称为"著作"[4]，这在当时亦是不言自明的事实。
随着 20 世纪 70 年代 MEGA[2] 书信部分即第 III/1 卷和第 III/2 卷的出版，情况
发生了变化。1980 年，MEGA[2] 第 III/2 卷编者格洛维娜发表文章《1845—1846
年的季刊项目——关于〈德意志意识形态〉手稿最初的出版计划》，首次以上
述两部 MEGA[2] 卷次所收录的 1848 年前他人写给马克思恩格斯的书信为依据，

---

1 参见赵玉兰：《MEGA 视野下的马克思主义文本学研究》，人民出版社 2019 年版，第 190—192 页。

2 *Marx-Engels-Gesamtausgabe (MEGA²)*, Band I/5, S. 794–795.

3 Gerald Hubmann und Ulrich Pagel (Hrsg.): *Karl Marx, Friedrich Engels. Deutsche Ideologie. Zur Kritik der Philosophie. Manuskripte in chronologischer Anordnung*, Berlin-Boston: Walter de Gruyter GmbH, 2018.

4 参见 D. Rjazanov (Hrsg.): Marx und Engels über Feuerbach (Erster Teil der „Deutschen Ideologie"), S. 205, 215; *Marx-Engels-Gesamtausgabe (MEGA¹)*, Band I/5, S. X, XVII。

指出《德意志意识形态》源于一部季刊计划。[1] 由此,"季刊说"步入学界视野。尽管陶伯特最初对"季刊说"心存疑虑,但她亦逐渐接受了这一判定。在先行版"导言"中,陶伯特通篇都用马克思恩格斯本人的表述"出版物"(Publikation)[2]来指称《德意志意识形态》,而不是用我们所熟悉的"著作"(Werk)一词。这种谨慎的表达已然反映出她的立场。2017 年底问世的 MEGA[2] 版《德意志意识形态》最终指出:"一部完整的或者仅仅是片断性的出自马克思恩格斯之笔的著作(Werk)《德意志意识形态》并不存在。毋宁说,此处所编辑的文本起初本应以季刊的形式出版……"[3] 由此,"季刊说"正式确立,"著作说"遭到根本否定。

毋庸讳言,"季刊说"对传统的"著作说"具有巨大的冲击力。季刊意味着,《德意志意识形态》并非马克思恩格斯二人的理论专著,而是他们与同道中人的合作成果。格洛维娜和 MEGA[2] 编者均指出,维尔特、魏特林、贝尔奈斯以及丹尼尔斯都曾应马克思恩格斯之邀为季刊投稿,[4] 而 MEGA[2] 附录亦收录了一篇由丹尼尔斯写作、马克思恩格斯参与的文本。[5] 因此,"季刊说"既是对我们传统认知的一大挑战,又是对《德意志意识形态》的一种解构。我们该如何面对这一判定呢?首先,就《德意志意识形态》源于季刊这一考证结论来说,我们应当尊重并肯定其合理性。毕竟,它是以 MEGA[2] 书信卷所提供的大量一手资料为依据的,而这些资料为重构不为人知的《德意志意识形态》创作史提供了丰富线索。其次,"源于季刊"是否意味着"终于季刊",这是需要辨析的。

---

1 Galina Golowina: Das Projekt der Vierteljahrsschrift von 1845/1846. Zu den ursprünglichen Publikationsplänen der Manuskripte der „Deutschen Ideologie", S. 260–274.

2 例如参见 Inge Taubert und Hans Pelger (Hrsg.): Karl Marx, Friedrich Engels, Joseph Weydemeyer: Die Deutsche Ideologie, S. 7*, 28*.

3 *Marx-Engels-Gesamtausgabe (MEGA²)*, Band I/5, S. 725–726.

4 Galina Golowina: Das Projekt der Vierteljahrsschrift von 1845/1846. Zu den ursprünglichen Publikationsplänen der Manuskripte der „Deutschen Ideologie", S. 263–268; *Marx-Engels-Gesamtausgabe (MEGA²)*, Band I/5, S. 759–762.

5 *Marx-Engels-Gesamtausgabe (MEGA²)*, Band I/5, S. 671–709.

《德意志意识形态》的写作和出版活动从 1845 年 10 月下旬一直延续到 1847 年。尽管它最初源于季刊计划，但是我们不能忽略，在 1846 年 7 月季刊计划失败之后，马克思恩格斯萌生了新的出版方案，即抽出其他作者的手稿，用两卷本甚至一卷本来出版自己的手稿。[1] 由此可知，在"后季刊"时期，《德意志意识形态》手稿整体必定已然是马克思恩格斯自己的理论成果，而不再是一部多人合作的季刊了。就此而言，后季刊时期的出版方案对于《德意志意识形态》著述形式的判定更根本、更关键。最后，《德意志意识形态》之为季刊还是著作，仍然要依据马克思恩格斯本人的论述。在 1860 年致法律顾问韦伯的信中，马克思明确地把《德意志意识形态》称为"一部两卷本著作"（ein zweibändiges Werk）[2]，这可谓是"著作说"最直接的证据。因此，即使源于季刊，《德意志意识形态》之为著作的性质依然是有据可依的。

三、历史定位——唯物史观的"系统表述"还是"诞生地"？

众所周知，《德意志意识形态》一直被誉为唯物史观的"诞生地"。恩格斯在《路德维希·费尔巴哈和德国古典哲学的终结》的"1888 年单行本序言"中曾指出，《德意志意识形态》手稿中关于费尔巴哈的一章没有写完，已写好的部分是"阐述唯物主义历史观"的[3]；梁赞诺夫在其主编的原文版"费尔巴哈"章中指出，"费尔巴哈"章中已写好的部分是关于"唯物史观的最早阐述"[4]；阿多拉茨基在 MEGA[1] 版《德意志意识形态》中指出，未完成的"费尔巴哈"章包含着马克思恩格斯"对人类经济发展史的历史的、哲学的观点的首次系统阐

1　Ebenda, S. 726.

2　*Marx-Engels-Werke*, Band 30, S. 509; 中文版参见《马克思恩格斯全集》第 51 卷，人民出版社 2024 年版，第 128 页。

3　《马克思恩格斯文集》第 4 卷，人民出版社 2009 年版，第 266 页。

4　D. Rjazanov (Hrsg.): Marx und Engels über Feuerbach (Erster Teil der „Deutschen Ideologie"), S. 210.

述"。[1] 尽管阿多拉茨基没有明确使用"唯物史观"一词，但是他的表述显然意味着，"费尔巴哈"章是对唯物史观的"首次系统阐述"。于是，从恩格斯到梁赞诺夫再到阿多拉茨基，我们看到了《德意志意识形态》与唯物史观的逐级递进的关系：阐述—最早阐述—首次系统阐述。

MEGA² 先行版首次把唯物史观与《德意志意识形态》的编排问题联系了起来。明克勒和胡布曼在"编者说明"中指出，先行版之所以采取独立的文本实例的编排方式，就是为了避免像先前各种版本那样建构"费尔巴哈"章，而这些版本建构的根本目的在于，证明《德意志意识形态》包含关于"历史唯物主义的系统阐述"。[2]MEGA² 编者继承了先行版的这一思路，他们指出，对于MEGA¹ 编者而言，"《德意志意识形态》是一个理论斗争的典范，它的目标是使工人阶级较容易地把握理论问题……正是出于这一原因，《德意志意识形态》不仅在过去，而且时至今日仍然对工人运动具有实践意义"。[3]MEGA² 编者认为，正是基于这一定位，MEGA¹ 编者才认为有理由介入"费尔巴哈"章手稿，建构作为著作的《德意志意识形态》。由此，彰显唯物史观的"系统阐述"被归结为 MEGA¹ 版《德意志意识形态》内在强逻辑编排的根本动因。也正是出于对 MEGA¹ 编排方式的反对，MEGA² 版《德意志意识形态》沿袭了先行版所开创的独立的文本实例编排方式，从而确保文本的如实呈现。

可以说，先行版把唯物史观引入《德意志意识形态》的文献学研究领域，其意并不在于唯物史观本身，而在于为其编排方式正名。但是这一内在关联不免会使人产生疑问，唯物史观在"费尔巴哈"章中究竟得到何种程度的阐述，这种阐述是"系统阐述"吗？确实，如果抛开 MEGA¹ 的逻辑建构而回到"费尔巴哈"章的原始样态，包含不同草稿、片断、文本层次的未完成的"费尔巴

---

1 *Marx-Engels-Gesamtausgabe (MEGA¹)*, Band I/5, S. X.

2 Inge Taubert und Hans Pelger (Hrsg.): Karl Marx, Friedrich Engels, Joseph Weydemeyer: Die Deutsche Ideologie, S. 3*.

3 *Marx-Engels-Gesamtausgabe (MEGA²)*, Band I/5, S. 790.

哈"章很难被视为唯物史观的"系统阐述",因为"系统"自然意味着结构的完整、逻辑的连贯与表述的顺畅,而这是"费尔巴哈"章所不具备的。但是,形式上的缺陷是否可以根本否定内容上的深入阐述呢?显然不能。因此,关于"费尔巴哈"章与唯物史观的联系问题,在内容层面仍有充分的讨论空间。进一步讲,有人出于对 MEGA¹ 逻辑编排的反思,甚至会抛开恩格斯的论述而提出,唯物史观究竟是"费尔巴哈"章的固有内容,还是编者的建构之物?这就涉及到"费尔巴哈"章是否可以被称为"唯物史观的诞生地"这一基本判定了。对于这个问题,先行版和 MEGA² 的回答都是毫不含糊的。前者强调,它对"费尔巴哈"章的新编排方式可以为"在内容和概念上回溯与马克思和恩格斯的观点和认识水平相称的唯物史观"奠定基础 [1];后者也反复强调,虽然马克思恩格斯没有使用"唯物史观"这个术语,但是他们在"费尔巴哈"章中试图阐发其不同于唯心史观的唯物史观。[2] 因此,《德意志意识形态》之为唯物史观的诞生地,这是毋庸置疑的。

第三节 现实启示:文本—路径—对话

可以看出,随着《德意志意识形态》文献学研究的不断推进,其理论判定的解构性也愈益增强:不论是先行版的时间顺序编排还是 MEGA² 版的逻辑顺序编排,"费尔巴哈"章均不再像我们传统所认知的那样呈现为章节式的系统整体;"季刊说"在使《德意志意识形态》的写作源起变得清晰明了的同时,却对传统的"著作说"产生强大的冲击力;把唯物史观归结为"费尔巴哈"章逻辑编排的背后考量,亦会使人对唯物史观与《德意志意识形态》的内在联系

---

1 Inge Taubert und Hans Pelger (Hrsg.): Karl Marx, Friedrich Engels, Joseph Weydemeyer: Die Deutsche Ideologie, S. 6*.

2 *Marx-Engels-Gesamtausgabe (MEGA²)*, Band I/5, S. 755.

产生怀疑。如此种种,不仅对中国的《德意志意识形态》研究提出了新的任务和挑战,而且带来了新的思考和启示。

一、以独立研究为前提确立新版文本

在进一步推进中国《德意志意识形态》研究的过程中,我们面临的首要任务是更新我们的《德意志意识形态》文本。这似乎并不是一个难题。尽管《马克思恩格斯全集》中文第一版所收录的《德意志意识形态》根本源于 MEGA^1 版,因而其中所包含的"费尔巴哈"章其实源于 MEGA^1 编者的内在强逻辑编排。但是,伴随着半个多世纪的马克思主义经典著作编译历程,我国的《德意志意识形态》特别是"费尔巴哈"章文本亦不断发展。在 2009 年版《马克思恩格斯文集》以及以之为底本的 2012 年版《马克思恩格斯选集》中,"费尔巴哈"章均采用了以巴加图利亚主编的俄文新版为基础的 1985 年德文单行本的编排方式。[1] 它包含四个部分:第 I 部分为三个章开篇和关于"分工和所有制形式"以及"意识和存在的关系"的两份片断;第 II—IV 部分为主手稿,依次对应马克思编号的第 1—29,30—35,40— [73] 页等三份文本单元。[2] 可以看出,俄文新版与 MEGA^2 版"费尔巴哈"章非常相似,其差异仅仅在于三个章开篇的内部次序、两个片断的位置以及"费尔巴哈"(笔记)的收录问题。因此,如果《马克思恩格斯全集》中文第二版按照惯例以 MEGA^2 为编译底本来出版《德意志意识形态》,那么它在文本方面需要做的调整可谓微乎其微。然而,我们要注意的是,中文新版《德意志意识形态》的确立不仅涉及表层的对 MEGA^2 文本的采用问题,更涉及深层的对 MEGA^2 文本背后的相关理论判定的接受问题。

如前所述,MEGA^2 的理论判定在很大程度上是解构性的。它虽然采用的

---

1 参见《马克思恩格斯文集》第 1 卷,人民出版社 2009 年版,第 807 页。

2 参见《马克思恩格斯文集》第 1 卷,人民出版社 2009 年版,第 509—587 页。

是逻辑顺序，但却通过独立的文本实例编排避免去建构一部"费尔巴哈"章；它虽然把《德意志意识形态》（"费尔巴哈"章除外）以同 MEGA[1] 版近乎一致的方式编排出来，但却判定《德意志意识形态》是一份季刊；它虽然肯定唯物史观在"费尔巴哈"章中的存在，但却由于否定"系统阐述"说而引发对唯物史观与"费尔巴哈"章内在联系的怀疑。因此，在确立中文新版《德意志意识形态》的文本样态之前，必须首先对上述文献学问题进行深度辨析和清理，对 MEGA[2] 版包括先行版的某些重要结论进行批判性考察与研究。换言之，中文新版《德意志意识形态》的确立取决于中国学人对上述文献学问题和理论判定独立、深入的考察研究，而不是对 MEGA[2] 考证结论的无条件采纳和全盘接受。就此而言，中国学界必须保持高度的独立性和自主性，在对 MEGA[2] 及既往版本进行全面的、批判的借鉴基础上，确立真正体现中国学人的理论见地、研究水准的《德意志意识形态》版本新形态。[1] 这也将是中国马克思主义学界为国际《德意志意识形态》研究做出的卓越贡献。

二、以文献考证为基础强化研究路径

在推进独立、深入的中国《德意志意识形态》研究的过程中，我们不仅需要在理论层面继续拓展和深化——这是我国马克思主义研究的特色和优势，而且需要在文献学研究的基础层面不断夯实和加强——这是我国马克思主义研究的新的生长点，全面吸收新资料、新成果，为我所用，进而对各种理论判定与学术观点进行辨析与回应。

第一，文献学研究是对文本的诞生历程、作者的写作情况、文本的自身状况以及编者的编辑方式的综合研究，它既涉及历史的宏观分析，又涉及文献的

1　中央编译局专家近年来提出的有关中文新版《德意志意识形态》的初步编辑考虑已经体现了中国学人在《德意志意识形态》编辑和研究上的独立性和理论自觉。参见柴方国：《关于〈德意志意识形态〉编排方式的考虑》，《马克思主义与现实》2020 年第 3 期。

微观考察，既涉及作为客体的文献版本，又涉及作为主体的作者与编者。考证、甄别、廓清、梳理是文献学研究的基本方式和特点。就《德意志意识形态》来说，它由于自身未完成的手稿样态、由于在马克思主义发展史上的重要地位而成为马克思主义文献学研究领域的重中之重。不论是对其编排方式的选择，还是对其著述形式的判定，乃至对其历史定位的评估，从根本上都依赖于文献学研究所提供的种种证据。就《德意志意识形态》的先行版和 MEGA^2 版等重要版本来说，它们提出的"费尔巴哈"章建构说、《德意志意识形态》"季刊说"固然有悖我们的传统观点，但却均基于对文献、版本的深入、扎实的考证研究。因此，中国学人要想对这些版本及相关判定予以回应，就必须从其依据的既有文献出发，并尽可能拓展、发掘其他相关资料，进而运用文献学的考证研究方法进行更为系统、更为全面的考察探析。唯有如此，我们才能言之有据、言之成理，进而以理服人。

第二，如果说先行版或 MEGA^2 提出的某些解构性观点在很大程度上源于版本学和语文学的考量，因而不能纯粹视为有意针对马克思主义理论本身，那么以之为据的西方马克思学的观点则更需我们谨慎对待。例如，卡弗近年来提出了诸如"《德意志意识形态》从未产生""'费尔巴哈'章并不存在"的惊人观点，引起国际学界一片哗然。其实，这些观点并非无源之水、无本之木，它们均可追溯到陶伯特在先行版中对《德意志意识形态》所作的考证结论，只不过是其夸大化、极端化的结果。正如卡弗本人承认的，他不过是用"简洁的形式"阐述了德国 MEGA 学者所得出的历史研究结论。[1] 但是面对这一极端化的"简洁"结论，想必连去世的陶伯特都难以容忍。因此，对于西方某些以文献研究之名得出的解构性观点，更需要通过考证研究的方法，从根源处即文献本身出发对其依据进行有力回击。此时若抛开文献而纯谈理论，则不免既失针对性又无说

---

1 赵玉兰：《关于〈德意志意识形态〉的最新研究成果——特雷尔·卡弗教授访谈录》，《国外理论动态》2018 年第 2 期。

服力。卡弗本人似乎也有意针对这一倾向而强调,若要质疑他的观点,就必须立足于"历史证据和历史研究"[1]。所以,通过对文献的深入辨析来澄清理论、彰显思想,对于《德意志意识形态》研究尤其重要,而由此所产生的国际对话和交锋亦成为马克思主义文献学研究的一大领域或阵地。

三、以 MEGA² 为中介开展国际对话

随着国际对话和交锋成为马克思主义文献学研究的一大领域或阵地,MEGA² 的价值和地位愈益彰显,因为恰恰是它所提供的马克思恩格斯文献遗产及相关研究成果成为这一对话和交锋的基础或中介。

第一,自 1975 年出版的 MEGA² 是目前国际学界影响最大的马克思恩格斯著作版本,它所收录的大量马克思恩格斯的文献资料均为首次问世。因此,伴随着 MEGA² 新卷次的出版,国际学界掀起一波又一波马克思主义文献研究热潮。如果说,20 世纪 80 年代出版的《巴黎手稿》使《1844 年经济学哲学手稿》的编排、它与《巴黎笔记》的关系一度成为学术热点,那么随着 21 世纪初 MEGA² 第 II 部分即"《资本论》及其准备材料"部分的大量卷次的出版及其在 2012 年的最终完成,《资本论》及其手稿研究、作者马克思与编者恩格斯关系研究成为新的学术增长点。如今,随着 MEGA² 版《德意志意识形态》的出版,《德意志意识形态》文献学研究亦在国际学界备受瞩目。就此而言,MEGA² 可谓是马克思主义文献、理论研究热点的发动机。而面对这一以德文为主要语言的马克思恩格斯著作版本,中国学者首次同英美学者站在同一起跑线上,从而有可能在文献及理论研究上率先取得突破。

第二,就《德意志意识形态》的纵深研究来说,一方面,我们需要借助MEGA² 第 III/1 卷和 III/2 卷所首次系统出版的、并为 MEGA² 版《德意志意识

---

1 赵玉兰:《关于〈德意志意识形态〉的最新研究成果——特雷尔·卡弗教授访谈录》,《国外理论动态》2018 年第 2 期。

形态》所充分利用的他人致马克思恩格斯的书信，来深入考察《德意志意识形态》的写作与诞生历程。尽管这些书信早在 45 年前就已出版，但是由于它们并不属于《马克思恩格斯全集》中文第一版和第二版的收录范围，因而一直未曾进入中国学界视域。如今，随着 MEGA^2 版本在中国的日益普及以及中国学者德语研究能力的不断加强，对这批宝贵的马克思恩格斯文献遗产的研究自然提上了日程。只有以这批文献为基础，我们才能对 MEGA^2 版《德意志意识形态》的理论判定获得更为清晰的认识，从而作出更为合理的评析与回应。另一方面，尽管 MEGA^2 版《德意志意识形态》的理论判定需要批判的辨析，但是我们仍然有必要对该卷次所包含的大量考证资料进行深入研究和充分吸收。正如习近平总书记指出的："一些西方研究马克思主义的书，其结论未必正确，但在研究和考据马克思主义文本上，功课做得还是可以的。"[1] MEGA^2 版《德意志意识形态》包含大量丰富的研究资料以及编者的考证成果，它们既涉及文本卷中各份文本实例的辨识内容，又包括资料卷中关于文本实例的具体资料信息，如诞生与流传、异文表、注释、索引等。这对于我们深入研究《德意志意识形态》的诞生背景、写作历程以及对之进行历史定位具有极其重要的意义。因此，对于 MEGA^2 版《德意志意识形态》，我们必须一分为二地加以看待和利用。

总之，《德意志意识形态》的百年文献学研究主要是在中国之外的国际学界书写其历史轨迹的。如今，在新时代中国特色社会主义的宏大背景下，中国学人应站在历史的新起点上，以文献研究为出发点，不断深入，努力探索，进而达到文本、理论和实践层面，实现对这一重要著作的全面开掘，得出体现中国学人的治学水准的理论判定和研究结论，为建设具有中国风格、中国气派、中国特色的马克思主义理论事业贡献力量。

---

1 习近平：《在哲学社会科学工作座谈会上的讲话》，《人民日报》2016 年 5 月 19 日。

参考文献

一、中文

（一）马克思主义经典著作

《马克思恩格斯全集》第 2 卷，人民出版社 1974 年版。

《马克思恩格斯全集》第 3 卷，人民出版社 1960 年版。

《马克思恩格斯全集》第 4 卷，人民出版社 1958 年版。

《马克思恩格斯全集》第 37 卷，人民出版社 1971 年版。

《马克思恩格斯全集》第 42 卷，人民出版社 1979 年版。

《马克思恩格斯全集》第 47 卷，人民出版社 2004 年版。

《马克思恩格斯全集》第 51 卷，人民出版社 2024 年版。

《马克思恩格斯文集》第 1 卷，人民出版社 2009 年版。

《马克思恩格斯文集》第 2 卷，人民出版社 2009 年版。

《马克思恩格斯文集》第 4 卷，人民出版社 2009 年版。

中共中央马克思恩格斯列宁斯大林著作编译局编译：《费尔巴哈。唯物主义观点和唯心主义观点的对立》（《德意志意识形态》第一卷第一章），人民出版社 1988 年版。

中共中央马克思恩格斯列宁斯大林著作编译局编译：《德意志意识形态》（节选本），人民出版社 2003 年版。

中共中央马克思恩格斯列宁斯大林著作编译局编译：《德意志意识形态》（节选本），人民出版社 2018 年版。

习近平：《在哲学社会科学工作座谈会上的讲话》，《人民日报》2016年5月19日。

（二）其他著作和文章

[俄] 巴加图利亚主编：《巴加图利亚版〈德意志意识形态·费尔巴哈〉》，张俊翔编译，南京大学出版社2011年版。

柴方国：《关于〈德意志意识形态〉编排方式的考虑》，《马克思主义与现实》2020年第3期。

[日] 广松涉编注：《文献学语境中的〈德意志意识形态〉》，彭曦译，南京大学出版社2005年版。

韩立新：《新版〈德意志意识形态〉研究》，中国人民大学出版社2008年版。

侯才：《〈德意志意识形态〉"费尔巴哈"章的一种文献学研究——文本重建、文字判读和文献学问题考证》，中国社会科学出版社2023年版。

[德] 弗·梅林：《马克思传》，樊集译，持平校，人民出版社1965年版。

聂锦芳：《批判与建构——〈德意志意识形态〉文本学研究》，人民出版社2012年版。

聂锦芳：《在批判中建构"新哲学"框架——〈德意志意识形态〉文本学研究》，中国人民大学出版社2018年版。

聂锦芳：《清理与超越——重读马克思文本的意旨、基础与方法（修订版）》，北京师范大学出版社2024年版。

王东：《马克思学新奠基——马克思哲学新解读的方法论导言》，北京大学出版社2005年版。

魏小萍：《探求马克思——〈德意志意识形态〉原文文本的解读与分析》，人民出版社2010年版。

赵玉兰：《从MEGA^{1}到MEGA^{2}的历程——〈马克思恩格斯全集〉历史考证版的诞生与发展》，中国社会科学出版社2013年版。

赵玉兰：《关于〈德意志意识形态〉的最新研究成果——特雷尔·卡弗教授访谈录》，《国外理论动态》2018 年第 2 期。

赵玉兰：《MEGA² 版〈德意志意识形态〉的编辑情况分析——访德国柏林—勃兰登堡科学院 MEGA 工作站格哈尔特·胡布曼博士和乌尔里希·帕格尔博士》，《马克思主义理论学科研究》2018 年第 5 期。

赵玉兰：《MEGA 视野下的马克思主义文本学研究》，人民出版社 2019 年版。

二、德文

（一）马克思恩格斯著作集

Marx-Engels-Gesamtausgabe (MEGA¹), Band I/5, Berlin: Marx-Engels-Verlag G. m. b. H., 1932.

Marx-Engels-Gesamtausgabe (MEGA¹), Band III/1, Berlin: Marx-Engels-Verlag G. m. b. H., 1929.

Marx-Engels-Gesamtausgabe (MEGA¹), Band III/2, Berlin: Marx-Engels-Verlag G. m. b. H., 1930.

Marx-Engels-Gesamtausgabe (MEGA¹), Band III/3, Berlin: Marx-Engels-Verlag G. m. b. H., 1930.

Marx-Engels-Gesamtausgabe (MEGA¹), Band III/4, Berlin: Marx-Engels-Verlag G. m. b. H., 1931.

Marx-Engels-Werke, Band 3, Berlin: Dietz Verlag, 1958.

Marx-Engels-Werke, Band 4, Berlin: Dietz Verlag, 1959.

Marx-Engels-Werke, Band 30, Berlin: Dietz Verlag, 1964.

Marx-Engels-Gesamtausgabe. Editionsgrundsätze und Probestücke, Berlin: Dietz Verlag, 1972.

Marx-Engels-Gesamtausgabe (MEGA²), Band I/2, Berlin: Dietz Verlag, 1982.

Marx-Engels-Gesamtausgabe (MEGA²), Band I/5, Berlin-Boston: Walter de Gruyter GmbH, 2017.

Marx-Engels-Gesamtausgabe (MEGA²), Band III/1, Berlin: Dietz Verlag, 1975.

Marx-Engels-Gesamtausgabe (MEGA²), Band III/2, Berlin: Dietz Verlag, 1979.

（二）其他著作和文章

Andréas, B. und Mönke, W.: Neue Daten zur „Deutschen Ideologie". Mit einem unbekannten Brief von Karl Marx und anderen Dokumenten, in: *Archiv für Sozialgeschichte*, Band VIII, 1968.

Bahne, S.: „Die deutsche Ideologie" von Marx und Engels. Einige Textergänzungen, in: *International Review of Social History*, Vol. 7, No. 1, 1962.

Barzen, M.: Vorwort, in: *Schriften aus dem Karl-Marx-Haus*, Nr. 43, Trier, 1990.

Bebel, A. und Bernstein, E. (Hrsg.): *Der Briefwechsel zwischen Friedrich Engels und Karl Marx. 1844 bis 1883*, Band 1-4, Stuttgart: Verlag von J. H. W. Dietz Nachf. G. m. b. H., 1913.

Bernstein, E. (Hrsg.): *Dokumente des Sozialismus*, Band III, Heft 1, 2, 3, 4, 7, 8, 1903.

Bernstein, E. (Hrsg.): *Dokumente des Sozialismus*, Band IV, Heft 5, 6, 7, 8, 9, 1904.

Bernstein, E. (Hrsg.): „Mein Selbstgenuß". Unveröffentlichtes aus dem Nachlaß von Karl Marx, in: *Arbeiter-Feuilleton*, Nr. 8, 9. März 1913.

Bernstein, E. (Hrsg.): „Mein Selbstgenuß". Unveröffentlichtes aus dem Nachlaß von Karl Marx, in: *Unterhaltungsblatt des Vorärts*, Nr. 52, 14. März 1913.

Deichsel, D.: Deutscher Sozialismus in Versen und in Prosa. 2) Karl Grün:

„Über Göthe vom menschlichen Standpunkt". Darmstadt, 1846, in: *Beiträge zur Marx-Engels-Forschung*, Heft 26, 1989.

Engels, F.: Karl Beck: "Lieder vom armen Mann", oder die Prosie des wahren Sozialismus, in: *Deutsche-Brüsseler-Zeitung*, Nr. 73, 12. September 1847; Nr. 74, 16. September 1847.

Golowina, G.: Das Projekt der Vierteljahrsschrift von 1845/1846. Zu den ursprünglichen Publikationsplänen der Manuskripte der „Deutschen Ideologie", in: *Marx-Engels-Jahrbuch*, Band 3, 1980.

Heß, M.: Dottore Graziano's Werke. Zwei Jahre in Paris, Studien und Erinnerungen von A. Ruge, in: *Deutsche-Brüsseler-Zeitung*, Nr. 62, 5. August 1847; Nr. 63, 8 August 1847.

Hubmann, G.: Zur Entstehung der materialistischen Geschichtsauffassung aus dem Geiste der Philosophiekritik, in: *Marx-Engels-Jahrbuch 2017/18*, Berlin-Boston: Walter de Gruyter GmbH, 2018.

Hubmann, G. und Pagel, U. (Hrsg.): *Karl Marx, Friedrich Engels. Deutsche Ideologie. Zur Kritik der Philosophie. Manuskripte in chronologischer Anordnung*, Berlin-Boston: Walter de Gruyter GmbH, 2018.

Ikker, C.: Zur Mitarbeit von Moses Heß an der „Deutschen Ideologie" – das Kapitel V des zweiten Bandes, in: *Beiträge zur Marx-Engels-Forschung*, Heft 26, 1989.

Institut für Marxismus-Leninismus beim ZK der SED (Hrsg.): Neuveröffentlichung des Kapitels I des I. Bandes der „Deutschen Ideologie" von Karl Marx und Friedrich Engels, in: *Deutsche Zeitschrift für Philosophie*, Jg. 14, Heft 10, 1966.

Külow, V. und Jaroslawski, V. (Hrsg.): *David Rjasanow – Marx-Engels-Forscher, Humanist, Dissident*, Berlin: Dietz Verlag, 1993.

Landshut, S. (Hrsg.): *Karl Marx. Die Frühschriften*, Stuttgart: Alfred Kröner Verlag, 1953.

Landshut, S. und Mayer, J. P. (Hrsg.): *Karl Marx. Der historische Materialismus. Die Frühschriften*, Band 1-2, Leipzig: Alfred Kröner Verlag, 1932.

Marx, K.: Karl Grün: Die soziale Bewegung in Frankreich und Belgien (Darmstadt 1847.) oder Die Geschichtschreibung des wahren Sozialismus, in: *Das Westphälische Dampfboot*, Jg. 3, Heft 8-9, 1847.

Mayer, G.: *Friedrich Engels. Eine Biographie*, Band I, Berlin-Heidelberg: Springer Verlag, 1920.

Mayer, G. (Hrsg.): Das Leipziger Konzil. Von Friedrich Engels und Karl Marx. Mit Einführung von Gustav Mayer, in: *Archiv für Sozialwissenschaft und Sozialpolitik*, Band 47, Heft 3, 1921.

Mayer, G.: Die „Entdeckung" des Manuskripts der „Deutschen Ideologie", in: *Archiv für die Geschichte des Sozialismus und der Arbeiterbewegung*, Jg. 12, 1926.

Mayer, G.: *Erinnerungen. Vom Journalisten zum Historiker der deutschen Arbeiterbewegung*, Zürich-Wien: Europa Verlag, 1949.

Mayer, G.: *Friedrich Engels. Eine Biographie*, Band I, 2. Auflage, Frankfurt/M-Berlin-Wien: Verlag Ullstein GmbH, 1975.

Mehring, F. (Hrsg.): *Aus dem literarischen Nachlass von Karl Marx, Friedrich Engels und Ferdinand Lassalle*, Band 1-4, Stuttgart: Verlag von J. H. W. Dietz Nachf. (G. m. b. H.), 1902.

Mehring, F.: *Gesammelte Schriften*, Band 3, Berlin: Dietz Verlag, 1960.

Rjasanoff, D.: Neueste Mitteilungen über den literarischen Nachlaß von Karl Marx und Friedrich Engels, in: *Archiv für die Geschichte des Sozialismus und der Arbeiterbewegung*, Jg. 11, 1925.

Rjazanov, D. (Hrsg.): Marx und Engels über Feuerbach (Erster Teil der „Deutschen Ideologie"), in: *Marx-Engels-Archiv*, Band I, 1926.

Rojahn, J.: Spezialkonferenz "Die Konstitution der 'Deutschen Ideologie'". 24.-26. October 1996. Trier, in: *MEGA-Studien*, 1997/1.

Röllig, E.: Deutscher Sozialismus in Versen und Prosa. 1) Karl Beck: „Lieder vom armen Mann, oder die Poesie des wahren Sozialismus" – ein weißer Fleck in der Marx-Engels-Forschung, in: *Beiträge zur Marx-Engels-Forschung*, Heft 26, 1989.

Stern, H. und Wolf, D.: *Das große Erbe*, Berlin: Dietz Verlag, 1972.

Taubert, I.: Neue Erkenntnisse der MEGA-Bände I/2 und I/3 und ihre Bedeutung für die Bestimmung von Forschungs- und Editionsaufgaben der Arbeit an dem MEGA-Band I/5 (Marx/Engels: Die deutsche Ideologie), in: *Beiträge zur Marx-Engels-Forschung*, Heft 22, 1987.

Taubert, I.: Aus der Arbeit an der Vorbereitung des Bandes 5 der Ersten Abteilung der MEGA[2] (Die deutsche Ideologie), in: *Beiträge zur Marx-Engels-Forschung*, Heft 26, 1989.

Taubert, I.: Zur Entstehungsgeschichte des Manuskripts „Feuerbach" und dessen Einordnung in den Band I/5 der MEGA[2], in: *Beiträge zur Marx-Engels-Forschung*, Heft 26, 1989.

Taubert, I.: Zur Mitarbeit von Moses Heß an der „Deutschen Ideologie" - die Auseinandersetzung mit Arnold Ruges Werk „Zwei Jahre in Paris. Studien und Erinnerungen", Leipzig 1846, in: *Beiträge zur Marx-Engels-Forschung*, Heft 26, 1989.

Taubert, I.: Wie entstand die *Deutsche Ideologie* von Karl Marx und Friedrich Engels? Neue Einsichten, Probleme und Streitpunkte, in: *Schriften aus dem Karl-*

Marx-Haus, Nr. 43, Trier, 1990.

Taubert, I.: Die Kritik der nachhegelschen Philosophie. Zur Entstehungsgeschichte des ersten Bandes der *Deutschen Ideologie* von Marx und Engels, in: *Schriften aus dem Karl-Marx-Haus*, Nr. 43, Trier, 1990.

Taubert, I.: Die Französische Revolution im Prisma der Polemik von Karl Marx und Friedrich Engels mit Max Stirner, in: *Schriften aus dem Karl-Marx-Haus*, Nr. 43, Trier, 1990.

Taubert, I.: Manuskripte und Drucke der "Deutschen Ideologie" (November 1845 bis Juni 1846). Probleme und Ergebnisse, in: *MEGA-Studien*, 1997/2.

Taubert, I.: Die Überlieferungsgeschichte der Manuskripte der "Deutschen Ideologie" und die Erstveröffentlichungen in der Originalsprache, in: *MEGA-Studien*, 1997/2.

Taubert, I., Pelger, H. und Grandjonc, J.: Die Konstitution von MEGA^2 I/5 "Karl Marx, Friedrich Engels, Moses Heß: Die deutsche Ideologie. Manuskripte und Drucke (November 1845 bis Juni 1846)", in: *MEGA-Studien*, 1997/2.

Taubert, I. und Pelger, H. (Hrsg.): Karl Marx, Friedrich Engels, Joseph Weydemeyer: Die Deutsche Ideologie, in: *Marx-Engels-Jahrbuch 2003*, Berlin: Akademie Verlag, 2004.

Vollgraf, C.-E., Sperl, R. und Hecker, R. (Hrsg.): *Beiträge zur Marx-Engels-Forschung. Neue Folge*, Hamburg: Argument Verlag, 1993.

Vollgraf, C.-E., Sperl, R. und Hecker, R. (Hrsg.): *Beiträge zur Marx-Engels-Forschung. Neue Folge*, Sonderband 1, Berlin-Hamburg: Argument Verlag, 1997.

Vollgraf, C.-E., Sperl, R. und Hecker, R. (Hrsg.): *Beiträge zur Marx-Engels-Forschung. Neue Folge*, Sonderband 2, Berlin-Hamburg: Argument Verlag, 2000.

Vollgraf, C.-E., Sperl, R. und Hecker, R. (Hrsg.): *Beiträge zur Marx-Engels-*

Forschung. Neue Folge, Sonderband 3, Berlin-Hamburg: Argument Verlag, 2001.

三、俄文

(一) 马克思恩格斯著作集

Маркс, К. и Энгельс, Ф., *Сочинения*, том 4, М.: Партийное Издательство, 1933.

Маркс, К. и Энгельс, Ф., *Сочинения*, том 25, М.: Партиздат ЦК ВКП (б), 1936.

Маркс, К. и Энгельс, Ф., *Сочинения*, том 3, М.: Государственное Издательство Политической Литературы, 1955.

Маркс, К. и Энгельс, Ф., *Сочинения*, том 27, М.: Государственное Издательство Политической Литературы, 1962.

Маркс, К. и Энгельс, Ф., *Сочинения*, том 50, М.: Издательство Политической Литературы, 1981.

(二) 其他著作和文章

Институт Марксизма-Ленинизма При ЦК КПСС. Новая публикация первой главы «Немецкой идеологии» К. Маркса и Ф. Энгельса// Вопросы философии, 1965, № 10, С. 79-107.

Институт Марксизма-Ленинизма При ЦК КПСС. Новая публикация первой главы «Немецкой идеологии» К. Маркса и Ф. Энгельса// Вопросы философии, 1965, № 11, С. 111-137.

Рязанов, Д., К. Маркс и Ф. Енгельс о Фейербахе//Архив К. Маркса и Ф. Енгельса, Книга Первая, М.: Государственное Издательство, 1924.

四、英文

（一）马克思恩格斯著作集

Marx/Engels Collected Works, Vol. 5, Moscow: Progress Publishers, 1976.

（二）其他著作和文章

Carver, T., *The German Ideology* Never Took Place, in: *History of Political Thought,* Vol. XXXI, No. 1, Spring 2010.

Johnson S., Farewell to *The German Ideology*, in: *Journal of the History of Ideas*, Vol. 83, No. 1, January 2022.

后　记

　　我的《德意志意识形态》文献学研究始于 2016 年。这一年，由于一次偶然的机会，我为来中国访学交流的特雷尔·卡弗教授担任讲座翻译。正是在他的讲座上，我首次直面他提出的关于《德意志意识形态》的"三个不存在"的解构性观点。可以说，这场讲座对我的震动极大。印象中，在座的中国学者均对卡弗的观点进行了反驳，但我明显感觉到，这些反驳大部分是从理论层面出发，很难直接对接卡弗观点的文献依据，因此力度不强，更谈不上直击要害。正是在这一强烈"刺激"之下，我决定全面开展《德意志意识形态》文献学研究，从而对卡弗的观点进行深入细致的考察、分析和评判。

　　我的研究出发点是 MEGA^2 第 III/1 卷和第 III/2 卷，其中收录的 1848 年前他人致马克思恩格斯的书信对于《德意志意识形态》诞生史和出版史研究具有极为重要的资料价值。于是，在 2016—2017 年美国芝加哥大学访学期间，我对这些书信作了深入研究，并以之为基础完成了《德意志意识形态》为何未能出版的研究论文。在取得这一初步成果后，我对《德意志意识形态》由季刊出版计划至后季刊出版计划的基本过程有了总体把握，并对所谓"季刊说"有了基本判定。此后，我的研究不断深入，亦不断拓展。一方面，我对"著作说"和"季刊说"的源起进行了深入考察，并结合马克思恩格斯以及同时代人的论述对这两种观点进行了辨析，从而对传统的"著作说"予以正名；另一方面，我加强了对《德意志意识形态》的版本研究，这既包括朗兹胡特—迈尔版（1932）、MEGA^1 版（1932），又包括陶伯特主持的试编卷版（1972）、完整版构想（1997）和先行版（2004），还包括 2017 年问世的 $MEGA^2$ 版。此外，我也对《德意志意识形态》早期的零散出版历程进行了研究，如伯恩施坦于 1903—1904 年在《社会主义文献》首次节录刊印的"圣麦克斯"章、迈尔于 1921 年在《社会科学和社会政治文库》首次出版的"莱比锡宗教会议"和"圣布鲁诺"章等。于是，经过多年的努力，我在对卡弗观点有了深入把握和根本判定的基础上，亦完成了《德意志意识形态》百年文献学脉络的梳理和探析。

2024 年初，我受卡弗教授的热情邀请来到英国布里斯托大学访学。在此期间，我的《德意志意识形态》文献学研究书稿入选《国家哲学社会科学成果文库》。感到幸运之余，我也在努力完善书稿，并着重对 20 世纪 60 年代《德意志意识形态》文献学研究的新突破进行了补充研究，这既涉及巴纳发现的《德意志意识形态》新手稿，又涉及俄文和德文新版"费尔巴哈"章的新编排，还涉及安德烈亚斯和蒙克整理的《德意志意识形态》新资料。这部分内容可谓是 $MEGA^1$ 与 $MEGA^2$ 之间《德意志意识形态》文献学研究的关键链条。由此，在 2025 年年初，也就是在布里斯托访学即将结束之际，本书文稿终于完成。

俗语说，十年磨一剑。回首 2016—2025 年的十载《德意志意识形态》文献学研究，我感慨良多。首先，我要感谢授业恩师硕士生导师赵敦华先生和博士生导师王东先生。二位先生学养深厚、品格高洁，他们不仅教我为人为学，而且对我和我的小家处处关照，百般呵护。我想，只有勤恳工作、踏实为学才是对他们最好的报答。其次，我要感谢在学术道路上给我以悉心指导和帮助的师长前辈，特别是安启念教授、梁树发教授、侯才教授、魏小萍研究员、聂锦芳教授、韩立新教授、鲁克俭教授、王峰明教授等，他们既是我所仰慕的"男神"或"女神"，又是我在学术上不断前进的目标和方向。再次，我要感谢中国人民大学马克思主义学院王易教授、张雷声教授、郝立新教授、秦宣教授、刘建军教授、张云飞教授、陶文昭教授、侯衍社教授、郑吉伟教授、张秀琴教授、郁戈教授等各位领导和同事多年来的关心和爱护，正是在人大马院这个温馨的大家庭里，我才能够过上我想过的学者生活。最后，我要感谢我的各位硕博学生，正是他们让我懂得了身为"导师"的真正意义，感谢他们陪伴我在学术上不断成长。

另外，我要感谢我的德国导师柏林自由大学弗里德·奥托·沃尔夫教授（Prof. Frieder Otto Wolf），多年来他对我乃至我的学生的学术研究和国际交流提供了诸多帮助。我还要感谢德国师友、MEGA^{2}专家格哈尔特·胡布曼博士（Dr. Gerald Hubmann）、罗尔夫·黑克尔教授（Prof. Rolf Hecker）、卡尔－艾里希·福尔格拉夫博士（Dr. Carl-Erich Vollgraf）、米夏埃尔·宽特教授（Prof. Michael Quante），他们为我的 MEGA 研究和《德意志意识形态》文献学研究提供了极为专业的指导与帮助。

在本书写作期间，正在莫斯科大学访学的黑龙江大学周来顺教授多次帮我查找俄文文献，而在柏林自由大学和洪堡大学留学的博士生孙颖和谭涛同学也帮我搜集了大量德文文献，在此向他们表示衷心的感谢！

我还要感谢本书的责任编辑毕于慧编审。早在参与《马克思主义发展史（十卷本）》的编写工作期间，我就见识了毕老师的认真与严谨。而本书从申报到入选再到几番校改，毕老师都花费了大量心血，感谢毕老师的辛苦付出！此外，本书中的部分内容作为我的研究的阶段性成果曾发表于《哲学研究》《教学与研究》《马克思主义与现实》《国外理论动态》《马克思主义理论学科研究》《现代哲学》《北京行政学院学报》《山东社会科学》等刊物，感谢这些学术期刊的认可鼓励和编辑老师的帮助指导！

最后，我想特别向卡弗教授表示感谢。正是卡弗教授促使我开启了《德意志意识形态》文献学研究，也正是在他的邀请下，我在布里斯托完成了《德意志意识形态》百年文献学研究。这一开头和结局的完美契合，实在是我未曾想到的。尽管学术观点不尽相同，我仍然要在此衷心感谢卡弗教授提供给我的英国访学机会，以及对我在学术上的真诚帮助和鼎力支持！

　　早在写作博士论文期间，我的心中就萌生了出版"MEGA 三部曲"的学术规划。如果说 2013 年由中国社会科学出版社出版的《从 MEGA^1 到 MEGA^2 的历程》是第一部曲，那么这本即将问世的《〈德意志意识形态〉百年文献学研究》正是第二部曲。我相信，在父母、爱人与儿女的满满的爱中，我会在不久的将来完成 MEGA 第三部曲，从而为中国的马克思主义文本文献研究贡献一份绵薄之力。

赵玉兰

2025 年 3 月于中国人民大学静园